才子大桥成桥照片

上承式大跨度钢筋混凝土拱桥施工关键技术

——以江西抚州才子大桥为例

主　编　高永青　王言磊
副主编　袁继生　迟作强　孙成林　孙　振

山东大学出版社
SHANDONG UNIVERSITY PRESS
·济南·

图书在版编目(CIP)数据

上承式大跨度钢筋混凝土拱桥施工关键技术：以江西抚州才子大桥为例/高永青，王言磊主编.—济南：山东大学出版社，2024.3

ISBN 978-7-5607-8195-2

Ⅰ.①上… Ⅱ.①高… ②王… Ⅲ.①大跨度结构－钢筋混凝土桥－拱桥－桥梁施工 Ⅳ.①U448.34

中国国家版本馆CIP数据核字(2024)第065552号

责任编辑 李 港
封面设计 王秋忆

上承式大跨度钢筋混凝土拱桥施工关键技术
SHANGCHENGSHI DAKUADU GANGJIN HUNNINGTU
GONGQIAO SHIGONG GUANJIAN JISHU
——以江西抚州才子大桥为例

出版发行 山东大学出版社
社 址 山东省济南市山大南路20号
邮政编码 250100
发行热线 (0531)88363008
经 销 新华书店
印 刷 山东和平商务有限公司
规 格 787毫米×1092毫米 1/16
17.75印张 2插页 413千字
版 次 2024年3月第1版
印 次 2024年3月第1次印刷
定 价 60.00元

编委会

内容简介

上承式大跨度钢筋混凝土拱桥外形美观，是我国工程中很常见的一种桥型。上承式大跨度拱桥的主要承重构件为主拱圈。混凝土箱形截面拱圈因具有抗弯和抗扭刚度大、横向整体性和结构稳定性好等优点，所以在大跨度拱桥中被普遍采用。它也是大跨度拱桥拱圈截面的基本形式。大跨度拱桥的受力不同于一般板式桥梁，在受到竖向作用力时会在拱脚两处产生横向的推力，在主拱圈截面内形成压应力，这能够有效地减小拱圈截面的弯矩值，使结构成为偏压构件，以更好地利用其刚度和强度，更好地增大其跨径。

本书由拱桥施工管理人员编写，是一本介绍上承式大跨度钢筋混凝土拱桥施工关键技术的书籍。本书以施工为主线，详细介绍了上承式大跨度拱桥施工流程、施工方案、技术创新及安全保障等方面，详细阐述了基础结构、下部结构、上部结构以及支架设计等方面，并且总结了工程建设中的很多创新技术。

本书共分八章，以江西抚州才子大桥作为主要阐述对象，围绕着才子大桥整体施工工艺展开描述。第 1 章介绍了桥梁的基本情况、工程特点和重难点；第 2 章介绍了工程施工期间的技术攻关总结以及创新技术应用，重点描述了免拆苯板内模、拱圈压仓板、弧形底模支撑以及水带止浆等技术的应用；第 3 章主要介绍了栈桥结构设计与施工，明确了基于钢栈桥的受力验算进行的钢栈桥施工流程与施工要点；第 4 章介绍了桩基础施工工艺、承台施工工艺以及墩身施工工艺；第 5 章介绍了主、腹拱圈施工工艺，包括支架搭设、模板安装、混凝土浇筑以及体系转化等；第 6 章详细介绍了基于 Midas Civil 软件进行的主拱圈支架验算，对满堂支架的强度、刚度和稳定性进行了有限元分析；第 7 章介绍了安全、质量及其他管控措施；第 8 章介绍了湖北省远安县刘家湾大桥、新疆维吾尔自治区乌拉斯台拱桥以及山东省泰安市泮河大桥上部结构施工工艺，进一步拓展了本书的内容。

本书提供了一种混凝土拱桥施工技术方法，全方位总结了拱桥各部位施工技术，可为类似工程建设提供经验。

前　言

拱桥的建造历史悠久，最早出现在古希腊迈锡尼地区。我国的拱桥始于东汉中后期，历经数千年的孕育和发展，在世界拱桥历史长河中形成了独具一格的特色，且形式多样、造型优美，乃世界少有。拱桥具有跨越能力强、承载能力高、工程造价低廉、取材方便、后期维护费用低等优点，备受桥梁工程师们的青睐。特别是在拱桥喷涌式发展的现代，其成为我国桥梁工程中应用最为广泛的桥型之一。按主拱圈(肋)的建筑材料分类，拱桥主要分为石拱桥、混凝土拱桥和钢拱桥。混凝土拱桥又可以分为钢筋混凝土拱桥和钢管混凝土拱桥。

改革开放以来，我国科学技术水平和社会生产力得到了快速发展。随着国民生活水平的提高，人们对桥梁建筑提出了更高的要求。桥梁已不再只是作为交通运输的枢纽，更是作为一种可以映射出当地文化气息的空间结构艺术作品和城市建筑，供全国人民观赏。这种日益迫切的桥梁美学需求促进了人们对拱桥造型美的追求、拱桥结构分析理论的完善以及施工工艺方面的突破，应运而生出一种新型拱结构——异型拱结构。已建成的异形拱桥中，比较著名的有巴西的儒塞利诺库比契克总统桥和中国的天津大沽桥、安阳东风桥、武汉四新南路跨总港桥、广州南沙凤凰二桥等，其中广州南沙凤凰二桥是多跨连续葵花形混凝土拱桥。

葵花形混凝土拱桥是一种新型的异型拱结构，在实际应用中几乎全为钢筋混凝土拱桥。葵花形混凝土拱桥是在传统空腹式拱桥的基础上创新产生的一种新型空腹式拱桥，它废除了传统空腹式拱桥拱上的立柱或者横墙，用“大拱叠小拱”的方式将拱上建筑重量通过曲线腹拱以集中力的形式传递到主拱上，使桥梁立面富有层次感，造型优美，曲线圆润，富有生机，易与周围环境融合，因其造型酷似绽开的葵花而得名，又名复拱桥，是力与美的完美结合，是景观桥梁最佳选择的拱桥桥型之一。

江西省抚州市临川区才子大桥跨越宜黄河，位于临川大桥和龙津大桥之间，加强了宜黄河连杆公路东西方向的连接，进一步完善了江西省抚州市交通路网。本工程在临川区城市总体规划中。大桥东岸规划建设学校、医院、商务建筑等其他设施，西岸拟修建河西商务建筑、行政中心、福利院以及敬老院等，所以受益群众广泛，社会关注度很高。本项目具有工程规模大、桥梁结构形式多样、施工环境条件复杂、外部关系协调工作量大、施工组织管理难度大、资源需求规模大、水上结构多等特点，所以施工难度大，需要强大的技术支持和专业知识、丰富的现场施工经验和管理能力。

本书主要介绍了上承式大跨度钢筋混凝土拱桥施工关键技术。在施工过程中也遇到了一些技术问题，施工单位经过多次技术探讨，制定了系列方案，最终成功攻克技术瓶颈。本书在创新技术应用中详细介绍了本项目施工中的关键技术创新，为读者提供了部分经验。在介绍拱桥施工工艺时，本书从拱桥基础至拱桥上部结构进行了详细剖析，在拱桥上部结构中着重阐述了碗扣支架的现场应用以及相关验算，和读者分享了一种真实有效的拱桥支架施工经验。此外，本书在最后补充了相关经典案例，也提供了一定参考标准，以便读者更好地理解和应对类似工程。

因时间和水平有限，书中难免存在不当之处，还望读者批评指导，以便再版时更正。

编者

2024 年 2 月

目　录

第 1 章　工程概况

1.1　工程简介

才子大桥位于抚州市临川大桥和龙津大桥之间，系跨越宜黄河的一座大桥（见图 1-1 和图 1-2）。宜黄河，又称黄水、宜黄水，是江西省抚河的一条较大支流，属鄱阳湖水系。宜黄河发源地为宜黄县新丰的龙源山谷间，向西流至新丰，折向北流，此段称黄水。在宜黄县城郊汇合了宜水之后，称为宜黄水，北流进入抚州市临川区，在下源村注入抚河。宜黄河全长 166 km，流域面积 5120 km^2。

图 1-1　才子大桥线路图

图 1-2　才子大桥鸟瞰图

才子大桥西岸目前正在规划修建河西商务建筑、行政中心、临川区福利院、上顿渡敬老院等，东岸已建成临川二中，并规划修建医院、学校、商务建筑等其他设施。目前，临川区宜黄河上已建成通车的桥梁有3座，最上游的为省道208线（新抚八线）临川大桥。

桥梁中心桩号为K0+495，上部结构为540现浇混凝土箱梁，下部结构为柱式墩，肋板式台、墩台均为钻孔灌注桩基础，桥梁全长540 m，桥梁全宽28 m，桥面净宽22 m。

桥梁结构采用30 m+7×60 m+30 m混凝土连拱桥，双幅布置，单幅净宽13.99 m，两幅桥中间设置2 cm离缝，矢跨比1/7。

单幅主梁采用直腹板单箱五室布置，顶板设置成2.0%横坡。箱顶宽13.99 m，挑臂0.5 m，挑臂根部0.45 m厚（观景平台处局部加厚）。标准箱底宽13 m。结构中心线处梁高1.4 m，箱间顶板厚0.22 m，腹板厚0.3～0.5 m，底板厚0.22～0.42 m。

主拱采用直腹板四室布置，顶、底板均不设置横坡。箱顶宽13 m，箱室高1.5 m，箱间顶板厚0.22～0.4 m，腹板厚0.45～0.65 m，底板厚0.22～0.42 m。

腹拱采用直腹板单箱四室布置，顶、底板均不设置横坡。箱顶宽13 m，箱室高1 m，箱间顶板厚0.2～0.4 m，腹板厚0.5～0.7 m，底板厚0.2～0.4 m。

边拱梁采用直腹板单箱四室布置，顶板设置成2.0%横坡。箱顶宽13.99 m，挑臂0.5 m，挑臂根部0.45 m厚。标准箱底宽13 m。结构中心线处梁高2.2～3.3 m，箱间顶板厚0.22 m，腹板厚0.45～0.65 m，底板厚0.22～0.42 m。

上部结构体系纵向预应力采用$\varnothing^{s}15.2$高强度低松弛钢绞线，标准强度$f_{pk}=1860$ MPa；钢束规格采用$\varnothing^{s}15.2$-22。

桥梁中墩承台采用分离式矩形承台，分别为有推力墩与无推力墩，采用C40混凝土。基础采用直径为1.5 m的钻孔群桩基础，采用C35水下混凝土。根据地质勘察报告，采用中风化泥质砂岩作为桥梁桩基持力层。

桥台采用重力式桥台，矩形断面，承台尺寸（横桥向）40 m，中间设置沉降缝。桥台台身采用C40混凝土，桥台承台采用C35混凝土。桥台基础采用直径1.2 m的钻孔桩群桩基础，采用C35水下混凝土。根据地质勘察报告，采用中风化泥质砂岩作为桥梁桩基持力层。

工程主要设计标准如表1-1所示。

表1-1　工程主要设计标准表

序号	指标名称	采用值
1	设计速度	60 km/h
2	荷载	公路Ⅰ级

续表

序号	指标名称	采用值
3	桥宽	28 m
4	坐标系统	1980 年西安坐标系统
5	高程系统	1985 年国家高程基准
6	河流通航等级	V(3)级
7	环境类别	Ⅱ类
8	地震动峰值加速度	0.05g

1.2 工程施工环境

1.2.1 地形地貌

本项目位于宜黄河一、二级阶地或河床，属冲洪积平原地貌。项目区内岩土层由第四系冲洪积层(Q_4^{al+pl})和白垩系泥质砂岩组成。

1.2.2 地质条件

经勘察，桥位区未见威胁桥梁安全的不良地质现象，地势开阔、平坦，地层分布简单，工程地质条件较好。地层主要为第四系上更新统冲洪积层，具二元结构。桥位区勘探深度范围内地层分为四层，其具体工程地质特征从上至下分述如下：

(1)②-4 粉质黏土(Q_3^{al+pl})：黄褐色，稍湿，硬塑，含铁锰质结核或浸染，见灰白色蒙脱石黏土带。最大揭露厚 44.90 m，承载力基本容许值[f_{a0}]=240 kPa。摩阻力标准值q_{ik}=65 kPa。

(2)②-5 粉土(Q_3^{al+pl})：黄褐色，很湿，稍密—中密，无光泽，干强度及韧性低，含有薄层状粉细砂透镜体，有轻微摇震反应。层厚 2.10 m，承载力基本容许值[f_{a0}]=150 kPa。摩阻力标准值 q_{ik}=30 kPa。

(3)③-1 粉细砂(Q_3^{al+pl})：黄褐色或青灰色，饱和，稍密，主要成分为石英、云母等，颗粒级配差，含少量粉粒、黏粒，局部可见铁锰氧化物浸染团块。层厚 3.30～10.50 m，承载力基本容许值[f_{a0}]=140 kPa。摩阻力标准值 q_{ik}=35 kPa。

(4)④-1 圆砾(Q_3^{al+pl})：位于河床，杂色，稍密—中密，主要成分为石灰岩、白云岩、石英岩，磨圆度较好，呈次圆状、圆状，分选性较差，砾石含量 70%～75%，一般粒径 1～

2 cm，最大 5 cm，充填物为中粗砂。

区内地下水上层滞水赋存于表层填土中，孔隙承压水赋存于下部粉砂层中，含水量丰富。勘察区为Ⅱ类地质环境，场区地下水对混凝土结构具微腐蚀性，对钢筋混凝土结构中的钢筋具微腐蚀性。

1.2.3 气候条件

本项目所在地属中纬度亚热带季风气候区，气候温和，雨量充沛，具有四季分明、无霜期长等特点。冬季常受西伯利亚(或蒙古)高压影响，盛行偏北风；夏季多由副热带高压控制，盛行偏南风；春夏之交冷暖气流交换，为梅雨季节，年平均气温 16.3～19.5 ℃，平均最低气温－6～－5 ℃，最高气温在 40 ℃左右。最冷月(1 月)平均气温 3.6～5 ℃，最热月(7 月)平均气温 28～29.8 ℃。年平均降水量 1688.9 mm，年内四季降雨不均，持续较大的降雨量常出现在 3～6 月，占总量的 55%～66%。降雨高峰普遍在 5～6 月。从年际来讲，最大降雨量为 1975 年的 2996.1 mm，最小为 1971 年的 923.7 mm，最大变幅 2～2.5倍。

受季风影响，一般从 4 月前后起，温暖的夏季风开始盛行，雨量逐渐增加，5～6 月冷暖气流异常交绥，降水量猛增，月平均降水量可达 200～350 mm，多雨年份可达 700 mm。及至 7～9 月，因受到热带高压控制，除有地方性雷阵雨及偶有台风外，普遍雨水稀少，月平均降水量在 100 mm 以下。

本桥区地处抚州市临川区，桥梁横跨宜黄河，西接中洲路，东连中兴路，宽约 30 m。常年洪水出现在 3～6 月。洪水暴涨暴落，流量变幅较大，水位高低悬殊，枯水期历时长，地下水与地表水有一定的连通关系。

1.3 工程特点、重点和难点

本项目具有工程规模大、桥梁结构形式多样、施工环境条件复杂、外部关系协调工作量大、施工组织管理难度大、资源需求规模大、水上结构多等特点。由于上述工程特点，施工准备阶段的临时设施建设、便道建设及便道交通组织管理、过程质量控制、施工进度控制、施工安全管理等成为项目实施的主要组织管理重难点，同时施工过程中要处理好卵石地质深水桩基及深水围堰施工、组合支架现浇主拱圈施工等施工技术重难点。

才子大桥作为多孔连续大跨度拱桥，在结构上拱桥主拱圈轴线呈二次抛物线状，最大矢跨比 1/7，桥墩分为有推力墩和无推力墩；在不同矢跨比条件下，拱的推力反作用于相应桥墩上，以确保桥梁整体受力平衡；主、腹拱圈是由多箱式构成的箱型拱，截面挖空率大，节省圬工体积，减轻桥梁自重，闭合的空心截面具有较强的抗弯刚度和抗扭刚度，整体性好。拱圈是拱桥主要承重结构，承受桥梁上部全部荷载，其中主拱、腹拱在施工过程中受力最大，接触面都是斜面，受力复杂，在全桥受力中起着至关重要的作用，直接影响桥梁安危及使用寿命。

本项目重难点及应对措施如下：

(1)采用结构计算与有限元模拟相结合的方式验证支架结构安全性。采用空间有限元软件 Midas Civil 对该桥的满堂支架搭设进行数值计算，通过多方对比，保证结构强度、刚度及稳定性方面均满足结构安全需求，同时为后续类似结构的设计、施工提供一定的借鉴。

(2)拱墩交接处以及拱脚交接处节点施工。该桥施工的难点和重点之一就是拱脚交接位置处的节点施工，无论是主拱圈的拱脚与桥墩交接处还是腹拱圈的拱脚与主拱圈的交接处，在施工过程中都是薄弱环节。经过多方探讨，最终决定在拱脚位置进行加强支撑设置。在薄弱节点位置架设横向双拼槽钢平台，并在此平台上搭接支架以形成刚性连接。此外，在拱圈(桥墩)弧形截面(斜面)位置设计三角形木质楔块作柔性连接，这样既不损伤混凝土外观，又能保证结构的连接强度。

(3)拱圈小空间箱室内模施工。针对该桥腹拱圈的箱室尺寸小、弧度大特点，摒弃传统钢、木内模在葵花拱腹拱圈中的应用，采用苯板(聚苯乙烯泡沫板)一次性箱梁内模施工，具有施工简便、质量易于控制、施工时间短等优点。在施工前，按照不同跨径、不同箱拱空腔截面尺寸批量制作。在施工中，依据箱室空腔尺寸，在现场拼装或1次裁切其长度以满足模内净尺寸需要。浇筑混凝土后无须抽拔，保留在箱室内，具有良好的经济效益和社会效益。

(4)主、腹拱圈现场施工。本桥设计桥墩为有推力墩和无推力墩，所以在施工过程中既要考虑现场施工条件，也要考虑主拱圈施工顺序，既要保证施工进度，也要确保施工过程中的质量安全。

由于拱圈底板线性变化较大，为方便模板支立，采用底模包侧模形式，纵横向为方木加竹胶板作底模，方木间采用三角形木楔垫塞并固定，确保结构线形满足设计要求。

主拱圈左右分幅施工，2次浇筑成型。第一次先浇筑底板并合龙，等混凝土达到一定强度(90%)后，再浇筑腹板和顶板混凝土。腹拱圈在浇筑时可以采用一次性浇筑完成，即从两侧拱脚一直浇至拱顶，最后在拱顶合龙完成浇筑，整个浇筑过程要在混凝土初凝前完成。混凝土浇筑时要保证对称均衡施工，纵向由两侧拱脚对称着向拱顶浇筑。拱圈斜面浇筑混凝土采用收口网沿拱圈法线分段布置，防止斜面混凝土下流，拱脚采用压仓板压仓，防止拱脚处混凝土堆积过多。

(5)主、腹拱圈体系转化。支架拆除前通过科学合理的体系转换过程确保主拱圈由支架受力安全转换为拱圈自身结构受力。在此过程中,需要三次支架卸落,实时监测拱圈的沉降和变形,以保证拱圈体逐渐均匀地降落和受力。体系转化完成后方可进行支架拆除。

第2章　关键技术及创新应用

2.1　钢筋混凝土葵花拱温度效应分析

多跨连拱结构在温度变化时，会产生次内力，对结构产生不利影响。本书以才子大桥七孔钢筋混凝土葵花拱桥为工程背景，建立全桥杆系结构模型，对主拱、腹拱在温度荷载作用下的内力和应力进行计算，并探讨了不同制动墩位置的温度效应影响。计算结果表明，在温度荷载作用下，主拱拱顶处产生的弯矩与结构自重产生的弯矩接近，腹拱为41.2%；主拱、腹拱产生的轴力在拱顶处最大，达到自重产生的轴力的50%，且对腹拱的影响更大。当制动墩在不同位置时，靠近制动墩的主拱拱脚处的轴力比其他位置受到的温度荷载影响更大。本项目的计算结果可为类似工程的设计施工提供参考。

2.1.1　工程概况

该桥为7×60 m＝420 m的钢筋混凝土葵花拱桥，双幅布置，单幅桥净宽13.99 m，拱桥主梁、主拱、腹拱均采用C50混凝土。全桥桥墩编号从左至右分别为P2～P9，主拱编号为Z1～Z7，腹拱编号为F1～F6。图2-1为全桥桥型布置图。

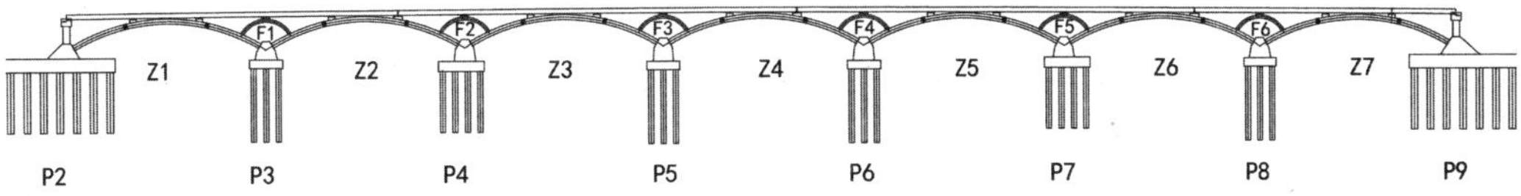

图2-1　全桥桥型布置图

大桥地处中纬度亚热带季风气候区，气候温和，四季分明。该地区年平均气温为16.3～19.5 ℃，最低气温为－6～－5 ℃，最高气温在40 ℃左右。最冷月(1月)平均气温为3.6～5 ℃，最热月(7月)平均气温为28～29.8 ℃。

大桥主拱、腹拱的拱轴线均为圆曲线，且截面均为单箱四室布置，顶、底板均不设置横坡。其中,主拱截面箱顶宽 13 m,箱室高 1.5 m,箱间顶板厚 0.22～0.42 m,腹板厚 0.6～0.75 m,底板厚 0.22～0.42 m。腹拱截面箱顶宽 13 m,箱室高 0.9 m,箱间顶板厚 0.2～0.35 m,腹板厚 0.7 m,底板厚 0.2～0.4 m。

单幅主梁截面为单箱五室,与主拱、腹拱铰接,顶板设置成 2.0% 横坡。箱顶宽 13.99 m,挑臂 0.5 m,挑臂根部厚 0.45 m。标准箱底宽 13 m。

结构中心线处梁高 1.4 m,箱间顶板厚 0.22 m,腹板厚 0.3～0.5 m,底板厚 0.22～0.42 m。桥墩分有推力墩与无推力墩。其中,P2、P4、P7、P9 为制动墩,采用分离式承台,左右两侧桥墩采用直径 2 m 的钻孔桩群桩基础,其余桥墩采用直径 1.5 m 的钻孔桩群桩基础。

2.1.2 有限元模型建立

采用有限元软件 Midas Civil 进行建模,图 2-2 为全桥的结构有限元模型。模型由主拱圈、腹拱圈、主梁以及桥墩构成,其中,主拱、腹拱和主梁都采用梁单元进行模拟。为简化计算,将拱座的实体单元也简化为梁单元,则全桥共 737 个单元。

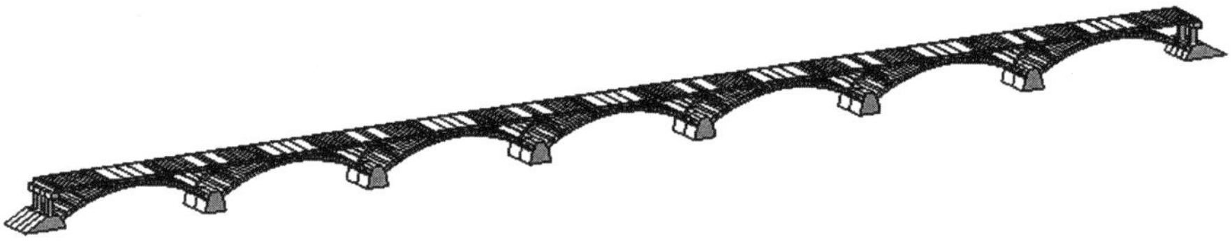

图 2-2　全桥的结构有限元模型

考虑连拱作用时,拱座与主拱的内力按照结构实际刚度进行分配。为简化计算,根据本桥地质状况和《公路桥涵地基与基础设计规范》(JTG 3363—2019)附录中的方法,模拟土弹簧为边界条件,计算承台顶部节点的等效刚度。制动墩采用拱脚与拱座固结,非制动墩采用节点弹性连接,输入等效刚度,如表 2-1 所示,其中,x 为顺桥向,y 为横桥向,z 为竖向;主拱与腹拱固结,主拱、腹拱与主梁之间采用弹性连接。

表 2-1　非制动墩节点等效刚度

方向	x	y	z
平动刚度/(kN/m)	2.48×10^5	2.83×10^5	3.46×10^7
转动刚度/(kN·m/rad)	5.96×10^8	2.13×10^8	1.86×10^8

注:荷载考虑结构自重以及温度荷载,温度效应按规范取值,整体升温 11 ℃、整体降温 14 ℃。

2.1.3　计算结果及分析

2.1.3.1　温度荷载作用下的主拱、腹拱内力

为叙述方便，取跨中 Z4 主拱与 F3 腹拱进行对比分析。温度荷载及自重作用下的主拱弯矩如图 2-3 所示，其中，x 轴表示到左拱脚的距离，y 轴表示相对应的弯矩值。由图 2-3 可知，当整体升温与整体降温时，主拱上的弯矩变化趋势十分接近，但方向相反，靠近拱脚处与拱顶处的弯矩最大，拱轴线 1/4 处的弯矩最小；结构整体升温时，在拱顶处产生的弯矩值为 6648.6 kN·m，与结构自重作用下的数值十分接近，仅相差 4%。

温度荷载及自重作用下的主拱轴力如图 2-4 所示。由图 2-4 可知，整体升温和整体降温时，主拱拱脚处产生的轴力很小，仅为 717.2 kN；在距拱座 7.5 m 处，轴力开始不断增大，至拱顶处达最大值(2024.3 kN)。这是因为温度变化时，超静定拱中任意截面的轴向力为 $N_t=h_t\cos\varphi$，并且拱脚至拱顶处的 φ 值不断减小。温度荷载下的拱顶轴力与自重荷载下的轴力相差较大，温度荷载下的轴力最大值仅为自重作用下的 14%，影响相对较小。

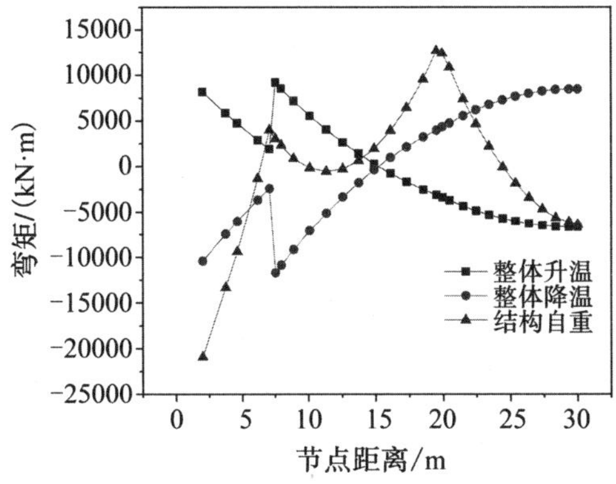

图 2-3　主拱弯矩

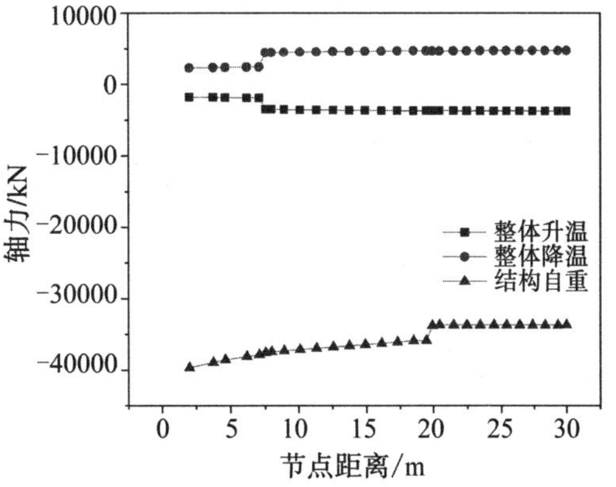

图 2-4　主拱轴力

温度荷载及自重作用下的腹拱弯矩如图 2-5 所示。由图 2-5 可知，当整体升温和整体降温时，腹拱处的弯矩变化趋势接近，方向相反。整体降温时，腹拱拱脚处的弯矩值最大，为8347.3 kN·m，是自重作用下弯矩值的 1.7 倍。由于腹拱拱顶设有连接主梁的支座，承受集中荷载作用，所以拱顶弯矩值也较大。在拱顶处，温度荷载作用下拱顶的最大弯矩值为 3939.1 kN·m，为自重作用下弯矩值的 41.2%。

温度荷载及自重作用下的腹拱轴力如图 2-6 所示。由图 2-6 可知，当整体升温和整体降温时，腹拱拱脚处产生的轴力最小，为 717.2 kN，仅为自重作用下轴力值的 11%；腹拱轴力从拱脚处开始持续增大，至拱顶处达最大值(2024.3 kN)，较自重作用下的拱顶处轴力值(4247.9 kN)而言，占比约为 50%。

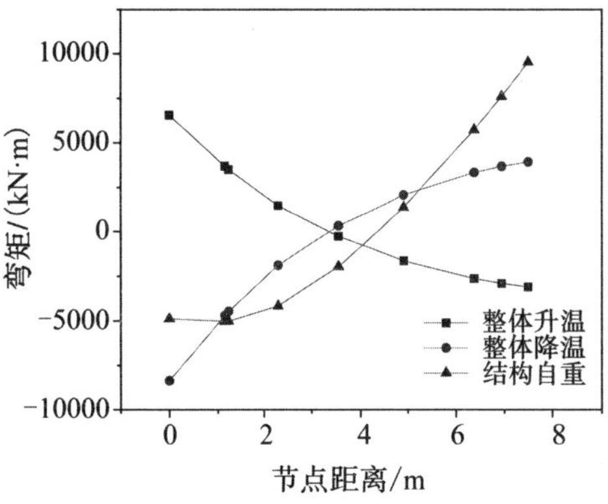

图 2-5 腹拱弯矩

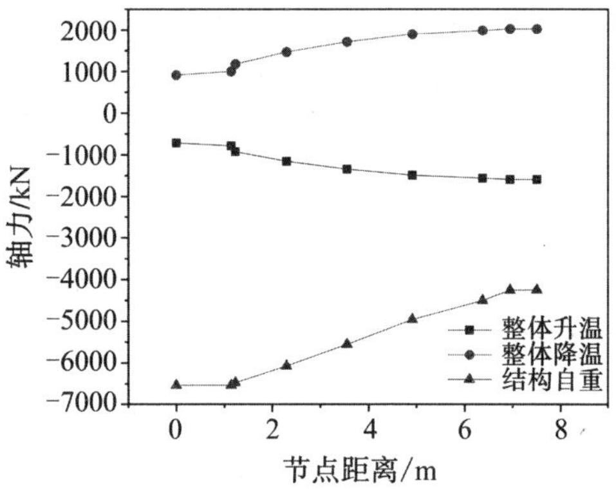

图 2-6 腹拱轴力

2.1.3.2 温度荷载作用下的主拱、腹拱应力

计算结果表明,温度荷载对主拱、腹拱上缘应力的影响更大,故只选取上缘应力进行分析。温度荷载及自重作用下的主拱上缘应力如图 2-7 所示。由图 2-7 可知,当整体升温和整体降温时,主拱拱脚处上缘的应力值为 2.34 MPa,为自重作用的 86.3%;应力值在距拱座 7.5 m 处突变后,又持续增加至最大值(3 MPa),表明在主拱、腹拱连接处,温度荷载产生的应力值最大;相比结构自重作用而言,温度荷载在主拱、腹拱连接处上缘造成的应力影响最大,比值达到 91.2%,拱顶处为 67.4%。

温度荷载及自重作用下的腹拱上缘应力如图 2-8 所示。由图 2-8 可知,当整体降温时,腹拱拱脚处产生的应力值最大,为 4.62 MPa,超过自重作用下的应力(3.23 MPa);整体升温与整体降温产生的应力变化相似,在 1/4 拱轴线处应力接近零;整体降温时,腹拱拱顶处的应力为 2.31 MPa,为自重作用下的 41.7%。

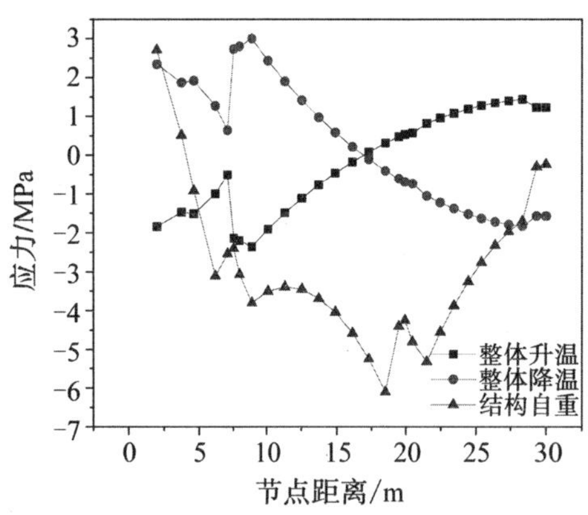

图 2-7 主拱上缘应力

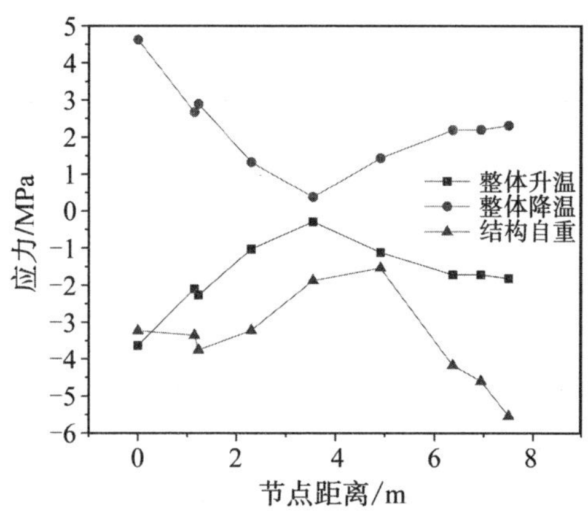

图 2-8 腹拱上缘应力

2.1.3.3　制动墩在不同位置时的主拱、腹拱温度效应

制动墩位置对温度效应造成的内力有较大影响，为探讨不同制动墩位置的影响，本书分别考虑制动墩在 P4、P7 位置和 P5、P6 位置这两种情况。

制动墩在不同位置时的主拱轴力如图 2-9 所示。由图 2-9 可知，当制动墩位置改变时，主拱轴力总体趋势不变。制动墩处于 P5、P6 位置时，Z4 主拱拱脚处由温度荷载引起的轴力为 3209.6 kN，是制动墩在 P4、P7 时的 1.48 倍。这是因为 P5 墩为制动墩时，拱座刚度更大，对与之固结的 Z4 主拱产生了更大的水平推力。轴力在与主梁连接处发生突变，拱顶最大值为 17344.3 kN。制动墩在不同位置时，拱顶处轴力仅相差 613 kN。

制动墩在不同位置时的腹拱轴力如图 2-10 所示。由图 2-10 可知，制动墩位置改变对 F3 腹拱由温度荷载引起的轴力产生较大的影响，制动墩在不同位置时，拱脚处产生的轴力方向相反。当制动墩处于 P4、P7 位置时，腹拱拱顶处产生的轴力最大，最大值为 1481.4 kN，是制动墩在 P5、P6 位置时的 2.88 倍。

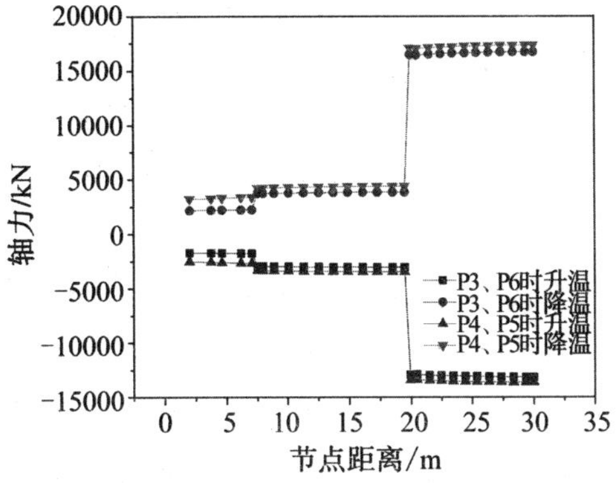

图 2-9　制动墩在不同位置时的主拱轴力

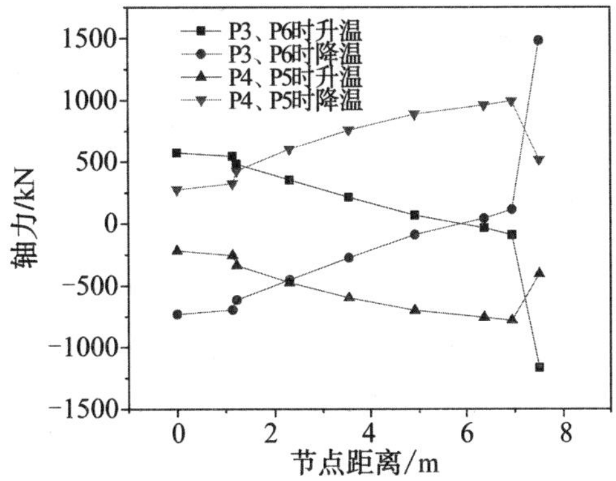

图 2-10　制动墩在不同位置时的腹拱轴力

2.1.3.4　结语

在温度荷载作用下，主拱拱顶处的弯矩值与结构自重荷载下的数值十分接近，腹拱拱顶处的弯矩值与自重荷载下的比值达到 41.2%。

温度作用产生的主拱、腹拱轴力在拱顶处最大，达到自重产生的轴力的 50%，且对腹拱的影响更大。当制动墩在不同位置时，靠近制动墩的主拱拱脚处的轴力比其他位置受温度荷载的影响更大。

2.2　葵花拱桥不同落架方案对拱座受力的影响

钢筋混凝土葵花拱桥通常采用满堂支架施工，在支架拆除过程中，拱座受力会发生

变化,不同落架方案会对结构受力产生不同的影响。本书以才子大桥七孔钢筋混凝土葵花拱桥为背景,分析从中跨向边跨和从边跨向中跨对称逐孔落架两种方案,探讨其对拱座水平推力、竖向反力和弯矩的影响。计算结果表明:两种方案的拱座水平推力最大值均出现在边墩拱座,对拱座水平推力的变化趋势和最大值均影响不大;对拱座竖向反力有较大影响,从中跨向边跨落架方案的拱座竖向反力变化更小,未出现应力骤变现象,且拱座弯矩值更小,边墩拱座弯矩值可减小 62.3%。本计算结果可为类似工程的设计提供参考。

2.2.1 工程概况

该大桥主桥为 7×60 m=420 m 的混凝土葵花拱桥,双幅布置,全桥示意图如图 2-11 所示。其中,主拱轴线为圆曲线,矢跨比 1/7,截面为直腹板单箱四室,顶、底板均不设置横坡。箱顶宽 13 m,箱室高 1.5 m,箱间顶板厚 0.22～0.42 m,腹板厚 0.6～0.75 m,底板厚 0.22～0.42 m。

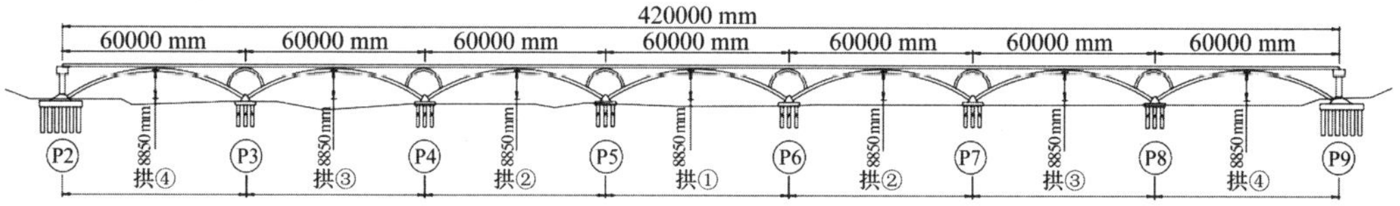

图 2-11 全桥示意图

桥墩分为有推力墩与无推力墩,墩身采用 C40 混凝土;承台采用分离式承台,采用 C35 混凝土。P2、P9 墩采用直径 2 m 的钻孔桩群桩基础,其余桥墩采用直径 1.5 m 的钻孔桩群桩基础。桥台采用重力式桥台,其中 P4、P7 为制动墩,承台加厚至 3 m,其余墩承台厚度均为 2.5 m。

主拱圈支架采用钢管扣件式满堂支架,按中跨中线进行对称划分。实桥采用的落架方案为从中跨向边跨对称逐孔卸落,即依次拆除图 2-11 中的拱①②③④的支架。为考查不同落架顺序的影响,将实桥落架方案设为方案一。方案二采用从边跨向中跨对称逐孔卸落的方式进行落架,依次卸落拱④③②①的支架,对比分析落架过程中拱座的受力情况。

2.2.2 有限元模型的建立

采用有限元软件 Midas Civil 进行建模,实桥的主拱圈落架是在腹拱施工之前,因此只需建立主拱圈的计算模型,如图 2-12 所示。模型由主拱圈、桥墩以及临时支架等部分构成,其中,主拱圈、桥墩均采用梁单元进行模拟,而临时支架采用弹性连接受压连接单元进行模拟。

图 2-12　全桥有限元模型

将承台、桩基础作为整体，建立下部结构基础的计算模型。根据本桥地质情况，将地基土等效成土弹簧作为边界条件，计算地基土对桩的等效刚度(见表 2-2)。桥台与承台底设弹性约束，下部结构刚度采用表 2-2 的计算结果，满堂支架采用弹性连接受压连接单元进行模拟，采用删除相应部分支架的方法来模拟不同施工阶段的支架拆除过程。

表 2-2　墩底节点等效刚度值

方向	x	y	z
平动刚度/(kN/m)	2.48×10^5	2.83×10^5	3.46×10^7
转动刚度/(kN·m/rad)	5.96×10^8	2.13×10^8	1.86×10^7

2.2.3　计算结果及分析

整个桥梁结构沿中跨中线是左右对称的，两边结构受力情况相同，本书只对桥墩 P2、P3、P4、P5 处拱座进行分析。

2.2.3.1　拱座水平推力

图 2-13 为两种落架方案的拱座水平推力的计算结果。可以看出，方案一的 P2 墩处拱座水平推力最大，随着支架逐步卸落，其水平推力逐渐增大，支架完全拆除后的水平推力为 767.3 kN，为落架后各拱座水平推力的最大值。方案二的 P2 墩处拱座的水平推力始终最大，呈逐渐增大趋势，落架完成后，水平推力为 762.6 kN；在完成拱③落架以后，P3 和 P5 墩处的拱座水平推力相近。

对比两种落架方案的计算结果可知，各拱座水平推力的变化情况相似，P2 墩处的拱座水平推力最大。这说明在落架过程中，主拱圈对拱座的水平推力部分传递到 P2 墩处拱座，从而使其水平推力逐渐增大，并且要远大于其他墩拱座的水平推力。同时，从各拱座水平推力的变化趋势和最终值可以看出，两种落架方案对拱座水平推力的影响区别不大。

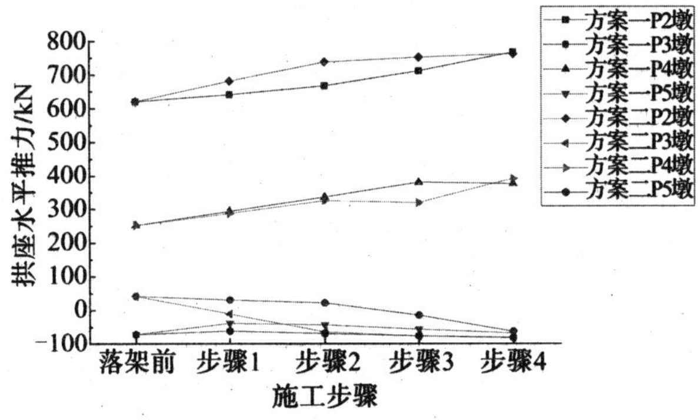

图 2-13　各拱座的水平推力变化

2.2.3.2　拱座竖向反力

图 2-14 为两种落架方案的拱座竖向反力的计算结果。可以看出，在方案一的落架过程中，各拱座竖向反力均呈现逐渐增大趋势，数值相近且变化幅度相近，其中 P4 墩的拱座竖向反力始终保持最大。在方案二的落架过程中，各拱座竖向反力总体趋势为逐渐增大，但在卸落拱④处支架时，P2、P3 墩处的拱座出现反力突然增大现象，在卸落拱③处支架时，P2 墩处的拱座出现反力突然减小现象。

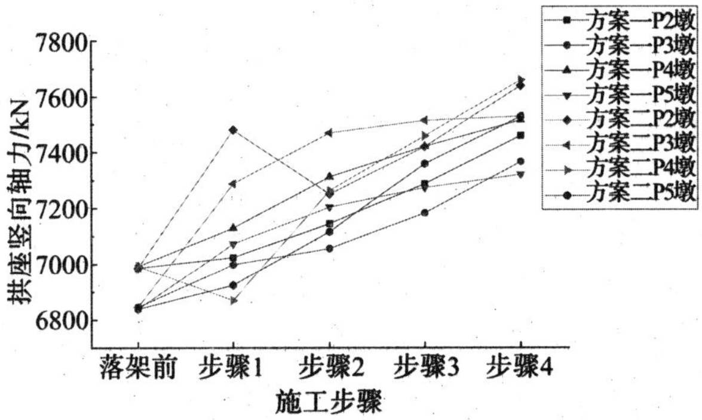

图 2-14　各拱座的竖向反力变化

对比两种落架方案的计算结果可知，虽然落架完成后，两种方案中各拱座的竖向反力相差不大，但方案一的各拱座竖向反力变化较为平缓，落架过程中未出现较大变化，而方案二的拱座竖向反力出现突然增加和突然减小现象。主要原因是方案二在卸落拱④处的支架时，主拱④的自重全部施加在 P2、P3 墩上，从而其拱座竖向反力突然增大，且在卸落拱③处的支架时，主拱③的自重施加在 P3、P4 墩上，P3 墩所受到的竖向力增大，导致 P2 墩竖向反力有所减小。

2.2.3.3　拱座弯矩

图 2-15 为两种落架方案中拱座弯矩的计算结果。可以看出，方案一 P3 和 P5 墩处的拱座弯矩始终为正值，落架过程中数值逐渐减小；P2 和 P4 墩处的拱座弯矩始终为负值，落架过程中数值逐渐增大。方案二 P3 和 P5 墩处的拱座弯矩也始终为正值且逐渐减小，从拆除拱③的支架开始，两个拱座弯矩值相近；P2 和 P4 墩处的拱座弯矩也始终为负值且逐渐增大。两种落架方案的各拱座弯矩值均趋向 0，方案二全部落架后，各拱座弯矩值相对较大，其中 P2 墩处的拱座弯矩值为－8618.2 kN·m，而方案一全部落架后，P2 墩处的拱座弯矩值为－3247.2 kN·m。

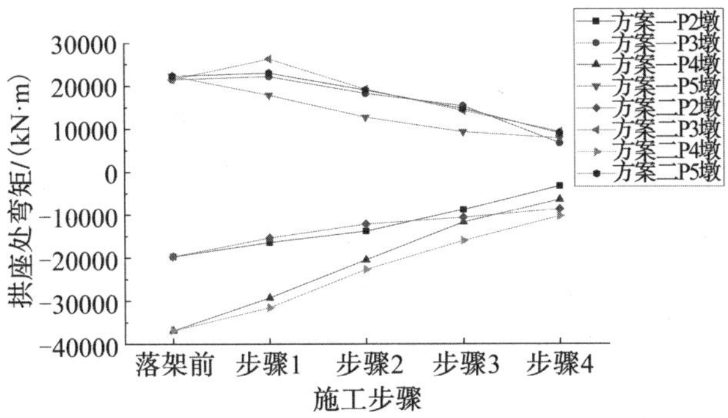

图 2-15　各拱座的弯矩变化

对比两种落架方案的计算结果可知，整体上各拱座弯矩的变化趋势相似，但对于完全落架后的 P2 墩处拱座弯矩值，方案二是方案一的 2 倍多，主要是因为方案二最后在卸落拱①的支架时，对 P1 墩处的拱座会产生较大的弯矩效应，而方案一最后在卸落拱④的支架时，可以抵消 P2 墩处的拱座原本的部分弯矩效应，从而方案一的弯矩值要比方案二的小。较大的弯矩使得拱座混凝土受到较大的拉应力，可能会导致开裂，应该考虑不同的落架顺序对拱座弯矩的影响。

2.2.3.4　结语

从中跨向边跨和从边跨向中跨对称逐孔落架两种方案的拱座水平推力最大值均出现在边墩拱座，从拱座水平推力的变化趋势和最大值考虑，两种落架方案的影响区别不大。

两种落架方案对于拱座的竖向反力有较大影响。相比而言，从中跨向边跨对称逐孔落架方案的拱座竖向反力变化更小，未出现应力骤变现象，且拱座弯矩值更小，边墩拱座弯矩值可减小 62.3%。

2.3 基于免拆苯板内模的钢筋混凝土葵花拱桥腹拱圈施工技术

2.3.1 苯板内模施工技术

2.3.1.1 项目背景

钢筋混凝土葵花拱桥作为一种新型的异型拱桥，造型美观，结构轻盈，综合考虑了结构受力和外观造型的需求，在城市景观桥梁中有着广泛的应用，如图 2-16 所示。对于葵花拱桥的腹拱圈，虽然跨度较小，但需要与主拱圈截面保持一定的比例，采用实心板截面，这不仅浪费材料，而且自重很大，在施工阶段会对腹拱圈拱脚部位产生较大的负弯矩，容易造成混凝土开裂问题，故腹拱圈一般采用低高度的箱型截面，不仅自重较小，受力性能也较好。但由于腹拱圈采用的箱型截面高度较低，如采用传统的钢模板或者木模板进行内模施工，不但模板工程量大，而且较低的截面高度会使得工人难以甚至无法进入内部进行拆除。如果不将钢、木内模拆除而留在箱内，则会造成钢材及木材的浪费，而且钢、木内模较大的自重也会对施工阶段的腹拱圈拱脚受力造成不利影响。

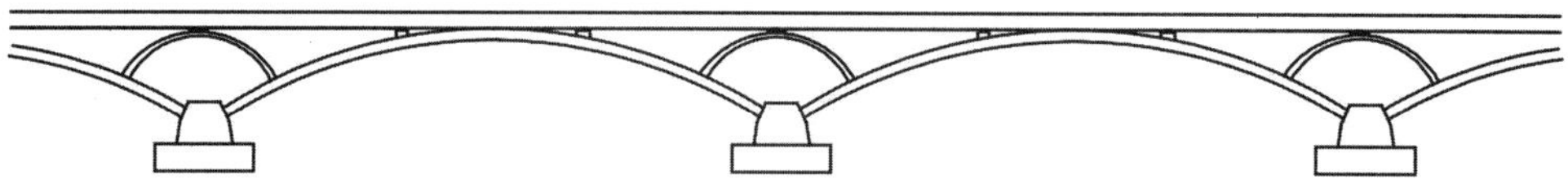

图 2-16 葵花拱结构

结合工程自身特点，本项目对葵花拱腹拱圈施工理论及方法进行探讨和创新，并进行工程实践应用研究，以保证工程安全、确保施工质量、缩短工程工期及降低施工成本为目标，从而取代传统钢、木内模在葵花拱腹拱圈中的应用，并在行业内广泛推广。

本施工技术充分利用苯板材料特性，在现有条件和资源下，将其与葵花拱腹拱圈内模施工完美结合，并完成基于免拆苯板内模的钢筋混凝土葵花拱桥腹拱圈施工技术研究，工作进展顺利，具有科研探索及工程应用双重价值。

2.3.1.2　项目实施方案

1)钢筋下料、绑扎

腹拱圈钢筋严格按设计和规范要求在钢筋加工厂加工下料、弯曲成型。底板模板预压、验收完成后进行钢筋绑扎施工。拱脚部分预埋钢筋在施工主拱圈时进行预埋。首先绑扎腹拱圈纵向受力钢筋,然后绑扎横向分布筋及箍筋;钢筋绑扎完成后,预埋拱上支座垫石钢筋。在钢筋绑扎焊接时注意保持模板内清洁,保护模板表面光滑,防止钢筋撞击模板表面。在进行钢筋焊接时,在焊接点下面放置大小合适的铁皮,以免焊渣烧坏清水木模板,影响混凝土表观质量。为保证拱圈保护层的厚度,在钢筋与模板之间设置垫块,垫块布置互相错开,呈梅花形。非焊接钢筋骨架的多层钢筋之间设短钢筋支垫,以保证位置准确。各段钢筋绑扎焊接加工过程中及成型后,现场班组长、技术人员详细检查钢筋数量、型号、尺寸及保护层是否符合设计及规范要求,经监理工程师验收合格后方可支立外侧模。钢筋绑扎如图 2-17 所示。

图 2-17　钢筋绑扎图

2)支立侧模

外侧模采用底板包侧板的形式。为保证底部弧度,侧模为扇形分段拼装。侧模采用清水木模板和方木制作成木模,尺寸根据不同断面高度分别加工制作,面板为 1.5 m 清水木模板,骨架为 10 cm×10 cm 方木,背楞为 10 cm×10 cm 方木,骨架间距 45 cm,方木高出面板,以便横桥向进行模板对拉加固。加固采用对拉丝杆,对拉杆采用∅16 mm 圆钢,在底板底部设置横桥向通长对拉一道,上面对拉杆仅在混凝土顶面设置一层,高出混凝土面 10 cm,中间不再加设对拉丝杆,纵桥向间距为 90 cm。侧模底部用 10 cm×10 cm 方木固定,防止混凝土浇筑时侧模外移。侧模安装如图 2-18 所示。

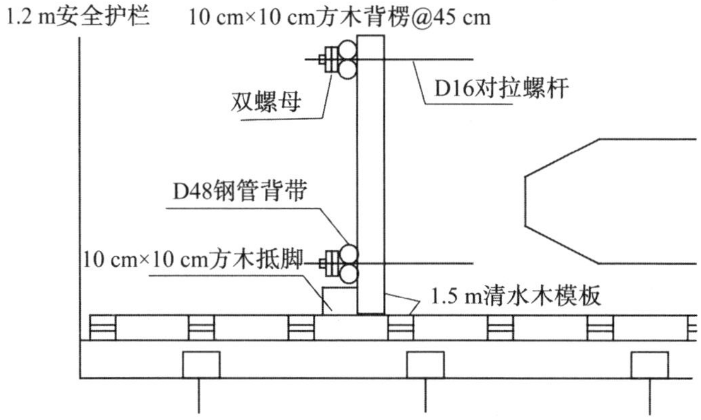

图 2-18 侧模安装图

3)内模安装

内模采用苯板。苯板作为新型建筑材料已经普遍应用于建筑领域(如外墙保温、墙体节能、临时房屋设施等),在机械制造领域作为零配件制造的铸模,作为桥梁空心板内模应用于公路建设领域(见图 2-19)。因其轻质、易于制作、具备一定强度,并且运输成本低等特点,苯板近几年也逐步开始在桥梁工程中被使用。

图 2-19 苯板内模

(1)聚苯乙烯泡沫的保护

聚苯乙烯泡沫材料的化学性质比较稳定,不会被水和其他微生物分解破坏,耐久性好,内部空腔结构不易渗入水分,且结构稳定,不会被大多数溶剂溶解,但在长时间日照作用下会变色且呈现脆性。采用该材料作为桥梁箱室内模时,注意对材料的保护,防止其接触汽油、煤油,并避免长时间日照,防止其提前老化。

(2)聚苯乙烯泡沫的力学性能

①压缩性能

采用聚苯乙烯泡沫材料作为预应力桥梁内模,需对其强度进行全面的试验检测,保证其在施工过程中满足工程对强度的要求。按照设计与施工要求,采用单轴压缩试验和三轴压缩试验确定材料的压缩性。

A.单轴压缩试验。试件尺寸为∅50 mm×20 mm,同时对试件进行有侧限压缩试验和无侧限压缩试验,将二者试验结果进行对比,试验结果如图 2-20 和图 2-21 所示。可以看出,随着荷载不断增加,聚苯乙烯泡沫材料不断出现变形,先后经历弹性变形阶段、屈服变形阶段和塑性变形阶段。随着材料密度的增大,其各变形阶段所对应的应力值也在不断增加。同时,在密度相同的情况下,有侧限状态下的抗压强度明显低于无侧限状态下的抗压强度。

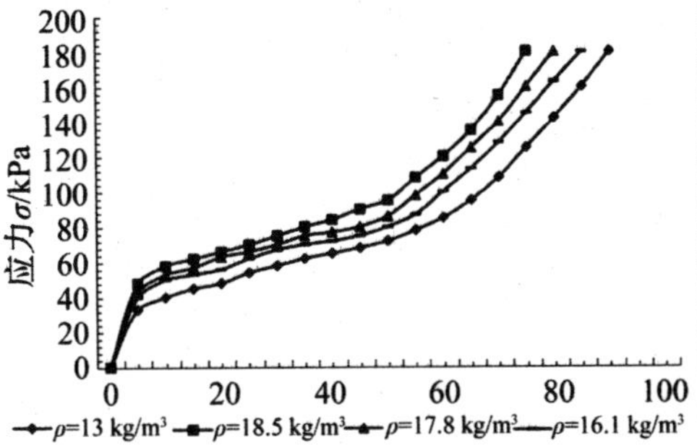

图 2-20　应力—应变关系曲线(应力控制有侧限)

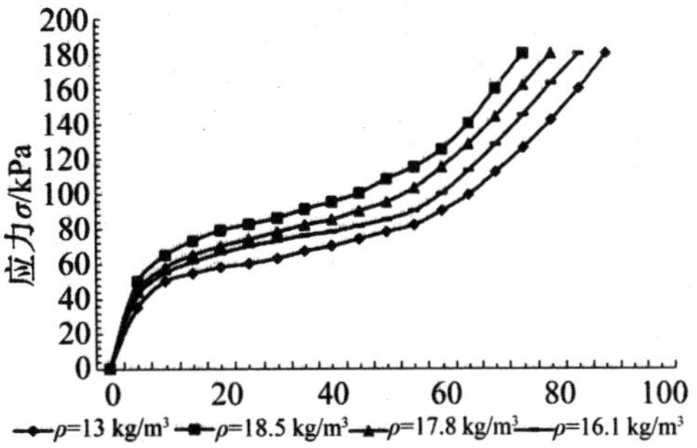

图 2-21　应力—应变关系曲线(应力控制无侧限)

B.三轴压缩试验。三轴压缩试验的试件尺寸为∅38 mm×80 mm,密度为 18 kg/m³,在 GDS 静三轴固结仪上进行快剪试验。在不同围压下的应力与应变间的关系及体积应变与轴向应变间的关系如图 2-22 所示。从试验结果可以看出:三轴压缩试验所产生的变形与单轴压缩试验所产生的变形类似;当围压很小时,对屈服强度的影响很小,只有当围压大于 60 kPa 时,屈服强度才会不断变小;材料的体积应变接近于轴向应变,即侧向变形小,这也说明其泊松比很小。

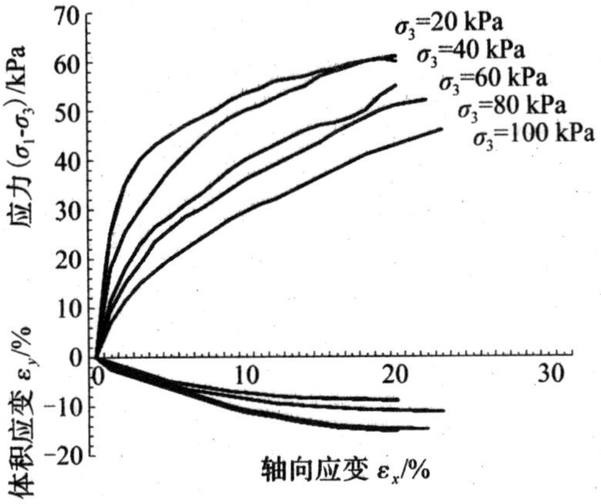

图 2-22　在不同围压下的应力与应变间的关系及体积应变与轴向应变间的关系

②蠕变变形性能

选取聚苯乙烯泡沫塑料(EPS)试样进行蠕变试验，试验仪器与单轴压缩试验设备相同。试件密度为17.8 kg/m³，试验施加的荷载为50 kPa、70 kPa、75 kPa、100 kPa，试验结果如图2-23所示。可以看出，荷载在低于70 kPa时，聚苯乙烯泡沫塑料的变形随时间的变化很小，当超过75 kPa时，变形随时间的变化较大。

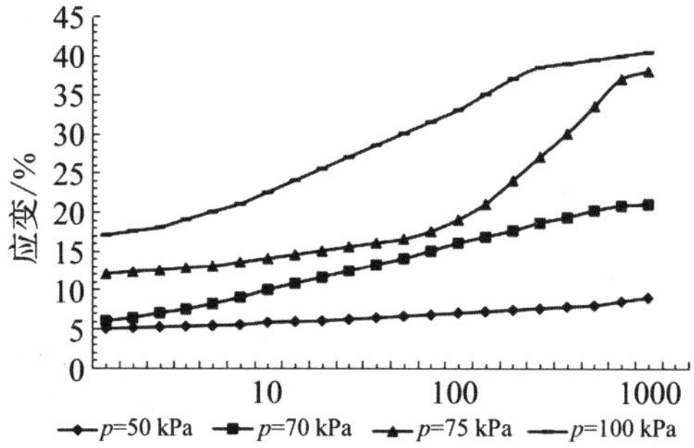

图2-23　蠕变性能

③试验结论

在实际施工中，为了在腹拱圈混凝土浇筑时和养护期保证苯板内模稳定性，根据箱室的形状和尺寸选取密度。另外，当外界荷载使材料产生的应变在弹性变形内时，不需要考虑蠕变变形的影响。

在公路桥梁工程中，对于结构物混凝土保护层厚度要求较高，合格率要求达到90%以上。由于腹拱圈箱式高度较小、弧度较大，传统木内模加工安装困难，且无法拆卸、循环利用，而以上试验结果表明，苯板内模具有较高的整体稳定性，作为腹拱圈及其他类似箱室结构内模具有较大优势。

(3)内模安装

在施工前，根据现场实际情况选取合适密度的苯板材料，针对不同跨径、不同箱拱空腔截面尺寸批量订购。在施工中，依据箱拱箱室空腔尺寸，可以在现场拼装或1次裁切其长度以满足模内净尺寸需要。浇筑混凝土后无须抽拔，保留在箱室内即可。在现场将底板、腹板钢筋安装完成后，按要求每平方米绑好5个保护层垫块，再将苯板内模根据事先加工好的尺寸在腹腔内拼装，再进行顶板钢筋的定位、绑扎与调整。苯板内模现场安装如图2-24所示。

图 2-24 苯板内模现场安装图(一)

为防止苯板内模在混凝土浇筑时发生上浮,必须对苯板内模进行固定。苯板内模采用压杠法进行固定,即通过横向压杠、纵向压筋条和填塞在两者之间的方木塞块组成的压杠组件来实现可靠固定。在外模上两侧边间隔、对称设压杠固定环,用以穿插固定横向压杠。模板调校完成后,在顶板钢筋层上间隔放置两根沿泡沫芯模顺长向延伸的纵向压筋条,再在外模的顶口间隔横置两根沿苯板内模宽度方向延伸的横向压杠。两横向压杠和两纵向压筋条呈“井”字形布置,横向压杠两端分别穿插于外模上两侧边设置的两压杠固定环内,横向压杠端部与压杠固定环之间穿插压杠木塞块,再在横向压杠与纵向压筋条之间的交叉点塞入方木衬块以填充两者之间的间隙。这样就可以有效地控制混凝土浇筑时苯板内模的上浮,现场安装如图 2-25 所示。免拆苯板内模安装具体施工方式详见第 5 章。

图 2-25 苯板内模现场安装图(二)

2.3.2 经济和社会效益

本施工技术加快了施工进度，缩短了工期，节约了材料及人工成本，取得了良好的经济和社会效益。

2.3.2.1 经济效益

以江西抚州才子大桥新建工程单跨腹拱圈为例，免拆苯板内模与传统支架木模板经济效益对比如表 2-3 所示。

表 2-3 免拆苯板内模与传统支架木模板经济效益对比

对比项	使用免拆苯板内模	使用传统支架木模板	经济效益
材料费	苯板内模 = 150 元/m^3 × 45 m^3 = 6750 元	钢管支架、方木靠背及木模板单跨约 6.3 万元	节省费用约 5.63 万元
人工费	每跨投入人工 6 人，用时 1 天，人工费 300 元/人，每跨人工费约 0.18 万元	每跨投入人工 12 人，用时 5 天，人工费按 300 元/人，每跨人工费约 1.8万元	节省费用约 1.62 万元
工期	每跨用时 1 天	每跨用时 5 天	节约工期 4 天

江西抚州才子大桥新建工程全桥共 12 跨腹拱圈，共节省材料费及人工费约 87 万元，节约工期 48 天；湖北宜昌刘家湾大桥共 4 跨腹拱圈，共节省材料费及人工费约 58 万元，节约工期 32 天。综上所述，本施工技术已累计产生经济效益约 145 万元，节约工期 80 天。从以上对比可以看出，使用免拆苯板内模比使用传统支架木模板节省大量材料和劳动力，同时大幅压缩施工时间，未来可推广至更多的类似工程，经济效益也将进一步增加。

2.3.2.2 社会效益

本项目的社会效益主要体现在以下方面：

(1)保证了混凝土施工的质量。箱室内部采用传统木模板施工时，一旦发生变形或胀模，处理过程耗时耗力，进而会影响混凝土浇筑质量。选择压缩强度大于 60 kPa 的苯板，完全能够承受混凝土浇筑过程中的各种荷载，可保证箱室腹拱圈的施工质量。

(2)降低了现场施工安全风险。免拆除苯板内模不需现场加工，混凝土浇筑完成后不需要拆除，避免了工人进入低高度截面箱室内部进行施工的危险，大大提高了施工的安全性。

(3)节约了资源，保护了环境。免拆苯板由工厂依照设计尺寸加工，无须拆除，现场无该类建筑垃圾产生。同时，对钢材及木材需求极少，较传统钢、木内模更符合国家可持续发展的基本原则，对环境保护及减少环境污染起到了积极作用。

综上所述，采用基于免拆苯板内模的钢筋混凝土葵花拱桥腹拱圈施工技术的两个建设工程均取得了显著的经济效益和社会效益。

2.3.3　应用效果及推广前景

2.3.3.1　应用效果

本施工技术在江西抚州才子大桥新建工程（长 540 m，宽 28 m）、湖北宜昌刘家湾大桥新建工程（长 452.3 m，宽 20.8 m）中得到成功应用。本施工技术在结合工程自身特点的基础上，对葵花拱腹拱圈施工方法进行探讨和创新，并进行工程实践应用研究，具有较为重要的工程应用价值，在应用过程中也受到了业主、监理单位的一致好评。本施工技术不仅在减少工程投资、保证工程安全、确保施工质量及缩短工程工期等方面具有直接作用，而且对其他同类桥梁结构的施工具有理论指导作用，并能为国内现浇钢筋混凝土葵花拱桥的应用、施工技术的进步、关键控制数据的确定等提供经验，特别是可促进类似低高度箱型截面结构的施工技术的发展。

2.3.3.2　推广前景

随着城镇化发展的加快、城市规模的不断扩大、大量城市公路的建设，人们对公路桥梁的要求已不仅仅是满足通行的需要，现浇混凝土葵花拱桥因其适用性强、经济性好、结构美观，必然被大量采用。本施工技术适用于传统钢、木模板难以施工，对施工阶段自重较为敏感的低高度箱型截面现浇钢筋混凝土葵花拱桥腹拱圈结构，也适用于一般低高度箱型截面的现浇混凝土梁、板结构，并可发展应用于竖向箱型结构构件中，应用前景十分广阔。

2.4　现场五小创新总结

2.4.1　拱圈压仓板施工工艺

由于本项目腹拱圈矢跨比较大，混凝土的流动性导致浇筑无法正常进行，故进行腹拱圈混凝土施工时，可采用压仓板以防止混凝土的流动，保证正常施工。

2.4.1.1　测量放样

由测量员根据施工图纸和现场测量控制点，放出预埋件定位线，经复核验收后组织后续施工。

2.4.1.2 压仓板安装

模板采用整张竹胶板，内侧利用架立钢筋支撑，以保证混凝土的保护层厚度达到要求；外侧采用水平向方木作为支撑，钢管竖向间距 1 m，钢管采用 12＃铁丝穿过模板牵引固定在拱圈主筋上。

相互连接的模板的模板面要对齐，发现偏差要及时调整，固定好支撑杆件；模板连接间隙大于 2 mm 时，采用胶带密封。

模板安装完毕后，对其平面位置、顶部标高、节点联系及纵横向稳定性进行检查，确认后方可浇筑混凝土。

2.4.1.3 拱圈混凝土浇筑

(1)总体施工顺序：自拱脚向拱顶，拱圈两侧对称浇筑。

(2)拱圈混凝土浇筑与压仓板安装交叉进行，施工顺序：拱圈第一层压仓板安装→拱脚混凝土浇筑→拱圈第一层混凝土浇筑→拱圈第二层压仓板安装→拱圈第二层混凝土浇筑→拱圈第三层压仓板安装→拱圈第三层混凝土浇筑→拱圈第四层压仓板安装→拱圈第四层混凝土浇筑→拱顶混凝土浇筑。压仓板施工如图 2-26 所示。

图 2-26 压仓板施工图

(3)插入式振捣器移动距离不得超过其作用半径的 1.5 倍，与侧模保持一定的间距，每一处振捣完毕后，边振动边徐徐提出振捣棒，避免振捣棒碰撞模板、钢筋；插棒时布点均匀，对拐角和斜坡死角处加密布点，不得漏振或过振。

(4)浇筑过程中，随时对支架稳定性和沉降量进行观测。

2.4.1.4 压仓板拆除

压仓板在混凝土初凝后自下而上逐层拆除，并及时对拱圈表面进行抹光处理和养护。

2.4.1.5　质量控制

(1)压仓板选用统一规格的竹胶板,面板应平整光洁,有良好的防水性能;接缝严密,不得漏浆;不得有松动、跑模或下沉等现象。

(2)混凝土振捣密实,表面平整,无石子外露现象。

(3)混凝土侧模线直顺、无折角,顶面平整、无错台。

2.4.2　拱圈弧形底模支撑施工工艺

由于本项目为多跨连续箱式拱桥,主拱圈与腹拱圈的施工是保证工程质量与施工进度的重中之重,为加快施工进度、节约施工成本、提高施工质量,特对传统拱圈施工工艺进行改进。传统拱圈施工方案采用工字钢作为横向支撑,采用钢拱架塑造拱圈线形。改进的新型施工方案采用方木作为横向支撑,采用方木塑造拱圈线形。

为满足施工要求,根据计算,主拱圈底部模板采用 100 mm×150 mm 方木作为横向分配梁(见图 2-27)、100 mm×100 mm 方木作为纵向支撑,由于 100 mm×100 mm 方木塑造拱圈线形不易,根据等截面替换原则,特采用双层 50 mm×100 mm 方木作为纵向分配梁(见图 2-28)。

图 2-27　100 mm×150 mm 方木

图 2-28　双层 50 mm×100 mm 方木

横向方木中心与主拱圈支架顶托中心一致,且两相邻方木接口位置交接在顶托上,纵向支撑由 50 mm×100 mm 方木双层布置,下层方木接口位置布置在横向方木上,上层方木接口位置与下层方木接口交错布置,相邻两道方木间距为 600 mm,且接口不在同一平面上。为使纵横向方木连接点受力均匀,在纵横向方木连接处加塞三角木楔(见图 2-29),方木之间及方木与木楔之间使用钢钉加固。

由于腹拱圈矢跨比较大,50 mm×100 mm 方木因柔韧性不足容易折断,故腹拱圈采用 3 层 30 mm×100 mm 方木作为纵向分配梁(见图 2-30),布置方式与主拱圈相同。

图 2-29　三角木楔

图 2-30　腹拱圈弧形模板

采用方木来塑造拱圈的线形，充分利用了方木的强度与可塑性，操作简单方便，避免了传统的拱圈线形塑造过程中出现的难以加工、操作困难、周转不易等问题，加快了现场施工进度，提高了施工质量，节约了施工成本。

2.4.3　拱圈合龙段水带注水止浆施工工艺

拱圈合龙段水带注水止浆是在合龙段衔接处将水带从底板钢筋下保护层位置整体穿过，并安放顺直，水带两头安装阀门，在混凝土浇筑前将水带注满水并将两端止水阀关闭。混凝土初凝时，打开阀门放净水带中的水后，将止浆水带从两端拉出，并重复使用(见图 2-31)。

图 2-31　水带注水止浆现场应用

水带注水止浆的应用，可有效地防止混凝土浇筑时水泥浆流入合龙段内，避免了合龙段底模污染，保证了混凝土外观质量。

2.5 “产学研”成果集成

2.5.1 钢筋混凝土葵花拱主副拱先铰接后固结节点构造

葵花拱中副拱起到立柱的作用，故葵花拱的主副拱连接方式对结构的受力性能影响较大。目前，主副拱连接方式多采用固结或先铰接后固结的形式，但采用固结形式的连接节点的刚度大，由此产生的负弯矩也较大，且易受副拱混凝土收缩的影响而导致结构开裂。当连接节点采用先铰接后固结形式时，先浇段的截面高度难以掌握，截面高度较小时，先浇段易出现较大的拉应力而导致结构开裂失效，截面高度较大时则铰接作用不明显，难以释放较多的负弯矩，结果与固结形式相差不大。

针对钢筋混凝土葵花拱桥主副拱连接处由于固结而存在较大的负弯矩、混凝土收缩导致结构开裂的问题，本项目提供了一种结构构造新颖、力学性能良好、施工相对简便的钢筋混凝土葵花拱主副拱先铰接后固结节点构造。

该种钢筋混凝土葵花拱主副拱先铰接后固结节点构造包括主拱、副拱、预埋件和主副拱钢筋接头（见图 2-32）。预埋件一端设置在主拱内，另一端设置在副拱内，主拱和副拱之间具有后浇带，后浇带之间为主副拱钢筋接头，且后浇带设置后浇段混凝土。预埋件包括管体和连接板，连接板底部设有钢筋且设置在副拱内。管体一端设置在主拱内，另一端连接板顶部。管体采用圆管、方管或椭圆管，管体壁厚 5～12 mm；连接板厚度为8～12 mm。管体的直径或宽度为 0.20～0.50 m，管体的高度为 0.25～0.35 m，主拱与副拱连接位置的预留高度为 0.3～0.6 m。管体内设有混凝土，后浇段混凝土与管体中的混凝土采用普通混凝土、高性能混凝土或超高性能混凝土。预埋件在主拱的横向间距为0.3～0.6 m。后浇段混凝土的厚度与副拱截面相同，且由平顺圆弧过渡到主拱并相交。

该结构的优点在于：采用钢管混凝土预埋件先连接主副拱，形成铰接节点，在副拱施工完后，再连接主副拱的预留钢筋接头并后浇混凝土，完成节点固结；与传统普通混凝土先铰接后固结的连接节点形式相比，此结构构造新颖、力学性能良好、施工相对简便，能够比较好地解决由于主副拱连接处固结刚度大，从而造成较大的负弯矩，以及混凝土收缩导致结构开裂的问题，具有良好的应用前景。

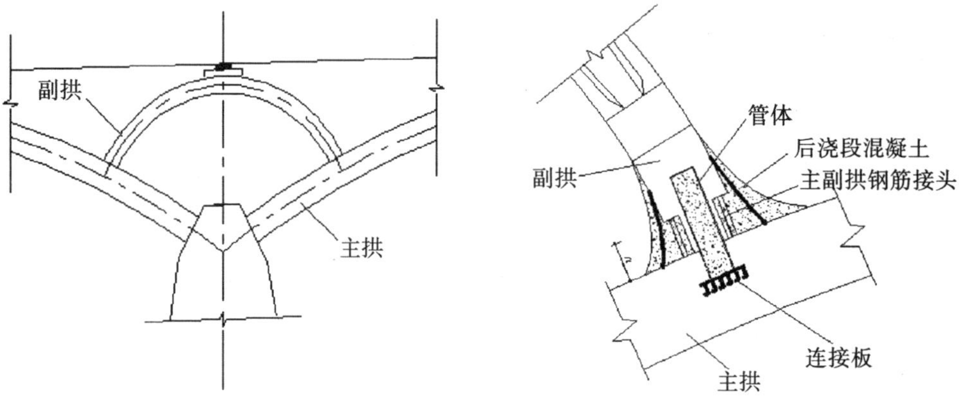

(a)拱桥主副拱形式立面图　　(b)节点构造大样图

图 2-32　葵花拱主副拱先铰接后固结节点构造

2.5.2　现浇 RC(钢筋混凝土)与预制 UHPC(超高性能混凝土)组合箱拱结构

钢筋混凝土拱桥是常采用的拱桥形式,由于其自重较大,一般采用箱形截面以减少自重,但是箱形截面会导致箱内的模板设置困难。另外,采用满堂支架施工方法时,现浇拱圈需要的支架架设过于复杂和支架承重过大,支架的施工风险较高,建造难度也较大,需要投入很多的人力和物力成本,影响了钢筋混凝土拱桥的经济效益。

为解决上述问题,一种较好的办法是对拱圈截面构造进行相应的优化设计,减少箱形拱的混凝土现浇工作量和箱室内的模板架设工作量,以此来降低施工难度,提高经济效益。针对现浇钢筋混凝土箱形截面拱带来的模板架设困难、拱圈支架架设复杂和承重过大的问题,本项目提供了一种现浇 RC 与预制 UHPC 组合箱拱结构及施工方法。

现浇 RC 与预制 UHPC 组合箱拱结构的整体呈抛物线形,纵向为多个箱室,横向为多段组合单元;每个组合单元包括现浇 RC 底板和预制 UHPC 槽型部件,现浇 RC 底板具有向下设置的第一凹槽,预制 UHPC 槽型部件具有向上设置的第二凹槽,预制 UHPC 槽型部件设置在现浇 RC 底板外侧,现浇 RC 底板和预制 UHPC 槽型部件通过接缝进行连接,从而使第一凹槽与第二凹槽之间构成了中空箱式结构;相邻组合单元之间设有连接肋(见图 2-33)。

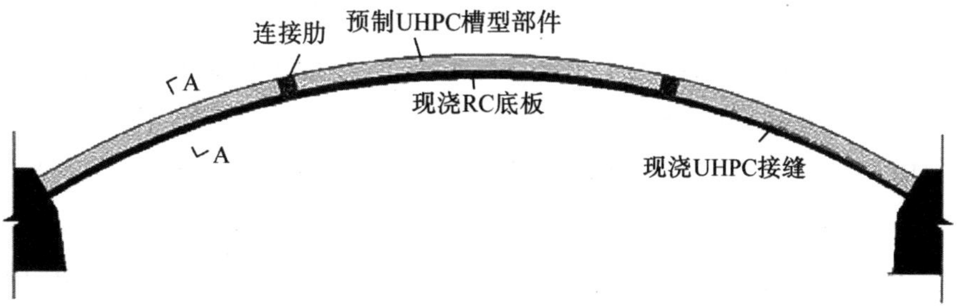

(a)组合箱拱结构

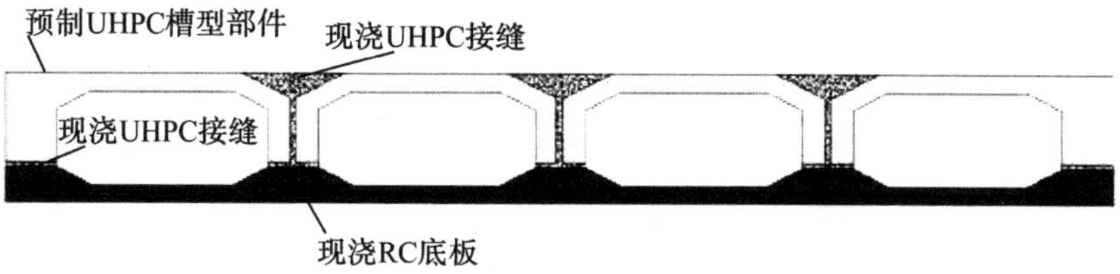

(b)A-A 截面图

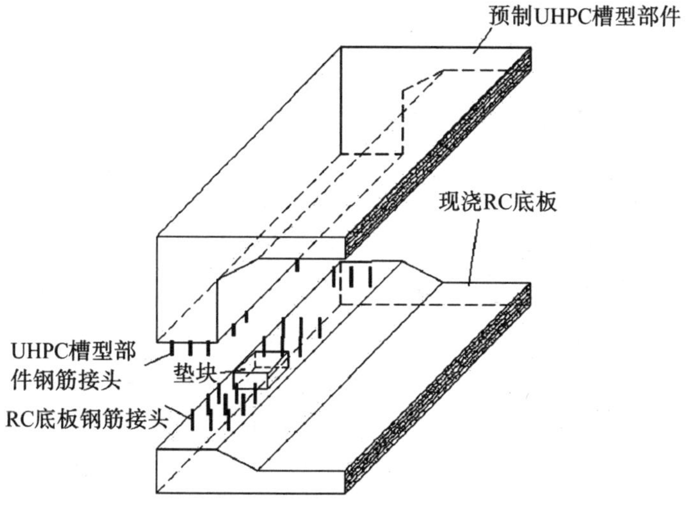

(c)接缝处细部构造图

图 2-33　现浇 RC 与预制 UHPC 组合箱拱结构示意图

现浇 RC 与预制 UHPC 组合箱拱结构优选方案为：现浇 RC 底板预埋有垂直于并露出现浇 RC 底板的第一钢筋且预留有垫块，预制 UHPC 槽型部件预埋有垂直于并露出预制 UHPC 槽型部件的第二钢筋，现浇 RC 底板和预制 UHPC 槽型部件之间留有现浇带，第一钢筋和第二钢筋焊接连接，现浇带内灌注 UHPC 形成接缝，将现浇 RC 底板和预制 UHPC 槽型部件连接为整体。现浇 RC 底板配置有受力钢筋，预制 UHPC 槽型部件及连接肋内仅布置构造钢筋，相邻两个预制 UHPC 槽型部件接触处设有外倒角，预制 UHPC 槽型部件的第一凹槽和现浇 RC 底板的第二凹槽均设置内倒角，连接肋和接缝为 UHPC，接缝厚度为 10～15 cm，连接肋厚度为 600～800 mm。

现浇 RC 与预制 UHPC 组合箱拱结构的施工方法包括以下步骤：按设计尺寸及其要求进行拱圈支架的搭设，在支架搭设完成后，安装现浇 RC 底板模板；在现浇 RC 底板模板安装完成之后，对支架进行预压，以消除地基沉降带来的影响；绑扎现浇 RC 底板的钢筋，并安装至模板内，连接肋及接缝处预留第一钢筋；钢筋安装完成之后，在现浇 RC 底板模板内浇筑普通混凝土，并预留垫块，浇筑完成之后对底板进行养护；待现浇 RC 底板混凝土达到 70%设计强度之后，即可进行预制 UHPC 槽型部件的吊装，预制 UHPC 槽型部件在工厂制作完成，制作时预留连接肋及接缝处的第二钢筋；吊装完成之后，即可对连接肋和接缝进行浇筑，浇筑完成之后，先自然养护 48 h，然后进行蒸汽养护 48 h，达到设计强度后，进行其他部分的施工。

该结构的优点在于：构造合理、施工简单且周期短，能够较好地解决箱型截面模板架设困难、拱圈支架架设复杂和支架承重过大的问题，而且可以减少现场浇筑混凝土的工作量，并且利用 UHPC 超高的强度和较高的耐久性，可减少拱圈的自重和维修成本，具有良好的应用前景。

2.5.3　用于桥梁施工现场拍摄的相机镜头圆形滤镜拆卸装置

在桥梁施工现场需要定期对施工的桥梁以及施工现场进行拍照。由于桥梁的长度往往较大，因此需要使用专业的单反相机或无反相机配合广角镜头来拍摄，广角镜头的焦距一般为 14～30 mm。对于施工现场复杂多变的光线，拍摄时需要使用滤镜，常规的有 ND 滤镜、中性灰滤镜、渐变滤镜以及偏振滤镜。各个不同种类的滤镜还经常需要叠加使用。镜头的滤镜系统分为两种：一种是方镜系统，其滤镜为长方形镜片结构，先将支架系统安装到镜头前端，再将方镜片插入支架中使用；另一种是圆镜系统，滤镜为圆形镜片结构，其通过螺纹旋合于镜头上。由于方镜系统安装繁琐、价格高以及占用体积大，其往往只是高端专业摄影师的用具。使用最为广泛的是圆镜系统，但是圆镜系统叠加时，比如在 UV 镜上叠加 ND 镜或在 ND 镜上叠加偏光镜时，会出现上端的镜片相对下端的镜片不容易分离的情况，这是因为镜片的外金属圈比较薄，在用一只手的手指捏住上端的镜片逆时针转动的同时还需用另一只手的手指捏住下端的镜片顺时针方向施力，因此往往出现滤镜使用后不容易拆卸的情况。

为了弥补以上技术的不足，本项目提供了一种便于将多片叠加的最外侧的滤镜从镜头上拆除的装置。该装置包括：底座，沿水平方向设置，其下端设置有支腿，底座通过支腿支撑；镜头座，安装于底座的中心部位，镜头座中设置有卡口，镜头安装于卡口中，镜头的前端旋含有滤镜Ⅰ，滤镜Ⅰ的上端旋含有滤镜Ⅱ；内筒体，呈圆筒形结构，通过轴承Ⅱ转动安装于底座上；外筒体，呈圆筒形结构，其高度高于内筒体，通过轴承Ⅰ转动安装于底座上，内筒体位于外筒体内，镜头位于内筒体内，镜头、内筒体及外筒体相同轴设置；两个滑槽Ⅰ，分别沿竖直方向设置于外筒体的左右两侧，滑槽Ⅰ内沿竖直方向滑动设置有滑块Ⅰ，所述滑块Ⅰ内旋含有螺杆Ⅰ，螺杆Ⅰ的轴线沿水平方向设置，螺杆Ⅰ的内侧端与滤镜Ⅱ的外表面相接触；两个立板，分别沿竖直方向设置于内筒体的前后两侧，立板中沿竖直方向设置有滑槽Ⅱ，滑槽Ⅱ内沿竖直方向滑动设置有滑块Ⅱ，滑块Ⅱ内旋含有螺杆Ⅱ，螺杆Ⅱ的轴线沿水平方向设置，螺杆Ⅱ的内侧端与滤镜Ⅰ的外表面相接触；动力驱动机构，当内筒体转动时，动力驱动机构使外筒体同步反向转动。进一步地，上述动力驱动机构包括设置于内筒体外侧的齿轮Ⅰ、设置于外筒体内壁上的齿圈、通过轴承Ⅲ转动安装于底座上的转轴Ⅰ以及安装于转轴Ⅰ上端的齿轮Ⅱ，齿轮Ⅱ的内侧端与齿轮Ⅰ相啮合，其外侧端与齿圈相啮合。为了防止内筒体逆时针转动，上述底座上沿圆周方向间隔设置有 N 个以镜头的轴心为中心的圆弧形的弧形槽，N 为大于等于 2 的正整数。手轮位于底座的下方，手轮与镜头相同轴设置，N 个连杆竖直安装于手轮上，连杆的上端穿过对应的弧形槽后连接于内筒体的下端，各个连杆的外侧沿圆周方向设置有棘轮，底座下端设置有转轴Ⅱ，棘爪转动安装于转轴Ⅱ上，扭簧套装于转轴Ⅱ上，其一夹臂与底座相连，其另一夹臂与棘爪相连，扭簧驱动棘爪插入棘轮上的棘槽中，棘轮相对棘爪沿顺时针方向自由转动。

为了便于适配不同厂家的镜头，上述镜头座通过骑缝螺钉固定于底座上；为了方便镜头拆卸，上述镜头座上设置有用于解除镜头锁止的镜头释放钮；为了操作方便，上述螺杆Ⅰ的内侧端设置有橡胶块Ⅰ，其外侧端设置有旋钮Ⅰ；为了操作方便，上述螺杆Ⅱ的内侧端设置有橡胶块Ⅱ，其外侧端设置有旋钮Ⅱ；为了操作方便，上述外筒体的前后两侧分别设置有开口，所述开口的宽度为旋钮Ⅱ直径的 3～5 倍。相机镜头圆形滤镜拆卸装置如图 2-34 所示。

本装置的有益效果是：先将叠加在一起的滤镜Ⅰ与滤镜Ⅱ整体相对于镜头逆时针转动，使其相对镜头旋松；之后将镜头固定于镜头座上的卡口处，根据镜头的高度，上下滑动滑块Ⅰ到合适高度后旋转螺杆Ⅰ，直至其内侧端与滤镜Ⅱ的外边缘紧密接触；之后上下滑动滑块Ⅱ到合适高度，旋转螺杆Ⅱ直至其内侧端与滤镜Ⅰ的外边缘紧密接触。沿顺时针方向转动内筒体，内筒体顺时针转动时两个螺杆Ⅱ驱动滤镜Ⅰ顺时针转动，使滤镜Ⅰ相对镜头旋紧。在动力驱动机构作用下，外筒体在内筒体顺时针转动时同步沿逆时针方向转动。此时外筒体通过两个将滤镜Ⅱ夹紧的螺杆Ⅰ将滤镜Ⅱ逆时针转动，此时滤镜Ⅰ顺时针转动、滤镜Ⅱ逆时针转动，从而滤镜Ⅱ可以从滤镜Ⅰ上旋松。

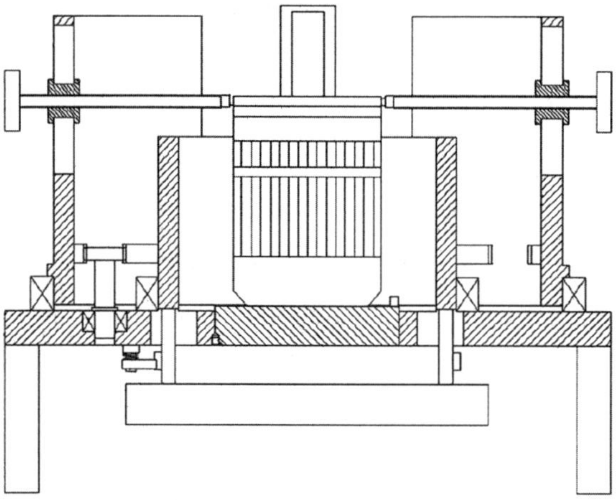

图 2-34　相机镜头圆形滤镜拆卸装置

2.5.4　一种切缝深度可控的桥梁道路施工用环保型切缝装置

混凝土道路在浇筑完成后，需要通过切缝装置对路面进行切割，从而使得路面在受热膨胀以及遇冷收缩时不会因为形变而产生崩裂，但是现有的路面切缝装置在实际使用过程中却存在一些缺陷。针对于此，本项目提供一种切缝深度可控的桥梁道路施工用环保型切缝装置，以解决现在装置不能调节切缝深度以及切缝产生的灰尘污染环境等问题。

切缝深度可控的桥梁道路施工用环保型切缝装置包括安装箱、位移轮、安装框、限位框和切割轮。所述安装箱的下表面设置有位移轮，所述安装箱的上表面固定有安装框，所述安装框的上表面固定有限位框，所述限位框的内侧表面均匀开设有限位孔，所述安装框的内部连接有转动的调节块，所述调节块的外表面均匀设置有卡块，所述调节块的内部连接有位移杆的一端，所述位移杆的下端贯穿安装箱的外表面、连接有安装杆，所述安装杆的下端侧表面安装有切割电机，所述切割电机的输出轴一端安装有切割轮，所述安装杆的下端侧表面连接有清扫轮，所述清扫轮的外表面均匀固定有硬质的刷毛，所述清扫轮与切割轮通过传动带连接，所述安装杆的下端贯穿隔音罩的外表面，所述隔音罩的内部固定有吸尘盒，所述吸尘盒和隔音罩的内侧表面均设置有缓冲垫，所述安装杆的下端侧表面设置有冷却头，所述安装箱的内部设置有水箱，所述水箱的下表面被洒水管所贯穿，所述隔音罩的上面固定有挡杆，所述挡杆的上端贯穿水箱的下表面、连接有阻水板，所述阻水板的下端贯穿水箱的下表面，所述阻水板的下端外表面与洒水管的上端进水口相贴合，所述隔音罩的下表面嵌入式安装有辅助杆，所述安装箱的内部安装有气泵，所述气泵与吸尘盒之间连接有软管，所述安装箱的内部顶表面固定有过滤箱，所述过滤箱与气泵的出气口之间连接有输气管，所述过滤箱的内部设置有安装板，所述过滤箱的内部设置有集尘盒，所述安装板的下端嵌入式安装有滤框，所述滤框的内部设置有滤网，所述滤框的内侧表面均匀设置有齿块，所述过滤箱的侧表面被出气管所贯穿，所述出气管的下端连接有滑管，所述滑管的内部设置有动力桨叶，所述出气管与冷却头之间连接有软管（见图2-35）。

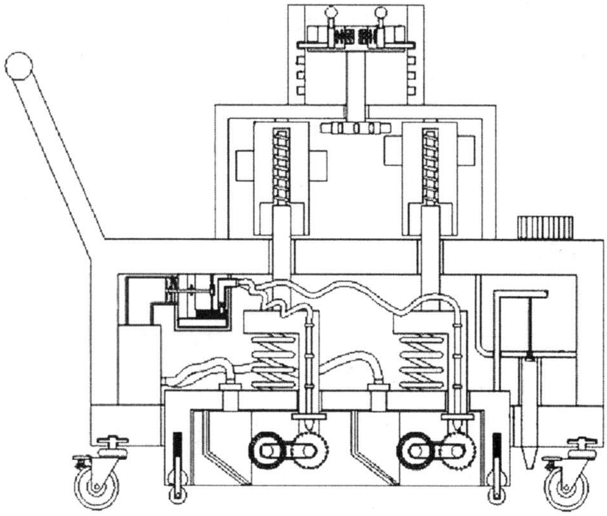

图2-35 桥梁道路施工用环保型切缝装置

与现有技术相比，该切缝深度可控的桥梁道路施工用环保型切缝装置具有以下优点：

（1）通过可握持转动的转环，使得转环在转动时能够通过调节齿轮带动调节块转动，调节块通过与位移杆的螺纹连接带动位移杆和安装杆向下滑动，从而改变安装杆下端安装的切割轮切入路面的深度；同时利用调节齿轮上下滑动时可以分别与2个调节块交替卡合或者同时卡合的方式，使得2个切割轮可以以不同的深度将切割余量一分为二地对路面切割，从而分两次切割至所需的深度，保证切缝的边缘整齐美观且不易崩裂，延长了路面的使用寿命。

（2）通过隔音罩与地面贴合的方式降低切割时产生的噪声，利用缓冲垫对飞溅起来的碎石进行缓冲，然后通过气泵将切割产生的灰尘吸入过滤箱中，从而降低了切割所产生的噪声和灰尘对环境的影响，提高了切缝装置的环保性能。

（3）过滤箱中桨叶杆在气流的带动下转动，周期性地拨动震动杆滑动，从而使得震动杆带动滤框和滤网周期性地上下震动，同时利用气流带动的动力桨叶带动滑管旋转，滑管通过与滤框的啮合带动滤框和滤网转动，在改变滤网对灰尘过滤部分的同时，通过滤网的上下震动将滤网不进行过滤的部分下表面的灰尘抖落至集尘盒中，保证灰尘不会将滤网堵塞。

第3章　栈桥、便道施工

3.1　总体方案

为确保钢栈桥、便道施工如期顺利完成，不影响大桥主体工程的施工，必须做好各项施工准备工作。

本钢栈桥施工用钢材工程量较大、种类较多，为保障施工正常，需建钢材堆场。为方便施工，根据该段栈桥工程量及地形，合理布置堆场。在钢栈桥施工前，堆场场地必须整平并做好相关标识。堆场各种钢材由专人分门别类地按施工使用顺序有序堆放，并做好保护措施。

钢栈桥施工主要机械设备及材料均通过便道和已搭设好的栈桥进入现场。现场前期配备 75 t 履带吊车、振动锤、炮车或平板拖车、2 台 25 t 汽车吊。

3.2　栈桥结构设计

3.2.1　桥面高程

根据水文地质情况，河道常水位高程为 39.978 m，钢栈桥贝雷纵梁底宜高于常水位 1 m以上，因此钢桥面高程暂定为 42.978 m。

3.2.2　栈桥布置形式

才子大桥主桥为跨径 30 m+7×60 m+30 m 的连续拱桥，均位于水中，两边引桥位于旱地。为方便施工主墩和机械设备行走，拟在主墩间搭设施工栈桥，栈桥长度为 486 m，跨径为 12 m。

3.2.3　钢栈桥构造

栈桥上部结构为型钢和贝雷梁组拼结构，下部结构为钢管桩加型钢承重梁结构。栈桥采用∅630 mm×10 mm 的钢管桩基础，平联、斜撑采用[14 槽钢，栈桥管桩桩顶采用 2 根 40a 工字钢，其上放置 321 型贝雷主梁承重梁，共 6 榀，用 90 型花架连接，上面铺设 I25b横向分配梁，间距 75 cm，用骑马螺栓与贝雷梁连接，横向分配梁上铺设工 12 纵向分配梁，间隔 30 cm，与横向分配梁电焊连接。桥面采用 8 mm 厚的花纹钢板。栈桥栏杆采用∅48 mm的钢管，高 120 cm。

3.3　钢栈桥受力验算

3.3.1　便桥弯矩、剪力、挠度的验算

根据方案对上承式便桥主桥(最大跨径 12 m)进行内力分析。根据荷载分布和实际情况，按主跨简支梁控制计算。

3.3.1.1　每米恒载

贝雷片重量为：

$$2700\times6\times1.15\div3=6210\ \text{N/m}$$

式中，1.15 为连接件扩大系数(下同)。

横梁重量为：

$$2520\times3\times1.15\div3=2898\ \text{N/m}$$

桥面板(2 m×6 m)重量为：

$$17000\times3\times1.15\div6=9775\ \text{N/m}$$

合计 $q_1=18883$ N/m。为了安全，按 $L=12$ m 简支梁计算。

$$M_{\text{跨中、恒}}=\frac{1}{8}\times q_1L^2n=\frac{1}{8}\times18.88\times12^2\times1.2=407.81\ \text{kN}\cdot\text{m}$$

考虑多跨连续梁梁中间支点时，有：

$$Q_{\text{跨中、恒}}=\frac{1}{6}\times q_1Ln=\frac{1}{6}\times18.88\times12\times1.2=45.31\ \text{kN}$$

式中，q_1 为每米恒载重量(kN/m)；L 为钢便桥跨径(m)；n 为恒载分项系数。

3.3.1.2　每米活载

在分析单跨贝雷梁受活载工况时，考虑最不利受力状况，将 80 t 荷载视为一个集中

荷载，并且在单跨的最中心处进行作用力受力分析。

$$M_{跨中、活}=\frac{1}{4}\times PLn=\frac{1}{4}\times 800\times 1.4\times 12=3360\ \text{kN}\cdot\text{m}$$

进行汽车对桥面的剪力分析时，考虑一般工程车至少是三轴的，所以计算剪力时考虑三个点同时作用。

$$Q_{跨中、活}=\frac{1}{6}\times qn\div L=\frac{1}{6}\times 800\times 1.4\div 3=62.2\ \text{kN}$$

式中，q 为每米活载重量(kN/m)；n 为活载分项系数；L 为钢便桥跨径(m)。

3.3.1.3 弯矩、剪力验算

$$M_{max}=M_{跨中、恒}+M_{跨中、活}=407.81+3360=3767.81\ \text{kN}\cdot\text{m}$$

$$Q_{max}=Q_{跨中、恒}+Q_{跨中、活}=45.31+62.2=107.51\ \text{kN}$$

在安全系数为 1.5 的条件下，单排桁片容许弯矩和剪力分别为 $M=788\ \text{kN}\cdot\text{m}$，$Q=245\ \text{kN}$。考虑到贝雷销间隙和偏载影响，贝雷片折减系数采用 0.8。

$$[M]=788\times 6\times 0.8=3782.4\ \text{kN}\cdot\text{m}>M_{max}=3767.81\ \text{kN}\cdot\text{m}$$

$$[Q]=245\times 0.8=196\ \text{kN}>Q_{max}=107.51\ \text{kN}$$

3.3.1.4 挠度验算

$$F_{max}=f_1+f_2$$

式中，f_1 为自重 P 引起的挠度；f_2 为外部荷载 Q 引起的挠度。

$$f_1=5q_1L^4n\div(384EIn)=5\times 18.88\times 12^4\times 1.2\div(384\times 2100\times 250497\times 6)=1.94\ \text{mm}$$

$$f_2=QL^3n\div(48EIn)=800\times 12^3\times 1.4\div(48\times 2100\times 250497\times 6)=9.12\ \text{mm}$$

$$F_{max}=f_1+f_2=1.94+9.12=11.06\ \text{mm}$$

$$[f]=L\div 400=12000\div 400=30\ \text{mm}$$

$$F_{max}<[f]$$

计算通过，因此便桥采用 3 组 6 排贝雷结构是安全的。

3.3.2 I25 横向分配梁内力分析

对贝雷上部 I25b 工字钢横梁进行受力分析时，考虑桥面板不能完全均匀地将工程车的荷载分配给工字钢，只考虑分配折减系数为 0.8，故考虑最不利工况即汽车单处车轮的荷载直接传递到 I25b 工字钢上。

单处车轮作用在单根 I25b 工字钢时，其受力图如图 3-1 所示。

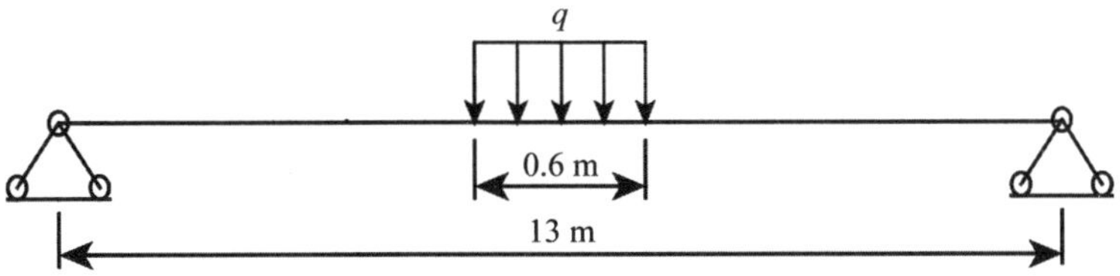

图 3-1　I25b 横向分配梁内力分析受力图

车轮宽度按 30 cm 计算，每对车轮的着地面积为 0.6 m×0.2 m(宽×长)，载荷分析时(计算宽度时，取贝雷组最大间距为 1.3 m)考虑以下情况：

自重均布荷载：忽略不计。

施工及人群荷载：不考虑与工程车同时作用。

80 t 工程车单处车轮轮压为：

$$160\times0.8=128\ \text{kN}$$

$$q=128\times1.4\div0.6=298.7\ \text{kN/m}$$

$$M_{\max}=44.85\ \text{kN}\cdot\text{m}$$

$$A=48.541\ \text{cm}^2$$

$$W=402\ \text{cm}^3$$

$$\sigma=M_{\max}\div W=44.85\div0.402=111.57\ \text{MPa}<[\sigma]=170\ \text{MPa}$$

计算通过。

3.3.3　普通墩处 I40a 下盖梁内力分析

普通墩处 I40a 下盖梁内力分析受力图如图 3-2 所示。

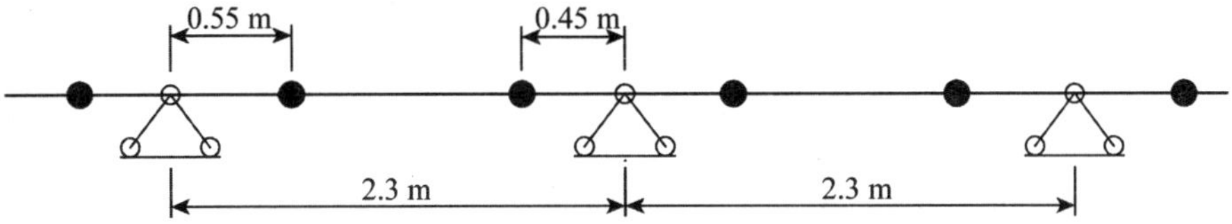

图 3-2　普通墩处 I40a 下盖梁内力分析受力图

载荷分析时考虑以下情况：

自重均布荷载：$P_{恒}=18.88\times12\div6=37.76$ kN(考虑多跨连续梁、中间跨盖梁受力情况)。

施工及人群荷载：不考虑与工程车同时作用。

考虑 80 t 总载荷由 6 排贝雷均匀给盖梁施加压力：$P_{活}=66.7$ kN(考虑多跨连续梁、中间跨盖梁受力情况)。

$$P=P_{恒}\times1.2+P_{活}\times1.4=37.76\times1.2+66.7\times1.4=138.69\ \text{kN}$$

$$M_1=138.69\times0.45\times1.85\div2.3=50.19\ \text{kN}\cdot\text{m}$$

$$M_2=138.69\times0.55\times1.75\div2.3=50.04\ \text{kN}\cdot\text{m}$$

$$M_{max}=50.19+50.04=100.23\ kN\cdot m$$

选用 2 根 I45b,则有:

$$A=111.446\ cm^2$$

$$W=1500\ cm^3$$

$$\sigma=M_{max}\div W\div 2=100.23\div 1.5\div 2=33.41\ MPa<[\sigma]=170\ MPa$$

计算通过。

3.3.4 制动墩处 I40a 下盖梁内力分析

制动墩处 I40a 下盖梁内力分析受力图如图 3-3 所示。

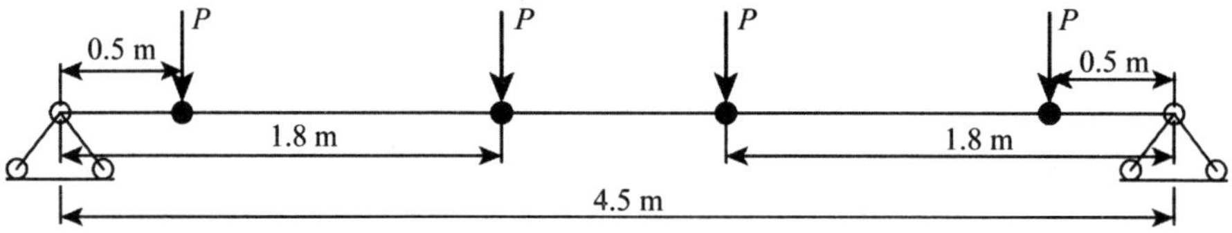

图 3-3 制动墩处 I40a 下盖梁内力分析受力图

载荷分析时考虑以下情况:

自重均布荷载:$P_{恒}=18.88\times 12\div 6=37.76$ kN(考虑多跨连续梁、中间跨盖梁受力情况)。

施工及人群荷载:不考虑与工程车同时作用。

考虑 80 t 总载荷由 6 排贝雷均匀给盖梁施加压力:$P_{活}=66.7$ kN(考虑多跨连续梁、中间跨盖梁受力情况)。

$$P=P_{恒}\times 1.2+P_{活}\times 1.4=37.76\times 1.2+66.7\times 1.4=138.69\ kN$$

$$M_1=138.69\times 0.5=69.35\ kN\cdot m$$

$$M_2=138.69\times 1.8=249.64\ kN\cdot m$$

$$M_{max}=69.35+249.64=318.99\ kN\cdot m$$

选用 2 根 I45b,则有:

$$A=111.446\ cm^2$$

$$W=1500\ cm^3$$

$$\sigma=M_{max}\div W\div 2=318.99\div 1.5\div 2=106.33\ MPa<[\sigma]=170\ MPa$$

计算通过。

3.3.5 钢管桩承载力计算

3.3.5.1 单桩承载力

受力分析:以单排桩为例,3 根管桩共同承担左右两跨各一半的恒载及活载;管桩自重不计。

$$P_{桥墩}=P_{恒载}+P_{活载}=(18.88\times24\times1.2+800\times1.4)\div2=831.87\ \text{kN}$$

$$P_{单桩}=831.87\div3=277.29\ \text{kN}$$

3.3.5.2　钢管桩强度、稳定性验算

钢管桩用 10 mm 厚 Q235 热轧钢板卷制而成，其直径为 630 mm，则钢管截面积为0.01948 m^2。

通过地质报告及设计钢管桩标高，可知钢管桩土层（不考虑淤泥层）外长度最大值可假设为 30 m，荷载为 $p=277.29$ kN，由《路桥施工计算手册》进行强度、稳定性验算。

受力截面的几何特性如下：

截面积：$A=194.8\ \text{cm}^2$。

截面惯性矩：$I_x=I_y=\pi(D^4-d^4)\div64=3.14\times(63^4-61^4)\div64=93568\ \text{cm}^4$。

回转半径：$i_x=i_y=\sqrt{I_x\div A}=\sqrt{93568\div194.8}=21.9$ cm。

杆件长细比：$\lambda=l\div r=30\div0.219=137\leqslant150$。

查标准表可知，构件对 x 轴、y 轴的屈曲均属 a 类截面，因此由 $\lambda_{\max}\{\lambda_x,\lambda_y\}=45.7$ 可得 $\varphi=0.397$，满足要求。

因此，整个设计方案满足设计要求。

3.3.6　桩基单桩承载力计算

根据《建筑桩基技术规范》(JGJ 94—2008)，桩基摩擦力计算如下：

$$[R_a]=\frac{1}{2}u\sum_{i=1}^{n}q_{ik}l_i+A_pq_r$$

$$q_r=m_0\lambda[[f_{a0}]+k_2\gamma_2(h-3)]$$

另外，在设计图纸中 $q_r=1400$ kPa，单桩承载力按 2200 kN 设计，则 $l=9.68$ m。

本桩基只计算摩擦力，未考虑端承力，所以 10 m 桩可满足设计单桩承载力。

3.4　栈桥施工

3.4.1　钢栈桥施工工艺流程

测量→围堰→桩基础施工→钢管立柱安装→横梁安装→贝雷纵梁安装→分配梁安装→桥面系→附属工程施工→交工验收。

3.4.2　钢管桩施工

钢栈桥桩位地貌单元为阶地及河流，地势相对平坦。根据现场勘查，地表底层出露

以第四系冲洪积层为主，下部为白垩系岩层。河道放水以后，发现河床砂卵石覆盖层只有 1.5 m 厚，砂卵石层以下为强风化泥质砂岩，钢管桩难以打入强风化泥质砂岩。针对此情况，利用场内现有的桥梁桩基旋挖钻机进行钻孔，达到设计深度后，利用河道内原有砂卵石回填，再采用钢管振沉法进行钢管桩施工。

3.4.2.1 钢管桩基础施工

(1)钻孔施工。利用河道放水，将桩位位置松软的覆盖层清理干净，测量员使用全站仪进行钢栈桥钢管桩定位。利用场内现有的桥梁桩基旋挖钻机进行钻孔，桩孔直径为 1000 mm。钻机就位时，必须保持平稳，不发生倾斜、位移。在钻进过程中，每班由专人负责准确测量每根钻进钻杆的长度及钻进的总深度，做好钻孔记录。钻进过程中注意检测钻机安放是否平稳，并校核钻杆垂直度。

(2)回填砂卵石。钻孔达到设计深度后，再使用挖掘机将河道内原有的砂卵石回填钻孔。

(3)钢管桩施工。重新测量放样来确定钢管桩点位，使用履带吊车将钢管桩吊立，调整钢管桩平面位置及垂直度后，依靠钢管桩及打桩锤的自重将其压入桩孔内，打桩锤开始锤击。钢管桩的最终顶标高由入孔深度控制，钢管桩桩端打入持力层。钢管桩下沉时边震边调，以保证钢管桩的垂直度。

图 3-4 为钢管桩施工图。

图 3-4 钢管桩施工图

3.4.2.2 钢管立柱安装

所有施工设备和材料均通过便道进入现场。首先 75 t 履带吊车进入便道，搭设与栈桥连接的桥台，随后安装第一跨三排钢管桩，搭设贝雷梁及上部结构，完成第一跨栈桥后履带吊车即可进入栈桥上进入下一跨栈桥施工，直至完成栈桥工程。用炮车或平板拖车将钢管柱运至吊车后方，履带吊车吊钩将桩采用两点起吊、吊立，然后拉入龙口，合龙机械手，测量控制，通过调整桩架的垂直度来调整钢管桩垂直度。钢管桩平面位置及垂直度调整完成后，开始安装。

3.4.2.3　桩顶纵横梁施工

一个栈桥墩钢管桩施工完成后，立即进行该桩顶横梁施工。桩顶横梁在岸上加工场地下料施工，用运输车运至桥头履带吊车后，用吊车吊至安装位置。

安装需用的电焊机设在已搭设好的钢栈桥桥头，电焊线用临时牵引吊索悬挂至待施工钢管桩处。电焊工将钢管桩与横梁焊接，横梁上的挡块、贝雷梁与组合面板的 U 形扣连接好，待技术员检查合格后，一个栈桥墩的下部结构施工完成。

3.4.2.4　栈桥上部结构安装

安装从第一跨开始。贝雷片首先在已搭好的钢栈桥上按一跨 6 片的数量拼接成两排一组。两排贝雷片间用 90 cm 支撑架连接。完成一跨贝雷片的拼接后，用履带吊车将拼接好的贝雷片一组组地吊出进行安装，用[2 槽钢使各组贝雷梁之间的连接稳妥。除各伸缩缝位置外，各跨贝雷梁安装时还需将安装节段与已安装钢栈桥的贝雷梁纵梁的接头用销子进行连接。贝雷梁纵梁安装完成后，逐块地安装 I25 工字钢横梁，间距0.75 m，再安装 I12 工字钢纵梁，上面满铺 2 m×6 m 标准桥面板。完后一跨以后，紧跟着就要对栈桥的护栏进行施工，在[8a 槽钢上面，用氧割按设计的尺寸开两个洞口，每隔 2 m 设一根[8a 槽钢焊接在栈桥面板，用∅48 mm 圆管穿过预先切割好的洞口，把整个护栏连接起来。图 3-5 为钢栈桥。

图 3-5　钢栈桥

3.4.2.5　栈桥拆除

从水域中间向岸边逐跨拆除，栈桥上部的钢板、工字钢横向分配梁、贝雷梁及 H 型钢下横梁可用履带吊车吊除，拆除时自上而下依次拆除。

3.4.2.6　技术保障措施

水中钢栈桥布置为贝雷栈桥(上承式)，钢栈桥的组拼和安装全部按图纸要求实施。施工技术要求如下：

(1)贝雷片必须使用完好的贝雷桁片。

(2)贝雷销子必须穿插到位，端头必须使用保险插销。

(3)每一组贝雷桁片端头设置一片支撑架,4 颗支撑架螺栓必须上紧且固定死。

(4)每根墩顶横梁位置设置 8 个横梁夹具,固定在两侧的双排贝雷片上。

(5)无支撑架的贝雷片与贝雷片之间用 12b 号槽钢连接件连接,具体布置在两贝雷片的接头和中间,斜撑、平联螺栓必须紧固到位。

(6)钢管桩平面偏差小于 5 cm,倾斜度小于 1%。

(7)图纸中注明的栈桥所用各种型钢如从市场上无法购买到,用来替代的其他规格型钢截面特性不得低于原设计数值。

(8)安装过程中,控制履带吊车的工作位置离栈桥边 20 cm。

3.4.2.7 栈桥施工要点

(1)钢管桩剪刀撑交叉点采用焊接连接,以减小剪刀撑抗压自由长度。

(2)栈桥制动墩钢管桩、横梁及与贝雷梁上弦杆或下弦杆的连接牢固,以承受汽车牵引力或制动力。

(3)墩顶分配梁上设置贝雷梁限位件,以防贝雷梁横竖向位移,限位件可采用槽钢或钢板与墩顶分配梁焊接。

(4)贝雷梁每联为 60 m,每联设置制动墩一个,制动墩处上一联为活动支承,下一联为固定支承(固定支承指限制纵向位移)。除制动墩处的贝雷梁不用连接外,其余每个墩处的贝雷梁均需连接。

(5)制动墩的贝雷梁接头处预留缝隙,以应对温度变化时梁的变形。制动墩支承桩纵向同横向一样设置剪刀撑。

(6)制动墩处的钢板重叠 20 cm 以上,而且也跟纵梁一样,只与本联焊接,不与相邻联有任何焊接。

(7)焊接质量要求如下:

①当钢材表面有锈蚀、麻点或划痕等缺陷时,其深度不得大于该钢材厚度允许负偏差值的 1/2,施焊前必须清除焊接区的有害物质。

②焊工必须熟悉焊接工艺要求,且持有资格证书。

③焊缝必须密实,不得有裂纹、气孔、夹渣、焊瘤等缺陷,否则处理改正。如有焊缝开裂应查明原因,清除后重焊。

④焊接完毕后,所有焊缝必须及时进行外观检查,清除药皮、熔渣、溢流,不得有裂纹、未熔合、夹渣等缺陷。

⑤所采用的焊接材料型号与焊件材质相匹配。

⑥焊接强度不低于主材强度。

(8)焊接接桩后,焊缝必须冷却后才能沉入水中。

(9)接桩时,需吊垂线以观测钢管桩顺直度或垂直度。

第4章　基础及下部结构施工工艺

4.1　桩基础施工工艺

4.1.1　施工准备

4.1.1.1　图纸审核

施工前由工程部主持对施工图纸进行会审，按分部分项工程进行分工，各专业工程师带领若干技术员进行图纸核查，要求技术人员及班组成员对桥梁位置的地质和水文等情况有全面的了解，并熟悉图纸。开工前，完成施工作业指导书，按照“项目总工—技术员—施工班组”顺序对现场施工人员做好桩基础施工工艺交底工作。

4.1.1.2　桩基成孔方式的确定

根据设计单位提供的地质情况、地下水发育程度及桩基长度，优先采用旋挖成孔施工工艺。

4.1.1.3　场地平整

各项准备工作就绪后，进行施工场地平整。

4.1.1.4　测量复测整理

采用GPS测量系统进行首级网复测，以及控制导线点平差、施工控制网的布设、桩位放点等工作，以基本满足现阶段的工程施工需求。测量成果经测量监理工程师抽测合格后，可以用于指导现场施工。进入全面开工后，部分桩点需要废弃、调整、加密，届时根据实际情况采用全站仪进行局部加密测量。

4.1.2 钻孔灌注桩施工

4.1.2.1 桩基成孔施工原理

旋挖成孔的方法是指旋挖钻机的钻进工艺采用静态泥浆护壁钻斗取土的工艺(当然也有干土直接取土工艺,视工地现场地质条件而定),是一种无冲洗介质循环的钻进方法,但钻进时为保护孔壁稳定性,孔内要注满优质泥浆(稳定液)。岩石桩可不加泥浆,本项目基本上都是岩石桩。旋挖钻机工作时能原地做整体回转运动。旋挖钻机钻孔取土时,依靠钻杆和钻头自重切入土层,斜向斗齿在钻斗回转时切下土块并向斗内推进而完成钻孔取土。

4.1.2.2 护筒埋设

钢护筒用厚 3～4 mm 钢板制成,内径比桩径大 20～40 cm,护筒制成长 4 m 的整体,护筒顶端留有高 0.4 m、宽 0.2 m 的出水口,底节护筒下端设刃脚。钢护筒埋设时先在桩位处挖出比护筒外径大 80～100 cm 的圆坑,然后在坑底填筑 30～50 cm 厚的黏土,分层夯实后埋设护筒,周围再用黏土填筑。钢护筒埋置深度不小于 1.5 m,护筒顶面高出地面 0.3 m。对于部分地质条件较差的桩位,钢护筒埋设深度穿过砂层、淤泥层,进入强风化岩层。

4.1.2.3 钻机就位

由测量工程师精确放样定出桩位中心,钻机就位后,再复核钻杆中心位置。

4.1.2.4 钻进

旋挖钻机钻孔取土时,依靠钻杆和钻头自重切入土层,斜向斗齿在钻斗回转时切下土块并向斗内推进而完成钻孔取土;遇硬土时,自重力不足以使斗齿切入土层,此时可通过加压油缸对钻杆加压,强行将斗齿切入土中,完成钻孔取土。钻斗内装满土后,由起重机提升钻杆及钻斗至地面,拉动钻斗上的开关即打开底门,钻斗内的土依靠自重作用自动排出,钻杆向下放并关好底门,再回转到孔内进行下一斗的挖掘,达到设计要求的深度方可终孔。

成孔时须及时填写施工记录,在土层变化处捞取渣样,判明土层,以便与地质剖面图核对。达到设计要求后及时取样鉴定。

成孔时要依据土层情况控制进尺速度;为确保孔的垂直度符合设计要求,须保持桩基平整,并加强检查、勤检勤纠,同时做好下放钢筋笼的准备工作。

注意事项如下:

(1)钻孔施工严格按施工规范进行,并定时定人记录观测数据。钻进时及时填写钻孔施工记录及进行地质岩层取样，交接班时需交代钻进情况及下一班注意事项。

(2)争取连续工班作业，根据钻进感觉、快慢情况以及取样分析判明地层变化。

(3)在钻进过程中，钻孔往往会产生一定程度的偏斜。若偏斜较大，继续施工会出现困难，如改变桩的受力状态，甚至钻孔不能使用。钻孔偏斜主要是受地质条件、技术措施和操作方法等因素影响。如发现钻孔偏斜，可采用扫孔方法，将钻杆提升，使钻头到达发生偏斜位置，上下反复进行钻孔，使桩孔正位。

(4)钻孔的孔径不可小于设计值。

(5)护筒要求耐用，内部无突出物，孔径大于桩设计直径 20～40 cm。

(6)桩孔位置符合设计要求，其顺桥轴线方向的允许偏差为±5 cm，垂直桥轴线方向的允许偏差也为±5 cm。

(7)桩孔垂直度小于 1%。

(8)及时清理孔口积土，防止孔口积土回落到孔底，钢筋笼、混凝土漏斗竖直轻放，防止把孔壁土碰塌而掉到孔底。

(9)严禁用加深钻孔深度的方法代替清孔。

4.1.2.5　清孔处理

当钻孔至设计标高时，采用超声波检测仪对孔深、孔径、孔形和倾斜度进行测定，然后填写终孔检查记录表，并及时通知监理工程师到现场检查验收。经监理工程师检测合格后，停止钻进，对钻孔进行第一次清孔。清孔的目的是保证孔底沉淀物尽可能少，以提高孔底承载力，同时也是为了保证填充水下混凝土质量。可采用换浆法清孔，反复用泥浆循环清孔。清孔过程中必须及时补充泥浆，并保持浆面稳定。孔中土颗粒、岩石碎屑等钻渣随浆液溢出孔外，以达到第一次清孔的目的。检查合格后，即可下放钢筋笼和混凝土灌注导管，然后进行第二次清孔。

4.1.2.6　成孔检查

成孔检查之前提前做好钢筋探笼，探笼直径要符合规范要求，加强探笼保护以防止其变形，避免探孔器下放困难，后期宜采用超声波检测仪进行桩基检测。

钻孔完成后，及时对孔深、孔径、孔位、倾斜度、沉淀厚度等进行检查，确保钻孔灌注桩终孔质量。

若经检查发现有缺陷，如中心线不符、超出垂直线、直径减小、椭圆截面等，承包人需就这些缺陷书面报告监理工程师，并要求采取适当纠偏措施予以改正。

表 4-1 为成孔质量标准。

表 4-1 成孔质量标准

项目	允许偏差
桩位/mm	群桩≤100，排架桩≤50
孔径/mm	≥设计值
孔深/m	≥设计值
倾斜度/mm	≤1%S，且≤500
沉淀厚度/mm	摩擦桩桩底沉淀厚度≤100，端承桩≤50
清孔后泥浆指标	相对密度：1.03～1.10；黏度：17～20 Pa·s；含砂率：<2%；胶体率：>98%

4.1.2.7 钢筋笼制作安装

(1)钢筋下料。钢筋下料采用钢筋切割机，下料保持钢筋端面的平整，不得出现挠曲和马蹄形。采用分节搭接吊装时，要求同一截面的钢筋接头不能超过50%，下料时有选择地进行错节搭配。钢筋笼的加强箍采用∅25 mm的钢筋弯制成圆的形式，并以此来作为制作钢筋笼的模具。

(2)钢筋连接。主筋连接采用直螺纹机械连接，下面根据本桥梁桩基础主筋采用机械连接，技术要求如下：

工艺流程：端头加工→滚轧螺丝→丝头质量检验→戴帽保护→存放待用→现场连接。

端头加工：下料时，要求采用砂轮机或切割机下料切断，切割机要求采用弧形刀具以改善钢筋端头平整度，切口端面保证与钢筋轴线垂直；不允许有马蹄形或挠曲，端头部分不直应调直后下料。

滚轧螺丝：采用GTS40-00型钢筋套丝机进行端头套丝；螺纹加工时，要求使用水溶性切削润滑液，不得使用油性切削液，不得在没有润滑液的情况下加工。

丝头质量检验：连接接头的现场检验按验收批进行，自检合格的丝头应由质检员随机抽样进行检验，以一个工作班加工的丝头为一个验收批，随机抽检10%。当合格率低于95%时，加倍抽检；复检中合格率仍低于95%时，对全部丝头进行逐个检验，并按要求做单向拉伸强度试验。每个试件单向拉伸试验均符合强度要求时，该验收批为合格，如有1个试件的强度不合格，再取6个试件进行复检，复检中有1个试件的试验结果不合格，则此验收批为不合格。在现场连续检验10个验收批，当其全部单向拉伸试件均1次抽样合格时，每验收批接头数量可扩大为1000个。丝头检验要求如表4-2所示，钢筋滚丝长度及牙数如表4-3所示。

表 4-2　丝头检验要求

<table>
<tr><th colspan="2">项目</th><th>量具名称</th><th>要求</th></tr>
<tr><td colspan="2">外观质量</td><td>目测</td><td>目测：螺纹牙形饱满，牙顶宽超过 0.6 mm，秃牙部分累计长度不超过一个螺纹周长</td></tr>
<tr><td rowspan="3">外形尺寸</td><td>丝头长度</td><td>卡尺</td><td>丝头长度满足设计要求，标准型接头的丝头长度公差为 $+1p$（p 为螺距）</td></tr>
<tr><td>螺纹大径</td><td>用量规或卡尺</td><td>通端量规通过螺纹大径；止端量规不通过螺纹大径</td></tr>
<tr><td>螺纹中径及小径</td><td>通端螺纹环规、止端螺纹环规</td><td>通端螺纹环规能顺利旋入螺纹并达到旋合长度，止端螺纹环规旋入量不超过 $3p$</td></tr>
</table>

表 4-3　钢筋滚丝长度及牙数

钢筋规格/mm	套筒长度/mm	滚丝长度/mm	牙数
20	55±1	30	12
22	60±1	32.5	13
25	65±1	35.5	12
28	70±1	38	13
32	75±1	40.5	14

戴帽保护：丝头加工完毕后，立即戴上保护帽或连接套筒，防止装卸钢筋时损坏丝头。

现场连接：丝头检验合格的钢筋保存待用，钢筋规格与连接套筒一致，钢筋和套筒丝扣干净、完好、无损。使用厂家提供的专用扳手将连接接头拧紧，使钢筋丝头在套筒中央相互顶紧并加以标记，以便与未拧紧接头区分开。

滚压直螺纹接头用连接套筒的规格与尺寸如表 4-4 所示。

表 4-4　滚压直螺纹接头用连接套筒的规格与尺寸

钢筋规格/mm	螺纹直径/mm	套筒外径/mm	套筒长度/mm
25	29	39	50
28	32	44	56
32	36	49	64

直螺纹钢筋接头拧紧力矩参考值如表 4-5 所示。

表 4-5　直螺纹钢筋接头拧紧力矩参考值

钢筋直径/mm	20～22	25	28
拧紧力矩/(N·m)	200	250	280

对经拧紧后的滚压直螺纹接头加以标记，单边外露丝扣长度不超过 1p。

(3)钢筋笼制作。把钢筋笼的模具立起，对应摆放在钢筋的两端，并离钢筋端头 1 m。再把钢筋一根根按中对中间距平均摆放，在模具上与加强箍焊接连接，头尾保持在同一轴线上。制作好的钢筋笼两端套上塑料保护帽并立标识牌，以备待用。检测桩基的声测管采用无缝钢管，标准长 8 m，外径 57 mm，按图纸位置预先绑扎在钢筋笼上，通过 ∅10 mm圆钢制作的圆环焊接在钢筋笼上，每 2 m 一道。在分节拼装连接时，为防止漏浆，要求采用橡胶套套住接头，并用铁丝扎紧。声测管布置原则为桩径不大于 1.5 m 均布 3 根，桩径大于1.5 m均布 4 根。为保证钢筋笼外混凝土保护层的厚度符合设计要求，在其上下端及中间每隔 4 m 在一横截面上设置 4 个钢筋“耳环”。

(4)钢筋笼运输。钢筋笼由吊车装到平板车，由平板车运到施工平台，再利用起重吊起吊。为避免在起吊过程中钢筋笼发生变形，采用两点起吊，吊点位置的钢筋箍做局部加强。

(5)钢筋笼下放。先对钻孔进行检测，使用专用仪器检测孔径、孔形、倾斜度、沉淀等。准备好管钳且把板凳定位在桩位上。板凳固定好后，由 25 t 汽车吊起吊第一节钢筋笼进行下放。起吊时，用 4 条等长的钢丝绳，分 4 个吊点起吊钢筋笼顶部，钢筋笼底部通过汽车吊的另外一个钩起吊，等到整个钢筋笼在半空中以后，再缓慢松开钢筋笼底部小钩，直到钢筋笼垂直后，把钢筋笼底部小钩取下，进行钢筋笼的下放。要求孔位准确，偏差不超过 5 cm，尽量竖直轻放、慢放，遇障碍物可慢起慢落和正反旋转使之下落，无效时立即停止下落，查明原因后再安装。起吊过程中不允许高起猛落、强行下放。

当第一节钢筋笼下放到一定高度时，将钢筋笼绑在板凳上固定，再由吊车起吊第二节钢筋笼，起吊方法与第一节相同，并同第一节钢筋笼对好位后把螺丝拧紧，接好后继续下放。钢筋笼吊装入孔后牢固定位，并处于悬吊状态。

(6)清孔。当钢筋笼安放好后，进行二次清孔，保证孔底沉淀厚度不大于技术规范及图纸要求。本次清孔采用气举反循环将孔底沉渣清出。气举反循环清孔是用空压机的压缩空气，通过安装在导管内的风管将压缩空气送至桩孔内，高压气与泥浆混合，在导管内形成一种密度小于泥浆的浆气混合物。浆气混合物因其比重小而上升，在导管内混合器底端形成负压，下面的泥浆在负压的作用下上升，并在气压动量的联合作用下不断补浆，上升至混合器的泥浆与气体形成气浆混合物后继续上升，从而形成流动。因为导管内的内断面积远远小于导管外壁与桩壁间的环状断面积，便形成了流速、流量极大的反循环，携带沉渣从导管内反出，排到导管以外（见图 4-1）。

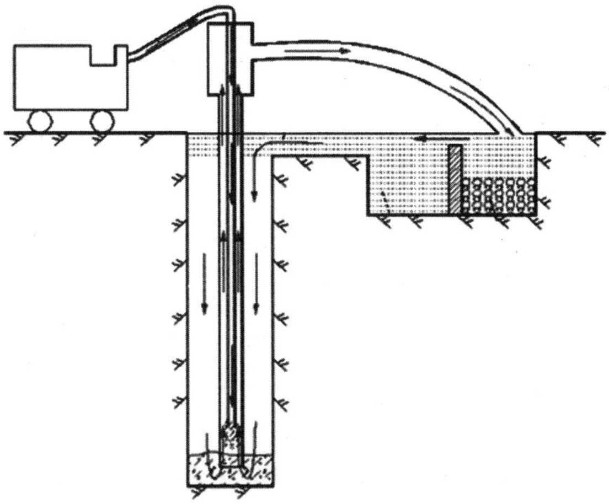

图 4-1　气举反循环清孔示意图

（7）注意事项如下：

①在下放声测管的过程中要小心，同钢筋笼一起下放。声测管内插放塑料内衬管，通至管底。每节声测管的连接采用橡胶套，并用铁丝扎紧，待混凝土灌注结束后拔出内衬管。

②钢筋笼下放到位后，用测锤放在管内测明声测管深度，若不能到底需查明原因，处理好之后方能进行桩基混凝土浇筑。

③桩基混凝土浇筑完后再测明声测管的深度，并在以后的施工过程中对声测管持续保护，严防塞管。

钢筋加工允许偏差如表 4-6 所示，钢筋笼成型和安装允许偏差如表 4-7 所示。

表 4-6　钢筋加工允许偏差

检查项目	允许偏差/mm	检查频度		检查方法
		范围	点数	
受力钢筋顺长度方向全长的净尺寸	±10	按每工作日同一类型钢筋、同一加工设备抽查 3 件	3	用钢尺量
弯起钢筋的弯折	±20			
箍筋内径尺寸	±5			

表 4-7 钢筋笼成型和安装允许偏差

<table>
<tr><th colspan="2" rowspan="2">检查项目</th><th rowspan="2">允许偏差/mm</th><th colspan="2">检查频度</th><th rowspan="2">检查方法</th></tr>
<tr><th>范围</th><th>点数</th></tr>
<tr><td colspan="2">受力钢筋间距
(灌注桩)</td><td>±20</td><td rowspan="5">每个构筑物或构件</td><td>3</td><td>用钢尺量,两端和中间各一个断面,每个断面连续量取钢筋(排)距,取其平均值计1点</td></tr>
<tr><td colspan="2">螺旋筋间距</td><td>±10</td><td>5</td><td>连续量取5个间距,其平均值计1点</td></tr>
<tr><td rowspan="2">钢筋骨架尺寸</td><td>长</td><td>±10</td><td>3</td><td rowspan="2">用钢尺量,两端和中间各一处</td></tr>
<tr><td>宽、高或直径</td><td>±5</td><td>3</td></tr>
<tr><td colspan="2">钢筋保护层厚度</td><td>±10</td><td>10</td><td>用钢尺量</td></tr>
</table>

4.1.2.8 灌注水下混凝土

(1)导管加工。导管采用内径350 mm的无缝钢管加工,标准节为3 m,底节为6 m。另外,加工的非标准节导管总数应配备备用数。导管采用丝扣连接,接头之间加4～5 mm橡胶垫圈。导管拼装顺直,试拼完成后导管外壁以明显标记逐节编号并标明尺度。导管使用前进行必要的水密、承压和接头抗拉试验。桩基施工过程中,每灌注一根桩前做水密试验1次。导管下放前可以分段拼接好,下放时分段起吊。

进行水密试验的水压不应小于孔内水深的1.3倍压力,也不应小于导管壁和焊缝可能承受灌注混凝土时最大内压力P的1.3倍。

$$P=\gamma_c h_c-\gamma_w H_w$$

式中,P为导管可能受到的最大内压力(kPa);γ_c为混凝土拌和物的重度,取24 kN/m^3;h_c为导管内混凝土柱的最大高度(m),以导管全长或预计的最大高度计算;γ_w为井孔内水或泥浆的重度(kN/m^3);H_w为井孔内水或泥浆的深度(m)。

(2)混凝土灌注。结合现场平面条件和运输条件,以单根桩用混凝土量(预加10%扩孔量)和混凝土(首批)的初凝时间为依据准确计算,拟确定采用4台8 m^{3}的混凝土搅拌车运送混凝土;拌和楼保证混凝土方量从生产到运送至主墩平台达30～40 m^3/h,保证灌注混凝土的连续作业。由工地实验室控制混凝土拌制和入斗前的质量,水下混凝土标号采用C35,混凝土坍落度为18～22 cm,初凝时间一般为8 h,保证灌注时间。水下灌注混凝土施工因无法用振捣器振捣,只能靠自身荷载或外界压力产生流动进行摊平和密实。在凝结硬化前,若流动性稍差,就会在混凝土中形成蜂窝和孔洞。此外,混凝土通过导管输送和浇筑,所以要求混凝土必须有较大流动性和不小于1 h的保持能力,同时要求具有较好的黏聚性和保水性,以防止混凝土在输送过程中和浇筑时产生离析、泌水现象。

下放导管时应放到桩底后再提升悬空,复核导管长度,导管悬空约40 cm,并在灌注前进行升降试验。导管吊放完毕，在导管口加封带管的铁板，往导管内加灌高压水，使沉淀在孔底的沉渣漂流悬浮。复测孔底标高，检查沉渣的厚度，判断是否达到设计要求及满足灌注要求。

开始灌注时，在漏斗下口设置与漏斗底严实封闭的堵头，使用吊机连接堵头。当漏斗箱内储足首批灌注的混凝土数量时，使用卷扬机快速拔出堵头，使混凝土猝然落下，迅速落至孔底并把导管裹住。首批混凝土采用 1 个 4 m^3 容量的漏斗。预计首批混凝土的方量为 10 m^3，保证首批混凝土埋住导管大于 2 m。检查首批混凝土埋管情况，移开漏斗，用测锤分别测取导管内外混凝土高度。

首批混凝土的灌注数量应能满足导管首次埋置深度（≥2 m）和填充导管底部的需要，所需混凝土数量按照下式计算：

$$V \geqslant \pi D^2 (H_1 + H_2) \div 4 + \pi d^2 h_1 \div 4$$

式中，V 为灌注首批混凝土所需数量（m^3）；D 为桩孔直径（m）；H_1 为桩孔底至导管底端间距，一般为 0.4 m；H_2 为导管初次埋置深度；d 为导管内径；h_1 为桩孔内混凝土达到埋置深度 H_2 时，导管内混凝土柱平衡导管外（或泥浆）压力所需的高度（m）。

$$h_1 = H_w \gamma_w \div \gamma_c$$

灌注混凝土时，导管埋深按规范要求严格控制在 2～6 m。灌注混凝土时，派专人负责量尺、记录。灌注中每放一斗混凝土应量尺 1 次，记录并核对混凝土上升高度是否正常。量尺应由两人互相复核。实时记录已灌注混凝土总方量，复核混凝土浇筑总高度。灌注桩基水下混凝土时，若遇到护筒脚漏浆现象，在保证导管埋管长度的前提下，应放慢灌注速度，减少储料斗中混凝土数量的同时减缓混凝土的下落速度。

灌注需连续进行，边灌注混凝土，边提升导管，同时拆除上一节导管，埋管要求在 2～6 m，使混凝土经常处于流动状态。提升导管时应先将顶上漏斗挪开，然后垂直提升导管，拆去顶上一节后再接上漏斗，继续灌注混凝土。提升导管时要保持导管垂直及居中，不使导管倾斜和牵动钢筋骨架。灌注过程中，混凝土要经常保持满管；若混凝土不满管，需徐徐浇筑，过快则易在导管内形成高压空气囊而出现堵管现象。

在灌注将近结束时，由于导管内的混凝土下落高度小，而导管外的泥浆及所含土渣浓度增加，所以其比重增大，会造成孔内混凝土顶升困难，因此应向孔内加清水稀释泥浆，以使灌注工作顺利完成。

为保证桩顶质量，在桩顶设计标高以上至少超灌 50 cm 混凝土，以便灌注结束后强度能达到 70%，5～7 天后凿除桩头混凝土浮浆。

4.1.2.9　混凝土灌注过程中相关事故的处理办法及原则

在水下混凝土灌注过程中如出现事故，应分析原因，并采取合理的技术措施，及时设法补救、冷静处理，不宜轻易中止灌注。

1)导管进水原因

(1)首批混凝土储量不足,安置导管距孔底间距过大,混凝土下落后不能埋住导管底口,以致泥浆从底口进入。

(2)导管接头不严或螺杆断折、焊缝破裂,泥浆从接口或焊裂处进入。

(3)导管提引过猛或测深错误,导管口提离混凝土面。

处理办法及原则:无论是哪一种原因,都要提起导管,重新将孔清理干净,再重新灌注混凝土。

2)卡管原因

(1)初灌时隔水栓卡管,或由混凝土的各种原因造成。处理办法及原则:用长杆冲捣和捣动导管,亦可附着式振动,如不落下,则必须将导管提起清孔,然后重装灌注。

(2)机械故障或其他原因使混凝土已初凝,增大了混凝土下落阻力,混凝土堵在管内。处理办法及原则:启动应急设备,实施应急方案。若混凝土已初凝,则拔出导管,停止灌注,会同设计、监理部门处理。

3)埋管原因

导管埋深过深,或提管过猛,将导管拉断。

处理办法及原则:导管埋深不能大于6 m,提升不能过猛,视现场实际情况由有经验的工程师处理。

4)部分灌注桩的桩顶标高达不到设计要求

原因:部分桩位沟槽的标高低于桩顶的设计标高。

处理办法及原则:支护桩施工完成后,对部分标高未达到设计要求的桩进行接长处理,直到达到设计标高。

5)断桩原因

(1)混凝土坍落度小、离析或石料粒径较小,在混凝土灌注过程中堵塞导管,且在混凝土初凝前未能疏通好,不得不提起导管从而形成断桩。

(2)计算错误致使导管底口距孔底距离较大,致使首批灌注的混凝土不能埋住导管,从而形成断桩。

(3)导管提拔时,由于测量或计算错误,或盲目提拔导管使导管提拔过量,从而使导管底口拔出混凝土面,或使导管口处于泥浆层或泥浆与混凝土的混合层中,形成断桩。

(4)在提拔导管时,钢筋笼卡住导管,在混凝土初凝前无法提起,造成混凝土灌注中断,形成断桩。

(5)导管接口渗漏致使泥浆进入导管内,在混凝土内形成夹层,造成断桩。

(6)导管埋置深度过深,无法提起导管或将导管拔断,造成断桩。

(7)由于其他意外原因造成混凝土不能连续灌注,中断时间超过混凝土初凝时间,致使导管无法提升，形成断桩。

处理办法及原则：桩身两侧对称地钻入两个直径为60 mm的圆孔，直至预知断桩处下50 cm，注入高压气，迫使夹层泥浆从另一侧气孔中冒出。清孔可以采用高浓度酒精高压注入，以达到清孔并干燥的目的。如此循环5次后，采用高标号水泥净浆（掺配5%膨胀剂）高压注入，直至另一侧气孔外冒净浆、无气泡为处理结束。待7天净浆强度达到70%后，再次进行超声波检测或钻芯取样，判定是否最终废桩。

6）注意事项

（1）导管拼接时保证其垂直，防止提升导管时勾挂钢筋笼；法兰接头螺丝扭紧，防止漏浆。

（2）剪球前保证储料斗的放料门正常开关，放置储料斗的支架稳固。

（3）下放钢筋笼后固定，防止灌注时钢筋笼上浮。

（4）保证混凝土的质量，防止混凝土离析而发生卡管事故。

（5）利用泥浆泵把灌注中的泥浆抽送到其他护筒内。

（6）控制混凝土数量，报方准确并保证桩顶混凝土的质量。

（7）灌注混凝土必须连续作业，灌注现场准备两套工具，值班人员到位。

（8）认真做好钻孔记录、终孔后及灌注混凝土前检查记录、水下混凝土灌注记录及钻孔桩汇总记录。

（9）水下混凝土浇筑需即时、快速、连续进行，发电机、水泵、吸泥机、高压射水管、混凝土搅拌机等需有相应备用设备。

（10）强制要求采用厚壁无缝管，以免出现导管变形，甚至破裂；封孔时确保导管与孔平行，以免导管挂钢筋笼，甚至导管口破坏孔壁造成塌孔。

4.1.2.10 桩基质量检测

（1）桩基混凝土强度采用超声波无破损检测法进行检测，同时用无破损法检测桩底沉渣厚度。

（2）根据监理工程师指令，若需对桩进行抽样钻孔取芯检测，钻芯取样完成后，取芯孔采用高标号水泥砂浆填充。

4.2 承台施工工艺

4.2.1 施工工艺流程

承台施工工艺流程如图4-2所示。

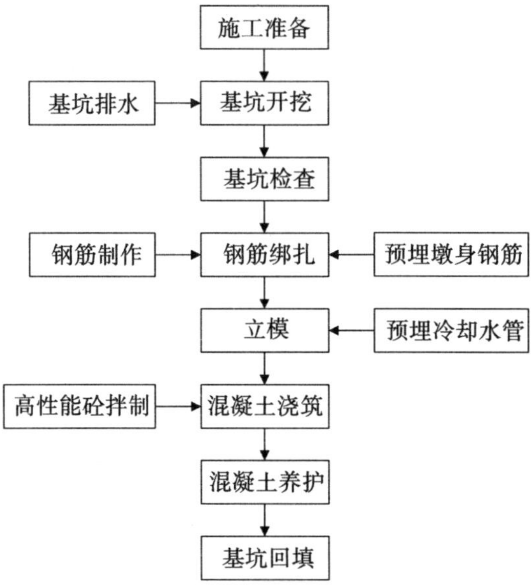

图 4-2　承台施工工艺流程图

4.2.2　施工方法

4.2.2.1　施工准备

(1)测量放样。利用已布设好并经监理工程师认可的导线控制网和各桩位坐标,用水准仪测量承台位置的地面标高,确定开挖深度。确定承台的开挖宽度后用石灰画线,经自检合格后报请监理工程师抽检,抽检合格后进行下道工序施工。

(2)筑岛围堰。2＃～9＃承台位于河道中,筑岛仅仅是为了桩基施工。考虑到承台施工的安全可行,需要对筑岛外围进行防水围堰处理。结合本工程的地质条件及河水流量,围堰施工采用黏土隔水的方法。从围堰外围迎水面用挖掘机将河中砂卵石清理至红砂岩硬面,从河底到围堰顶用塑料薄膜、黏土分层填筑,保证封水效果。图 4-3 为黏土围堰断面图。

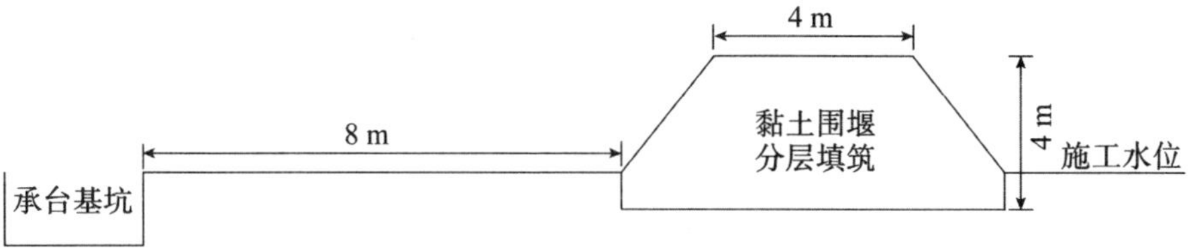

图 4-3　黏土围堰断面图

4.2.2.2　基坑开挖

基坑采用挖掘机开挖,按实测的开挖深度以 1∶1 的坡度放坡,严格按测量放样标出的灰线进行。挖掘机开挖至距基坑底面高 20 cm 后，采用人工清底，以免扰动原基，承台四周每边加宽 1 m，以利于模板安装及基坑排水。基坑边缘设置排水沟和集水井，及时抽排地下水。

基坑开挖完成后，及时在基坑上口轮廓线外 0.5 m 四周设置 1.5 m 高∅50 mm 钢管围栏，立柱间距 3 m，打入地面 0.2 m，双层横杆间距 1 m 且底层横杆距地面 0.2 m，钢管采用十字扣件连接并用密目网封闭，围栏涂刷红白间隔油漆，并挂安全警示牌。

4.2.2.3　破桩头、精确放样

基坑开挖到设计高程，用风镐将桩头破除到设计标高，在露出均匀碎石面后，由测量队用全站仪测出桩的中心点，检查桩基偏位情况，并放样出承台边线位置，用石灰画线确定承台的平面位置，用墨斗弹出系梁的边线，桩位自检完成后请监理工程师对桩位偏差进行检验。基坑底先进行夯实，然后浇筑 10 cm 的混凝土进行封底，作为承台的底模。

4.2.2.4　钢筋制作与安装

承台钢筋加工均在钢筋场内集中制作，用平板拖车通过便道运至承台处，用 50 t 汽车吊将钢筋吊入基坑内。待封底混凝土达到一定强度后，用墨线在上面定出两侧边线，按设计图纸要求开始绑扎承台钢筋。

1)作业条件

(1)熟悉桥梁设计图纸，明确各工序做法。

(2)进场钢筋按图纸要求悉数进场，且已试验合格。

2)钢筋加工

(1)根据图纸设计要求，钢筋工长应熟悉图纸后进行钢筋抽样，抽样完毕后方可交付钢筋工下料。

(2)在钢筋下料过程中，严把质量关。质检员不定期抽查后台下料长度，并与钢筋工长料单上的长度进行比较，误差大于规范要求的应重新制作。

(3)成品堆放时应标明所用部位、长度、规格。

3)钢筋绑扎

(1)在封底混凝土达到一定强度后，用墨线在上面定出两侧边线和钢筋位置线，按设计图纸要求开始绑扎承台钢筋。

(2)钢筋焊接采用电弧焊的方式。钢筋焊接前，搭接端部应预先折向一侧，使两结合钢筋轴线一致。焊接时，双面焊焊缝长度不小于 $5d$（∅20 mm 钢筋焊缝长度不小于 10 cm，d 为钢筋直径)，单面焊焊缝长度不小于 $10d$（∅20 mm 钢筋焊缝长度不小于 20 cm)。钢筋的接头交错排列，相互错开不小于 $35d$（∅20 mm 钢筋焊缝长度不小于 70 cm)，且不宜位于构件的最大弯矩处。

(3)焊条妥善保管,防止受潮。焊缝饱满、平整,无气泡,焊渣清理干净,焊缝、焊接质量严格按规范要求执行。

(4)在接头长度区段(35d,且不小于 500 mm)内,同一根钢筋不能有两个接头,接头的截面积不超过总截面积的 50%。钢筋成型前应平直,无局部弯折,成型后表面应清净,有油渍、漆皮、鳞锈的需清除干净。

(5)钢筋绑扎时,校核钢筋间距,以保证钢筋的保护层符合要求。箍筋应与受力钢筋垂直,在箍筋搭接处的承受力钢筋方向相互错开。

(6)钢筋绑扎完毕后,在承台底和钢筋外侧垫齐同标号 5 cm 高细石混凝土垫块,垫块不少于 4 个/m^2,呈梅花形布置,以保证混凝土保护层厚度达到要求和不露筋。

(7)绑扎钢筋时需满绑,不得缺扣或漏绑。

4)质量要求

(1)高度重视半成品加工质量,下料前必须调直钢筋。下料尺寸必须经施工技术人员严格审查。钢筋一律在工地加工场内使用机械加工弯制成半成品,以保证弯曲角度和平直部分长度达到要求。钢筋加工好后按照规格品种分类堆放整齐,交代工人取用时不得错拿错放,以保证成型骨架准确。

(2)注意钢筋骨架绑扎方法,宜采用十字扣绑扎法,不得采用顺扣,防止钢筋变形。

(3)钢筋安装实测项目如表 4-8 所示。

表 4-8　钢筋安装实测项目

<table>
<tr><th>项次</th><th colspan="3">检查项目</th><th>规定值或允许偏差</th><th>检查方法和频率</th></tr>
<tr><td rowspan="2">1</td><td rowspan="2">受力钢筋间距</td><td colspan="2">两排以上排距</td><td>±5</td><td rowspan="2">尺量:每构件检查 2 个断面</td></tr>
<tr><td>同排</td><td>基础、墩台</td><td>±20</td></tr>
<tr><td>2</td><td colspan="3">箍筋、横向水平钢筋、螺旋筋间距/mm</td><td>±10</td><td>尺量:每构件检查 5～10 个间距</td></tr>
<tr><td rowspan="2">3</td><td rowspan="2">钢筋骨架尺寸/mm</td><td colspan="2">长</td><td>±10</td><td rowspan="2">尺量:按骨架总数 30%抽检</td></tr>
<tr><td colspan="2">宽、高或直径</td><td>±5</td></tr>
<tr><td>4</td><td>保护层厚度</td><td colspan="2">基础、墩台</td><td>±10</td><td>每构件沿模板周边检查 8 处</td></tr>
</table>

5)模板的制作及安装实测项目

(1)模板配备:采用大块钢模板安装,一次性浇筑完成。

(2)模板的制作:采用专业工厂加工的 6 mm 厚定型钢模。承台模板的结构尺寸符合设计图纸和承台结构尺寸要求,型钢均采用正规厂家生产的正品材料。外观符合下列要求:

①侧板无翘曲、变形,表面平整,无凹凸、褶皱。

②焊缝饱满、牢靠，无夹渣、漏焊、焊瘤、结疤等焊接质量问题。

③接头严格按图纸施工，加工精确，结合紧密。

④两块模板间的接缝处平直、光滑，且拼接后严密、顺直。

(3)模板安装：模板在使用之前先自检并校核其几何尺寸、刚度、强度等各项指标，各项指标符合要求后，报请监理工程师抽检，抽检合格后再进行下道工序施工。

模板采用吊车进行安装，模板之间采用螺杆进行连接，安装好的模板应线型顺适、接头紧密平整、位置准确。

(4)模板安装的技术要求：在钢筋安装完成后进行模板安装。侧模安装时利用封底砂浆作为支撑，利用在砂浆垫层上已经弹好的墨线对系梁模板进行精确的定位安装。

安装侧模板时，防止模板位移和凸出。侧模板设拉杆固定，拉杆与混凝土接触部位使用 PVC 管，以方便施工完成后拉杆的拆除。模板之间的连接用直径 18 mm 螺栓，按要求将螺栓连接紧固。承台模板安装如图 4-4 所示。

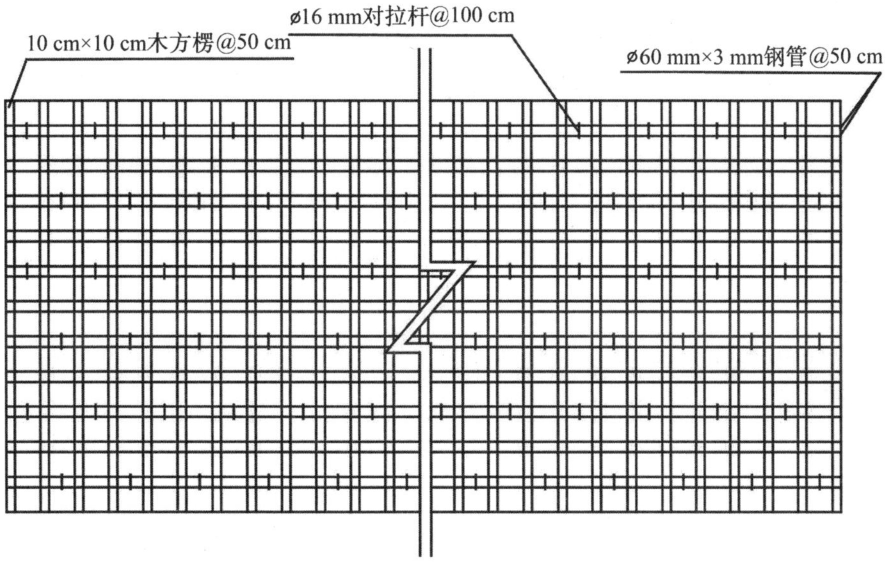

图 4-4　承台模板安装图

模板板面之间平整，接缝严密，不漏浆，以保证结构物外露面美观，线条流畅。

模板安装完成后，以设计承台边线为基线，调整模板位置，使其上口平面位置准确，模板调整好以后固定。模板定位完成后，请监理工程师进行检查，然后进入下道工序。

模板安装完毕后，对其平面位置、顶部标高、节点联系及纵横向稳定性进行检查，符合要求后方可浇筑混凝土。浇筑混凝土前，模板应涂刷脱模剂。脱模剂选用优质清亮的机械润滑油调配适当的优质柴油调和而成(配比约为 4∶1)，外露面混凝土模板的脱模剂应采用同一品种，不得使用废机油等油料，且不得污染钢筋及混凝土的施工缝处。重复使用的模板需经常检查、维修。

浇筑混凝土时，发现模板变形值有超过允许偏差(见表 4-9)的可能时，及时纠正。

表 4-9　模板安装允许偏差

序号	项目	允许偏差/mm
1	模板标高	±10
2	模板内部尺寸	±20
3	轴线偏位	10
4	模板相邻两板表面高低差	2
5	模板表面平整	5
6	预埋件中心线位置	3
7	预留孔洞中心位置	10
8	预留孔洞截面内部尺寸	10

4.2.2.5　混凝土的拌和运输与浇筑

(1)混凝土在拌和站集中拌和，搅拌前必须严格按实验室配合比通知单操作，严格按照生产配合比控制各种材料用量。

(2)混凝土运输需保持其连续均衡。混凝土运输车到达现场后由专人检测混凝土的坍落度，混凝土坍落度需控制在 140～180 mm，符合要求后方可浇筑，采用汽车泵。

(3)浇筑混凝土时，防止混凝土离析。混凝土浇筑垂直高度大于 2 m 时，采用串筒浇筑。

(4)浇筑时分层浇筑，一层浇筑厚度 30 cm，相邻两层连续浇筑，第二层振捣时振捣棒要插入下层 5 cm 左右，上层浇筑应在下层混凝土初凝前完成，浇筑上一层时插入式振捣器应伸入下一层 5～10 cm。振捣时间不宜过长，以混凝土停止下沉、不再冒气泡、表面平坦、边角密实平整、呈现薄层水泥浆为止，时间宜控制在 20 s 以内。图 4-5 为承台混凝土浇筑分层推进示意图。

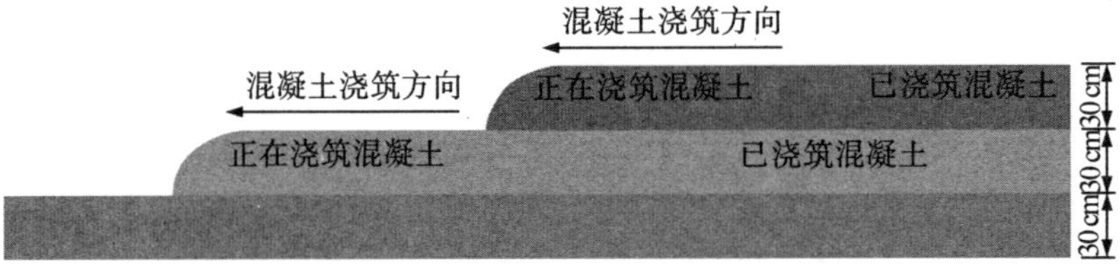

图 4-5　承台混凝土浇筑分层推进示意图

(5)插入式振捣器振捣时与模板保持5～10 cm的距离。振捣器应避免碰撞钢筋、模板,更不得放在钢筋上。振捣时需逐层振捣,不得漏振,以免产生蜂窝、麻面和气泡,避免形成接缝。

(6)混凝土下料时散落在模板内侧的水泥浆需及时清除,以保证外观质量。

(7)混凝土浇筑过程中安排专人看管模板,随时检查模板受力情况,发现模板变形有超过允许偏差的可能时,及时校正后方可继续浇筑。

(8)混凝土浇筑需一次性连续浇筑完成,以消除混凝土分层明显和色泽不一的外观质量缺陷。

(9)实验室要随时对混凝土进行检测,满足要求后方可浇筑,并按规范留取试件。存放一组试件与承台同养护条件下同期养护。

4.2.2.6　混凝土的拆模及养护

(1)冷却水管养护。大体积混凝土浇筑完毕后,水泥水化热可使混凝土内部的温度不断上升,导致内外温差很大。降温时,内部对外形成约束,表面将产生很大的应力,初期强度不足时,表面会有裂缝,因此采用预埋冷却水管,用循环水降低混凝土内部温度,进行人工散热。冷却水管采用钢管光-32-YB234-63黑铁管,其外径42.25 mm,壁厚3.25 mm。在承台内布2层冷却水管网,每层冷却水管网独立入水,可接河水,亦可接自来水,这样可以更好地控制混凝土内的温度。对管网进行通水试验,确保接口处不漏水。

混凝土初凝后,向冷却水管网内注水。由于吸收了水泥水化热,由冷却管排出的水温度较高,可注入水桶内,用其对承台表面进行热养护。待蓄水桶满后,采用离心式水泵将蓄水桶的水泵入冷却水管网,用蓄水桶中的热水进行循环养护。可在冷却水管网的出水口处测得承台内部混凝土的温度,控制其水温与外界温度之差小于25 ℃。一般情况下,水泥水化热最高温度发生在浇筑后的3～7天。在这段时间,应增加高心式水泵的数量,且要长时间开启,使承台内部不断有温水循环养护。混凝土浇筑后及时养护,养护时间不少于14天。在气温骤降天气情况下浇筑的混凝土,对其外部加强覆盖保温的同时,适当延长养护时间,使混凝土硬化过程中产生的温差应力小于混凝土本身的抗拉强度,从而可避免混凝土产生贯穿性的有害裂缝。

为能对承台混凝土温度进行跟踪,及时掌握混凝土内外温差,以便对异常情况及时采取措施,控制混凝土裂缝的出现,可采取如采用埋设测温导线、利用建筑用电子测温仪对混凝土进行测温等方法。测温点布置为十字交叉状,测温点间距为4 m,每个测温点分上、中、下三个高度埋设3条测温线。测温线在混凝土浇筑前绑扎于专用钢筋上,所以混凝土浇筑时应注意保护钢筋及测温线。钢筋及测温线均高出浇筑顶面20 cm,上表面测温头埋入混凝土表面以下20 cm处,中心测温线埋于混凝土浇筑层厚度的1/2处,下表面测温头埋于距本次浇筑底面20 cm处,并在测温线外露部分按不同深度分别缠上不同颜色的彩色胶带，以便测温时区分。

在混凝土浇筑完毕后的升温和峰值持续阶段，即开始的3～4天，每隔2 h测温1次；在测温趋于平稳后的降温阶段，每4 h测温1次。当测得的混凝土内外温差不大于20 ℃并趋于稳定时，测温结束。测温内容包括环境温度、混凝土表面(6个面)温度、内部温度等。根据测点编号顺序，记录所测温度数据。

现场测温数据按规定表格如实记录，并及时计算出混凝土实时内外温差、混凝土内部升降温速度，并指导现场及时调整保温及散热措施。

(2)待同期养护试件混凝土强度达2.5 MPa时方可拆除模板。一般情况下2天后拆除模板，气温较低时可适当延长拆模时间。拆除模板时要轻拆轻放，以免破坏承台和使模板变形。

4.2.2.7 基坑回填

拆除模板并养护3天后，进行基坑回填。基坑回填分2次进行：首次填至承台顶0.2 m以下处，以不影响墩柱施工；待墩柱施工完成后再全部回填。回填时两侧对称进行，防止偏压损坏结构，或影响结构的稳定性和使用功能。

4.2.3 质量控制要点

4.2.3.1 钢筋加工及安装

(1)钢筋必须按不同钢种、级别、牌号、规格及生产厂家分批验收、分别堆存，不得混杂，并设立标志牌，以利于检查和使用。

(2)钢筋加工、存放场所应搭建防雨棚，钢筋存放底部距地面20 cm以上，不得直接堆放在地面上，避免钢筋锈蚀和遭泥浆污染。

(3)主筋焊接采用搭接焊，焊接长度双面为$5d$，单面为$10d$。

(4)钢筋焊接或绑扎处要错开布置。

(5)钢筋焊接时，焊工随身携带小锤，对焊渣进行随焊随敲，保证焊缝饱满、表面平整，不得有较大的凹陷和焊瘤，接头处不得有裂纹、气孔。

(6)钢筋安装时，保证所用垫块数量充足且完好，以保证保护层厚度符合设计要求。

(7)电焊工必须持证上岗，严禁无证人员从事焊接工作。

4.2.3.2 模板安装

(1)模板安装采用定位、对拉、限位等措施。

(2)浇筑混凝土时，派专人随时检查模板，发现变形及时纠正、调整。

(3)对模板经常进行整修，去除表面的铁锈、水泥浆等。立模时间较长时，混凝土浇筑前对模板进行再次除锈及涂抹脱模剂。

4.2.3.3 混凝土浇筑

(1)严禁中途加水或用其他办法改变混凝土的稠度。

(2)模板内混凝土用人工扒平,严禁用振捣棒振动拖平。

(3)施工时振捣棒尽量避免碰撞钢筋、模板,更不得放在钢筋上进行振捣。

(4)合理安排分层浇筑顺序,严格控制混凝土分层厚度、振捣和浇筑的时间,以免出现混凝土外观分层明显、色泽不一的外观质量问题。

(5)根据每层浇筑时间,控制拌和站出料的数量及时间,防止因混凝土在现场停留时间过长而造成混凝土坍落度损失过大,甚至混凝土初凝。

4.3 墩身施工工艺

4.3.1 工程概况

才子大桥桥墩分为有推力墩与无推力墩,墩身采用C40混凝土。桥墩承台采用分离式承台,承台采用C35混凝土。P2、P9桥墩基础采用直径2 m的钻孔桩群桩基础,其余桥墩采用1.5 m的钻孔桩群桩基础,采用C35水下混凝土。根据地质勘察报告,采用中风化泥质砂岩作为桥梁桩基的持力层。

桥台采用重力式桥台,台后填土约8 m。桥台承台采用矩形断面,中间设置沉降缝。桥台台身采用C40混凝土,桥台承台采用C35混凝土。桥台基础采用直径1.2 m的钻孔桩群桩基础。根据地质勘察报告,采用中风化泥质砂岩作为桩的持力层。

4.3.2 施工工艺流程

墩身模板采用特别设计的厂制定型大块钢模板拼装,采用对拉螺栓加固模板;桥墩、桥台外露面采用大块组合钢模板,局部辅以木模,模板缝用双面橡胶密封条密封。

在墩身施工前,由测量人员放出墩底的几何尺寸、平面位置,并将点位引出,供以后检查模板时使用。用全站仪控制分节浇筑的墩台的中心位置及垂直度,确保将位置及垂直度偏差控制在规范允许的范围之内。

把承台顶面墩身连接部位凿毛、浮浆、油污及泥土等杂质冲洗干净。调直墩身预埋在承台中的钢筋并清理干净。

墩台、墩身混凝土均采用泵送混凝土,用插入式振捣器捣固。工地现场设钢筋加工棚进行钢筋加工制作,现场绑扎。墩台、墩身混凝土按大体积混凝土施工工艺进行施工。墩台、墩身施工工艺流程如图4-6所示。

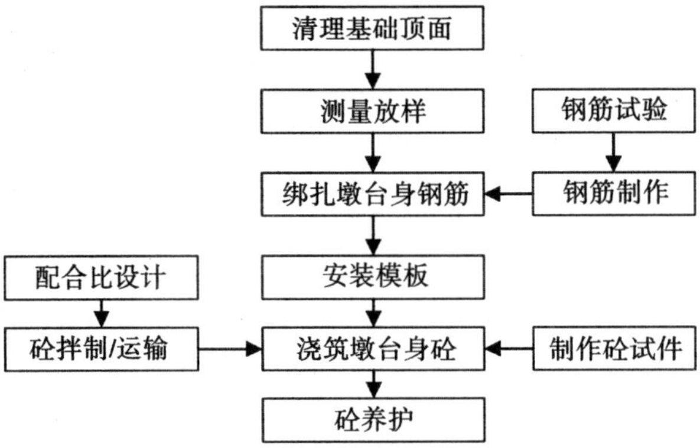

图 4-6　墩台、墩身施工工艺流程图

4.3.3　墩身施工

4.3.3.1　脚手架工程

1)构架结构

采用双排钢管脚手架，排距 0.9 m，步距 1.2 m，立杆间距 1.2 m，距地面 0.2 m 高设扫地杆，沿架子高度方向每隔 4 m 左右设剪力撑一道，剪力撑与地面的夹角为 45°～60°，脚手架与墩身钢模间净距不小于 0.3 m，于脚手架一侧设置供人员上下用的爬梯，爬梯每阶高 0.3 m。

作业平台范围要能满足施工场地需要，并且设有安全网，要求网绳无破损，并扎系牢固、绷紧、拼接严密；网宽不小于 2.6 m，里口离墙不得大于 15 cm，外高内低；立网随施工层提升，网与网之间拼接严密，空隙不大于 10 cm。

2)基础和拉撑承受结构

脚手架立杆的基础需平整夯实，密实度达到 85%以上，基础高出地面 15 cm，或采用已成型的承台顶面作为脚手架立杆的基础，从而具有足够的承载力和稳定性。脚手架立杆的基础设于坑边或台上时，立杆距坑、台的上边缘不得小于 1 m，且边坡的坡度不得大于土的稳定边坡坡度，否则应作边坡的保护和加固处理。脚手架立杆之下必须设置垫座和垫板，基础的四周做好排水设施。

4.3.3.2　模板工程

1)墩身模板工程

墩身钢模为厂制大块定型钢模。钢模材料：面板为 6 mm 厚钢板，纵肋为 10 号槽钢，横筋为 10 cm 宽、6 mm 厚钢板，四周连接筋为 10 号角钢。

使用要求如下：

(1)高度：墩身 2 次立模。

(2)速度:墩身混凝土浇筑速度不得超过20 m^3/h。

(3)安装:钢模安装采用人工配合吊车进行。安装钢模螺栓时,一正一反进行安装,并拧紧,每个螺栓均不得漏装,安装好的钢模必须稳固牢靠。安装允许偏差限值为:轴线位置5 mm;表面平整度3 mm;高程±5 mm;模板的侧向弯曲h/1000(mm);内侧宽度+10 mm、−5 mm;相邻两模板表面高低差2 mm。

(4)加固:模板设计时,已经考虑了加固,如对拉螺栓。施工时,若无特殊要求,可不用再加固,只需采用部分圆木和缆风绳对其垂直度等进行调整固定即可。

(5)拉杆标准:拉杆采用∅22 mm圆钢,拉杆间距为120 cm×120 cm,呈梅花形布置,伸出抱箍外钢垫板6~10 cm,套丝长15 cm,采用双帽型式,拉杆必须上紧。

(6)钢模及钢模支架与脚手架之间不得相互连接。

(7)模板拼缝必须采取相应措施进行处理,如腻子、橡胶垫等。接缝必须严密,不得漏浆。模板与混凝土的接触面必须清理干净并涂刷隔离剂。

(8)混凝土施工过程中需对模板及支架进行观察和维护,发现跑模、变形等异常情况时应立即停止施工,采取措施进行处理。

模板工程的其他安全措施及注意事项如下:

(1)钢模在运输过程中,钢模下面要有方木支垫,侧面用木板与车子隔开,并堆码整齐。

(2)钢模运至工地后,进行堆码放置,不得随意摆放。堆码位置不得选在易积水的低洼处及松软地基上,应选在地势平坦且地基土较为密实的地方,并做到下垫上盖(下面垫方木、上面盖防雨布)。

(3)钢模在吊装过程中,由专人进行指挥,做到轻拿轻放,不得与脚手架相撞,吊装时下面严禁站人。拼装及拆模时,不得使用大锤等工具对钢模进行锤击,以防造成钢模变形。

(4)钢模使用前,对钢模进行清理,扫除污物、锈渍等,并对钢模使用面进行涂色拉油处理。钢模使用完毕,对其进行清理,扫除钢模上的水泥浆及其他污物,对使用面上好油,再进行堆码存放,上面盖上防雨布。

2)墩台模板工程

桥台外露面采用大块组合钢模板,局部调整部位辅以木模内包铁皮处理。模板采用扣件式钢管和拉杆一起进行加固及支撑,钢管采用两根∅48 mm、壁厚3.5 mm的焊接钢管。拉杆间距为120 cm×120 cm,呈梅花形布置。

拉杆标准:拉杆采用∅22 mm圆钢,伸出钢管外钢垫板6~10 cm,套丝长15 cm,采用双帽型式,拉杆必须上紧。模板缝用双面橡胶密封条密封。

4.3.3.3 钢筋工程

1)钢筋内支撑系统

在已浇筑的混凝土承台上安装钢筋内支撑系统。钢筋内支撑根据墩身轮廓尺寸，由∅28 mm 钢筋或∅48 mm×3.5 mm 钢管整体支撑，钢筋内支撑搭设为三排，支撑立杆间距 90 cm，步距 120 cm。钢筋安装时逐根安装，内支撑架上严禁放置未安装的钢筋，以免压塌支撑系统。

2)钢筋加工及安装

钢筋统一在钢筋加工厂进行下料和制作。钢筋加工前把油渍、漆皮、鳞锈等清除干净，钢筋的调直、截断及弯折等均应符合技术规范要求，钢筋规格、型号应符合图纸要求，依据图纸设计进行下料、弯制加工，并按图纸编号对钢筋分类存放，运至作业现场后再用汽车起重吊机吊至作业平台进行绑扎、机械连接。严格按照施工技术规范、设计图纸进行墩身钢筋绑扎施工。对于高墩，主筋按施工节段高度进行加工，注意墩身主筋接长时机械接头必须错开，使同一断面接头钢筋面积不超过钢筋总面积的 50%。错开距离 $35d$ 且不小于 50 cm，直径大于等于 20 mm 的钢筋接头采用机械接头连接。采用焊接头时，考虑为单面搭接焊，焊缝长度应大于 $10d$，使用与钢筋级别相适用的 50 级焊条。箍筋接头应在四角错开，弯钩长度满足设计及抗震要求。墩身边侧的保护层利用每平方米 5 块垫块来保证，钢筋保护层厚度偏差控制在±5 mm 以内。在模板安装完成后进行主拱圈钢筋预埋，预埋前进行测量放线，确保预埋位置准确无误，预埋钢筋考虑钢筋连接接头错开距离符合规范要求($35d$ 以上)，主拱圈预埋筋为∅28 mm 钢筋，即错开距离为 28×35＝980 mm。本项目预埋筋以 2 m 和 3 m 长交错预埋。表 4-10 为钢筋加工允许偏差。

表 4-10 钢筋加工允许偏差

项目	允许偏差/mm
受力钢筋顺长度方向加工后的全长	±10
弯起钢筋各部分尺寸	±20
箍筋、螺旋筋各部分尺寸	±5

为验证钢筋制作的精度，可在弯制少量钢筋后，在地面平地上进行绑扎试验，并根据试验结果调整弯制方法与尺寸。形状与尺寸已确定的钢筋可采取经常拉尺检查的仿版对精度进行有效控制。钢筋必须严格进料、出库管理，加工好的钢筋分类存放、挂牌标识。标识内容包括规格、型号、安装位置等，对检验不符合要求的材料做好标识，防止误用。

钢筋主筋采用螺纹套筒连接，常采用标准型套筒丝扣。接头按设计要求错开。

在下主筋地料时，各主筋下料长度需一致，误差在 2 mm 以内。在滚丝时，必须按照螺纹套筒的长度滚丝，车丝长度误差在 1 mm 以内。

钢筋采用现场绑扎法。根据现场实际情况，∅20 mm 以上的墩柱主筋采用直螺纹连接技术，以减少现场焊接工作量。

钢筋安装完毕后在骨架外悬挂固定混凝土预制垫块，以确保保护层厚度符合要求。钢筋允许偏差及检查方法如表 4-11 所示。

表 4-11　钢筋允许偏差及检查方法

序号	名称		允许偏差/mm	检查方法
1	受力钢筋排距		±5	尺量：每构件检查 2 个断面
2	同一排中受力钢筋间距		±20	
3	箍筋、横向水平筋间距		0，−20	尺量：每构件检查 5～10 个间距
4	钢筋骨架尺寸	长	±10	尺量：按骨架总数的 30%抽查
		宽、高	±5	
5	弯起钢筋位置		±20	尺量：每骨架抽查 30%
6	保护层厚度		±5	尺量：每构件沿模板周边检查 8 处

4.3.3.4　混凝土工程

1)材料

(1)采用普通硅酸盐水泥配制混凝土。水泥不能结块，符合质量标准并有质保书和复验单。

(2)粗骨料尽可能采用大粒径的，但不宜超过 40 mm，所含泥土不得呈块状或包裹石子，含泥量不得超过 1%。细骨料砂选用中、粗砂且含泥量不得超过 3%。

(3)水采用不含有害物质的洁净水。

(4)尽可能按设计和规范掺用外加剂，如缓凝剂或缓凝型外加剂，以延缓水泥放热过程，可减少收缩裂缝而保证混凝土质量；或掺入适量膨胀剂，以补偿混凝土收缩，防止产生裂缝。外加剂应有质保书和复验单，配制计量要正确。

(5)严格把好混凝土材质、配合比及混凝土拌和、运输、浇灌、捣固、养护等工序关。施工时试验人员跟班作业检验，严格控制混凝土施工质量，达到结构物内实外美。

2)混凝土制备

混凝土按照使用部位的不同，通过试验确定施工配合比，搅拌站集中拌制，混凝土输送泵运送入模。

3)浇筑方法

灌注前,将承台顶面清理、冲洗干净,将模板内的杂物和钢筋上的污渍等清除干净,进一步检查模板、加固、支撑、钢筋骨架、预埋构件是否符合要求。为防止模板上浮,在承台施工时墩身轮廓外围每隔 50 cm 预埋 20 cm 长∅20 mm 钢筋。模板安装完成后,将模板底部锚固在预埋筋上,并在浇筑时严格按 30~50 cm 一层均匀分层施工。为了保证浇筑质量,在墩顶预留 4 个天泵进管孔,天泵软管长 3.5 m,通过预留孔布料,保证下料最大高度小于 2 m,否则加长串管。

灌注过程中,设专人检查模板、支架等,发现变形、胀模等问题及时处理。灌注时混凝土的自由倾落高度不得大于 2 m,以防止对模板冲击过大以及产生离析现象,也不得用捣固棒从料斗拉料。墩台、墩身混凝土连续水平分层浇筑,分层厚度不大于捣固棒作用部分长度的 1.25 倍。根据各层的工程量及浇捣速度,正确计算混凝土输出量,以保证上下层混凝土的衔接时间符合要求(都在初凝前完成)。

当因故间歇时间超过允许时间(一般为混凝土的初凝时间)时,按灌注中断处理,将表面找平,留置施工缝。续接新混凝土时,按照施工接缝处理,预埋接槎筋。

混凝土振捣:以插入式振捣器振捣,振捣棒的移动距离在 30~35 cm 范围内,与侧模保持 5~10 cm 的距离。振捣顺序为先振捣倒角处,再从两边向中间振捣。振捣时间控制在 20 s 左右,以混凝土不出现气泡、不下沉为准,以防止过振或漏振。在上层混凝土振捣的同时,将振捣棒插入下层表面下 50 mm 以上,使上下层连成一体。在混凝土的振捣过程中,安排现场技术人员严格控制质量。为了保证连续施工安全,在一天气温最低时进行桥墩大体积混凝土浇筑,一般选择下午 6 点到早上 8 点时间段。另外,为保障施工工人安全,振捣工每 2 h 换班 1 次,并设专人在作业面现场指挥。

混凝土拆模、养护:人工拆模、机械吊装,轻吊、轻拿、轻放,防止破坏混凝土结构和外观质量。

浇筑及捣固的一般要求如下:

(1)混凝土自由倾落高度不应超过 2 m,否则采用串筒、溜槽等措施,以保证混凝土不致发生离析现象。

(2)振捣棒快插慢拔。插点均匀排列,逐点移动,顺序进行,不应遗漏,移动间距一般不超过 0.5 m。

(3)浇筑混凝土时,经常检查观察模板、钢筋、预留孔和预埋件,发现问题及时纠正。

4)混凝土养护

混凝土浇筑完初凝后,覆盖养生布进行全天候保湿养护 7 天。

考虑模板需要周转使用,在混凝土强度超过 2.5 MPa 后进行拆模,拆模顺序按立模顺序逆向进行。当模板与混凝土脱离后方可拆卸、吊运,拆模时注意不使墩身表面及棱角因拆模而受损失。

拆模后及时对混凝土裸露面进行覆盖养生布的密封养护，相邻养生布至少重叠 150 mm，并采用胶带、胶水或其他方法紧密黏合，使整个混凝土表面形成完全防水覆盖。固定养生布不能被风吹移动。养护期内土工布若出现损坏，立即修补。

养护最少保持 21 天。养护期间，避免其承受行人、运输工具、模板、支架及脚手架等荷载。养护用水采用冷却管水，从桥墩顶最上方的冷却管的出水口接 DN50 的塑料软管，软管长度绕墩身顶一周，长约 50.6 m，软管每隔 5 cm 钻一个出水口，这样可保证水一直从墩顶滴灌墩身，然后通过混凝土自身水汽蒸发来养护。

5)施工要点及质量保证措施

(1)大体积混凝土的浇筑量大、整体要求性高，在浇筑、捣固和养护过程中，水泥水化会发出大量的水化热，但因其体积厚大，大量水化热得不到散发，混凝土内部温度高于外层混凝土温度，产生较大的温度差，由于表里体积膨胀不一致，便会产生温度裂缝，故应降低水化热，将混凝土的内外温差控制在 25 ℃内，混凝土表面与环境温差控制在 15 ℃内。

(2)选用水化热低的水泥，严格控制砂石的含泥量：石子的含泥量不得超过 1%，砂含泥量不得超过 3%。

(3)严格合理选用砂、石级配，尽量降低水泥用量与用水量，严格控制混凝土水灰比，添加性能优良的外加剂，充分利用混凝土的后期强度等。

(4)降低混凝土的入模温度(如夏季采用低温水或冰水拌制混凝土；对于泵送混凝土，对泵管或泵车进行必要的覆盖或降温)。

(5)混凝土内可掺用适量的微膨胀剂(UEA 等)替代水泥，以起到降低水泥用量、减少水化热的作用，同时在混凝土硬化时可产生一定微膨胀，以补偿混凝土部分收缩。

(6)混凝土内可掺用适量的活性材料(粉煤灰等)以代替水泥用量，同时可加适量缓凝型外加剂，以延缓水化热释放时间，减少内外温差。

(7)对于体积特别大的大体积混凝土，可以事先在混凝土内埋设冷却水管，用循环水降低体内温度，以减小温差。

(8)设置测温点，在混凝土养护期内，随时观察温差情况，以便采取相应措施。

(9)混凝土的表面覆盖一层塑料布、多层草帘或麻袋、一层塑料布保温，防止表面失水及表面温度骤降。

(10)大体积混凝土浇筑面大、浇筑量大，要求连续浇筑。

第 5 章　上部结构施工工艺

5.1　拱桥施工顺序划分

施工流程如图 5-1 所示。

步骤一	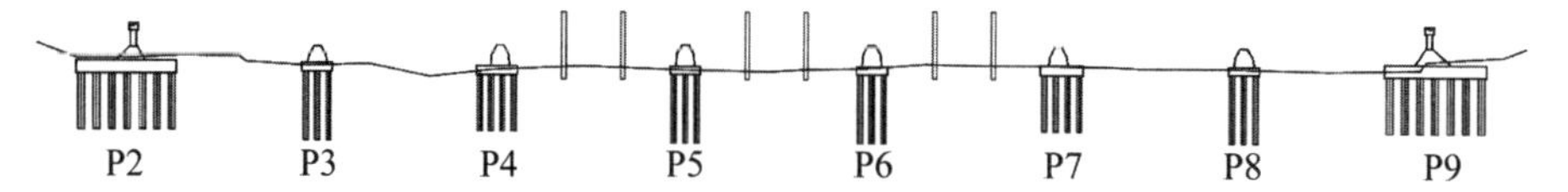
	下部结构施工完毕，施工中间拱架桩基础。
步骤二	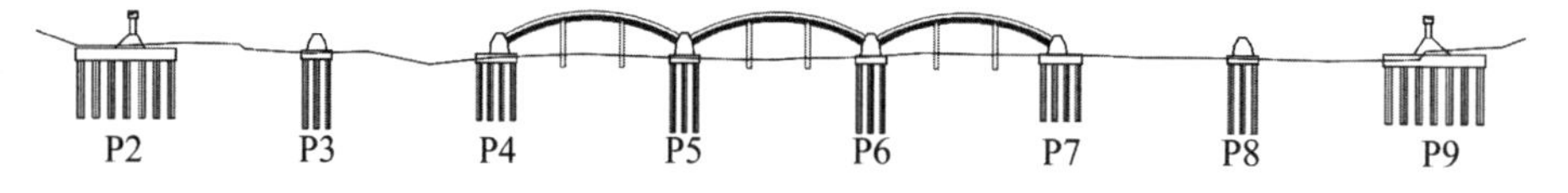
	搭设中间主拱钢拱架，分段浇筑中间主拱圈。
步骤三	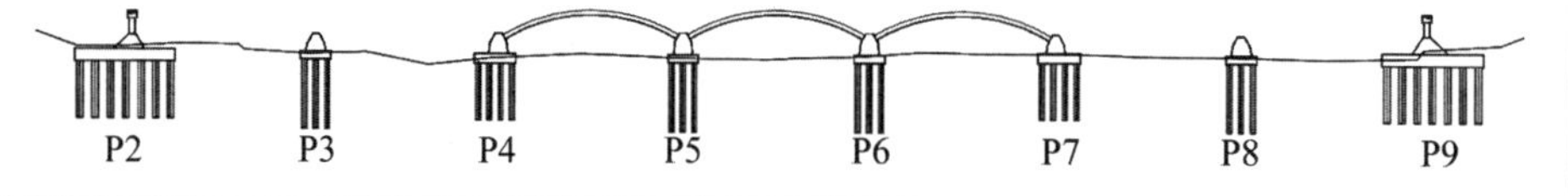
	在中间主拱圈浇筑至合龙段后，选择在温度相对平衡的时间进行合龙段施工，合龙温度控制在 15～16 ℃。
步骤四	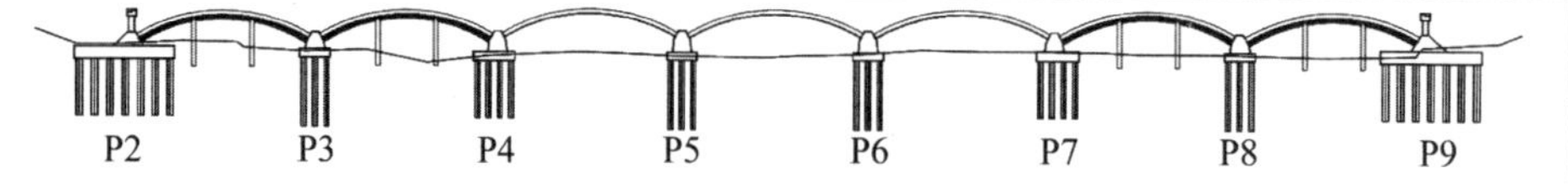
	施工两侧拱架桩基础，拱设两侧主拱钢拱架，并分段浇筑两侧主拱圈。在两侧主拱圈浇筑至合龙段后，选择在温度相对平衡的时间进行合龙段施工，合龙温度控制在 15～16 ℃。

图 5-1　施工流程图(一)

步骤五	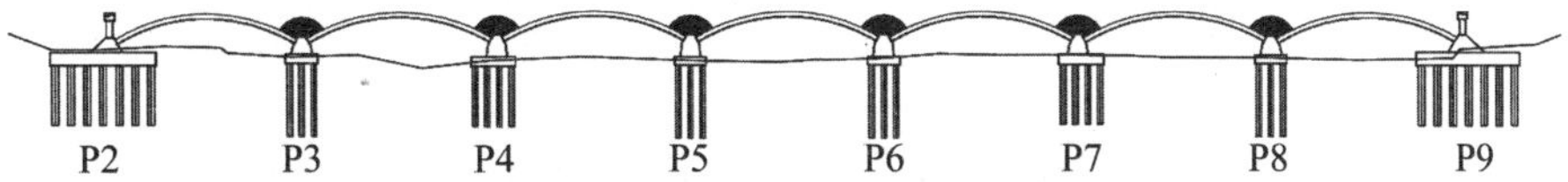
	主拱圈脱架，搭设腹拱支架，浇筑腹拱，选择在温度相对平衡的时间进行合龙段施工，合龙温度控制在 15～16 ℃。
步骤六	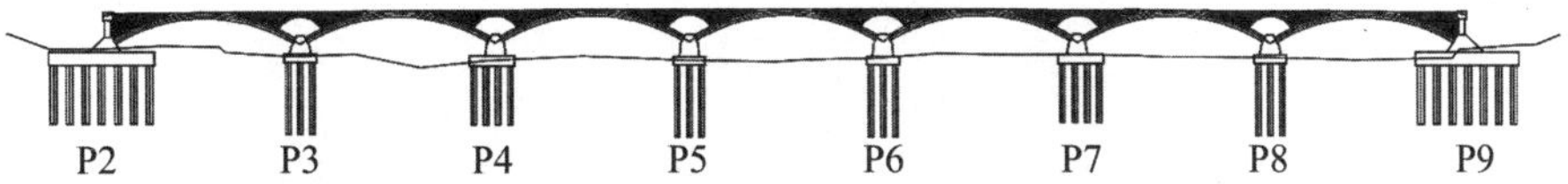
	搭设支架浇筑主梁(与引桥主梁施工同步)。
步骤七	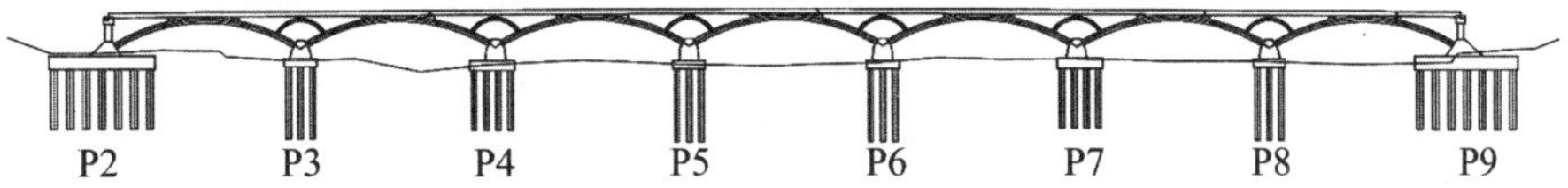
	完成主梁施工并脱架(与引桥主梁施工同步)。
步骤八	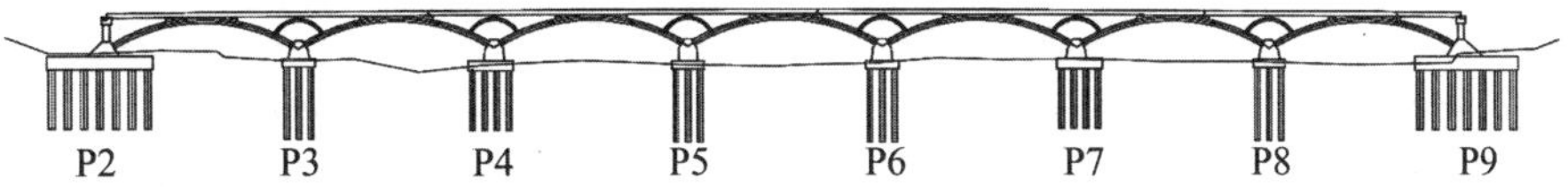
	施工桥面系及附属设施，做通车准备。

图 5-1　施工流程图(二)

5.2　拱桥主拱圈施工

5.2.1　支架搭设

本桥梁工程主桥共计 7 跨，主桥处于宜黄河主河道，根据详勘资料及现场实际情况，K1 跨采用满堂支架，K2～K7 跨采用组合支架，先架设钢架平台，平台采用直径 1 m 的 C35 桩基础、∅630 mm×12 mm 钢管立柱、321 标准贝雷纵梁，上部为满堂支架体系。图 5-2 为钢平台及支架体系施工现场图。

图 5-2　钢平台及支架体系施工现场图

主桥主拱圈 K1 及 K2～K7 钢架平台上支架采用满堂支架(见图 5-3),横杆、立杆采用碗扣支架,径向斜杆采用扣件式钢管。根据拱圈钢筋混凝土重量、模板重量、施工荷载、混凝土冲击荷载等组合荷载,经计算:支架总宽度为 30.6 m,纵距为 0.6 m,横距为 0.6 m,步距为 1.2 m;满堂支架竖杆间距采用 0.6 m×0.6 m,纵桥向为 0.6 m,横桥向支架总宽度为 30.6 m,横杆步距为 1.2 m。在处理好的地基或平台上按计算好的间距放地脚螺杆并按统一高程调平,在调好的地脚螺栓上搭设满堂式自锁式支架,根据各计算间距处断面的高度搭设相应长度的立杆,立杆顶端放置顶托,根据各断面的计算高程调整顶托高度。立杆之间及立杆与横杆之间必须安插到位并使之连接牢固,严禁松动,顶托、底托螺栓槽口与立杆之间安放吻合。图 5-4 为纵向分配梁连接大样图,图 5-5 为支架立面图。

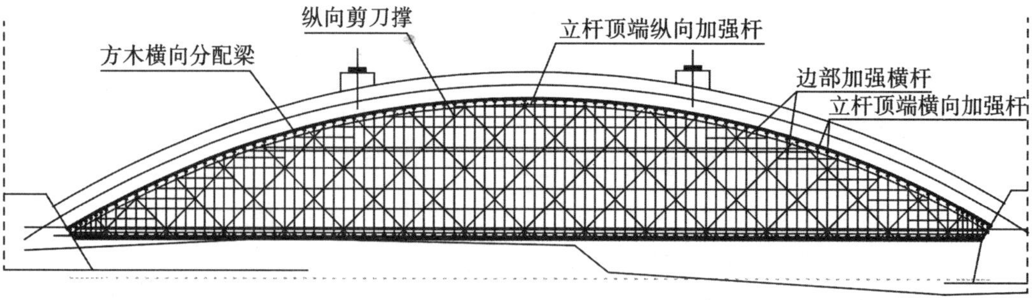

图 5-3　满堂支架立面图

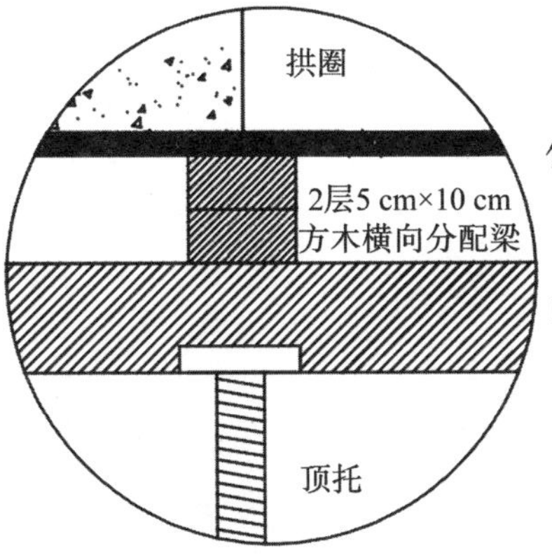

图 5-4　纵向分配梁连接大样图

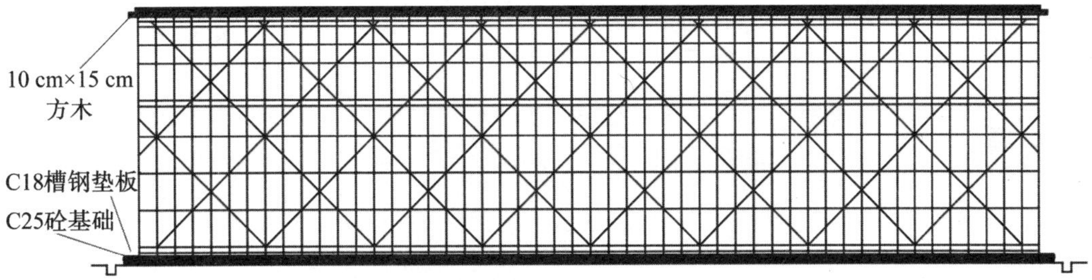

图 5-5　支架立面图

支架搭设按立杆、横杆、斜杆的顺序逐层搭设，每次上升高度不大于 3 m。底层水平框架的纵向直线度不大于 $L/200$（L 为纵向间距 600 mm）；横杆间水平度不大于 $L/400$（L 为横向间距 600 mm）。支架全高的垂直度小于 $L/500$（L 为此处支架立杆高度）；最大允许偏差小于 100 mm。在横桥向、纵桥向及水平方向用 6 m 长的 $\varnothing 48$ mm×3 mm 钢管作剪刀撑，外围剪刀撑从底至顶连续设置，采用旋转扣件把与之相交的横向水平杆和立杆连接，旋转扣件中心线距主节点距离不大于 150 mm。剪刀撑采用搭接的方式连接，搭接长度大于 1000 mm，搭接处使用 3 个旋转扣件等距连接，每道剪刀撑宽度不小于 4～6 跨，且不小于 6 m，斜杆与地面倾角宜在 45°～60°。纵横向剪刀撑间距不大于4.5 m，即纵桥向每 7 排设置一排剪刀撑，横桥向设置 5 道剪刀撑，水平剪刀撑距离不大于 4.8 m。主拱圈支架上端沿拱轴线设置加强弦杆以替代传统方法中的径向斜杆。加强弦杆的应用使得支架搭设更为便捷，可操作性更强。图 5-6 为支架构件大样图，现场支架搭设如图 5-7 所示，图 5-8 为拱顶加强弦杆。

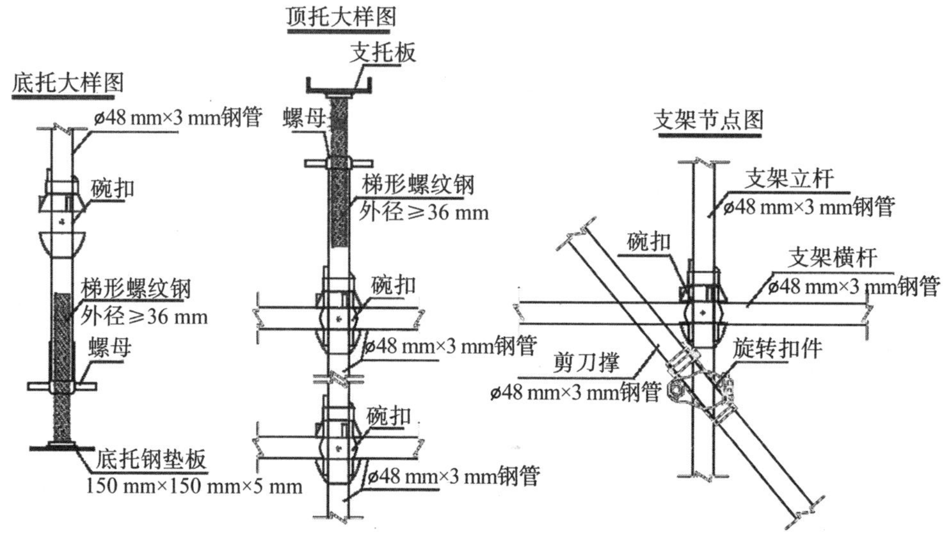

图 5-6　支架构件大样图

图 5-7　现场支架搭设

图 5-8　拱顶加强弦杆

拱桥的拱架包括支架和拱盔两部分，支架在下，拱盔在上。拱盔就是拱桥起拱线以上的钢支架、斜撑、夹木、托木、拱弦木及模板组合的支架。拱盔的横杆、立杆采用碗扣支架，径向斜杆采用扣件式钢管，另在拱底 60 cm 距离内，沿拱圈方向布置纵横向扫天杆。剪刀撑采用搭接连接，搭接长度大于 1000 mm，搭接处使用 3 个旋转扣件等距连接，每道剪刀撑宽度不小于 4～6 跨，且不小于 6 m，斜杆与地面倾角宜在 45°～60°。纵横向剪刀撑间距不大于 4.5 m，即纵桥向每 7 排设置一排剪刀撑，横桥向设置 5 道剪刀撑，水平剪刀撑距离不大于 4.8 m。拱盔高度用顶托调整，拱盔调整好以后在顶托上铺设底模板。

为便于施工人员上下，在主拱圈支架左、右两侧各设一条施工人员上下通道，上下通道平面位置位于 1/4 拱处，左右相对布置。施工通道均采用∅48 mm×3 mm 钢管进行施工，脚手架水平管在竖直方向按照步距 1.2 m 设置(见图 5-9)。架体顶层水平杆上满铺 3 cm 厚松木脚手板作为施工作业平台，梯道转接层过道同样满铺脚手板。脚手板严密拼接，以防止高处落物造成危险。

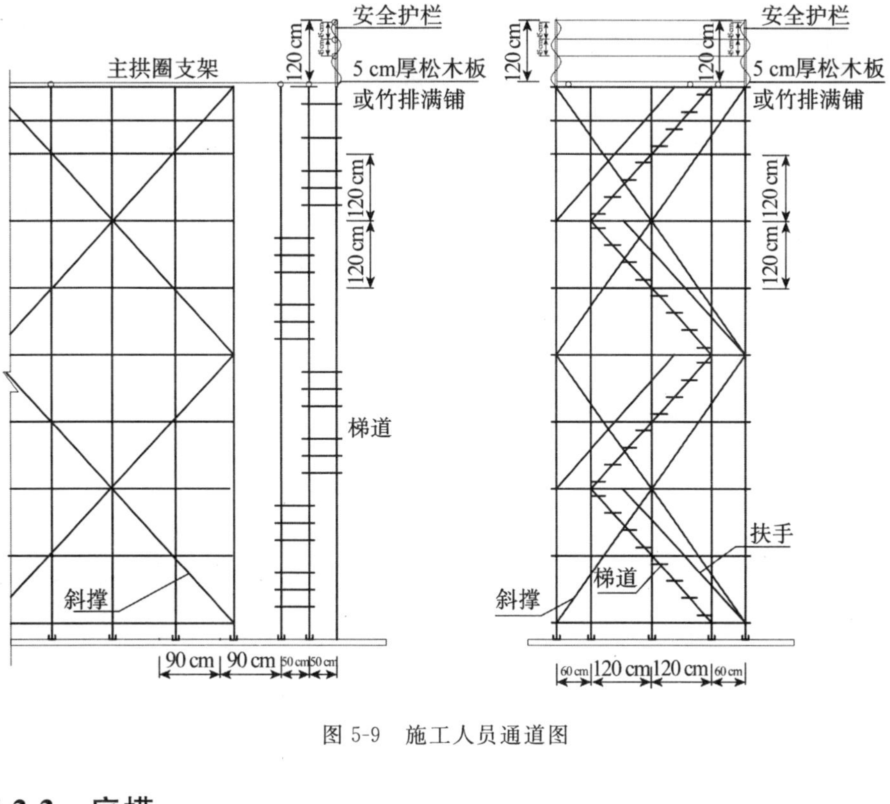

图 5-9　施工人员通道图

5.2.2　底模

由于拱圈底板线性变化较大，为方便模板支立，采用底模包侧模形式。支架高度用顶托调整，支架调整好以后，钢管顶端的顶托顶住横向分配梁(10 cm×15 cm 方木)，在横向分配梁上放置 2 层 5 cm×10 cm 方木作为纵向分配梁，间距 30 cm，方木接头错开布置。横断面采用拉线调整底板范围内的方木标高，使之与计算标高相符，在方木上铺设122 cm×224 cm×1.5 cm 竹胶板作底模（因市场上的 1.2 cm 厚的竹胶板普遍达不到设计要求的 1.2 cm 厚，故实际进场 1.5 cm 厚竹胶板以确保施工安全，验算采用 1.2 cm 厚）。底模应平顺，横桥向底模宽度 30.6 m。为保障弧度，模板从两侧拱脚向拱顶连续铺设，模板短边（122 cm）顺桥向布设，再用约 5 cm（1.5 寸）铁钉每间隔 30 cm 将模板钉牢在方木上。模板间拼接采用双面胶，表面接缝采用胶布粘贴，以保证接缝平顺。每条模板接缝正放在方木中心上，否则增加方木，确保模板不悬挑，纵横向方木间采用三角形木楔垫塞并固定。分配梁、三角形木楔和底模分别如图 5-10、图 5-11 和图 5-12 所示。

图 5-10　分配梁

图 5-11　三角形木楔

图 5-12　底模

拱脚作为拱圈施工过程中的受力薄弱点，该处的支撑和加固措施将对混凝土顺利浇筑以及后续拱脚受力产生影响。拱脚与桥墩的接触面是斜面，支架是基于钢平台基础进行搭设的，而钢平台与该斜面之间并无支撑点，因此，本项目在拱脚位置采取加固措施。首先在已浇筑完成的墩身上打孔，通过膨胀螺栓将槽钢连接到墩身上，双拼槽钢一端铰接钢平台另一端，搭接到桥墩斜面槽钢上，墩身斜面与工字钢之间通过三角形木楔填充，沿横桥向铺设形成钢平台基础，基于此进行底模铺设（见图 5-13）。

图 5-13　现场拱脚加固

5.2.3　支架预压

凡采用支架法施工上部结构的，受地基基础的复杂因素影响，均会产生不利影响。按照施工规范和验收标准的规定、施工方案的要求，为确保支架安全和主拱圈线形符合要求，对搭设好的支架进行预压，并提供立模标高。预压的目的主要是：消除基础的非弹性沉降；测量基础弹性沉降，为确定底模标高提供参考资料；消除支架的非弹性压缩；测量支架的弹性压缩，为确定底模标高提供参考资料。

支架及方木拼装好后，进行支架及地基预压。采用定制专用吨袋装碎石加载，每袋重 1.1 t，加载重量根据《钢管满堂支架预压技术规程》(JGJ/T 194—2009)中的要求(不小于 1∶1.1 拱圈重量)进行预压(见图 5-14)。

(1)压重前支架的检查验收。

(2)压重的准备工作：主拱圈自重、模板及各种施工荷载计算；准备足够的碎石，将碎石装袋，施工中采用尺寸统一的吨袋装碎石，并进行称重；测量准备；各种起重设备准备；其他准备。

(3)全面进行测量观测 1 次。

(4)利用塔吊，将碎石袋吊至底模上，人工配合垒码。

(5)碎石袋均匀垒码，垒码按浇筑顺序进行。

图 5-14　支架预压

在支架及地基上分别设置观测点，对无载、加载和卸载的状态进行观测，分别测量地基及模板的标高。纵向以跨中为 0＃断面，向两侧 1/8、1/4 及 3/8 各设置一断面，按前进方向分别为－3＃、－2＃、－1＃、0＃、1＃、2＃、3＃断面；每断面以桥梁中轴线处为 0 号点，向两边 3.5 m、7 m 处各布一点(见图 5-15)。

加载按照《钢管满堂支架预压技术规程》(JGJ/T 194—2009)规定，分 60%、80%、100%预压荷载三级施加。加载时横向从中心向两侧对称施加，每级加载完成后，先停止下一级加载，并每 12 h 测量 1 次支架沉降量。当支架顶部检测点 12 h 沉降量不大于 2 mm时，即可进行下一级加载。

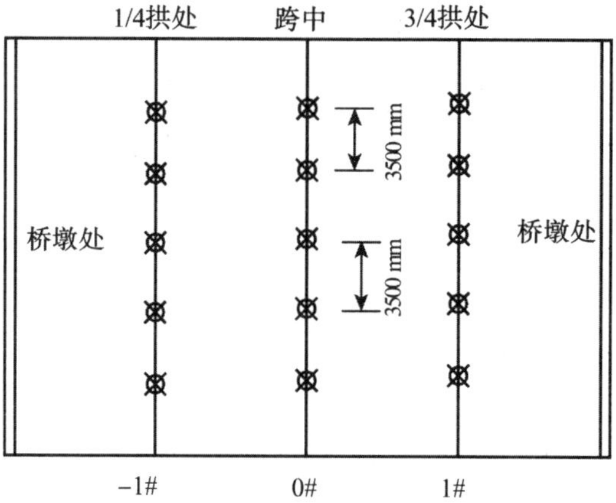

图 5-15　沉降观测点布设图

加载要对称均衡地进行，纵向分三段加载，由拱脚向拱顶对称地加载。全部压载重量加压后，对各点处模板及地基标高每 6 h 观测 1 次(见图 5-16)。

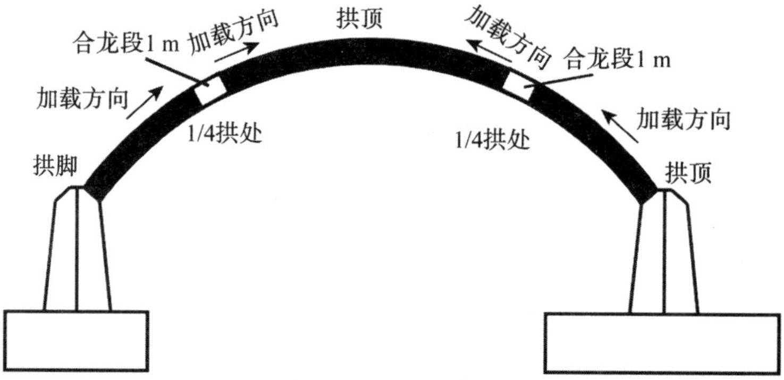

图 5-16　预压加载顺序图

当满足以下两点之一时，可判定预压合格，可以进行卸载：

(1)各监测点连续 24 h 沉降量平均值小于 1 mm。

(2)各监测点连续 72 h 沉降量平均值小于 5 mm。

卸载时可均值卸载，按加载顺序反向进行，即 20%、40%、100%。

(1)第一次卸载 20%后停 2 h，观测 1 次。

(2)第二次卸载 40%后停 2 h，观测 1 次。

(3)第三次全部卸载后 48 h 内进行 2 次观测，计算其弹性变形数据。

通过卸载曲线和原始曲线的比较，计算前后 2 次沉降差，求得弹性变形量(等于卸压后标高减去持荷后所测标高)。用总沉降量(即支架持荷后稳定沉降量)减去弹性变形量即为支架和地基的非弹性变形量，然后确定施工预拱度，再统一调整底模标高至计算立模标高。

5.2.4 绑扎钢筋

5.2.4.1 原材

钢筋进场时按等级、牌号、规格分批验收、分别堆放，且立标牌以识别，下面垫高并加遮盖，避免锈蚀和污染。钢筋附带出厂质量证明书，使用前按规定频率进行抽检，不合格的钢筋材料严禁入场。

5.2.4.2 调直和除锈处理

根据实际情况，钢筋在使用前做调直和除锈处理，并符合以下要求：

(1)钢筋除锈处理时将表面油渍、漆皮、鳞锈等清除干净，保持钢筋表面洁净。

(2)调直处理使钢筋平直，无局部弯折。

5.2.4.3 钢筋的接头

受力主筋的接头采用滚轧直螺纹连接或焊接接头，对直径小于 12 mm 的钢筋，可采用绑扎接头。接头设置在内力较小处，并错开布置，两接头间距不小于 1.3 倍搭接长度，焊接接头在接头长度区段内。同一根钢筋不得有两个接头，配置在搭接长度区段内的受力钢筋的截面面积占总截面面积的百分率应符合规范中的有关规定。

5.2.4.4 焊接或机械连接

钢筋焊接前进行试焊，合格后方可正式施焊。钢筋接头一般采用对焊和搭接焊。采用搭接焊时，尽量做成双面焊，只有不能做成双面焊缝时，才允许采用单面焊缝。两钢筋搭接端部预先折向一侧，使两接合钢筋轴线一致；接头双面焊缝的长度不应小于 $5d$，单面焊缝的长度不应小于 $10d$。焊接时，根据施焊场地现场气候情况采取适当的防风、雨、严寒设施。焊接接头符合《钢筋焊接及验收规程》(JGJ 18—2012)的要求。

采用套筒连接的，符合《钢筋机械连接技术规程》(JGJ 107—2016)的要求。

(1)连接钢筋时，钢筋规格和连接套的规格一致，并确保钢筋和连接套的丝扣干净、完好无损。

(2)必须用力矩扳手拧紧接头。

(3)力矩扳手的精度为±5%，每半年用扭力仪检定1次。

(4)连接钢筋时应对正轴线，将钢筋拧入连接套筒，然后用力矩扳手拧紧。接头拧紧值需满足规范规定的力矩值，不得超拧。拧紧后的接头上作上标记，防止钢筋接头漏拧。

(5)钢筋连接前要根据所连接钢筋直径的需要将力矩扳手上的游动标尺刻度调定在相应的位置上，即按规定的力矩值使力矩扳手钳头垂直钢筋轴线均匀加力。

(6)连接水平钢筋时必须依次连接,从一头往另一头,不得从两边往中间连接。连接时应配备两名工人,两人面对面站定,一人用扳手管钳卡住已连接好的钢筋,另一人用力矩扳手拧紧待连接钢筋,按规定的力矩值进行连接,这样可避免弄坏已连接好的钢筋接头。

(7)力矩扳手不使用时,将其力矩值调为零,以保证其精度。

(8)使用扳手对钢筋接头拧紧时,只要达到力矩扳手调定的力矩值即可,拧紧后按表5-1所示力矩值检查。

表 5-1 滚轧直螺纹钢筋接头拧紧力矩值

钢筋直径/mm	≤16	18~20	22~25	28~32
拧紧力矩值/(N·m)	100	200	260	360

注:当不同钢筋直径的钢筋连接时,拧紧力矩值按较小直径钢筋的相应值取用。

5.2.4.5 钢筋下料、绑扎

拱圈钢筋严格按设计和规范要求在钢筋加工厂加工下料、弯曲成型。底板模板预压、验收完成后进行钢筋绑扎施工。墩身内拱脚部分预埋钢筋在施工墩身时进行预埋。首先绑扎拱圈纵向受力钢筋,然后绑扎横向分布筋及箍筋;钢筋绑扎完成后,预埋拱上横墙、纵墙、腹拱圈和现浇板钢筋。在钢筋绑扎焊接时注意保持模板内清洁,保护模板表面光滑,防止钢筋撞击模板表面。在进行钢筋焊接时,在焊接点下面放置大小合适的铁皮,以免焊渣烧坏竹胶板,影响混凝土表观质量。为保证拱圈保护层的厚度,在钢筋与模板之间设置垫块,垫块布置互相错开,呈梅花形。非焊接钢筋骨架的多层钢筋之间,设短钢筋支垫,以保证位置准确。各段钢筋加工过程中及成型后,现场班组长、技术人员详细检查钢筋数量、型号、尺寸及保护层是否符合设计及规范要求,经监理工程师验收合格后方可支立外侧模。图5-17为主拱圈钢筋图。

图 5-17 主拱圈钢筋图

5.2.5 支立侧模、内模

外侧模采用底板包侧板的形式。为保证底部竖向弧度，侧模为扇形分段拼装。侧模采用竹胶板和方木制作成的木模，尺寸根据不同断面高度分别加工制作，面板为12 mm竹胶板，骨架为8 cm×6 cm方木，背楞为5 cm×5 cm方木，骨架间距45 cm，方木高出面板，以便沿横桥向进行模板对拉加固，加固采用对拉丝杆，对拉杆采用∅16 mm圆钢，在底板底部设置横桥向通长对拉一道，上面对拉杆仅在混凝土顶面设置一层，高出混凝土面10 cm，中间不再加设对拉丝杆，纵桥向间距为90 cm；侧模底部用8 cm×6 cm方木固定，防止混凝土浇筑时侧模外移；侧模外顶面采用三角支撑加固，支撑与支架相连，以保持侧模垂直。内模采用木模板和8 cm×6 cm方木，支架采用普通钢管支架。

5.2.6 浇筑混凝土

主拱圈混凝土采用C50混凝土，左右分幅施工，同时采用二次浇筑。第一次先浇筑底板，待合龙后等混凝土达到一定强度(90%)时，再浇筑腹板和顶板混凝土。第一次浇筑厚度考虑倒角高度(420 mm)及凿毛，所以浇筑高度定为480 mm。主拱圈混凝土浇筑每跨独立施工，支架按照要求先搭设K3～K5。K3～K5混凝土浇筑完毕且强度达到100%后，方可落架再进行其余两边主拱圈施工。混凝土在混凝土拌和站集中拌和，由混凝土运输车送至现场，再由汽车泵泵送入模。为保证对称均衡施工，现场布置2台汽车泵，分别置于两拱脚处。主拱圈施工时，要对称均衡地进行，避免主拱圈产生过大的不均匀变形。纵向分三段浇筑主拱圈，由拱脚向拱顶对称浇筑。本主拱圈浇筑过程中，在1/4拱处设置合龙段，合龙段宽度为1 m。合龙段处拱圈主筋需预留接头，等浇筑合龙段前再连接。混凝土施工采用纵向分段、水平斜向分层，分层厚度为30 cm，横向不分段，1次完成。采用2台46X-6RZ型汽车泵，每台汽车泵输送能力达50 m^3/h。每跨主拱圈半幅底板总方量约为400 m^3。考虑到实际施工情况，估计采用2台汽车泵进行主拱圈混凝土浇筑施工，8 h可完成半幅底板。两边拱脚部分在混凝土浇灌前做好一段压仓板(0.9 m)，浇筑时先从拱脚向拱顶浇筑0.9 m，再从1/4拱顶向上浇筑0.9 m，与此同时在拱脚部位接着向上安装一段压仓板(0.9 m)，然后再回到拱脚部位接着向拱顶浇筑，像这样来回反复浇筑直到主拱圈施工完成。横向上的混凝土从中间向一侧浇筑，然后再回到中间向另一侧浇筑。在施工中，2台汽车泵要对称同步施工，始终保证平衡施工。分段浇筑时，各段内的混凝土应1次连续浇筑完毕。因故中断时，应浇筑成垂直于拱轴线的施工缝，如浇筑成斜坡，应凿成垂直于拱轴线的平面。主拱圈混凝土浇筑不与支座垫石混凝土同时施工。图5-18为现场混凝土浇筑，图5-19为混凝土浇筑顺序，图5-20为主拱圈浇筑步骤。

图 5-18　现场混凝土浇筑

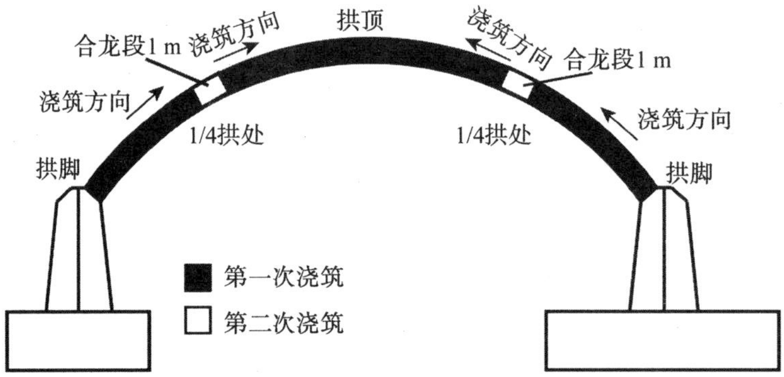

图 5-19　混凝土浇筑顺序图

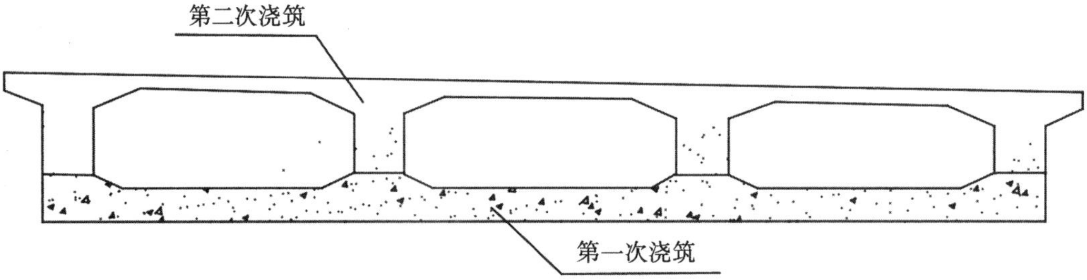

图 5-20　主拱圈浇筑步骤图

最后施工各合龙阶段，且在合龙前凿毛，同时注意以下几点：

(1)间隔缝的混凝土浇筑需在拱圈分段混凝土强度达到 70%设计强度后进行。

(2)封拱合龙温度应符合设计要求，如设计无规定时，一般宜在接近当地年平均温度或 15 ℃左右时进行。

(3)合龙段处的拱圈主筋需预留接头，在浇筑合龙段前再连接。

为防止斜面混凝土下滑，主拱圈竖向沿纵向每隔 0.9 m 设置一道压仓板。压仓板腹板处材料采用收口网，底板处材料采用木模板。

由于拱圈钢筋较密，现场混凝土坍落度控制在 160～180 mm。浇筑时采取分层浇筑、分层振捣，浇筑层厚控制在 30 cm 左右。分层振捣时振捣棒插入前一层 5～10 cm，振捣顺序为先四周后中间。振捣棒快插慢拔，不得碰撞模板和钢筋，做到不过振、不漏振，振捣至混凝土表面平坦泛浆、不再有气泡冒出、骨料不再下沉为止。

在拱圈两侧对称下料浇筑振捣，混凝土浇筑至顶面标高时，在浇筑完成部分加设压仓板，以防止高处混凝土向下流动；混凝土初凝后拆除压仓板，对拱圈外露表面进行抹压收光处理，然后覆盖养生布，洒水养护。养护期间保持混凝土表面湿润，养护时间不少于 14 天。

5.2.7　沉降观测

拱圈混凝土浇筑期间安排专人对模板、支架进行检查，并对支架变形、沉降进行观测，一旦发现安全隐患，立即停止浇筑、分析原因、采取措施，排除隐患后再重新浇筑。

拱圈施工完成后，分别在拱顶、1/4 拱处埋设沉降观测点，每跨取 3 个断面，每个断面取 3 个点，沉降点埋设如图 5-21 和图 5-22 所示。

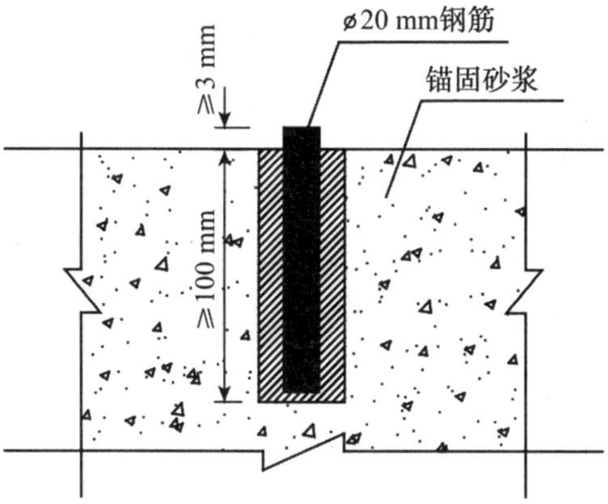

图 5-21　沉降观测点埋设图

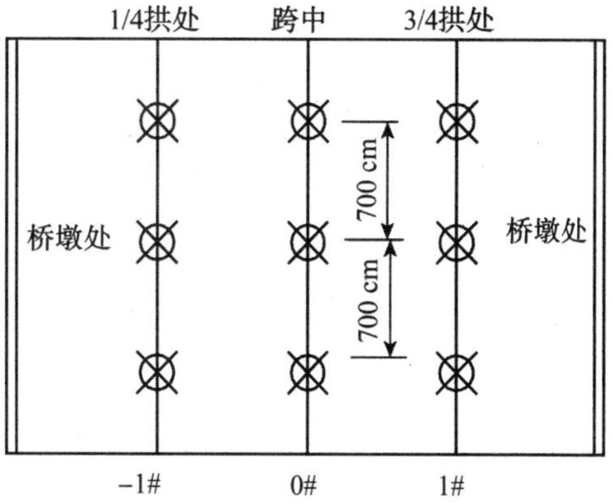

图 5-22　沉降观测点布置图

在主拱圈施工完成后、支架拆除前开始观测，支架拆除后每月观测 1 次，支座垫石、主梁施工前后测 1 次，全部完成后再观测 1 次，观测数据认真记录存档。

5.2.8　主拱圈落架

当拱圈混凝土强度达到设计强度的 100%后方可卸落支架，先松顶托（松开高度控制在 1 cm 以内），完成主拱圈受力体系转换。松顶托时，纵向为从中间向两端，横向为从两端向中间，如 K3、K4、K5，先 K4 从中间向两端，再 K3、K5 从中间向两端。

5.2.9 支架拆除

根据设计图纸及设计交底要求，才子大桥先搭设中间三跨支架，分段浇筑完成，待混凝土强度达到100%后，再同时进行体系转换；搭设两端另外四跨支架，同样分段浇筑完成，待混凝土强度达到100%后，两端四跨支架再同时进行体系转换。

体系转换是拱桥在采用满堂支架法施工过程中最关键的一道工序，若措施不当，会造成不可挽回的损失，因而必须采取合理的落架方式以保证主拱圈由支架受力安全地转换为拱圈结构自身受力。

才子大桥为7跨连续拱桥，其中两端P2、P9及中间P4、P7为单向抵抗拱圈水平推力的制动墩。通过体系转换把各跨拱圈产生的不平衡水平推力缓慢、合理地传递到中间制动墩及两端桥台，由制动墩、桥台来承担该水平推力。体系转换是支架拆除的前提，只有采取了正确的卸载方式、方法，才能够保证下一步支架拆除工作的进行。图5-23为体系转换步骤。

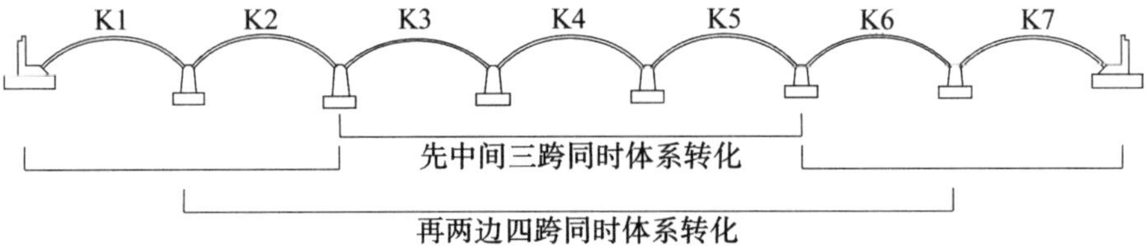

图5-23 体系转换步骤图

5.2.9.1 体系转换的原则

总原则是对称、少量、多次、逐渐完成，使结构物逐渐承受荷载，避免发生开裂。纵向对称均衡卸落，横向一起同时卸落。

体系转换前须设警戒区域，张挂醒目的警戒标志。现场安排2名安全值班人员做好安全警告工作，警戒区域内严禁非操作人员通行或在支架下方继续施工。拆除支架前，清除支架上的材料、工具和杂物。作业人员按照项目部对技术人员、安全管理人员所要求的安全技术交底和安全操作规程作业，高处作业人员必须戴好安全帽、扣好安全带。项目部各相关部门高度重视支架的卸落，严格按程序操作，制定好安全措施和卸落拆除顺序，防止安全事故的发生。

5.2.9.2 体系转换方法

拱圈混凝土强度达到设计强度后，按照设计要求对主拱圈进行体系转换，并对称、逐渐、均匀地卸落支架，以便使支架所支承的重量逐渐转移给主拱圈，由其自身来承担，因此拱架不能一次性地进行大量卸架，应严格按多次卸架方式逐段卸架（松顶托），保证拱圈受力逐渐加载，同时做好沉降监测。

主拱圈通过松顶托实现体系转换，人工利用扳手旋松或铁锤敲松顶托。根据现场测量，顶托螺栓每转一圈的位移为 6 mm。支架卸落在横桥向同一排立杆时必须同时同步卸落，沿纵桥向从拱顶向拱脚逐排卸落，立杆间距 60 cm，按二次抛物线计算卸落量，并保持左右两侧同步对称进行，每点卸落量按直线分布。设计预拱度为 22 mm，分 3 次卸落至拱脚，完成主拱圈受力体系转换，观测安全后再继续进行松顶托 5～6 cm，使底模与主拱圈完全分离。

主拱圈体系转换分 3 次卸落，第一次 6 mm，第二次 9 mm，第三次 9 mm，每循环卸架的间隔时间为 1 h。卸落过程中观测拱圈的变形情况，稳定后才开始下一循环作业。第一循环卸落 6 mm，由拱顶向拱脚卸落长度 9.6 m；第二循环卸落 9 mm，由拱顶向拱脚卸落长度 19.8 m；第三循环卸落 9 mm，由拱顶向拱脚卸落长度 27.8 m，实现主拱圈受力体系转换。支架拆除过程中，严格监测主拱圈的沉降和变形，并记录好沉降变形观测数据。各点的卸落量可按二次抛物线比例分配，以保证拱圈体逐渐均匀地降落和受力。图 5-24 为 1/2 拱圈体系转换时的每次卸落量。

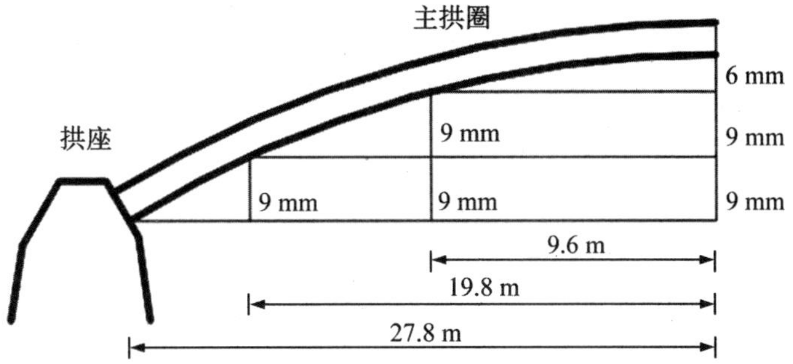

图 5-24　1/2 拱圈体系转换时的每次卸落量图

5.2.9.3　体系转换具体操作方法

支架每个横断面上共有 24 根立杆，共需要 24 名工人操作，沿主拱圈纵向从中间拱顶向两侧拱脚卸落。正中间一排每根立杆设 1 名工人，项目部施工人员事先用红布条在支架上下游跨中位置、距跨中 9.6 m 位置和 19.8 m 位置分别做好醒目标记。所有工人就位后，每名工人首先用钢尺从顶托螺栓向下量 6 mm 并用石板笔做好标记，项目部施工人员甲和施工人员乙爬上支架并分别在上下游观察人员就位情况，准备就绪后施工人员甲和施工人员乙用对讲机向地面施工负责人丙汇报，施工人员丁吹响短哨后所有工人同时开始作业，均将螺栓向下松一圈(6 mm)，到标记位置后现场施工人员甲和施工人员乙通知施工人员丁来进行转移。此时施工人员丁吹响短哨两声，工人交替分成两排，横向上从上游向下游依次排号(共 24 号)，单号工人向小桩号跨一排，双号工人向大桩号跨一排，此时每名工人操作两根立杆顶托。同样由施工人员丁鸣哨指挥，每名工人先松上游一根立杆，接着再松下游一根立杆，同样将螺栓向下松一圈(6 mm)，到事先做好标记的位置停止，然后进行下一个循环操作。

5.2.9.4 体系转换具体操作步骤

主桥主体结构分左右两幅，每半幅 7 跨主拱圈体系转换按照设计要求分 2 次进行，第一次先进行右幅中间三跨体系转换，第二次进行右幅两侧四跨体系转换，左幅主拱圈体系转换顺序同上。具体操作是一个落架班组由 24 名操作工人完成，中间三跨先从 K4 开始，从中间向两边 9.6 m 落架 6 mm，再落架 K3，一次 6 mm，然后落架 K5，一次 6 mm；第二次按上述工序从中间向两边 19.8 m 落架 9 mm；第三次重复按上述工序，从中间向拱脚落架 9 mm，这样就完成了中间三跨体系转换；再将顶托螺栓向下旋 5～6 cm，使底模完全脱离主拱圈底，体系转换全部完成。

两端四跨体系转换也分 3 次落架，从“K2→K6→K1→K7”循环 3 次落架，两边体系转换完成后同样也将顶托螺栓向下旋 5～6 cm，使底模完全脱离主拱圈底。

5.2.9.5 沉降、位移监测

在主拱圈体系转换中，因设计预拱度为 22 mm，所以分 3 次卸架，完成与主拱圈的分离。在落架过程中，每卸落一个循环，监测组跟踪监测 1 次，记录好数据，做好数据分析。在卸架过程中若主拱沉降过大，及时报告总工程师及分管领导，分析原因并采取可靠有效的措施进行补救，确保工程质量达标和施工安全。

在每个墩台设置 3 个位移观测点，在落架前用全站仪测量坐标。在落架过程中，每卸落一个循环，监测组跟踪监测 1 次，记录好数据，做好数据分析，确保监控到位。

5.2.9.6 支架拆除

等体系转换完成后再拆支架，拆架程序遵守自上而下、纵向中间向两端、横向两侧向中间拆除；再次松开顶托，使底模与主拱圈分离，用葫芦配合人工将底模拉至主拱圈投影以外，再用吊车起吊拆除，然后拆剪刀撑、斜撑，最后拆横杆、立杆等(一般的拆除顺序为：安全网→栏杆→底模→剪刀撑→斜撑→横杆→立杆)。每跨拆卸时遵循全跨多点、对称、缓慢、均匀的原则，从跨中向两侧支点拆卸，不得分立面拆架或上下两步同时进行拆架，做到一步一清、一杆一清。拆立杆时，要先抱住立杆再拆开最后两个扣。拆除横杆、斜撑、剪刀撑时，先拆中间扣件，然后托住中间，再解端头扣。

支架拆除遵循下列要求：

(1)拆除作业必须自上而下逐层进行，严禁上下两层同时拆除。

(2)拆除的构件用吊具吊下或人工递下，严禁抛掷。

(3)运至地面的构配件及时检查、整修与保养，并按品种、规格随时码堆存放。

图 5-25 为支架拆除现场图。

图 5-25 支架拆除现场图

5.3 拱桥腹拱圈施工

根据主拱圈的现场完成情况，先进行右幅腹拱圈施工，然后再进行左幅腹拱圈施工。从 P2 到 P9 依次编号为 F1、F2、F3、F4、F5、F6 号腹拱圈(见图 5-26)。

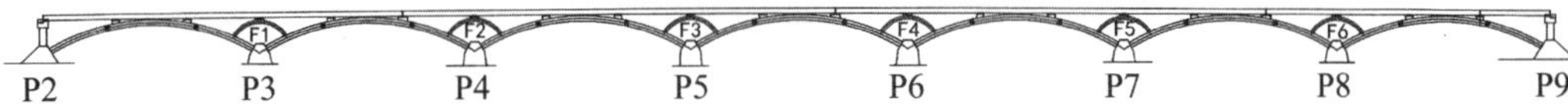

图 5-26 腹拱圈示意图

腹拱圈采用满堂支架，钢管间距为 0.6 m×0.9 m，步距为 0.9 m。钢管底部支托于主拱圈之上，顶部放置顶托以便于调节高度及模板安拆。腹拱圈钢筋模板安装、混凝土浇筑养护等的施工方法、工艺、程序及注意事项同主拱圈。

5.3.1 支架搭设

腹拱圈支架采用钢管扣件式满堂支架。根据腹拱圈钢筋混凝土重量、模板重量、施工荷载、混凝土冲击荷载等组合荷载。经计算：满堂支架竖杆间距采用 0.6 m×0.9 m，单横桥向支架总宽度顶部为 14.4 m、底部为 12.6 m，横杆步距为 0.9 m。立杆底端放在墩台和主拱圈上，墩台处立杆用[18 槽钢支垫，主拱圈处立杆用斜杆固定，立杆顶端放置顶托，根据各断面的计算高程调整顶托高度。立杆之间及立杆与横杆之间必须安插到位并使之连接牢固，严禁松动，顶托、底托螺栓槽口与立杆之间安放吻合。

由于主拱圈钢筋混凝土保护层较小，为了保护主拱圈，腹拱圈支架在主拱圈斜坡上搭设时，在立杆底部塞入直角楔块，楔块上放置钢板垫片；顺桥向用底托顶住楔块，然后将钢管套在底托上，于纵向对应立杆处用楔块对顶，中间每遇到立杆便用扣件扣紧，这样既保护了主拱圈，又加强了腹拱圈支架的稳定性，如图 5-27 和图 5-28 所示。

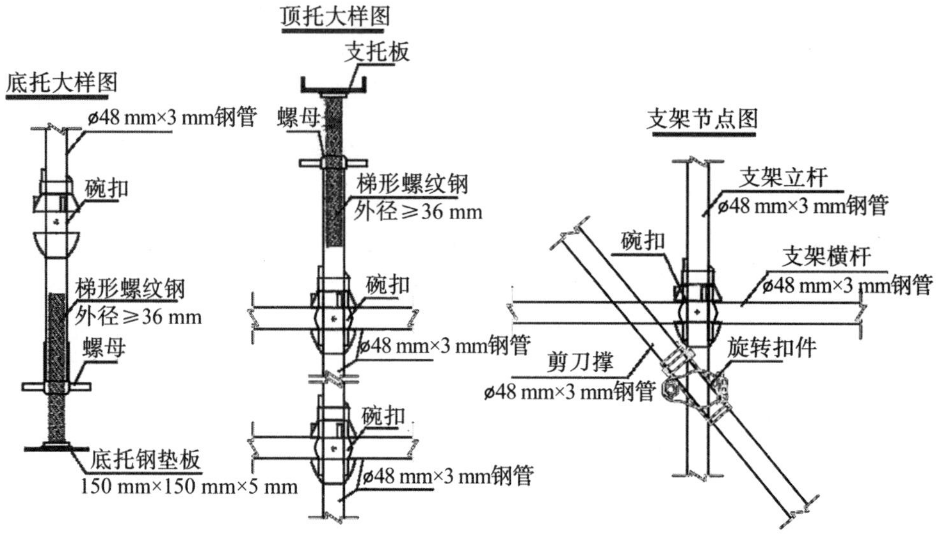

图 5-27　支架构件大样图

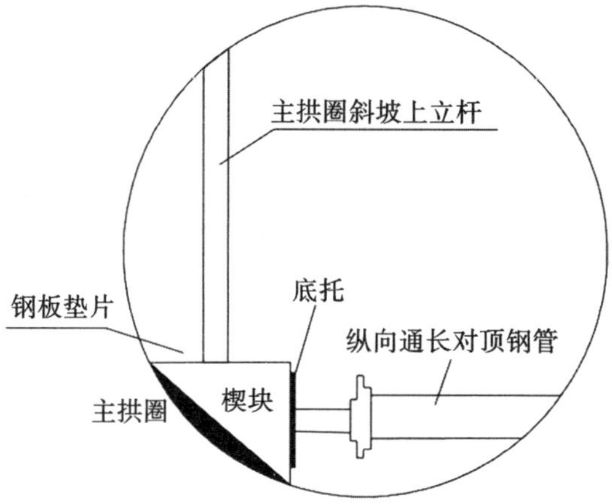

图 5-28　坡上立杆支垫图

支架搭设按立杆、横杆、斜杆的顺序逐层搭设，每次上升高度不大于 3 m。底层水平框架的纵向直线度不大于 $L/200$（L 为纵向间距 600 mm）；横杆间水平度不大于 $L/400$（L 为横向间距 900 mm）。支架全高的垂直度小于 $L/500$（L 为此处支架立杆高度）；最大允许偏差小于 100 mm。在横桥向、纵桥向及水平方向用 6 m 长的∅48 mm×3 mm 钢管作剪刀撑，外围剪刀撑从底至顶连续设置，采用旋转扣件将与之相交的横向水平杆和立杆连接，旋转扣件中心线距主节点距离不大于 150 mm。剪刀撑采用搭接的方式连接，搭接长度大于 1000 mm，搭接处使用 3 个旋转扣件等距连接，每道剪刀撑宽度不小于 4～6 跨，且不小于 6 m，斜杆与地面倾角宜 45°～60°。纵横向剪刀撑间距均为 3.6 m，即纵桥向每 6 排设置一排剪刀撑，横桥向设置 4 道剪刀撑；水平剪刀撑设置一道加强撑。支架高度用顶托调整，支架调整好以后在顶托上铺设纵横向方木。

5.3.2　底模

由于腹拱圈底板线形弧度较大，为方便模板支立，采用底模包侧模形式；支架高度用顶托调整，支架调整好以后钢管顶端的顶托顶住横向分配梁（10 cm×15 cm 方木），在横向分配梁上放置 3 层 3.5 cm×10 cm 方木作为纵向分配梁，间距 30 cm，方木接头错开布置。横断面采用拉线调整底板范围内的方木标高，使之与计算标高相符，在方木上铺设 122 cm×224 cm×1.5 cm 清水木模板作底模（实际进场为 1.5 cm 厚清水木模板，以确保施工安全，验算采用 1.2 cm 厚）。底模平顺，横桥向底模宽度 14.4 m。为保障弧度，模板从两侧拱脚向拱顶连续铺设，模板短边（122 cm）顺桥向布设，再用约 5 cm（1.5 寸）铁钉每间隔 30 cm 将模板钉牢在方木上。模板间拼接采用双面胶，表面接缝采用胶布粘贴，保证接缝平顺，每条模板接缝正放在方木中心上，否则增加方木，以确保模板不悬挑。

5.3.3　支架预压

受各种复杂因素影响，凡采用支架法施工的上部结构均会产生不利影响。按照施工规范和验收标准的规定与施工方案的要求，为确保支架安全和腹拱圈线形符合要求，对搭设好的支架进行预压，并提供立模标高。预压的目的主要是：消除支架的非弹性压缩；测量支架的弹性压缩，为确定底模标高提供参考资料。

支架及方木拼装好后，进行支架预压。采用定制专用吨袋装碎石加载，每袋重 1.1 t，加载重量按 1∶1.1 拱圈重量进行预压，钢筋混凝土密度取 2.6 t/m^3。

（1）压重前支架的检查验收。

（2）压重的准备工作：腹拱圈自重、模板及各种施工荷载计算；准备足够的碎石料，将碎石装袋，施工中采用尺寸统一的吨袋装碎石，并进行称重；测量准备工作；各种起重设备准备工作；其他准备工作。

（3）全面进行测量观测 1 次。

（4）利用塔吊，将碎石袋吊至底模上，人工配合垒码。

（5）吨袋均匀垒码，垒码按浇筑顺序进行。

在支架上设置观测点，对无载、加载和卸载的状态进行观测，测量模板的标高，纵向以跨中为 0＃断面，向两侧 1/4 各设置一断面，按前进方向断面分别为－1＃、0＃、1＃断面；每断面以腹拱圈中轴线处为 0 号点，向两边 5 m 处各布一点。

加载依据《钢管满堂支架预压技术规程》（JGJ/T 194—2009）规定，按总预压重量的 60％、80％、100％分三级施加。加载时从中心向两侧对称施加，每级加载完成后先停止下一级加载，并每 12 h 测量 1 次支架沉降量，当支架顶部检测点 12 h 沉降量不大于

2 mm时，即可进行下一级加载。

沉降观测点布设如图 5-29 所示。

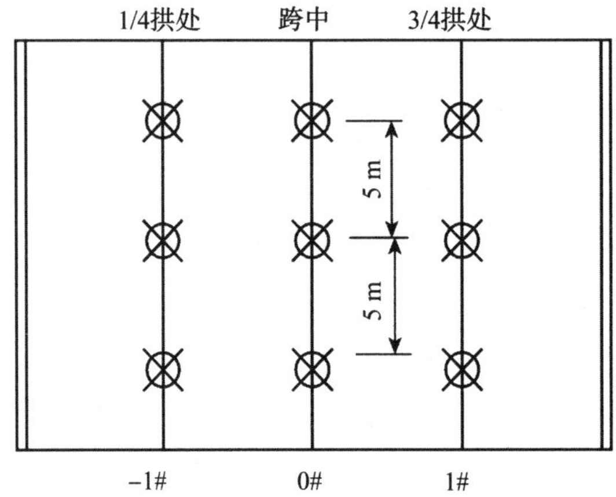

图 5-29　沉降观测点布设图

对称均衡地进行加载。纵向分三段加载，由拱脚向拱顶对称加载。全部压载重量加压后，对各点处的模板标高每 6 h 观测 1 次。

当满足以下两点之一时，可判定预压合格，可以进行卸载：

(1)各监测点连续 24 h 沉降量平均值小于 1 mm。

(2)各监测点连续 72 h 沉降量平均值小于 5 mm。

卸载时可均值卸载，按加载顺序反向进行，即 20%、40%、100%。

(1)第一次卸载 20%后停 2 h，观测 1 次。

(2)第二次卸载 40%后停 2 h，观测 1 次。

(3)第三次全部卸载后 48 h 内进行 2 次观测，计算其弹性变形数据。

通过卸载曲线和原始曲线的比较，计算前后 2 次沉降差，求得弹性变形量(等于卸压后标高减去持荷后所测标高)，用总沉降量(即支架持荷后稳定沉降量)减去弹性变形量即为支架和地基的非弹性变形量，然后确定施工预拱度，再统一调整底模标高至计算立模标高。

5.3.4　绑扎钢筋

(1)原材：钢筋进场时按等级、牌号、规格分批验收、分别堆放，且立标牌以供识别，下面垫高并加遮盖，避免锈蚀和污染。钢筋附带出厂质量证明书，使用前按规定频率进行抽检，不合格的钢筋材料严禁入场。

(2)根据实际情况，钢筋使用前做调直和除锈处理，并符合以下要求：

①钢筋除锈处理时将表面油渍、漆皮、鳞锈等清除干净，保持钢筋表面洁净。

②调直处理需使钢筋平直，无局部弯折。

(3)钢筋接头：受力主筋的接头采用滚轧直螺纹连接或焊接，对直径小于12 mm的钢筋，可采用绑扎连接。接头设置在内力较小处，并错开布置，两接头间距不小于1.3倍搭接长度，焊接接头在接头长度区段内，同一根钢筋不得有两个接头。配置在搭接长度区段内的受力钢筋，其截面面积占总截面面积的百分率需符合规范中的有关规定。

(4)焊接或机械连接：钢筋焊接前需进行试焊，合格后方可正式施焊。钢筋接头一般采用搭接焊。采用搭接焊时尽量做成双面焊，只有当不能做成双面焊缝时才允许采用单面焊缝。两钢筋搭接端部预先折向一侧，使两接合钢筋轴线一致；双面焊缝的长度不应小于$5d$，单面焊缝的长度不应小于$10d$。焊接时，根据施焊场地现场气候情况采取适当的防风、雨、严寒设施。焊接接头符合《钢筋焊接及验收规程》(JGJ 18—2012)的要求。

(5)钢筋下料、绑扎：腹拱圈钢筋严格按设计和规范要求在钢筋加工厂加工下料、弯曲成型。底板模板预压、验收完成后进行钢筋绑扎施工。拱脚部分预埋钢筋在施工主拱圈时进行预埋。首先绑扎腹拱圈纵向受力钢筋，然后绑扎横向分布筋及箍筋；钢筋绑扎完成后，预埋拱上支座垫石钢筋。在钢筋绑扎焊接时注意保持模板内清洁，保护模板表面光滑，防止钢筋撞击模板表面。在进行钢筋焊接时，在焊接点下面放置大小合适的铁皮，以免焊渣烧坏清水木模板，影响混凝土表观质量。为保证拱圈保护层厚度符合要求，在钢筋与模板之间设置垫块，垫块布置互相错开，呈梅花形。在非焊接钢筋骨架的多层钢筋之间设短钢筋支垫，以保证位置准确。各段钢筋加工过程中及成型后，现场班组长、技术人员详细检查钢筋数量、型号、尺寸、保护层是否符合设计及规范要求，经监理工程师验收合格后方可支立外侧模。

5.3.5　支立侧模

外侧模采用底板包侧板的形式。为保证底部弧度，侧模为扇形分段拼装。侧模采用清水木模板和方木制作成的木模，尺寸根据不同断面高度分别加工制作。面板为1.5 m清水木模板，骨架为10 cm×10 cm方木，背楞为10 cm×10 cm方木，骨架间距45 cm。方木高出面板，以便横桥向进行模板对拉加固，加固采用对拉丝杆，对拉杆采用⌀16 mm圆钢。在底板底部设置横桥向通长对拉一道，上面对拉杆仅在混凝土顶面设置一层，高出混凝土面10 cm，中间不再加设对拉丝杆，纵桥向间距为90 cm。侧模底部用10 cm×10 cm方木固定，防止混凝土浇筑时侧模外移(见图5-30)。

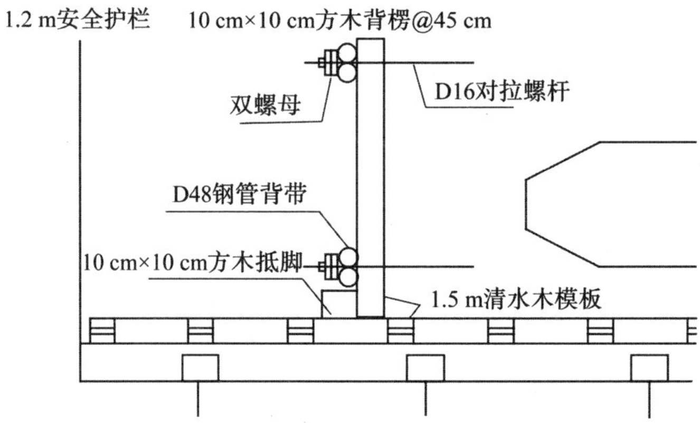

图 5-30 侧模安装图

5.3.6 支立内模

内模采用苯板。公路桥梁工程对结构物混凝土保护层厚度要求较高，合格率要求达到 85%以上，选用苯板泡沫作为腹拱圈内模板可以满足这一要求。工程实践表明，一次性苯板具有较大优势。

5.3.6.1 聚苯乙烯泡沫性能

轻质：由于苯板泡沫材料密度较小，仅 6.5～10.3 kg/m^3，所以材质较轻，易于搬运安装。

整体性好：可按照箱拱空腔设计尺寸批量加工，使用时仅仅在长度上拼接，具有良好的整体性。易于在钢筋骨架内固定，定位准确，不会产生浮动，对于箱拱混凝土保护层厚度起到了保护作用，从而保证了箱拱整体质量。

加工便利：根据空心板空腔形状、尺寸制作加工，易于切割，可满足现场快速安装的需求。

5.3.6.2 使用特点

在施工前，按照不同跨径、不同箱拱空腔截面尺寸批量订购。施工中，依据箱拱箱室空腔尺寸，可以在现场拼装或 1 次裁切其长度以满足模内净尺寸需要。浇筑混凝土后无需抽拔，可保留在箱室内。

5.3.6.3 安装方法

在现场将底板、腹板钢筋安装完成后，按要求每平方米绑好 5 个保护层垫块，再将苯板内模根据事先加工好的尺寸在腹腔内拼装，最后再安装顶板钢筋即可。

5.3.7　浇筑混凝土

腹拱圈设计采用 C50 混凝土，混凝土在混凝土拌和站集中拌和，由混凝土运输车送至现场，再由汽车泵泵送入模。由于腹拱圈跨径小于 20 m，根据《城市桥梁工程施工与质量验收规范》(CJJ 2—2008)要求，腹拱圈在浇筑时可以一次性浇筑完成，即从两侧拱脚一直浇至拱顶，最后在拱顶合龙完成浇筑。整个浇筑过程要在混凝土初凝前完成，如图5-31所示。

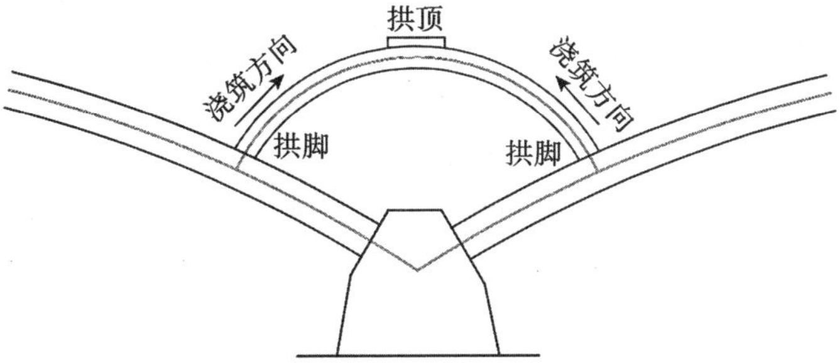

图 5-31　腹拱圈混凝土浇筑顺序图

要对称均衡地进行腹拱圈施工，避免出现不均匀变形。为保证对称均衡施工，纵向由两侧拱脚对称地向拱顶浇筑。由于跨径小，采用 1 台汽车泵先浇筑一侧拱脚，浇筑完成后进行压仓，同时泵车浇筑另一侧拱脚，如此循环浇筑至拱顶，最后在拱顶合龙。混凝土施工采用纵向分段、水平斜向分层，分层厚度为 30 cm，横向不分段，全宽度 1 次完成。

为防止斜面混凝土下滑，腹拱圈竖向沿纵向每 0.9 m 设置一道压仓板卡，压仓板卡用钢管固定，横向每 30 cm 设置一道，用 8＃铁丝双股绑扎在腹拱圈主筋上。考虑到腹拱圈弧度较大，压仓板由拱脚一直设置到距拱顶 3 m 处。压仓板现场布设图如图 5-32 所示。

图 5-32　压仓板现场布设图

由于拱圈钢筋较密，现场混凝土坍落度控制在 160～180 mm；浇筑时采取分层浇筑、分层振捣，浇筑层厚控制在 30 cm 左右，分层振捣时振捣棒插入前一层 5～10 cm，振捣顺序先四周后中间，振捣棒快插慢拔，不得碰撞模板和钢筋，做到不过振、不漏振，振捣至混凝土表面平坦泛浆、不再有气泡冒出、骨料不再下沉为止。

在两侧对称地下料浇筑振捣。混凝土浇筑至顶面标高时，在浇筑完成部分加设压仓板，以防止高处混凝土向下流动；混凝土初凝后拆除压仓板，对拱圈外露表面进行抹压收光处理，并覆盖养生布，洒水养护。养护期间保持混凝土表面湿润，养护时间不少于 14 天。

5.3.8 沉降观测

腹拱圈混凝土浇筑期间安排专人对模板、支架进行检查，并对支架变形、沉降进行观测，一旦发现安全隐患立即停止浇筑，分析原因并采取措施，排除隐患后再重新浇筑。

腹拱圈施工完成后，分别在拱顶、1/4 拱处埋设沉降观测点，每跨取 3 个断面，每个断面取 3 个点，沉降观测点埋设如图 5-33 所示。

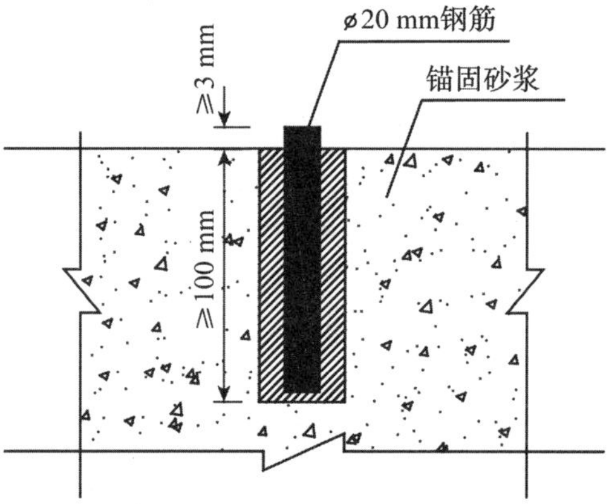

图 5-33 沉降观测点埋设图

在腹拱圈施工完成后、支架拆除前开始观测，支架拆除后每月观测 1 次，桥面主梁施工前后观测 1 次，全部完成后再观测 1 次，观测数据认真记录存档。

5.3.9 腹拱圈体系转换

当腹拱圈混凝土强度达到设计强度的 100%后方可卸落支架，先松顶托（松开高度控制在 1 cm 以内），完成腹拱圈受力体系转换。纵桥向由中间向两端，横桥向同时进行。

5.3.10　支架拆除

等体系转换完成后再拆支架，拆架程序遵守自上而下、纵向中间向两端、横向两侧向中间的原则；接着松顶托，使底模与腹拱圈分离，用葫芦配合人工将底模拉至拱圈投影面以外；再用吊车起吊拆除，然后拆剪刀撑、斜撑，最后拆横杆、立杆等(一般的拆除顺序为：安全网→栏杆→底模→剪刀撑→斜撑→横杆→立杆)。每孔拆卸时遵循全孔多点、对称、缓慢、均匀的原则，从跨中向支点拆卸，不得分立面拆架或上下两步同时拆架，做到一步一清、一杆一清。

拆除作业必须自上而下逐层进行，严禁上下两层同时拆除；拆除的构件用吊具吊下或人工递下，严禁抛掷；运至地面的构配件及时检查、整修与保养，并按品种、规格随时码堆存放。

5.4　拱桥主梁施工

根据设计要求及现场实际情况，先施工右幅再左幅，先中间第二、第三联，后两边第一、第四联对称施工。

主梁施工支架搭设采用满堂支架，钢管间距为 0.6 m×0.9 m×0.9 m，钢管底部支托于拱圈之上，顶部放置顶托以便于调节高度及模板安拆，支架、方木和模板同时搭设，每完成一联主梁的钢筋安装后再进行主梁混凝土浇筑。主梁钢筋模板安装、混凝土浇筑养护等施工方法、工艺、程序及注意事项同主拱圈。

5.4.1　支架搭设

主梁支架采用满堂支架，立杆采用碗扣支架，径向斜杆采用钢管扣件式支架。根据主梁钢筋混凝土重量、模板重量、施工荷载、混凝土冲击荷载等组合荷载，经计算：满堂支架竖杆间距采用 0.6 m×0.9 m，横桥向支架总宽度为 30 m，横杆步距为 0.9 m。在处理好的拱圈上，按计算好的间距放立杆并按高程调平，搭设满堂式碗扣支架。根据各计算间距处断面的高度搭设相应长度的立杆，立杆顶端放置顶托，根据各断面的计算高程调整顶托高度。立杆之间及立杆与横杆之间必须安插到位，并使之连接牢固，严禁松动，顶托螺栓槽口与立杆之间安放吻合。主梁相关示意图如图 5-34 至图 5-38 所示。

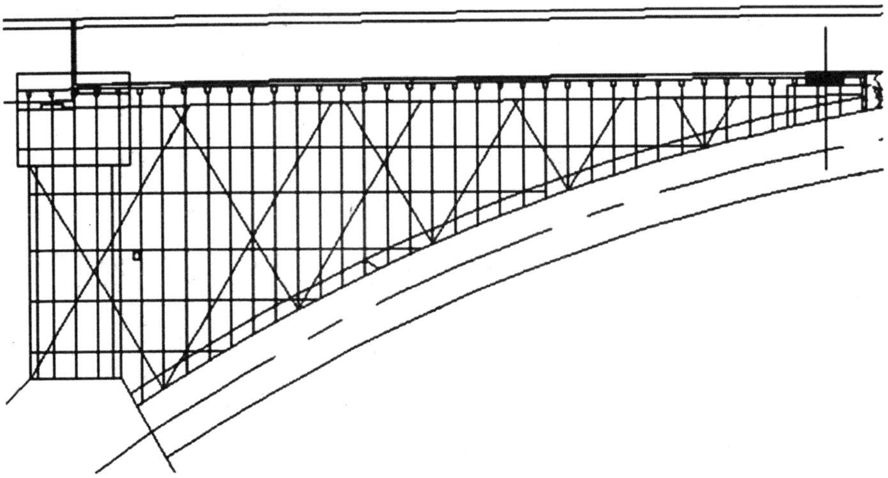

图 5-34　主梁支架侧面图

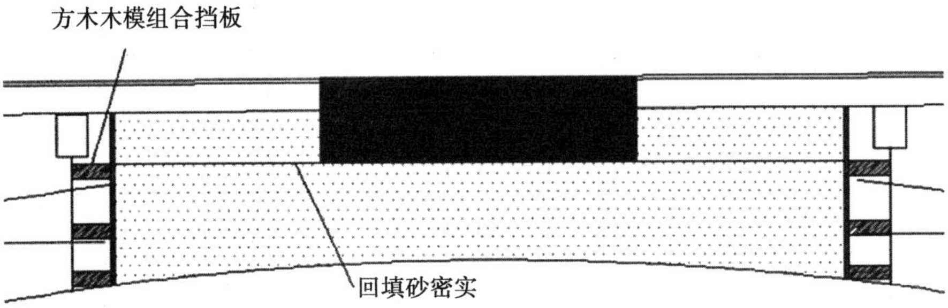

图 5-35　支撑立面图

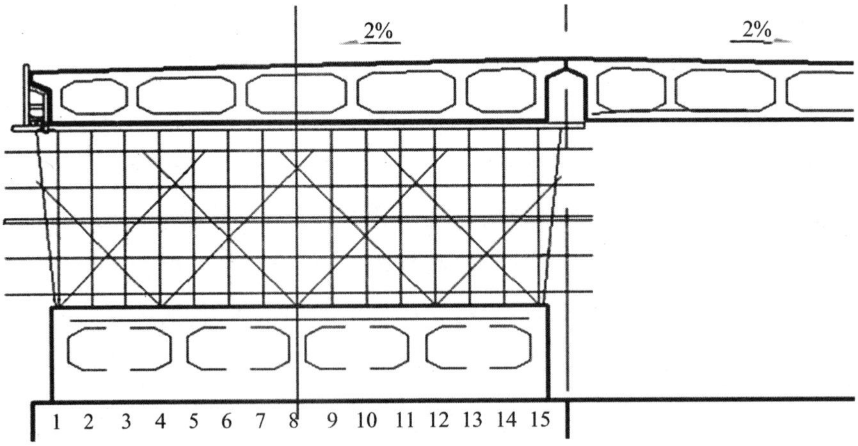

图 5-36　主梁支架横断面图

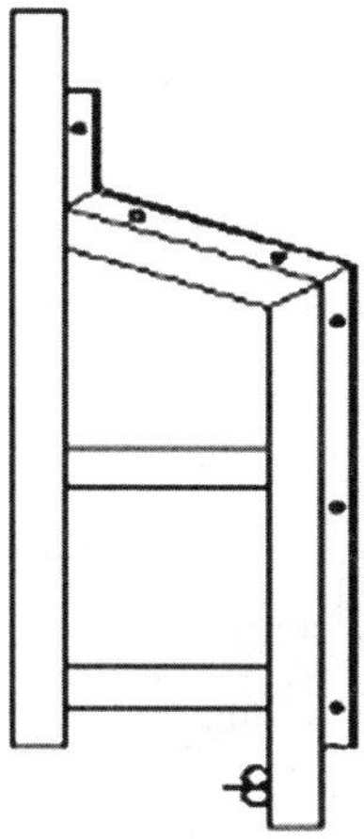

图 5-37　主梁侧模安装细部大样图

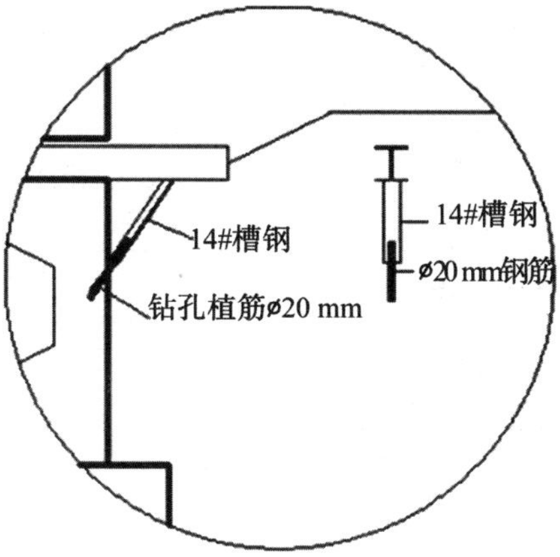

图 5-38　主梁斜撑细部大样图

由于主拱圈钢筋混凝土保护层厚度较小，为了保护主拱圈，主梁支架在主拱圈斜坡上搭设时，在立杆底部塞入直角楔块，楔块上放置钢板垫片；顺桥向用∅14 mm 钢筋植入主拱圈混凝土中顶住楔块，然后将楔块用混凝土外包，这样既保护了主拱圈，又加强了主梁支架的稳定性，如图 5-39 和图 5-40 所示。

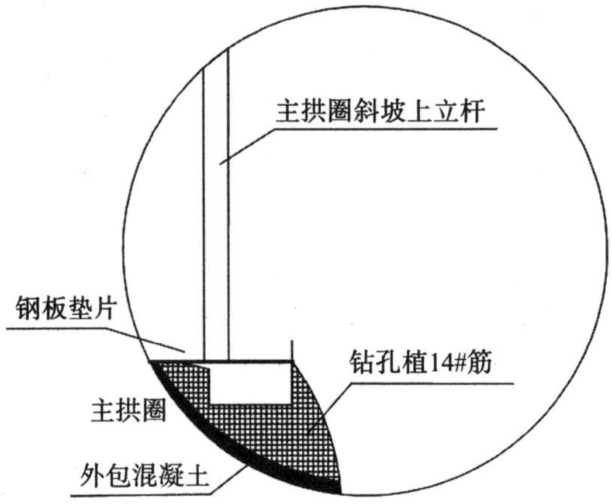

图 5-39　主梁斜撑细部大样图

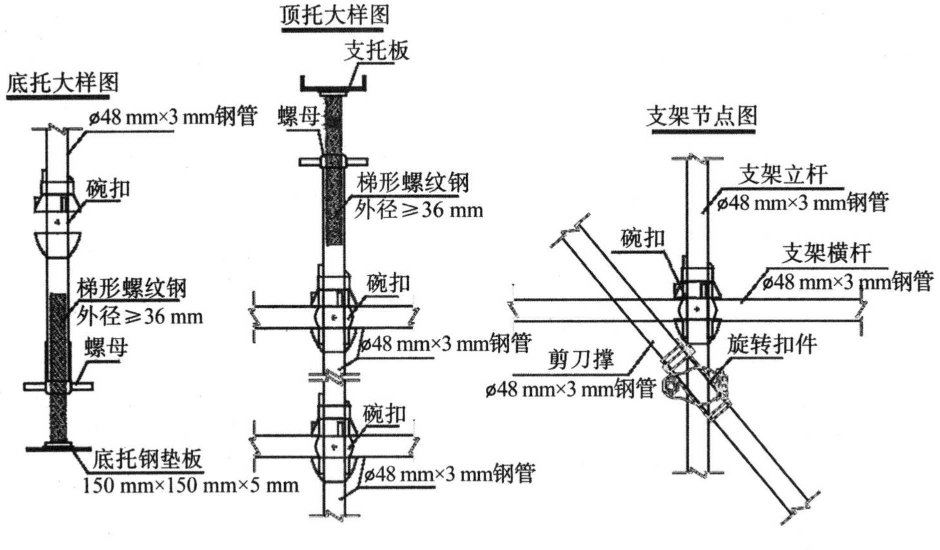

图 5-40　支架构件大样图

支架搭设按立杆、横杆、斜杆的顺序逐层搭设，每次上升高度不大于 3 m。底层水平框架的纵向直线度不大于 $L/200$（L 为纵向间距 600 mm）；横杆间水平度不大于 $L/400$（L 为横向间距 900 mm）。支架全高的垂直度小于 $L/500$（L 为此处支架立杆高度）；最大允许偏差小于 100 mm。在横桥向、纵桥向及水平方向用 6 m 长的∅48 mm×3 mm 钢管作剪刀撑，外围剪刀撑从底至顶连续设置，采用旋转扣件将与之相交的横向水平杆和立杆连接，旋转扣件中心线距主节点距离不大于 150 mm。剪刀撑采用搭接的方式连接，搭接长度大于 1000 mm，搭接处使用 3 个旋转扣件等距连接，每道剪刀撑宽度不小于4～6 跨且不小于 6 m，斜杆与地面倾角宜在 45°～60°。纵横向剪刀撑间距不大于4.5 m，即纵桥向每 4 排设置一排剪刀撑，横桥向设置 4 道剪刀撑；水平剪刀撑距离不大于 4.8 m。

支架高度用顶托调整，支架调整好以后在顶托上铺设底模板。

5.4.2 底模

由于主梁底板线性变化不大，采用侧模包底模形式。支架高度用顶托调整，支架调整好以后，钢管顶端的顶托顶住横向分配梁（10 cm×15 cm 方木），在横向分配梁上放置组合钢模。横断面采用拉线调整底板范围内的方木标高，使之与计算标高相符，底模需平顺，模板间拼接采用双面胶，表面接缝采用胶布粘贴，保证接缝平顺，每条模板接缝正放在方木中心上，否则增加方木，以确保模板不悬挑。

5.4.3 支架预压

主梁采用支架法现浇施工。为消除支架非弹性变形的影响，为支架的合理起拱提供依据，按照施工规范和验收标准的要求，对搭设好的支架进行预压，并提供立模标高。预压的目的主要是：消除支架的非弹性压缩，测量支架的弹性压缩，为确定底模标高提供参考资料。

支架及方木拼装好后，进行支架预压。采用定制专用吨袋装碎石加载，每袋重 1.1 t，加载重量按 1∶1.1 主梁重量进行预压，钢筋混凝土密度取 2.6 t/m^3。

（1）压重前支架的检查验收。

（2）压重的准备工作：主梁自重、模板及各种施工荷载计算；准备足够的碎石料，将碎石装袋，施工中采用尺寸统一的吨袋装碎石，并进行称重；测量准备；各种起重设备准备；其他准备工作。

（3）全面进行测量观测 1 次。

（4）利用汽车吊机，将碎石吨袋吊至底模上，人工配合垒码，逐块板按规范设计值进行吨袋码放。

（5）吨袋均匀砌码，砌码按浇筑顺序进行。

（6）砌码上层吨袋时，注意吊篮不得直接放在已经砌码好的底层吨袋上，防止出现结构局部超载现象。

在支架上设置观测点，对无载、加载和卸载的状态进行观测，分别测量支架的标高。每块板都设置观测点，纵向以每块板中为断面，断面取 3 个点作为观测点。

加载按照《钢管满堂支架预压技术规程》（JGJ/T 194—2009）规定，按总预压重量的 60%、80%、100%分三级施加。加载时从每跨两侧向中心对称逐块板施加，每级加载完成后，先停止下一级加载，并每 12 h 测量 1 次支架沉降量。当支架顶部检测点 12 h 沉降量不大于 2 mm 时，才可进行下一级加载。

要对称均衡地进行加载，由两侧向中心对称地加载。全部压载重量加压后，对各点处模板标高每 6 h 观测 1 次。

当满足以下两点之一时，可判定预压合格，可以进行卸载：

(1)各监测点连续 24 h 沉降量平均值小于 1 mm。

(2)各监测点连续 72 h 沉降量平均值小于 5 mm。

卸载时可均值卸载，按加载顺序反向进行，即 20%、40%、100%。

(1)第一次卸载 20%后停 2 h，观测 1 次。

(2)第二次卸载 40%后停 2 h，观测 1 次。

(3)第三次全部卸载后 48 h 内进行 2 次观测，计算其弹性变形数据。

通过卸载曲线和原始曲线的比较，计算前后 2 次沉降差，求得弹性变形量(等于卸压后标高减去持荷后所测标高)，用总沉降量(即支架持荷后稳定沉降量)减去弹性变形量即为支架和地基的非弹性变形量，然后确定施工预拱度，再统一调整底模标高至计算立模标高。

5.4.4 绑扎钢筋

(1)原材：钢筋进场时按等级、牌号、规格分批验收、分别堆放，且立标牌以识别，下面垫高并加遮盖，避免锈蚀和污染。钢筋附带出厂质量证明书，使用前按规定频率进行抽检，不合格的钢筋材料严禁入场。

(2)根据实际情况，钢筋在使用前做调直和除锈处理，并符合以下要求：

①钢筋除锈处理时将表面油渍、漆皮、鳞锈等清除干净，保持钢筋表面洁净。

②调直处理使钢筋平直，无局部弯折。

(3)焊接或机械连接：受力主筋为 22 mm 的钢筋，采用套筒连接，其余钢筋可采用焊接。钢筋焊接前进行试焊，合格后方可正式施焊。钢筋接头一般采用对焊和搭接焊。采用搭接焊时，做成双面焊，只有不能做成双面焊缝时，才允许采用单面焊缝。两钢筋搭接端部预先折向一侧，使两接合钢筋轴线一致。接头双面焊缝的长度不小于 $5d$，单面焊缝的长度不小于 $10d$。焊接时，根据施焊场地现场气候情况，采取适当的防风、雨、严寒设施。焊接接头符合《钢筋焊接及验收规程》(JGJ 18—2012)的要求。

(4)钢筋下料、绑扎：主梁钢筋严格按设计和规范要求在钢筋加工厂加工下料、弯曲成型。底板模板预压、验收完成后进行钢筋绑扎施工。首先绑扎纵向受力钢筋，然后绑扎横向分布钢筋。在钢筋绑扎焊接时注意保持模板内清洁，保护模板表面光滑，防止钢筋撞击模板表面。在进行钢筋焊接时，在焊接点下面位置放置大小合适的铁皮，以免焊渣烧坏竹胶板，影响混凝土表观质量。为保证保护层厚度符合要求，在钢筋与模板之间设置垫块，垫块布置互相错开，呈梅花形。非焊接钢筋骨架的多层钢筋之间设短钢筋支垫，以保证位置准确。各段钢筋加工过程中及成型后，现场班组长、技术人员详细检查钢筋数量、型号、尺寸及保护层是否符合设计及规范要求，经监理工程师验收合格后方可支立外侧模。

5.4.5　支立侧模

外侧模采用侧板包底板的形式，采用定型钢模，尺寸根据不同断面高度分别加工制作，骨架间距 90 cm，加固采用对拉丝杆，底面对拉杆设置在底模下，中间不再加设对拉丝杆。纵桥向间距 90 cm，防止混凝土浇筑时侧模外移。

5.4.6　浇筑混凝土

混凝土在搅拌站按监理工程师批复的混凝土配合比集中拌制，由混凝土罐车运输，再由混凝土汽车泵泵送入模。混凝土浇筑次序如图 5-41 所示。

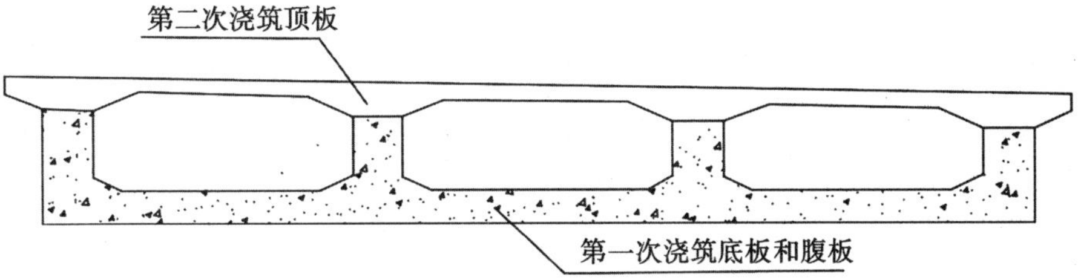

图 5-41　混凝土浇筑次序图

混凝土浇筑注意事项如下：

(1)箱梁混凝土采用 2 次浇筑成型。为保证接缝质量，箱梁第一步先浇筑至内箱上倒角的位置。

(2)浇筑前注意天气变化，恶劣天气时不得进行浇筑。

(3)混凝土浇筑前，对支架各支撑、连接部位、模板、钢绞线(规格、数量、尺寸、位置)、波纹管、钢筋预埋件及各部位尺寸(如顶板宽度、底板宽度、护栏预埋筋宽度、内模厚度、顶板宽度、底板厚度、顶腹底板钢筋保护层厚度等)按图纸要求再次检查，仔细检查模板拼缝是否严密，钢筋是否贴模板，保护层是否满足要求(尤其是腹板腋窝、腹板外侧和翼缘板边缘等部位，逐根检查)，波纹管是否仍有砂眼、孔洞等容易漏浆的地方(若有应进行封堵)。检查[由现场技术员、施工处长(日常检查)、项目领导、监理工程师、业主(抽检)等进行]与落实(由现场施工处长、技术员、作业队长、班组长、工人等落实)工作需多次、反复进行，直至把问题解决。

浇筑前清理干净模板内油污、杂物，如绑扎铁丝、钉子、电焊条头、木块、纸屑、钢筋头、烟头等应先捡拾出来，然后集中运至指定场所。翼板上先用吹风机(如森林灭火器)往模外吹，底板上用吸尘器清理，最后用高压水枪全部冲洗干净(最低部位的模板事先留有开口,冲洗后的杂物从此处排出,完全清理干净后封堵开口),使之不得有滞水、锯末、施工碎屑和其他附着物。检查钢筋是否露筋,并加垫混凝土垫块。布设好泵车,安排好人员和前后场。最后报请监理工程师检查验收。

(4)浇筑前现场有专人指挥,施工人员专业且配置充足,领导高度重视;施工机具、设备有保障;水、电供应必须正常。

(5)箱梁采用“纵向分段、水平分层、斜向推进法”浇筑完成。浇筑方向宜选择由低处向高处,但也应根据实际情况适当调整。采用 49 m 布料半径的 2 台汽车泵配合进行浇筑。混凝土由运输车运至桥位处的泵车前,由泵车输送至浇筑部位。浇筑时掌握好对称、平衡,避免偏载。

(6)为防止泵送混凝土时混凝土对腹板外模造成污染,影响混凝土的外观质量,泵管口在转移布料位置时用帆布口袋及时兜住。

为方便混凝土下放、入模。腹板钢筋圈每 3 m 打开一个下料口(横向距内模 20~30 cm的腹板箍筋圈上,开口在浇筑完底、腹板以后及时派人绑扎、调整并恢复到原位),横梁左右两侧、两端各开 1 个开口。泵管深入进开口的钢筋内部,下料时弯向内模方向,从而尽可能少地污染腹板外模(及时往腹板外侧模上喷雾以尽可能避免干灰出现,防止混凝土干硬后造成白斑)和堆积在箍筋圈上。另外,浇筑底、腹板时对于布料口两侧的顶翼板、钢筋多铺竹胶板跟随布料泵管适时进行覆盖,或浇筑前全部覆盖好。并派专人及时清理、擦洗干净洒落的混凝土,可有效减少前期污染和干料现象的出现。

(7)浇筑前和浇筑过程中拌出的混凝土应在搅拌和浇筑地点分别检测其坍落度(泵送 18 cm)、扩展度、温度等指标,并对其和易性、流动性、离析和泌水情况进行检查、控制,不合格的混凝土绝不入模。

(8)输送采用天泵泵送入模。在泵送混凝土之前,先泵送一部分水、水泥砂浆,以润滑泵车管道,然后泵送混凝土。最先泵出的混合物不得入模(泵车展开泵管时远离箱梁模板,防止泵管内残留物污染模板),且不得造成现场污染。直到排出质量一致、和易性好的混凝土后,方可将泵管口伸展至箱梁顶部浇筑部位的钢筋圈开口内入模。

(9)浇筑需连续、快速、紧凑,浇筑底板、腹板时在保证腹板不翻浆的情况下尽可能地加快浇筑速度,以有效防止施工分层线和冷缝的出现。混凝土的泵送作业应使混凝土连续不断地输出,且不产生气泡。泵送时泵车动力充足,收料斗内混凝土一直保持满槽,以保证泵料完全充满泵管。泵送作业后,将管内残留物及时排出,并将设备进行彻底清洗。混凝土的坍落度需满足泵送要求,否则应及时调整。泵送过程中如出现非停机不可的异常情况,停机时间一般不应超过 30 min,炎热气候时不得超过 10 min,且停机期间需每隔一定时间泵动几次,以防止混凝土凝结后堵塞管道。

(10)浇筑程序:先从腹板下料和从内模顶部下料来浇筑腹板底部下倒角、底板下部和腹板根部，不翻混凝土后浇筑腹板中部、上部。浇筑顶板时先浇横向中间部位、后浇两侧翼缘板，纵向由低向高推进。

箱室内部尤其是腹板内倒角部位，往往会因振捣不到位等原因出现局部有气泡、麻面，因此该位置的振捣应有专人负责。

①浇筑腹板下倒角、底板下部和腹板根部混凝土（此时坍落度控制在18 cm左右，扩展度需相对较小，流动性需适度；初步计算混凝土体积，以检验浇筑量）时，混凝土先从腹板处下注到底模上，通过振捣腹板内混凝土使其流动到底板一定范围内，然后再下注、振捣，直至腹板根部、底板和下倒角完全被充满且不再翻混凝土。

②待底板及下倒角混凝土充分振实并不再翻浆至底板上时，开始浇筑腹板中部、上部等腹板剩余高度内的混凝土。此时若底板混凝土不满，应再从底板位置下注混凝土直至底板完全充满且振捣密实。

浇筑腹板中、上部时，相邻两层混凝土之间的浇筑时间间隔尽可能地缩短，以避免分层线的出现。

(11)在泵车出料口处固定专人指挥和挪动泵管，使混凝土准确入模。每层入模厚度小于30 cm，做到薄厚、下料间隔均匀一致，准确判断和控制下料厚度。两侧底板、腹板下料需对称、平衡，以防模架偏心受压引起倾斜。

(12)混凝土采用$\varnothing$50 mm插入式振捣棒振捣。振捣时，棒头要插入下层混凝土中5～10 cm，使上下两层密切结合，减少施工分层线。下层混凝土未振捣密实时严禁下注上层混凝土，指挥人员或跟班技术人员盯紧振捣，做到不漏振、不过振且振捣及时、到位，不乱振。

混凝土密实的标志是混凝土停止下沉、不再冒出气泡、表面平坦、泛浆。由于箱梁腹板高1.8 m，人员站在顶板钢筋上根本看不到底板和腹板底部混凝土，故需在振捣棒上标记长度以便识别和掌握插入深度。同时由辅助人员用辅助杆将振捣棒辅送到位。

不同部位、不同坍落度、不同气温情况应分别按照不同的时间和方法进行振捣，以达到振捣结果的一致。

锚垫板、钢束锚固端、螺旋筋、钢筋网片和齿板端部等钢筋密集处的混凝土下注、振捣都很困难，要随下料随振捣，并使用$\varnothing$30 mm棒振捣（若仍插棒困难，则应在绑扎钢筋时适当调整钢筋间距以便振捣）。锚垫板、钢束锚固端下料时应集中多下料，不得分多次注满。钢筋密集处的布料口混凝土堆积较高，应振捣混凝土使其流动、下落，不得振动钢筋使其流动、下落。

振捣棒严禁触动钢束、锚垫板、保护罩等部位，以防波纹管内进浆。

(13)混凝土浇筑过程中，及时进行底板混凝土顶面和内模板的洒水、喷水养护。混凝土顶面施工时，顶板混凝土振捣完毕后用混凝土提浆整平机对混凝土顶面进行修整、抹平，平整度满足±5 mm，高程满足±10 mm，轴心偏位小于10 mm。收浆前用木泥板至少揉搓、抹压3遍，气温高时尤应注意在收浆后再抹1遍，并采用平板振动器整平。最后及时用修剪整齐的扫帚对混凝土顶面进行横向拉毛处理，但不压光，以防开裂。浇筑完成的箱梁混凝土顶面严禁被油、浮浆等污染，并防止人员在上面行走。

浇筑混凝土时对波纹管的保护措施如下：浇筑前对波纹管及接头严格检查，防止漏浆；振捣过程严防振捣棒接触波纹管；施工人员行走过程中严禁踩踏波纹管。

顶面浇筑完成后及时做挂线整平、拉毛处理。混凝土浇筑完成后采用养生布覆盖混凝土表面，采用针眼水管自动洒水养护。混凝土洒水养护时间为14天，喷淋以全天候保持混凝土表面一直处于湿润状态为度。

泵送混凝土施工工艺如下：

①泵送混凝土前，先把储料斗内清水从管道泵出，达到湿润和清洁管道的目的，然后向料斗内加入与混凝土配比相同的水泥砂浆（或1∶2水泥砂浆），润滑管道后即可开始泵送混凝土。

②开始泵送时，泵送速度宜放慢，油压变化控制在允许范围内，待泵送顺利后再采用正常速度进行泵送。

③在泵送期间，料斗内的混凝土量以保持不低于缸筒口上10 mm到料斗口下150 mm为宜。避免吸入效率低，否则容易吸入空气而造成塞管，太多则反抽时会溢出并加大搅拌轴负荷。泵送管道的水平换算距离总和应小于设备的最大泵送距离。

5.4.7 支架拆除

等主梁混凝土强度达到设计要求后再拆支架。拆架程序遵守自上而下、纵向中间向两端、横向两侧向中间的原则；接着松开顶托，使底模与主梁分离，用葫芦配合人工将底模拉至主梁投影以外；再用吊车起吊拆除，然后拆剪刀撑、斜撑，最后拆横杆、立杆等（一般的拆除顺序为：安全网→栏杆→底模→剪刀撑→斜撑→横杆→立杆）。每孔拆卸时遵循全孔多点、对称、缓慢、均匀的原则，从跨中向支点拆卸，不得分立面拆架或上下两步同时进行拆架，做到一步一清、一杆一清。

支架拆除前，在主梁下部做好沉降的观测点，并在支架拆除前进行标高测量、支架拆除过程中时时观察标高变化状况，同时在支架拆除时也派专人对主梁进行观察。如有异常情况，立即停止支架拆除工作，待查明原因或通过讨论后，按调整方案进行作业。

拆除作业必须自上而下逐层进行，严禁上下两层同时拆除；拆除的构件应用吊具吊下或人工递下，严禁抛掷；运至地面的构配件及时检查、整修与保养，并按品种、规格随时码堆存放。

5.5　引桥箱梁施工

5.5.1　支架基础处理

将满堂支架范围内的原地面整平压实：先填筑 80 cm 厚 5%灰土，分层进行压实处理；再填筑 60 cm 开山石碴，分层进行压实处理，保证地基承载力 $\sigma \geqslant 200$ kPa，满足规范要求。处理范围宽出搭设支架外 1 m，并浇筑 20 cm 厚 C25 混凝土基础(见图 5-42)。

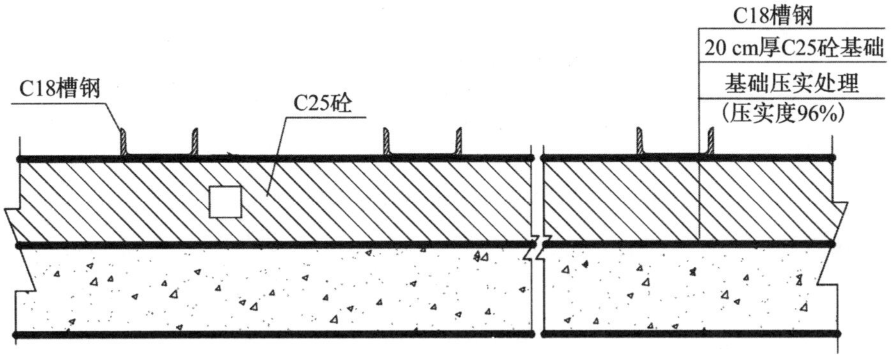

图 5-42　支架基础处理图

5.5.2　支架搭设方案

5.5.2.1　支架设计说明

箱梁翼缘板、腹板、底板混凝土和模板按均布荷载考虑，箱梁顶板混凝土和内模板荷载实际通过内模支撑点传递到底模纵横向分配梁上。为简化计算，按均布荷载考虑，实际施工采取在大荷载位置加密立杆和在腹板位置加斜撑进行局部加强的处理措施。

5.5.2.2　支架体系

整个支架体系由支架基础、垫板、可调底座、立杆、水平杆、调节杆、可调顶托、纵向分配梁和横向分配梁组成。

5.5.2.3　支架形式

混凝土基础面上为$\varnothing$48 mm×3 mm 碗扣支架，立杆采用 1.2 m、1.8 m、2.4 m、3 m 四种规格，支架顶托、底托最大伸长不超过 30 cm。水平连接杆件为 0.6 m。分配梁采用 10 cm×15 cm 方木，底模板采用 6.5 cm 组合钢模板。碗扣支架如图 5-43 所示。

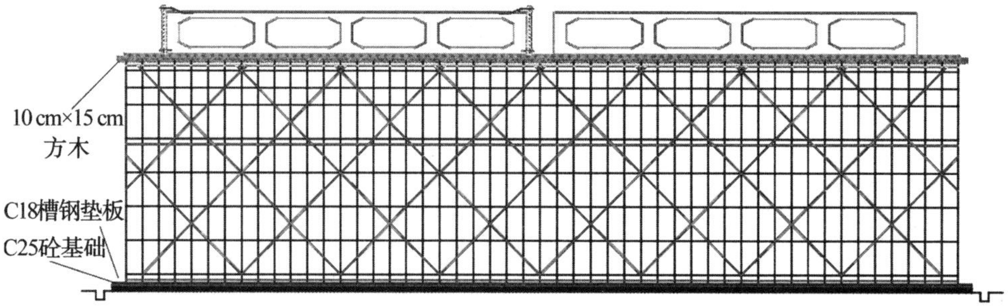

图 5-43　碗扣支架

5.5.3　支架安装

采用满堂式碗扣支架搭设。满堂支架体系由支架基础、[18 槽钢垫板、∅48 mm×3 mm碗扣立杆、横杆、斜撑杆、可调节顶托、10 cm×15 cm 方木作为分配梁组成，6.5 cm 组合钢模板作底板。模板系统由侧模、底模、芯模、端模等组成。

满堂式碗扣支架纵桥向、横桥向间距均为 60 cm；竖向步距采用 120 cm，其中支架顶层步距为 0.6 m。底模下方顶托上设 10 cm×15 cm 横向方木，横向方木纵桥向间距为 60 cm。底模采用 6.5 cm 厚组合钢模板，边模采用定型组合钢模。考虑支架的整体稳定性，在纵横向布置水平及斜向钢管剪力撑。为保证作业人员的安全，在所搭设脚手架的顶面即作业平面左右两边设置护栏。护栏采用钢管扣件连接骨架、挂安全网的方式。同时为方便作业人员上下作业平台，设置楼梯。楼梯骨架采用∅48 mm×2.5 mm 钢管，楼梯上的护栏骨架采用钢筋焊接骨架，楼梯踏步采用木板。

5.5.4　跨路门洞通道布置

本项目引桥第一联第一跨、第三联第二跨分别跨现有公路，这两跨采用门洞通道布置，支架采用贝雷梁式支撑方式。

梁式支架基础采用 C30 混凝土条形基础，基础高 60 cm、宽 1.5 m，立柱采用∅630 mm×10 mm 螺旋钢管，主横梁采用 3×I45b 工字钢，纵梁采用标准贝雷间距 60 cm均布。为了便于拆卸，在主横梁下装砂筒支座，砂筒支座由 800 mm×800 mm×20 mm钢板、∅530 mm×8 mm 钢管和∅500 mm×8 mm 钢管组合自制而成。拆除时直接打开出砂口，让砂流出，进行方木和底板同满堂支架支撑体系转换。图 5-44 为贝雷梁支架断面，图 5-45 为砂筒构造断面。

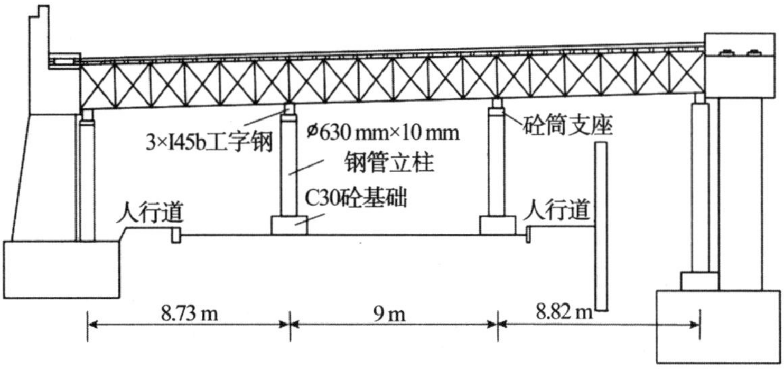

图 5-44　贝雷梁支架断面图

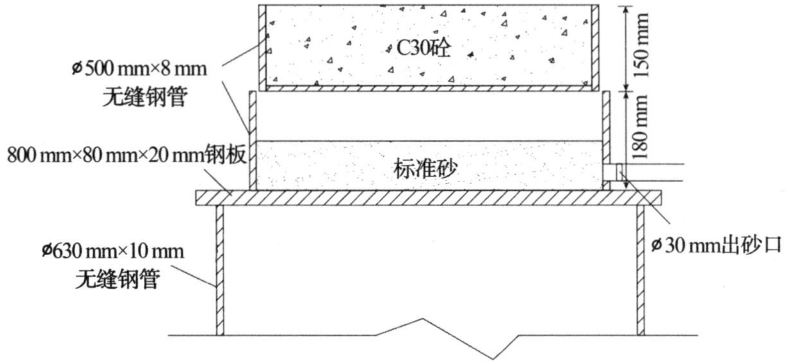

图 5-45　砂筒构造断面图

5.5.5　支座安装

支座进场后及时进行第三方检测，合格后方能用于施工。支座安装前进行全面检查，查看零件有无丢失、损坏。支座运输和吊装中不得碰撞、拆卸支座，起吊、落下时小心缓慢进行，确保支座临时连接不松动。安装前保持支座原始装配和包装状态不变，并检查支座连接状况是否正常，但不得松动连接螺栓。支座必须存放在专用库房里，并防潮且通风良好。支座必须水平安装，安装时支座偏差需满足《公路桥涵施工技术规范》(JTG/T 3650—2020)要求(见表 5-2)，安装好的支座在任何时候都不得扰动。

表 5-2　支座安装质量标准

项目	规定值或允许偏差
支座中心与主梁中线/mm	2
支座顺桥向偏位/mm	10
高程/mm	符合设计要求；未规定时±5

续表

项目		规定值或允许偏差
支座四角高差/mm	承压力≤5000 kN	小于 1
	承压力>5000 kN	小于 2

在对支座垫石顶标高、预埋支座钢板锚栓孔位置进行复核无误后，将支座及锚栓精确定位并固定，报监理工程师，经检验合格后进行下道工序施工。

本项目引桥现浇箱梁支座组装时，其底面与顶面的钢垫板必须埋置密实，垫板与支座间用环氧砂平整密贴，支座四周不得有 0.3 mm 以上的缝隙，严格保持清洁。活动支座的聚四氟乙烯板和不锈钢板不得有刮伤、撞伤。

活动支座安装前用丙酮或酒精仔细擦洗各滑动面，擦洁后在四氟滑板的储油槽内注满硅脂油。支座底板采用锚固螺栓与支承垫石连接。安装锚固螺栓时，其外露螺杆高度不得大于螺母的厚度。安装前凿毛支座安装部位的支承垫石表面，清除预留孔中的杂物。灌注前将与灌注材料接触的支座底部和混凝土基础表面清理干净，不得有碎石、浮浆、浮灰、油污和脱模剂等杂物。灌注前 24 h 混凝土表面需充分湿润，灌注前 1 h 清理积水。测设放出支座纵横中心十字线，安放支座并调平(用 3 mm 或 5 mm 不锈钢板支垫调整)，支座四周安装灌浆用模板。采用重力灌浆方式，灌注支座下部及锚栓孔间隙处。灌浆顺序为从支座中心部位向四周注浆，直至从模板与支座周边间隙观察到灌浆材料全部灌满为止。待环氧砂浆凝固后拆除模板，再安放支座顶预置钢板，现浇箱梁时与梁体连接。图 5-46 为球形支座安装图。

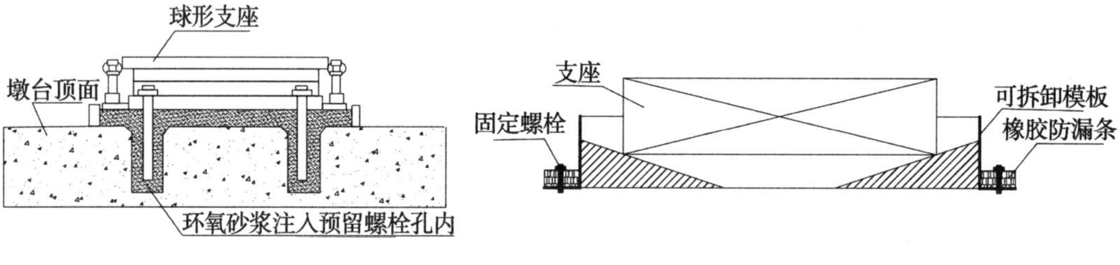

图 5-46　球形支座安装图

5.5.6　铺设底模板、安装边模

碗扣支架纵桥向、横桥向间距均为 60 cm，竖向步距为 120 cm，其中支架顶层步距为 0.6 m。底模下方顶托上设 10 cm×15 cm 横向方木，横向方木纵桥向间距为 60 cm；侧模下方顶托上设 10 cm×15 cm 横向方木，横向方木上设 5 cm×10 cm 纵向方木，纵向方木横桥向间距为 30 cm。底模采用 6.5 cm 厚组合钢模板。方木接头相互交错布置,方木之间调整顶托螺杆高度以保证底模线形。铺设时每块底模间缝隙用双面胶带纵横连接。底模铺设完成后,清除模板表面外双面胶带,模板表面光滑、平整,确保拼缝质量。在铺设底模前先放置好支座,并在支座位置处根据梁底的楔块尺寸在底模上开孔。在开孔处支立梁底楔块的模板,楔块的底模根据预埋钢板的尺寸开孔,预埋钢板与楔块的底模用高强砂浆密封。底模安装好后,再沿外边轮廓安装侧模。图 5-47 为侧边模安装示意图。

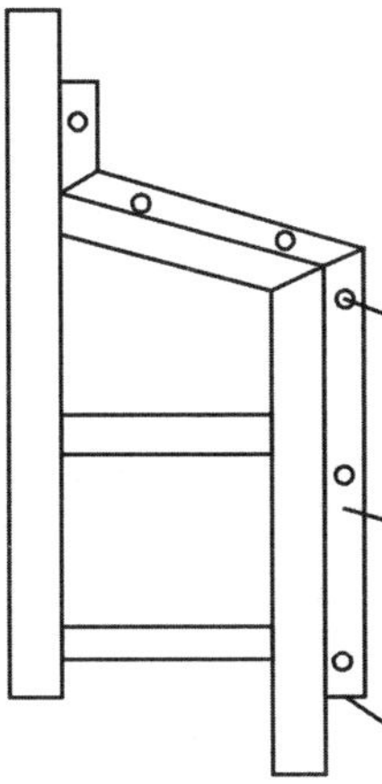

图 5-47　侧边模安装示意图

5.5.7　支架预压

5.5.7.1　预压荷载

为了检查支架的承载力,减少和清除支架的非弹性变形及地基的沉降量,在铺设完箱梁底模、侧模后,对全桥支架、模板进行预压,预压荷载按箱梁自重荷载的 1.1 倍考虑。

5.5.7.2　预压方法

预压采用吨袋装碎石加载。预压重量按计算荷载的 60%、100%分 2 次逐级加载。预压时每跨 5 个断面,每个断面模板上设置 5 个观测点。

5.5.7.3　预压观测

每天对观测点观测 1 次。观测采用水准仪测量,测加载前标高、加载后标高、卸载后标高,最后 3 天的下沉均不大于 5 mm 后,不再观测并开始卸载,同时根据观测结果绘制出沉降曲线。在预压前、预压后和预压过程中,用仪器随时观测跨中、1/4 梁跨位置的变形,并检查支架各扣件的受力情况,验证、校核施工预拱度设置值的可靠性和确定支架预拱度设置的合理值。为更直观简便地观测水平位移，从模板底部吊铅锤，对准基础地面上设置的“十字线”标识，这样在加载过程中可直观地观测到水平位移。

当满足以下两点之一时，可判定预压合格，这时可以进行卸载：各监测点连续 24 h 沉降量平均值小于 1 mm；各监测点连续 72 h 沉降量平均值小于 5 mm。

5.5.7.4 卸载

当观测到最后 3 天的下沉均小于 5 mm 后，就不再观测，开始卸载。卸载完成后，观测支架的弹性变形情况，并绘制荷载—变形曲线，根据此曲线可确定最后的预拱度。

5.5.7.5 支架调整

在支架预压完成后，重新标定桥梁中心轴线，对箱梁的底模板平面位置进行放样。预压后通过调承托精确调整底模板标高，其标高设定时考虑设置预拱度。预拱度设置要考虑梁自重所产生的底拱度、下沉曲线与预留拱叠加，这才是成型后梁体的底模标高。

5.5.8 底板腹板钢筋绑扎、埋设波纹管预留孔道

5.5.8.1 钢筋检验

钢筋按不同种类、等级、牌号、规格及生产厂家分批验收、分别堆放，不得混杂，且立标牌以示识别。钢筋在运输、储存过程中，需避免锈蚀和污染，并堆置在钢筋棚内。在钢筋进场后，提供附有生产厂家关于该批钢筋的合格证书、标示批号和出厂检验的有关力学性能试验资料。进场的每一批钢筋均进行取样试验，试验不合格的不得使用。

5.5.8.2 钢筋制作、绑扎

箱梁钢筋按设计图纸在钢筋加工棚内进行加工。纵向通长钢筋采用双面搭接焊焊接，焊接接头符合《钢筋焊接及验收规程》(JGJ 18—2012)的要求。采用套筒连接的符合《钢筋机械连接技术规程》(JGJ 107—2016)的要求。

焊接接头布设于最大拉力处，并使接头交错排列，受拉区同一焊接接头范围内接头钢筋的面积不得超过该截面钢筋总面积的 50%。钢筋布置按设计图纸在底模上标出钢筋布置的位置，在底模上先绑扎底板、腹板钢筋并安装完芯模后，再绑扎顶板及翼板钢筋。为保证钢筋保护层的厚度，在钢筋与模板间设置触点式垫块，垫块用铁丝与钢筋扎牢，并互相错开布置。

5.5.8.3 预应力管道及预埋件的安装

在腹板普通钢筋安放基本完成后，对预应力钢材的平面和高度(相对底模板)进行放样，并在钢筋上标出明显的标记。放样完成即进行穿波纹管，波纹管连接处的缝隙用胶

带纸包缠牢，防止水泥浆渗入。对于张拉端锚垫板等的预埋，先制作满足设计图纸要求的角度端头模板，然后将锚垫板用螺栓固定于端头模板上。预应力管道的埋置位置决定了今后预应力筋的受力及应力分布情况，因此对管道的埋设需严格按照设计图纸仔细认真地进行。注意平面和立面的位置，用∅12 mm 钢筋焊成井字架夹住管道，点焊后固定在钢筋骨架上。直线段每 0.5 m 设置一道，曲线段每 0.15 m 设置一道。安装时严格逐点检查管道的位置，如发现有不对的地方立即调整。浇筑前检查波纹管的密封性及各接头的牢固性，用灌水法做密封性试验。做完密封性试验后用高压风把管道内残留的水吹出。

5.5.9　混凝土浇筑

混凝土浇筑方式、流程、注意事项同前。

5.5.10　预应力工程

预应力工程施工前需进行钢绞线、锚具等试验检测，合格后方可使用。在张拉前需对张拉千斤顶进行标定，根据试验检测的钢绞线弹性模量计算理论伸长量，根据标定的千斤顶回归方程计算张拉控制力参数，将参数输入程序，便于准确控制张拉。

预应力工程分孔道成型、下料编束、穿束和张拉。

5.5.10.1　孔道成型

预应力管道成型采用塑料波纹管。塑料波纹管在安放时，根据管道坐标值，按设计图纸要求设置定位筋，并焊接牢固。曲线部分采用 U 形定位环与定位筋焊接，卡牢波纹管。为保证孔道压浆通畅，预埋备用压浆管、排气管，材料选用 2 cm 的 PE 管（聚乙烯管的一种）。压浆管埋设在张拉端锚垫板后约 20 cm 处，通过 PE 管引到箱梁顶面，排气管预埋在波纹管最高处，同样通过 PE 管引到箱梁顶面。同时，压浆管、排气管预留长度引出箱梁顶面 30 cm 以上。

5.5.10.2　下料编束

首先检查钢绞线质量是否符合设计要求。钢绞线下料长度经计算确定，用砂轮机切割后编成束，编束时保持每根钢绞线之间平行、不缠绕。

5.5.10.3　穿束

箱梁钢绞线采用穿束机穿束。穿束时钢绞线端头戴子弹头进行防护，防止钢绞线刺破波纹管，保证穿束正常。

5.5.10.4 张拉

为了保证张拉工作安全可靠和准确，所选用设备的额定张拉力要大于所张拉预应力筋的张拉力。张拉采用数控张拉。张拉控制方法及步骤：安装锚具、千斤顶→拉到初始应力→自动记录开始→拉至设计应力→记录伸长量→回油锚固→记录实际伸长量并求出回缩值→检查是否有滑丝、断丝情况发生（如果张拉过程中有此类情况，及时查明原因，采取相关措施后方可进行下一步施工）。

本桥梁工程预应力束形式多样，准备使用 450 t 千斤顶 2 台、300 t 千斤顶 2 台、24 t 千斤顶 2 台。根据不同预应力束的数量来选择千斤顶类型，张拉前对千斤顶和油泵组成的系统进行标定，标定合格后方可进行张拉施工。

当混凝土强度和弹性模量达到 90%以上时方可张拉钢束。张拉程序：支架上浇筑完混凝土后，先张拉横梁 N1 钢束，再张拉纵向钢束；箱梁脱架后，再张拉横梁 N2 钢束，最后张拉顶板横向预应力钢束；重复以上步骤，直至本联结束。本箱梁纵向有顶板束、腹板束、底板束，张拉时按腹板、底板、顶板顺序张拉。三个位置的张拉按中间向两边对称张拉，腹板束除遵守上面张拉顺序还需遵守自上而下的张拉顺序。

预应力筋按技术规范和设计图纸进行张拉，张拉程序为张拉分级：初应力 0%、初应力 10%、初应力 20%、初应力 100%（持荷 5 min）。

第一级按设计张拉力的 10%施工，是将预应力筋调整到初应力，使钢束拉直以消除非弹性变形，此时伸长值表示为 L_1（初始值）。

第二级张拉至 20%应力，是为推算第一级（初应力以下）的伸长量，此时伸长值表示为 L_2。

第三级张拉至 100%应力，推算从 20%到 100%的应力段伸长量，此时伸长值表示为 L_3，然后计算总伸长量，计算公式为：$\Delta L=(L_3+L_1-2L_2)-\delta$（$\delta$ 为回缩量，一般取 6 mm）。

张拉时，边张拉边记录伸长值。采用应力、伸长值双控制，以应力控制为主。核对实测伸长值与理论伸长值，在±6%范围内即符合规范要求，否则停止张拉，分析原因并采取措施后再张拉。根据引桥设计图纸和技术规范，预应力束张拉分为两端张拉和一端张拉，人行道桥为两端张拉。张拉过程中需统一指挥，两端张拉时速度尽可能一致。

5.5.11 孔道压浆

采用智能压浆设备进行孔道压浆，施工前对操作人员进行培训，确保其熟练操作设备。

(1)智能压浆系统工作流程及技术特点如下：

①精确调节和保持灌浆压力，自动实测管道压力损失，以出浆口满足规范最低压力值来设置灌浆压力值，保证沿途压力损失后管道内仍满足规范要求的最低压力值。

②按施工配合比数量自动加水，准确控制加水量，从而保证水胶比符合要求[《公路桥涵施工技术规范》(JTG/T 3650—2020)7.9.3 条规定，浆液水胶比宜为 0.26～0.28]。

③管道内浆液从出浆口导流至储浆桶，再从进浆口泵入管道，形成大循环回路，浆液在管道内持续循环，通过调整压力和流量，将管道内空气通过出浆口和钢绞线丝间空隙完全排出，还可带出孔道内残留的杂质。

④智能压浆设备可双孔同时压浆，从位置较低的一孔压入，从位置较高的一孔压出，回流至储浆桶，节约劳动力。

⑤灌浆过程由计算机程序控制，不受人为因素影响，可准确计量加水量，实时监测灌浆压力、稳压时间、浆液温度、环境温度等各个指标，实现自动记录，并打印报表。

⑥高速制浆机、储浆桶、进浆测控仪、返浆测控仪、压浆泵集成一体，现场使用时需提前将进浆管、返浆管与预应力管道对接。

(2)压浆过程要点如下：

①压浆前首先检查管道，保证管道内清洁通畅。

②孔道压浆需确保可连续作业，采用智能压浆能使浆液持续进出循环，排空空气；压力控制，流量校核，保证压入管道内浆液的充盈度；实时监测浆液水胶比是否符合要求。在施工前，对智能压浆工艺进行必要的试验。

③压浆前对锚具进行认真封堵，以提高孔道内的真空度。

④预应力孔道压浆采用高性能灌浆材料。外加剂要与水泥具有良好的相容性；膨胀剂宜采用钙矾石系列或复合型膨胀剂，不得采用以铝粉为膨胀源的膨胀剂或总碱量在0.75％以上的高碱膨胀剂；控制水胶比、流动度、泌水率及自由膨胀率等浆液性能指标。

⑤按要求控制浆液搅拌机的各项性能指标。临时存储浆液的储存罐也需要搅拌，且设置网格尺寸不大于 3 mm 的过滤筛。浆液拌制完成至压入孔道的延续时间不超过 40 min。

⑥压浆时，对曲线孔道和竖向孔道从最低点压入；对结构或构件中上下分层设置的孔道，按先下后上的顺序压浆。同一管道的压浆要连续进行，1 次完成。智能压浆系统可以同时对两个孔道进行压浆。图 5-48 为孔道压浆浆液流动示意图。

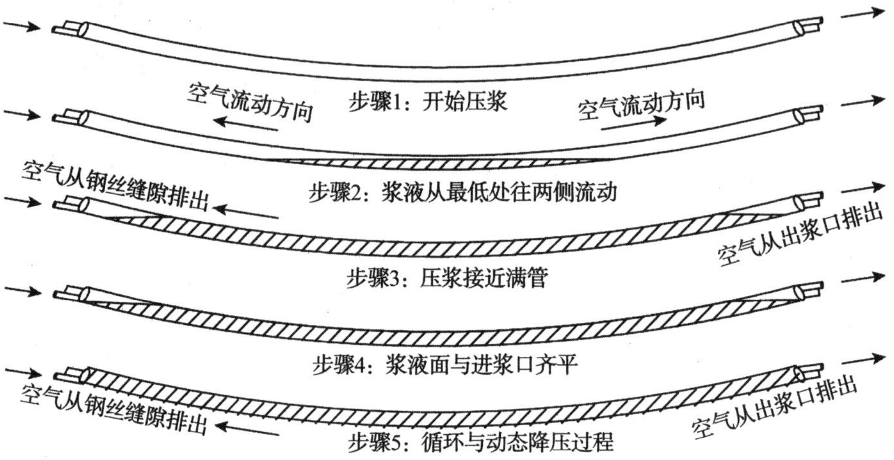

图 5-48　孔道压浆浆液流动示意图

⑦压浆过程及压浆结束后 48 h 内，结构或构件混凝土的温度及环境温度不得低于 5 ℃，否则应采取保温措施，并按冬期施工的要求处理，但浆液中不得掺用防冻剂。当环境温度高于 35 ℃时，压浆宜在夜间进行。

⑧压浆后需通过检查孔抽查压浆的密实情况，如不密实，及时进行补压浆处理。压浆中途发生故障、不能连续 1 次压满时，需立即用压力水冲洗干净，使孔道通畅，待故障处理后再重新进行压浆。

⑨压浆后及时进行养护并封堵锚头。锚头封堵可采用水泥砂浆材料，但是在压浆时，必须保证砂浆强度满足压浆需要。封堵前必须对锚头用防锈漆做防锈处理，并将锚头上的杂物清理干净。

⑩压浆时每一工作班需制作留取不少于 3 组尺寸为 70.7 mm×70.7 mm×70.7 mm 的试件，标准养护 28 天，进行抗压强度和抗折强度试验，作为质量评定依据。

表 5-3 为后张法孔道压浆浆液性能指标。

表 5-3　后张法孔道压浆浆液性能指标

项目		性能指标
水胶比		0.26～0.28
凝结时间/h	初凝	≥5
	终凝	≤24
流动度(25 ℃)/s	初始流动度	10～17
	30 min 流动度	10～20
	60 min 流动度	10～25

续表

项目		性能指标
泌水率/%	24 h 自由泌水率	0
	3 h 钢丝间泌水率	0
压力泌水率/%	0.22 MPa （孔道垂直高度≤1.8 m 时）	≤2
	0.36 MPa （孔道垂直高度>1.8 m 时）	
自由膨胀率/%	3 h	0～2
	24 h	0～3
充盈度		合格
抗压强度/MPa	3 天	≥20
	7 天	≥40
	28 天	≥50
抗折强度/MPa	3 天	≥5
	7 天	≥6
	28 天	≥10

5.5.12　模板支架拆除方案

当顶板混凝土强度达到设计强度的 50%时，相关人员由进人孔进入内部并拆除内模及支撑，再由进人孔运出。待箱室内齿块张拉、压浆、封锚完成后封堵进人孔。封堵时按照设计进行凿毛、钢筋加密等工作。

(1)支架拆除遵循先支后拆、后支先拆的原则，具体为：松顶托→拆底模、侧模→拆横向方木→拆支架。

(2)钢绞线张拉完毕后，箱梁跨中起拱，部分箱梁底板即自动脱离底模，脱离距离从跨中向支点逐渐变小。落架、拆模时，从跨中向支点进行，卸落量开始宜小，以后逐渐增大。可分数次卸完，以不使主梁发生局部受力。落架时要统一指挥、统一行动，每次落架过程都要仔细认真地进行。

(3)模板拆除需根据现场同条件试块的情况来确定强度。当混凝土强度达到 2.5 MPa时，在保证其表面及棱角不因拆除模板而受损后方可拆除侧模。拆除模板的顺序与安装时的顺序相反,先支的模板后拆,后支的模板先拆。

(4)侧模拆除完成后,利用人工将底模和方木进行分离,利用吊机配合人工将竹胶板和方木从侧面抽出,吊装拆除。卸落支架和模板时不允许采用猛烈的敲打和强扭等方法,严禁抛扔,以免损坏支架和模板。

5.6 桥面及附属工程

5.6.1 桥面铺装

5.6.1.1 工艺流程

桥面铺装施工工艺流程如图 5-49 所示。

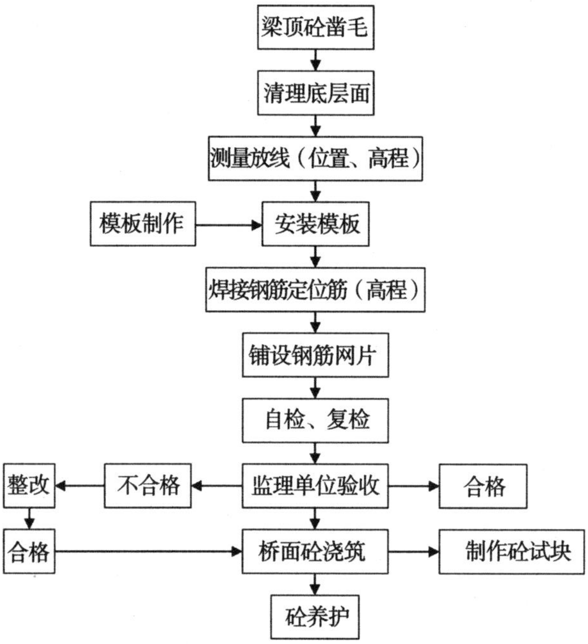

图 5-49 桥面铺装施工工艺流程图

5.6.1.2 测量放样

施工前测量人员复测桥面中心线、桥面宽度、泄水管位置和桥面板实际高程,使用 GPS(全球定位系统)放出桥面桩号,根据桩号以 5 m 为一个断面对桥面梁板顶标高(半幅一个断面,平均布设 3 个点)进行全面测量,以确保人行道梁及铺装层的设计厚度及设计标高符合要求,并用全站仪进行导线放样,保证铺装线形符合要求。

5.6.1.3　桥面板凿毛施工及要求

(1)桥面铺装施工前首先把桥面杂物清扫干净。

(2)使用凿毛机对桥面板进行凿毛,对浮渣、浮浆进行清理,以凿至露出新鲜混凝土集料为原则。

(3)在凿毛过程中,不宜凿毛过深或顶部凿毛出现坑槽,尽量达到平整,以露出好的结合面为止。

(4)清除浮浆及表面污点,并用高压水枪冲洗干净,确保板顶表面平整、粗糙、清洁;将面板彻底清理干净,做到无积尘、浮浆、松散混凝土,保证桥面铺装层与桥面板的密结性。

(5)报监理验收,经检验合格后方可进行下一步施工。

5.6.1.4　桥面铺装施工

(1)桥面混凝土铺装施工顺序:桥面板凿毛处理→面板清理→测量放样→桥面中缝处理→模板安装→钢筋网片安装→混凝土浇筑→混凝土养护。

(2)桥面系横向混凝土浇筑顺序如图 5-50 所示。

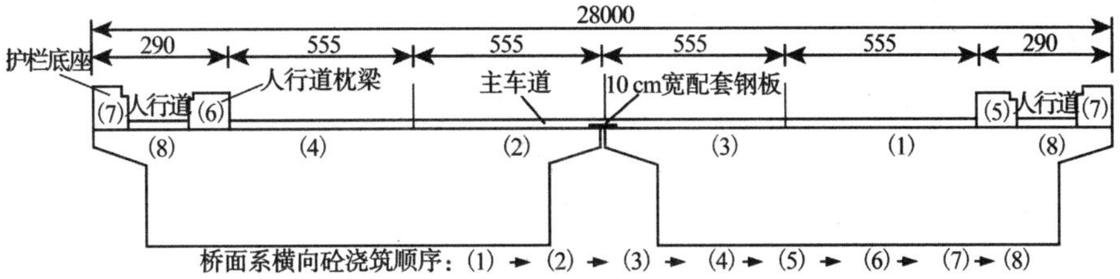

图 5-50　桥面系横向混凝土浇筑顺序图

(3)主车道纵向施工顺序如图 5-51 所示。

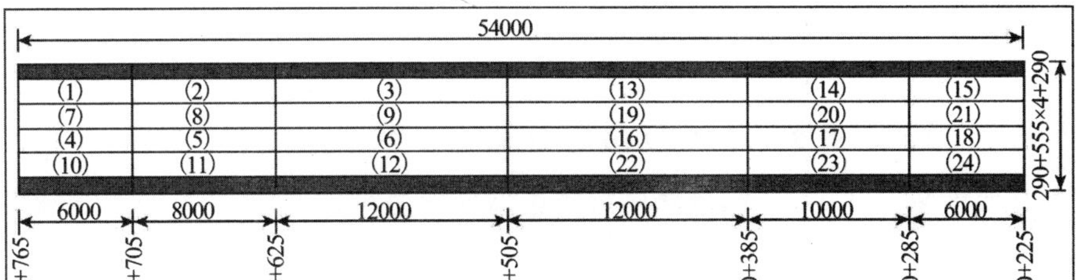

图 5-51　主车道纵向施工顺序图

(4)钢筋网施工。钢筋焊网采用 CRB550 级冷轧带肋钢筋焊接网,选择有资质的单位加工制作,使用前必须检验且合格,确保钢筋表面无锈迹、油污,钢筋网尺寸符合图纸尺寸要求。桥面采用 2.3 m×12 m 和 1.7 m×12 m 两种型号钢筋网片,2.3 m×12 m 钢筋网片适用于主桥铺装层,1.7 m×12 m 钢筋网片适用于人行道铺装层。

主桥铺装层宽度为 11 m，绑扎 5 道 2.3 m×12 m 钢筋网片，人行道宽度为 3 m，放置 1.7 m×12 m 钢筋网片 1 道；钢筋网片在伸缩缝处断开，以满足混凝土的变形要求。

在钢筋焊网吊运现场，铺装钢筋焊网时注意平整顺直。搭接采用平搭法，其搭接长度不小于 35 倍的钢筋直径，焊网在上方平接，伸缩缝位置加焊网筋。为确保钢筋网片上的保护层达 2 cm，钢筋网片下按标高铺设架立钢筋，钢筋网片铺设在架立钢筋上（见图 5-52）。

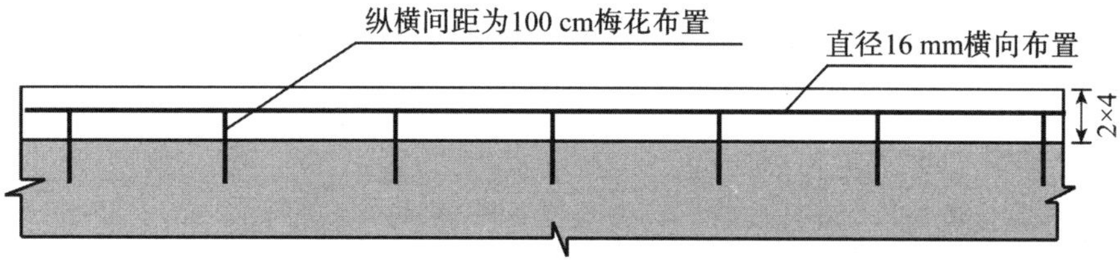

图 5-52　架立钢筋布置图

5.6.1.5　伸缩缝处理

在设计图纸中，为满足梁面与铺装层底部的混凝土变形伸缩要求，左右幅主梁之间设有 2 cm 离缝，在桥面铺装施工中需对其进行处理。变形缝的钢板一半宽度需要涂刷沥青膏，一侧可与混凝土浇筑密实，其处理方法如图 5-53 所示。

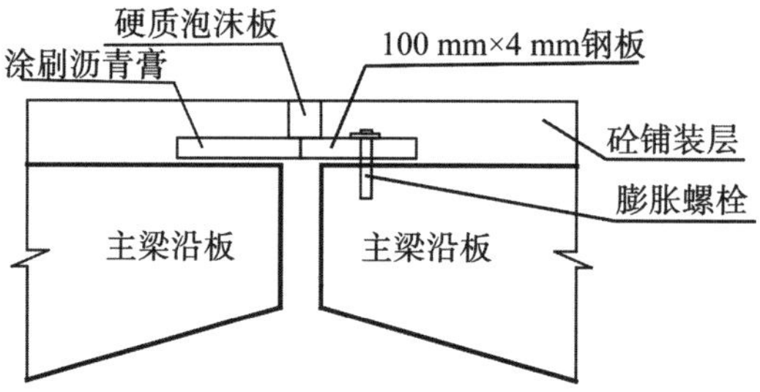

图 5-53　伸缩缝处理示意图

5.6.1.6　导轨（模板）施工与高程控制

主桥半幅铺装层宽 11.1 m，现场三滚轴振捣梁长为 6.5 m。为更好地提高施工质量、加快进度，半幅桥面铺装分 2 次施工。

(1)主桥铺装层施工采用[18 和[6 槽钢作为导轨（模板），根据桥面放样点位进行布置，导轨安装由测量小组根据控制点每 5 m 测量一平面，每平面取三点，确定各梁点实际标高，计算铺装层实际厚度，确定铺装层标高；导轨背部采用钻孔植筋的方式进行加固，考虑到刚度与稳定性，每 150 cm 加固一点；在第二次浇筑时，一侧以已浇筑铺装层为模板，另一侧仍采用槽钢作为导轨及模板，背部采用钻孔植筋加固，以控制标高及线形（标高控制同第一次浇筑）满足混凝土施工要求。

(2)每半幅桥面的边横板采用现有的[18 槽钢平铺使用,中隔模板采用 2 根[6 槽钢平铺使用,钢筋网片在两槽钢之间穿过,其处理方法如图 5-54 所示。

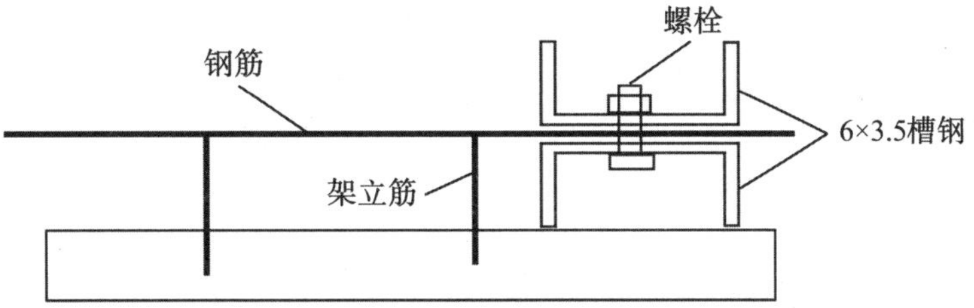

图 5-54　中隔板处理示意图

(3)浇筑时采用三滚轴振捣梁进行振捣,以三滚轴振捣梁和槽钢顶面接触进行高程控制;三滚轴振捣梁宜居中布置,避免浇筑过程中出现倾覆。浇筑前对导轨标高进行复测,以免出现误差,确保顺利浇筑。

5.6.1.7　混凝土施工

(1)浇筑混凝土前要保证梁板表面粗糙、清洁,不得在钢筋上搁置重物,或在钢筋网上推行运料小车,或人行践踏而使钢筋变位,必须搭设走道支架,并在浇筑过程中随时注意纠正钢筋位置。

(2)采用整幅浇筑法,纵向以伸缩缝为界,混凝土浇筑从下坡向上坡进行。

(3)三滚轴摊铺机的行驶速度要合适,防止行驶过快而造成混凝土下部振捣不密实,在此过程中要用铁锹补充振捣梁前面的空隙,靠近轨道处的混凝土振捣可辅以插入式振捣器进行补振。

(4)摊铺机过后,人员站在走道架板上进行找平,找平方法为用 6 m 靠尺刮平,高的料刮出摊铺面,低的地方加料找平。

(5)人工找平且混凝土初凝后用抹面机进行第一次收面,在混凝土能够站人而又没有凝固前进行第二次收面。

(6)桥面铺装混凝土采用自动计量拌和站搅拌,由混凝土罐车运输,再由混凝土输送泵摊铺平整。

5.6.1.8　混凝土养护

混凝土桥面铺装养护采用土工布覆盖洒水养护,保证混凝土表面处于温润状态,连续 24 h 养护 7 天以上。在温度低于 5 ℃时宜采用薄膜覆盖保温养护,防止表面产生收缩裂缝。

5.6.2　沥青铺设

工艺流程:清扫基层→桥面抛丸→桥面清洗→防水施工→下承层准备、撒布黏层油

→测量放样→路缘石安装(设置侧模)→摊铺机摊铺→碾压→验收→养护。

5.6.2.1 桥面抛丸施工

(1)将桥面灰渣、尘土清扫干净,重要部位进行精处理。

(2)利用桥面抛丸机进行抛丸处理,以达到规范和设计要求。

(3)抛丸完毕后可用吹风机或水洗对桥面进行清洗。

5.6.2.2 防水施工

(1)用吹风机或水洗清理浮灰。在清理时要注意护栏基础底部的清理,避免二次污染。清理完毕后,由在场监理工程师进行基层验收。待验收合格后方可进行防水施工。

(2)本工程桥面防水施工采用喷涂方式,可保证厚度均匀及工程质量达标。

(3)在喷涂聚合物改性沥青防水涂料 PB-(Ⅱ)时要做到喷涂均匀、薄厚一致。聚合物改性沥青防水涂料 PB-(Ⅱ)为冷施工类型防水材料,施工简单,防水效果好。在喷涂时根据当时的天气情况,每遍喷涂需间隔 3～4 h。遇到下雨、刮风等恶劣天气时要暂停施工,待天气好转、擦干净污染物后方可进行下一遍施工。最后一遍涂料喷涂完毕后,对龟裂、边角等单薄部位进行加强处置。

5.6.2.3 下承层准备、撒布黏层油

(1)黏层油采用乳化沥青洒布车均匀洒布,洒布量控制在 0.3～0.6 L/m^2,并通过试洒确定,洒布过量处予以刮除。撒铺前使用塑料薄膜对路缘石、雨水口进行覆盖,防止污染。路缘石、雨水口、检查井等用刷子涂刷。

(2)黏层油在沥青摊铺前 1～2 天进行洒布,以便于黏层沥青充分渗透,但也不能过早,以防被行车等污染。

(3)喷洒的黏层油必须成均匀雾状,在路面全宽度内均匀分布成一薄层,不得有洒花漏空或成条状,也不得有堆积。喷洒不足的要补洒,喷洒过量处应予刮除。

(4)洒布黏层沥青后立即封闭交通,严禁除沥青混合料运输车外的其他车辆、行人通过,避免污染。

5.6.2.4 施工放样

(1)对才子大桥作业面情况进行调查,依据设计资料,恢复中桩、边桩位置,直线段每 10 m 一桩,曲线段每 5 m 一桩。高程测量采用两级测量制,即一组测量、一组复核,切实做到数据准确无误。

(2)下面层采用非接触式平衡梁装置进行高程控制和找平基准进行摊铺施工,松铺系数暂按照 1.25。

5.6.2.5 沥青混合料拌和

(1)沥青混合料由 3000 型拌和站完成,拌和能力可满足生产要求。该设备计量准

确、稳定，能连续生产优质混合料，可满足标准化建设的各项要求。拌和站设置的位置应运输条件良好，有良好的排水设施，便于加强环境保护、消防和安全工作。

(2)拌和机有自动打印设备，能分口、分级上料，计量准确，拌和均匀，自动调控，自动记录。

(3)沥青采用导热油加热。沥青与矿料的加热温度需调节到能使拌和的沥青混合料出厂温度符合施工要求。沥青加热温度控制在 155～165 ℃，矿料加热温度控制在较沥青温度高 5～10 ℃，混合料出厂温度控制在 145～165 ℃，超过 190 ℃的需废弃。

(4)具体各阶段的控制温度及改性沥青混合料加热控制温度按照项目试验人员的指导执行。

(5)拌和站设置专门实验室，及时对拌和出的沥青混合料进行试验、检验。

①正式拌和前先进行试拌，全面取样进行马歇尔稳定度试验，检验矿料级配及沥青含量的合格性，如不符合要求进行调整。

②正式拌和后，加倍频率取试样进行试验，检验矿料级配、沥青含量、马歇尔稳定度、流值、密度、空隙率、饱和度等。

③派专人检查沥青拌和料质量，并且检查每车料的质量，一旦发现花白料、焦料及离析现象就立即停止拌和，找出原因并予以处理，对不合格的沥青混合料坚决废弃。

④施工结束后，用拌和楼的各料数量，以总量控制对各仓用量及各仓级配计算的平均施工级配、油石比、施工厚度和抽提结果进行校核，并填写沥青混合料拌和厂施工日志。

5.6.2.6　运输

(1)采用温度计检测沥青混合料的出厂温度和运到现场的温度。插入深度要大于 150 mm，距车箱底面约 300 mm，并填写沥青混合料到场测温记录表，若出现温度过高、混合料烧焦失黏现象应予废除。

(2)为保证沥青混合料持续地运至摊铺现场，拌和站需配备足够的运输车，以使生产中所用运输车数量与设备生产能力、车辆的载重能力及运输时间相匹配。运输车载重量为 30 t 以上，车箱底板清洁、光滑。装料前车箱必须清洗干净，车箱底板及周壁喷洒一层油水(油和水的比例可为 1∶3)混合液，以防止沥青混合料黏在车箱内，但不得在底板留存余液。装料前，卡车底部需排干积水。

(3)装成品料时，自卸车分 3 次放料(先在车箱前后放料、最后在车箱中部放料)，以减少粗细集料离析现象，且运输车不得一边放料一边移动。运输过程中加盖篷布，且要求覆盖严密，特别是边角部位，以保温和避免污染环境。进入摊铺现场后，根据现场实际情况及时去除帆布，过早则降温太多，过晚则影响卸料时间。

(4)过磅单备注好时间，以备判断混合料出料时间。施工前对全体驾驶员进行技术及安全培训，加强运输车保养，避免在运输过程中出现汽车抛锚现象，导致沥青混合料因温度降低而废弃。

(5)摊铺机前方至少有5辆运输车等待卸料，以保证连续摊铺。在摊铺过程中，当上一辆运料车的卸料接近结束时，后一辆运料车适时掀开篷布。运料车在摊铺机前10～30 cm处停住，不得撞击摊铺机。卸料过程中运料车需挂空挡，靠摊铺机推动前进，以确保摊铺层的平整度。至摊铺机刮料板上存料2 t左右时，根据提示信号，下落车箱后及时离开，下一辆车按要求线路快速跟进。

(6)沥青混合料运输至摊铺现场后凭运料单接收，并检查混合料温度。不符合温度要求或已经结成团块、遭雨淋的混合料不得继续摊铺使用。

(7)对行驶路线的坑槽及时进行维修，以减轻运料车辆颠簸，以免混合料离析。所有沥青混合料在运输中必须采用篷布覆盖。

(8)运料车每次卸料必须倒净，如有剩余，需及时清除，防止硬结。废料需清除至指定位置，不得乱弃，防止污染环境。

5.6.2.7 摊铺

(1)沥青混合料采用2台摊铺机摊铺。摊铺机具有自动找平、自动调节厚度等功能，在倒换车辆过程中能够连续摊铺，并有足够的动力来推动运料车前进。摊铺机摊铺时，开启振动，这样可以较好地保证混合料摊铺后的表面平整度。

(2)在每天开始摊铺前，对摊铺机的熨平板提前30～60 min开始预热，一定要保证在摊铺开始时的熨平板温度不低于100 ℃。

(3)摊铺速度控制在1 m/min左右匀速前进，中途不随意变速或停顿，做到缓慢均匀、不间断摊铺。拌和站拌和能力、运输能力同摊铺机摊铺能力密切配合，选定合适的摊铺速度，注意松铺厚度，中途少做变动，必要时加以调整，务求平顺，因为平整度直接影响行车的舒适性。

(4)摊铺机调整到最佳工作状态，调好自动料位器，并使料门开度、链板送料器的速度和螺旋布料器的转速相匹配。同时，螺旋布料器的转速不宜太快，保证布料器内的混合料不得少于布料器2/3的高度，以避免出现离析现象。摊铺机料斗在刮板尚未漏出约10 cm的热料时收拢，做到在料斗两翼刚复位时下一辆料车即开始卸料，做到连续供料，防止粗集料集中。

(5)摊铺过程中，安排专人随时测量摊铺后的温度及量测松铺厚度。松铺系数采用水准仪定点测量：每10 m一个断面，每个断面3个点，每个断面的两端设有标志且有护桩保护；先测量下承层顶面的标高a，再测量松铺后的标高b，最后测量压实后下面层顶面的标高c，松铺系数$=(b-a)/(c-a)$；每次测量两端时，由专人拉米尺确定点的位置。测定松铺系数时，每测完一点，将塔尺底部黏附上的细料清除，以免影响下一点的测量精度。

(6)机械摊铺过程中，严禁人工反复修整，但出现如断面不符合要求、局部缺料、局部混合料明显离析、摊铺机后有明显拖痕、表面明显不平整等情况时，在技术人员指导下进行认真修整、局部换料，并在压实前处理好，同已铺混合料接合平顺，尽量消除修补痕迹。

(7)摊铺后安排专人对厚度进行测量，并且进行详细的记录。同时禁止工作人员在没有碾压的路段上随意走动，以免造成对路面的污染。

5.6.2.8　碾压

配备足够数量的压路机，确保在允许的温度内完成压实。才子大桥沥青混凝土施工采用两种碾压组合，每个施工段长度 100 m，具体碾压方式及组合如表 5-4 和表 5-5 所示。

表 5-4　下面层施工碾压方式及组合一

压实段落	机型	遍数		速度/(km/h)	备注
初压	双钢轮振动压路机	高频低幅	2	1.5～2	初压温度不得低于 140 ℃
复压	胶轮压路机	静压	2	3～4	复压开始温度不得低于 110 ℃
终压	双钢轮振动压路机	静压	—	2～3	碾压至无轮迹，碾压终了表面温度不得低于 90 ℃

注：碾压过程中现场监测压实度，直到合格为止；终压时，碾压至消除轮迹为止。

表 5-5　下面层施工碾压方式及组合二

压实段落	机型	遍数		速度/(km/h)	备注
初压	双钢轮振动压路机	前静后振	2	1.5～2	初压温度不得低于 140 ℃
复压	双钢轮振动压路机	高频低幅	2	3	振压采用高频低幅；复压开始温度不得低于 110 ℃
	胶轮压路机	静压	1	3～4	
终压	双钢轮振动压路机	静压	—	2～3	碾压至无轮迹，碾压终了表面温度不得低于 90 ℃

(1)碾压过程按初压、复压、终压三个阶段进行，碾压总长度控制在 50 m 左右，碾压遵循“紧跟、慢压、高频、低幅、高温、少水”的原则，既不漏压，也不超压。为保证压实度和平整度，初压在混合料不产生推移、开裂等情况下紧跟摊铺机进行。

(2)为避免碾压时混合料推挤产生拥包，碾压时压路机驱动轮面向摊铺机，在坡道上碾压时将驱动轮放在低处，推向高处碾压。压路机不允许在沥青混合料上转向、调头，启动、停止必须减速缓行，不准刹车制动。轮胎压路机用清洁剂加水擦拭，防止黏轮。

(3)碾压时,相邻碾压带轮迹重叠 1/3。初压时压路机折返路线宜采用曲线方式,且减速进行。

(4)压路机在碾压过程中,宜横向错开排列成梯队进行压实,不宜采用首尾相接的纵列方式。压路机的碾压段长度与摊铺相适应,并保持大体稳定。压路机以缓慢而均匀的速度碾压,适宜碾压速度随初压、复压、终压及压路机的类型而定,并做到和摊铺速度协调。

(5)对初压、复压、终压段落设置明显标志牌,以便于司机辨认。施工现场设立检测小组,对松铺厚度(跟机人员量测)、碾压顺序、压路机组合、碾压遍数、碾压速度及碾压温度(专人量测)进行专岗管理和检查,发现问题及时解决。

(6)对于压路机压实不到的局部沥青路面,采用平板振动夯等小型机具压实,将压路机不便压实的地方振捣密实。

(7)在当天碾压的尚未冷却的沥青混凝土面层上,不得停放压路机或其他车辆,并防止矿料、油料和杂物散落在柔性基层上。

5.6.2.9 接缝处理

横向接缝碾压:压路机采用横向碾压,先在已铺的面层上行走,并使前轮(或双轮)只限在新铺料宽 10～15 cm,然后逐渐向新铺段过渡,每次过渡 15 cm,当压路机超过 2/3 轮宽后,再调转压路机进行纵向碾压。

弯道或交叉口碾压:先从弯道内侧向弯道外侧一边开始碾压(以利于形成支承边)。对急弯尽可能采取直线式碾压(即缺角式碾压),并逐一转换压道,对缺角处用小型机具压实。压实中注意转向同速度相吻合,尽可能用振动碾压,以减少剪切力。

5.6.2.10 养护

压实完成后自然冷却,做好交通封闭工作,随时检查施工机械是否有漏油现象,禁止非施工车辆上路,避免给沥青柔性基层造成污染。

5.6.2.11 施工控制重点

(1)拌和:在生产过程中,操作人员可根据计量、溢料等情况,及时适当地调整配料皮带转速以达到供料平衡。微机内输入冷料值(根据实验室检查结果进行适当调整)。未经试验监理工程师批准不得擅自调整生产配比。

(2)混合料质量控制:实验室及时对拌和出的沥青混合料进行试验、检验。正式拌和前先进行试拌,全面取样进行马歇尔稳定度试验,检验矿料级配及沥青含量的合格性,如不符合要求则需进行调整。正式拌和后,加倍频率取试样进行试验,检验矿料级配、沥青含量、马歇尔稳定度、流值、密度、空隙率、饱和度等。派专人检查沥青拌和料质量,并目测每车料质量,一旦发现花白料、焦料及离析现象就立即停止拌和,找出原因并予以处理，对不合格的沥青混合料坚决废弃。

(3)运输：保证充足的运料车辆。根据拌和机拌和的速度、拌和站与施工现场间的距离、行车速度及摊铺速度等因素，合理安排运输车辆。运输车在给摊铺机上料时，避免冲撞摊铺机。运输时混合料要使用篷布覆盖，以防止混合料温度降低过快和混合料受污染。

(4)离析控制如下：

①集料堆积和运输。分层堆积集料，在料场场地容许的情况下，尽可能减少料堆的高度。如果卸料时粗集料在料堆底部发生了离析，应当立即用装载机将料重新拌和均匀后才能送到冷料斗中。当离析严重时，将该集料清理出场。

②汽车装卸混合料。为防止因汽车装载而形成的离析，在装载过程中至少分3次装载。即先装料车前端，再装后端，最后装中间，形成"山"字形，通过这种方法基本上能消除因装料形成的离析现象。

③摊铺机摊铺作业。在摊铺过程中保持布料器中的混合料充满螺旋布料器高度的2/3以上，只有在必要时才收起料斗。料斗的收起能消除料床上的料沟，能使下一车料作为一个整体卸在摊铺机料斗里，这样会明显降低离析程度。当汽车卸料在摊铺机时，卸料速度应尽可能得快。当摊铺机的料很满时，混合料就从汽车的底部运走，这样减少了材料的滚动，在一定程度上减少了离析。

④减少摊铺机在摊铺过程中产生离析现象。在摊铺机螺旋布料器前挡板下加设橡胶皮(控制在离摊铺面10 cm左右)，能有效地减少平面及纵向离析现象。

(5)摊铺机夯锤的参数设置在合适挡位，以保证摊铺对平整度的影响。

(6)调整摊铺机的摊铺速度与拌和站的供料速度一致。摊铺速度、运输车数量与拌和站产量相匹配，以保证摊铺机匀速不间断地摊铺。

(7)对初压、复压、终压段落设置明显标志牌，便于司机辨认。施工现场设立检测小组，对松铺厚度(跟机人员量测)、碾压顺序、压路机组合、碾压遍数、碾压速度及碾压温度(专人量测)进行专岗管理和检查，发现问题及时解决。

(8)横向接缝采用垂直断面相接，每天作业完成后，一律人工垂直切齐，并由专人对该处平整度进行重点控制。

(9)主要机械加大检修和日常保养，并设专人维修，配备易损备件，做好充分准备，防止因机械故障而造成较长时间的施工中断。

(10)施工过程中施工现场、拌和站、实验室保持电话联系，发现问题及时沟通、及时处理，确保施工顺利进行。

5.6.2.12 施工中各项指标检测与控制

施工完毕后，按施工规范规定频率对高程、厚度、横坡度、宽度、平整度、油石比、级配等技术指标进行检测验收。按招标文件及《公路工程质量检验评定标准 第一册 土建工程》(JTG F80/1—2017)等规范要求进行检测,具体检测项目标准如表 5-6 所示。

表 5-6 沥青混凝土施工阶段质量检查标准

项目		检查频度	质量要求或允许差	试验方法
混合料外观		随时	观察集料粗细、均匀性、离析、油石比、色泽、冒烟、花白料、油团等各种现象	目测
施工温度:沥青混合料出场温度		每车料 1 次	应符合相关规定	温度计和测温枪测定
运输到现场温度				
初压温度				
碾压终了温度				
矿料级配与生产设计标准级配的差/%	0.075 mm	逐盘在线检测	±2	计算机采集数据计算
	≤2.36 mm		±5	
	≥4.75 mm		±6	
	0.075 mm	逐盘检查,每天汇总 1 次,取平均值评定	±1	附录 G 总量检验
	≤2.36 mm		±2	
	≥4.75 mm		±2	
	0.075 mm	每台拌和机每天上、下午各 1 次	±2	拌和厂取样,用抽取后的矿料筛分
	≤2.36 mm		±5	
	≥4.75 mm		±6	
沥青用量(油石比)/%		逐盘在线检测	±0.3	计算机采集数据计算
		逐盘检查,每天汇总 1 次,取平均值	±0.1	附录 F 总量检验
		每日每机上、下午各 1 次,以两个试样的平均值评定	±0.3	拌和厂取样,离心法抽提

续表

项目	检查频度	质量要求或允许差	试验方法
马歇尔试验： 稳定度/kN	每日每机上、下午各 1 次	≥8	拌和厂取样，室内成型试验
流值(0.1 mm)		1.5～4	
空隙率/%		3～6	
压实度/%	每层 1 次/200 m/车道	≥97(实验室标准密度) ≥99(试验段密度) ≥93(最大理论密度)	现场钻孔试验
厚度	1 次/200 m/车道	≥设计值的 8%	钻孔检查并铺筑时随时插入量取，每日用混合料数量校核
平整度(标准差)/mm	每车道连续监测	≤1.8	连续式平整度仪检测
宽度	4 断面/200 m	≥设计宽度	用尺量
纵断面高程/mm	4 断面/200 m	±15	用水准仪检测
横坡度/%	4 处/200 m	±0.3	用水准仪检测
中线平面偏位/mm	4 点/200 m	≤20	用 GPS 检测
渗水系数/(mL/min)		300	改进型渗水仪

第6章　满堂支架施工设计与验算

6.1　工程基本情况

6.1.1　工程概况

才子大桥的基本工程概况参见第1章。

6.1.2　桥梁设计概况

6.1.2.1　主桥设计概况

主桥设计的相关情况参见第1章。

6.1.2.2　验算依据

(1)《抚州市临川区才子大桥新建工程设计图纸》。

(2)《抚州市临川区才子大桥新建工程主拱圈施工方案设计》。

(3)《钢结构设计标准》(GB 50017—2017)。

(4)《公路桥涵施工技术规范》(JTG/T 3650—2020)。

(5)《建筑施工碗扣式钢管脚手架安全技术规范》(JGJ 166—2016)。

(6)《建筑施工扣件式钢管脚手架安全技术规范》(JGJ 130—2011)。

(7)《竹胶合板模板》(JG/T 156—2004)。

(8)《公路桥涵地基与基础设计规范》(JTG 3363—2019)。

(9)《装配式公路钢桥多用途使用手册》(广州军区工程科研设计所)。

(10)国家其他现行的技术标准、施工规范、规定、规程、规则、验收标准。

(11)有关的会议、座谈对施工方案的要求等。

6.1.2.3　验算内容

计算复核方案的安全性、可靠性及可实施性，提供计算结果，为本项目施工方案提供有力的计算依据。验算内容主要包括竹胶板、方木、碗扣支架、可调顶托及底托等的强度、刚度计算，支架整体稳定性计算，构件局部稳定性计算，抗倾覆分析(本次验算仅针对所提供的施工方案，如施工方案有变换，则需要重新计算复核)。

6.1.2.4　材料特性

本项目钢平台具体结构形式如下：

支撑桩：采用∅630 mm、壁厚 12 mm 空心钢管桩。

贝雷梁与支撑桩：2I600×200×11/17，支撑在钢管桩上。

纵梁：321 型贝雷梁(见图 6-1)，贝雷梁之间采用花架作为横向联系。

两层贝雷梁间的支撑：2I250×118×10/13 作为支撑梁。

支架与贝雷梁间：采用[18a 作为横向分配梁。

图 6-1　321 型贝雷梁示意图

表 6-1 为钢材强度设计值。

表 6-1　钢材强度设计值

钢材		抗拉、抗压和抗弯 f/MPa	抗剪 f_v/MPa	端面承压(刨平顶紧) f_{ce}/MPa
牌号	厚度或直径/mm			
Q235 钢	≤16	190	110	280
	16～40	180	105	
	40～100	170	100	

续表

钢材		抗拉、抗压和抗弯 f/MPa	抗剪 f_v/MPa	端面承压(刨平顶紧) f_{ce}/MPa
牌号	厚度或直径/mm			
Q345 钢	≤16	275	160	355
	16～40	270	155	
	40～63	260	150	
	63～80	250	145	
	80～100	245	140	

注：参考《公路钢结构桥梁设计规范》(JTG D64—2015)。

6.1.3 相关材料参数

6.1.3.1 碗扣支架杆件

本项目施工主要使用钢管尺寸为∅48 mm×2.7 mm 的碗扣支架，搭配使用钢管尺寸为∅48 mm×3 mm 的扣件式支架管，采用∅32 mm(外径 36 mm)的顶、底可调托撑，具体样式和参数如图 6-2、图 6-3 和表 6-2 所示。

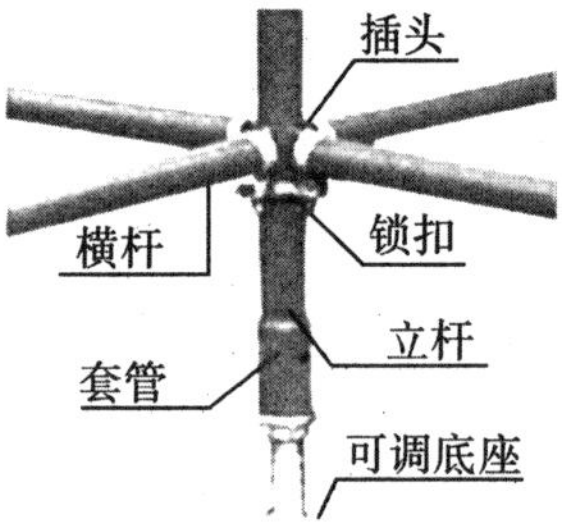

图 6-2 碗扣支架安装简图

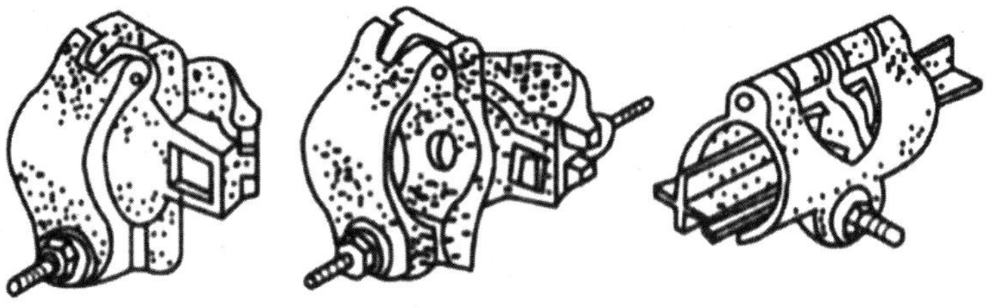

(a)直角扣件 (b)旋转扣件 (c)对接扣件

图 6-3 扣件式支架扣件样图

表 6-2 碗扣支架各杆件材料性能表

部位	规格/mm	外径∅/mm	壁厚 t/mm	截面积 A/cm²	截面惯性矩 I/cm⁴	截面模量 W/cm³	回转半径 i/cm	弹性模量/MPa	强度设计值/MPa
碗扣支架钢管	∅48×2.7	48	2.7	3.842	9.891	4.121	1.604	2.05×10^5	190
顶托、底托	∅32×450	36	—	8.042	5.147	3.217	0.8	2.05×10^5	275
扣件	配套	抗滑允许承载力:8 kN							

6.1.3.2　竹胶板

本工程施工使用竹胶板作为模板，模板型号采用 122 cm×224 cm×1.5 cm 竹胶板(见表 6-3)。

表 6-3　竹胶板材料性能表

产品名称	规格型号	静曲强度容许值/MPa	弹性模量/MPa
竹胶板	122 cm×224 cm×1.5 cm	25	7.50×10^3

6.1.3.3　方木

本工程施工使用方木作为分配梁，方木型号有 10 cm×10 cm、5 cm×10 cm(见表 6-4)。

表 6-4　方木材料性能表

方木名称	规格型号	顺纹弯、剪应力容许值/MPa	弹性模量/MPa	顺纹承压力容许值/MPa
方木(东北落叶松)	A-1 级	14.5	1.10×10^4	14.5

6.1.4　计算荷载

6.1.4.1　主拱圈自重荷载 q_1

新浇混凝土容重取 26 kN/m³。图 6-4 为主拱圈截面区域划分图，表 6-5 为主拱圈分区数据。

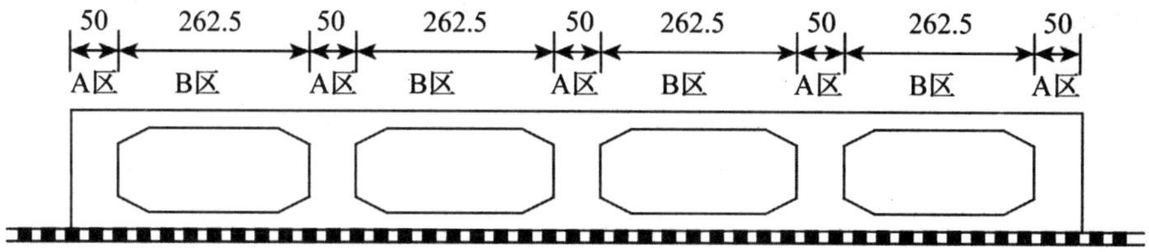

(a)剖立面图

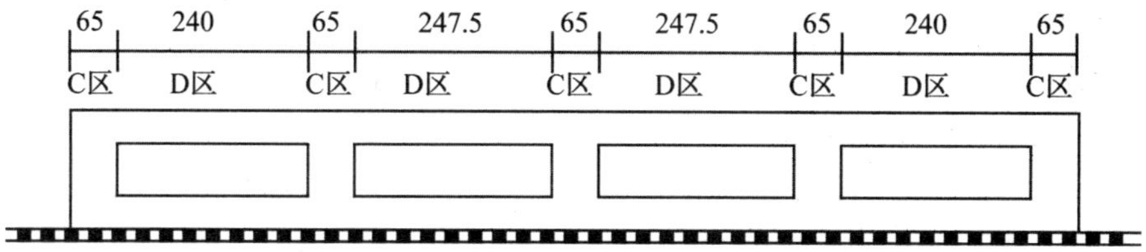

(b)侧立面图

图 6-4　主拱圈截面区域划分图

表 6-5 主拱圈分区数据

分区	主拱圈横断面面积/m²	横向长度/m	底模单位面积承受重量/(kN/m²)
A	0.750	0.500	39.00
B	1.315	2.625	13.03
C	0.975	0.650	39.00
D	2.016	3.200	21.84
E	2.079	3.275	21.84
$q_1=39.00$ kN/m²			

6.1.4.2 模板及模板支撑荷载 q_2

模板及支撑、外模及支撑荷载按均布荷载计算，根据《建筑施工碗扣式钢管脚手架安全技术规范》(JGJ 166—2016)，$q_2=0.3$ kN/m²。

6.1.4.3 施工人员、施工材料和机具荷载 q_3

施工人员、施工材料和机具荷载按均布荷载计算，$q_3=1$ kN/m²。

6.1.4.4 混凝土振捣荷载 q_4

振捣混凝土产生的荷载 $q_4=2$ kN/m²。

6.1.4.5 支架自重荷载 q_5

该荷载由程序自动计算。

6.1.4.6 风荷载 q_6

由支架结构分析可知，风荷载最不利状态为模板安装完毕、钢筋安装前，此时风荷载最大、自重荷载较小。根据《建筑施工碗扣式钢管脚手架安全技术规范》(JGJ 166—2016)第 4.2.6 条，作用于双排支架及模板支撑架上的水平风荷载标准值应按下式计算：

$$\omega_k=0.7\mu_z\mu_s\omega_0$$

式中，ω_k 为风荷载标准值(kN/m²)；μ_z 为风压高度变化系数，按规范附录 A 查的 $\mu_z=0.74$；μ_s 为风荷载体形系数，按现行国家标准《建筑结构荷载规范》(GB 50009—2012)规定，竖直面取 0.8；ω_0 为基本风压(kN/m²)，按现行国家标准《建筑结构荷载规范》(GB 50009—2012)规定，$\omega_0=0.3$ kN/m²。

$$q_6=0.7\times0.74\times0.8\times0.3\approx0.12\text{ kN/m}^2$$

荷载分析中各荷载汇总如表 6-6 所示。

表 6-6 荷载分析汇总表

符号	名称及位置	数值/(kN/m²)
q_2	模板及模板支撑荷载	0.3
q_3	施工人员、施工材料和机具荷载	1.0
q_4	混凝土振捣荷载	2.0
q_5	支架自重荷载	程序自动计算
q_6	风荷载	0.12

6.1.4.7 荷载组合

根据《公路桥涵施工技术规范》(JTG/T 3650—2020)5.2.2 条和《建筑施工碗扣式钢管脚手架安全技术规范》(JGJ 166—2016)4.3.1 条规定的组合分项系数，计算荷载组合(见表 6-7)。

表 6-7 主拱圈模板、支架计算荷载组合

模板结构名称	荷载组合		
	强度计算	刚度验算	倾覆稳定性计算
底模及支架系统计算	1.2×(1+2)+1.4×(3+4+6)	1+2+3+4+6	0.9×(1+2)+1.4×(3+4+6)
支架计算	1.2×(1+2+5)+1.4×(3+4+6)	1+2+3+4+5+6	0.9×(1+2+5)+1.4×(3+4+6)

6.2 主拱圈支架验算模型及要点

6.2.1 验算模型

采用 Midas Civil 建立主拱圈 K1～K7 支架系统模型(见图 6-5 至图 6-11)。K1 跨模型共有节点 37854 个、单元 62834 个；K2 跨模型共有节点 53908 个、单元 85378 个；K3 跨模型共有节点 55187 个、单元 87514 个；K4 跨模型共有节点 54642 个、单元 87328 个；K5 跨模型共有节点 54445 个、单元 87386 个；K6 跨模型共有节点 53253 个、单元 83309 个；K7 跨模型共有节点 54025 个、单元 84960 个。

图 6-5　K1 主拱圈支架系统模型

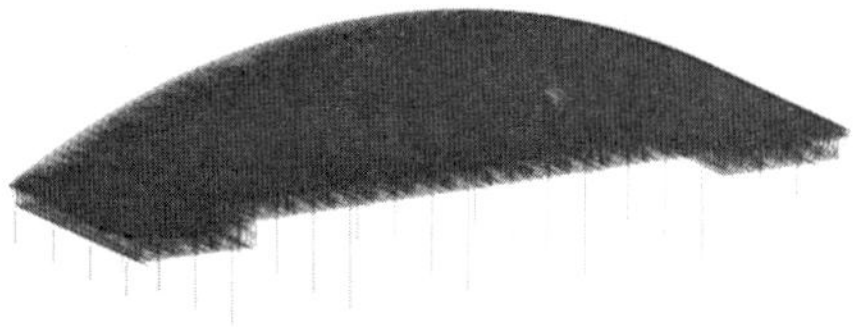

图 6-6　K2 主拱圈支架系统模型

图 6-7　K3 主拱圈支架系统模型

图 6-8　K4 主拱圈支架系统模型

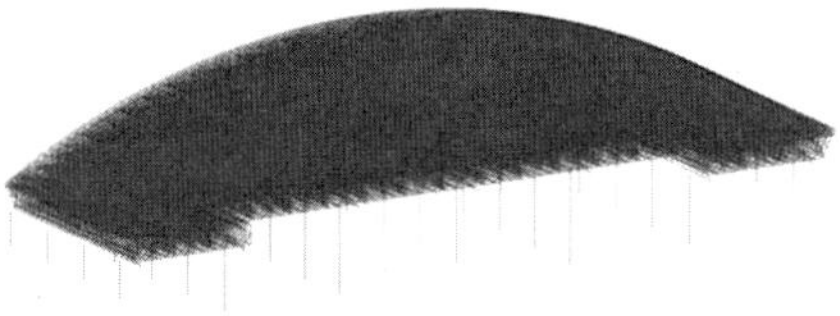

图 6-9　K5 主拱圈支架系统模型

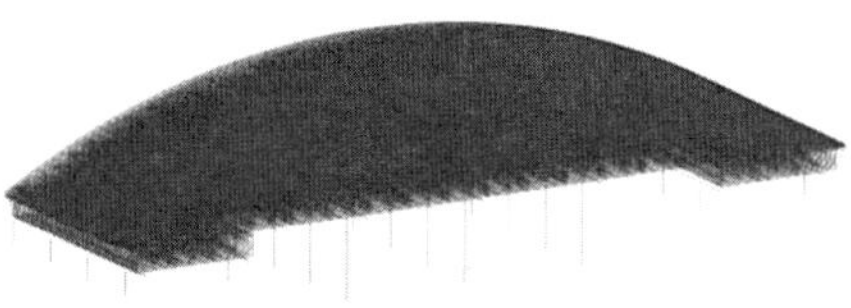

图 6-10　K6 主拱圈支架系统模型

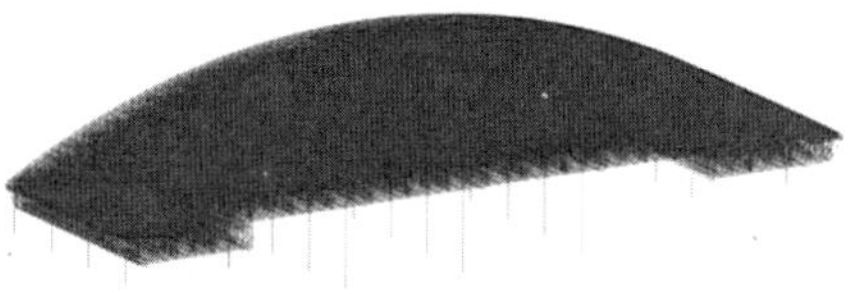

图 6-11　K7 主拱圈支架系统模型

6.2.2　验算要点

单跨主拱圈计算内容包括:竹胶板、方木、支架杆件、顶托、底托等强度及刚度计算，支架的整体稳定性验算，单根压杆的稳定性验算，支架抗倾覆验算等内容，具体验算指标如表 6-8 所示。

表 6-8　验算指标汇总表

计算项目	强度设计值/MPa	刚度	稳定性		
			整体稳定	单根压杆稳定	倾覆稳定
竹胶板	≤25	$L/400$	—	—	—
方木	≤14.5	$L/400$	—	—	—
支架钢管	≤190	$L/400$	—	$\leqslant \varnothing A f_k$	$H/B<0.5357 g_k/w_k$
顶托、底托	≤275	—	—	—	—
贝雷梁	≤275	—	—	—	—
支架系统	—	—	$\lambda \geqslant 3$	—	—

注：H 为支架高度，B 为支架宽度，g_k 为支架按受风面面积平均分布的自重标准值（kN/m^2），w_k 为风荷载标准值，$\varnothing$ 为钢管轴心受压构件稳定系数，f_k 为钢管设计强度。

6.3　K1～K7 跨主拱圈施工支架验算

6.3.1　K1 跨主拱圈施工支架验算

6.3.1.1　K1 跨主拱圈施工支架系统强度、刚度验算

1）底模竹胶板计算

主拱圈底模采用竹胶板，取各种布置情况下最不利位置进行受力分析。本方案底模纵向分配梁统一为 2 层 5 cm×10 cm 方木，间距为 30 cm，可简化为跨径 20 cm 的多跨连续梁计算，荷载取板宽 1 m 计算。

底模板强度计算组合荷载为：

$$q_{强}=1.2\times(q_1+q_2)+1.4\times(q_3+q_4)=51.4\ \text{kN/m}$$

刚度计算组合荷载为：

$$q_{刚}=q_1+q_2+q_3+q_4=42.3\ \text{kN/m}$$

(1)计算模型如图 6-12 所示。

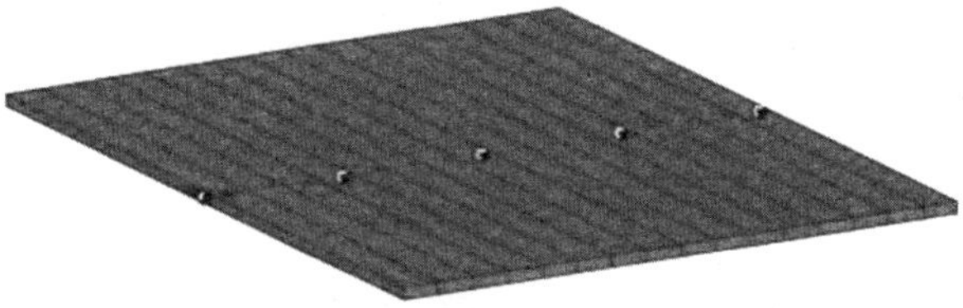

图 6-12　底模竹胶板模型

(2)强度分析:底模竹胶板内力图如图 6-13 所示。

图 6-13　底模竹胶板内力图

$$\sigma=\frac{M_{\max}}{W}=9.2\ \text{MPa}<25\ \text{MPa}$$

(3)刚度分析:底模竹胶板位移图如图 6-14 所示。

图 6-14　底模竹胶板位移图

$$f=0.41\ \text{mm}<\frac{L}{400}=0.5\ \text{mm}$$

结论:底模竹胶板强度、刚度均符合规范要求。

2)方木验算——纵向方木验算

纵向方木置于竹胶板下方、横向方木上方,采用两根 5 cm×10 cm 方木重叠放置,纵向接缝交错布置,横向 30 cm 间距。可简化为跨径 60 cm 的多跨梁计算,荷载取横向宽度 0.3 m 计算。

强度计算组合荷载为:

$$q_{强}=0.3\times[1.2\times(q_1+q_2)+1.4\times(q_3+q_4)]=15.42\ \text{kN/m}$$

刚度计算组合荷载为:

$$q_{刚}=0.3\times(q_1+q_2+q_3+q_4)=12.69\ \text{kN/m}$$

因采用连续梁模型无法计算方木由轴向力引起的应力,故强度计算采用整体模型。因采用整体模型无法提取单跨(0.6 m 支撑)纵向方木产生的位移,故刚度计算采用连续梁模型。

(1)强度计算:纵向方木最大累计应力出现在近拱脚位置,为 7 MPa(<14.5 MPa),满足要求(见图 6-15)。

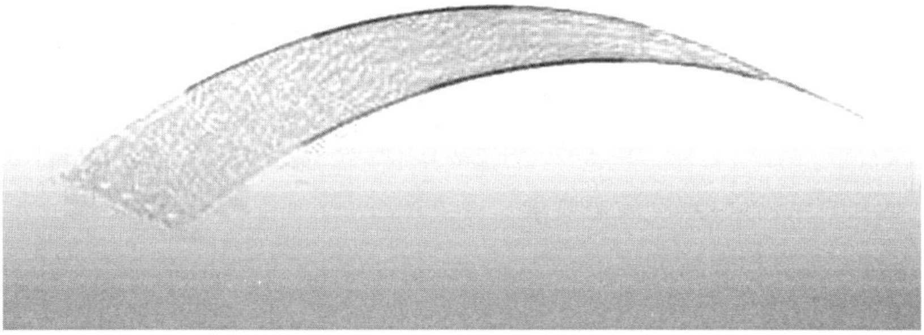

图 6-15　纵向方木组合应力图

(2)刚度计算:根据连续梁模型计算刚度,纵向方木最大单跨变形为 0.13 mm($<L/400=1.5$ mm),满足要求(见图 6-16)。

图 6-16　纵向方木变形

结论:纵向双层方木强度、刚度满足要求。

3)方木验算——横向方木验算

横向方木置于纵向方木下方、顶托上方,采用单根 10 cm×15 cm 方木放置,纵桥向支撑间距 60 cm,横桥向支撑间距 60 cm。

(1)强度计算:横向方木最大组合应力为 5.2 MPa(<14.5 MPa),满足要求(见图 6-17)。

图 6-17　横向方木组合应力图

(2)刚度计算：横向方木最大竖向位移为 0.26 mm($<L/400=1.5$ mm)，满足要求(见图 6-18)。

图 6-18　横向方木竖向位移图

结论：横向方木强度、刚度满足要求。

4)K1 跨顶托、底托强度验算

本工程顶托、底托均采用直径 32 mm 的 Q345 钢材。顶托伸出支架顶端长度宜控制在 13～18 cm，底托伸出长度均为 10 cm，顶托、底托用于调整模板标高，调整长度范围严格控制在规范规定范围之内。

由计算模型可知，顶托最大组合应力值为 90.7 MPa，底托最大组合应力值为 29.6 MPa，均小于设计值 275 MPa，满足要求(见图 6-19)。

结论：顶托、底托强度满足要求。

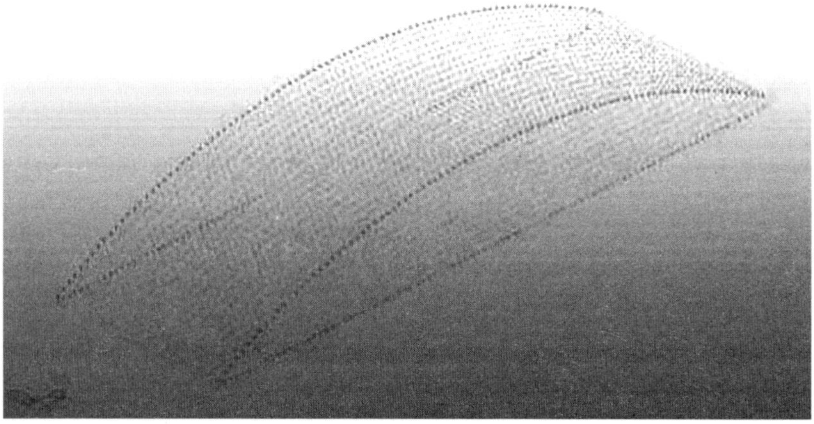

图 6-19　顶托、底托组合应力图

5)K1 跨支架钢管验算

本计算采用的支架钢管均采用∅48 mm×2.7 mm 钢管。

(1)立杆强度验算：由计算模型可知，支架立杆最大组合应力为 125.1 MPa($<[f]_{Q235}=190$ MPa)，满足要求(见图 6-20)。

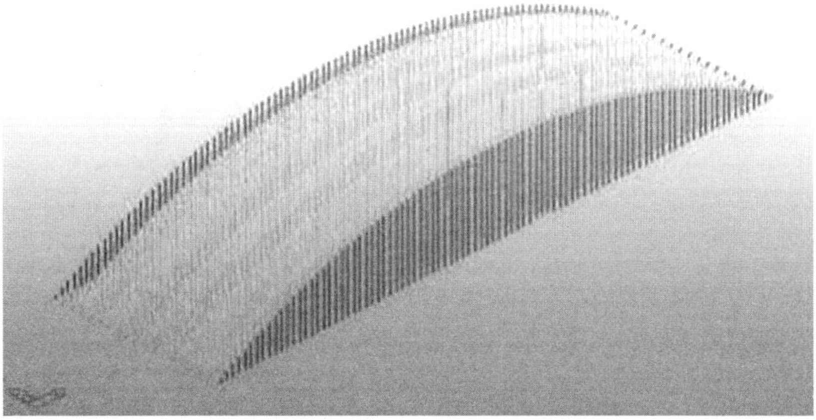

图 6-20　支架立杆组合应力图

(2)横杆强度验算:支架按照其设计标准规格进行搭设,纵横向水平杆间距均在设计范围之内,故不再进行单独验算;支架中的剪刀撑按照支架构造要求进行设置,故也不再进行验算。

6)K1跨主拱圈支架强度、刚度验算汇总

综上所述,K1跨主拱圈支架强度、刚度验算均满足要求,汇总结果如表6-9所示。

表 6-9　K1跨主拱圈支架强度、刚度验算汇总表

验算项目	强度			刚度		
	计算值/MPa	设计值/MPa	是否满足要求	计算值/mm	允许值/mm	是否满足要求
底模竹胶板	9.2	≤25	满足	0.41	≤0.5	满足
纵向方木	7	≤14.5	满足	0.13	≤1.5	满足
横向方木	5.2	≤14.5	满足	0.26	≤1.5	满足
顶托、底托	90.7,29.6	≤275	满足	—	—	满足
支架立杆	125.1	≤190	满足	—	—	满足

6.3.1.2　K1跨支架系统稳定性验算

稳定性验算包含三部分:支架系统的整体稳定性计算;单根立杆的稳定性计算;支架空载状态下横向风倾覆稳定性计算。

1)K1跨支架系统的整体稳定性计算

根据全桥支架模型,将自重、施工荷载等均作为可变荷载,得出主要屈曲模态的临界荷载系数。根据全桥模型可知,全桥支架模型一阶至三阶屈曲状态均为横向屈曲,对应荷载临界荷载系数分别为6.3、6.7、6.8，均大于3，满足要求(见图6-21至图6-23)。

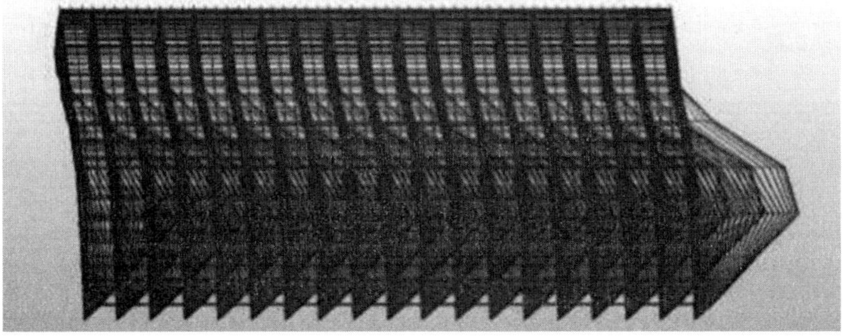

图6-21 支架一阶屈曲模态

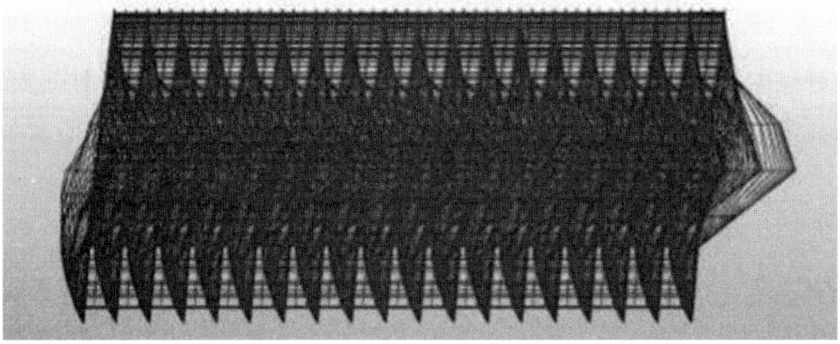

图6-22 支架二阶屈曲模态

图6-23 支架三阶屈曲模态

2)K1跨单根立杆的稳定性计算

按照《建筑施工碗扣式钢管脚手架安全技术规范》(JGJ 166—2016)，支架验算不考虑风荷载组合，按照以下公式进行验算：

$$N=1.2\times(Q_1+Q_2)+1.4\times[(Q_3+Q_4)L_xL_y]<\varphi Af_k$$

式中，Q_1 为模板支架自重标准值；Q_2 为新浇钢筋混凝土自重标准值；Q_3 为施工人员设备荷载标准值；Q_4 为浇筑和振捣混凝土产生的荷载标准值；L_x、L_y 为立杆纵横间距；f_k 为材料抗力的设计值，取 190 MPa；A 为杆件截面面积，壁厚 2.7 mm 的面积为 3.842 cm^2；φ 为压杆稳定系数。

根据全桥模型，得出立杆最大轴向力值为 20.9 kN(见图 6-24)。

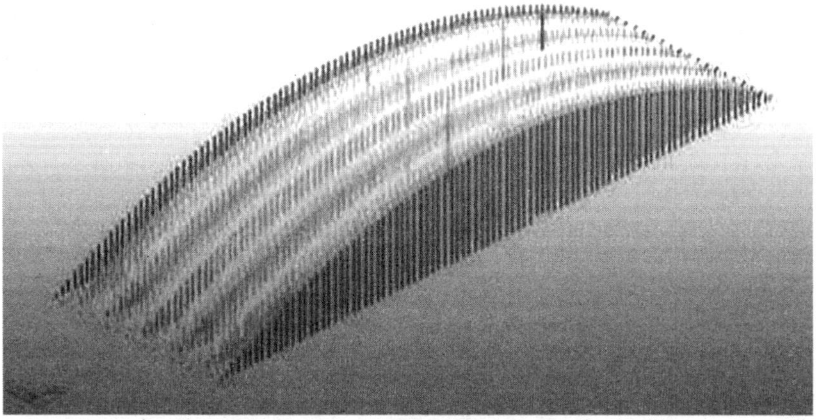

图 6-24　立杆轴力图

在横梁处，立杆步距 h(标准段)为 1.2 m，立杆顶层步距 h(顶层)为 60 cm。按最不利考虑，计算长度 $l_0=h(\text{顶层})+2a$，a 为顶端自由端长度，本计算取 0.5 m，得计算长度 $l_0=1.6$ m。∅48 mm×2.7 mm 立杆回转半径 $i=1.604$ cm，按最不利考虑，长细比为 $\lambda=(h+2a)\div i=1.6\div 0.01604\approx 100$。查《建筑施工碗扣式钢管脚手架安全技术规范》(JGJ 166—2016)附录 E 可知，轴心受压立杆的稳定系数为 0.588。

$$\varphi A f_k=0.588\times 3.842\times 10^{-4}\times 190\times 10^3=42.9\ \text{kN}\geqslant 20.9\ \text{kN}$$

小结：立杆稳定性符合要求。

3)K1 跨支架空载状态下横向风倾覆稳定性计算

最不利状态为模板安装完毕、钢筋安装前。此时自重荷载较小，支架抗倾覆为最不利状态。对支架抗倾覆能力采用整体式验算。

支架整体倾覆稳定计算公式为：

$$\frac{H}{B}<\frac{0.5357g_k}{w_k}$$

式中，H 为支架高度，K1 跨支架高度取 6 m；B 为支架宽度，取 16.2 m；g_k 为支架按受风面面积平均分布的自重标准值(kN/m^2)；w_k 为风荷载标准值。根据全桥支架模型，全桥支架总重为1083.2 kN。

$$g_k=1083.2\div(6.0\times 16.2)=11.1\ \text{kN/m}^2$$

$$w_k=0.7\mu_z\mu_s\cdot w_0=0.3\ \text{kN/m}^2$$

式中

$$0.5357g_k \div w_k = 0.5357\times 11.1\div 0.3 = 19.8$$

支架高宽比为：

$$\frac{H}{B}=\frac{6.0}{16.2}=0.4<19.8$$

结论：该支架抗倾覆能力良好，满足施工要求。

4)K1 跨支架稳定性计算结果汇总

综上所述，K1 跨支架稳定性计算均满足要求，汇总结果如表 6-10 所示。

表 6-10　K1 跨主拱圈支架稳定性验算汇总表

验算项目		支架稳定性		
		计算值	容许值	是否满足要求
整体稳定性	一阶屈曲	6.3	≥3	满足
	二阶屈曲	6.7	≥3	满足
	三阶屈曲	6.8	≥3	满足
单根立杆稳定性/kN		20.9	≤42.9	满足
支架空载稳定性(H/B)		0.4	≤19.8	满足

6.3.2　K2 跨主拱圈施工支架验算

6.3.2.1　K2 跨主拱圈施工支架系统强度、刚度验算

1)底模竹胶板计算

主拱圈底模采用竹胶板，取各种布置情况下最不利位置进行受力分析。本方案底模纵向分配梁统一为 2 层 5 cm×10 cm 方木，间距为 30 cm，可简化为跨径 20 cm 的多跨连续梁计算，荷载取板宽 1 m 计算。

底模板强度计算组合荷载为：

$$q_{强}=1.2\times(q_1+q_2)+1.4\times(q_3+q_4)=51.4\ \text{kN/m}$$

刚度计算组合荷载为：

$$q_{刚}=q_1+q_2+q_3+q_4=42.3\ \text{kN/m}$$

(1)计算模型如图 6-25 所示。

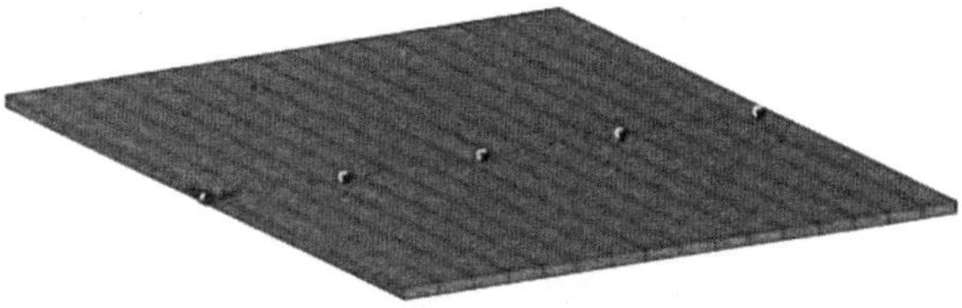

图 6-25　底模竹胶板模型

(2)强度分析:底模竹胶板内力图如图 6-26 所示。

图 6-26　底模竹胶板内力图

$$\sigma=\frac{M_{max}}{W}=9.16\ \text{MPa}<25\ \text{MPa}$$

(3)刚度分析:底模竹胶板位移图如图 6-27 所示。

图 6-27　底模竹胶板位移图

$$f=0.41\ \text{mm}<\frac{L}{400}=0.5\ \text{mm}$$

结论:底模竹胶板强度、刚度均符合规范要求。

2)方木验算——纵向方木验算

纵向方木置于竹胶板下方、横向方木上方,采用两根 5 cm×10 cm 方木重叠放置,纵向接缝交错布置,横向 30 cm 间距。可简化为跨径 60 cm 的多跨梁计算,荷载取横向宽度 0.3 m 计算。

强度计算组合荷载为:

$$q_{强}=0.3\times[1.2\times(q_1+q_2)+1.4\times(q_3+q_4)]=15.42\ \text{kN/m}$$

刚度计算组合荷载为:

$$q_{刚}=0.3\times(q_1+q_2+q_3+q_4)=12.69\ \text{kN/m}$$

因采用连续梁模型无法计算方木由轴向力引起的应力,故强度计算采用整体模型。因采用整体模型无法提取单跨(0.6 m 支撑)纵向方木产生的位移,故刚度计算采用连续梁模型。

(1)强度计算:纵向方木最大累计应力出现在近拱脚位置,为 12.9 MPa(<14.5 MPa),满足要求(见图 6-28)。

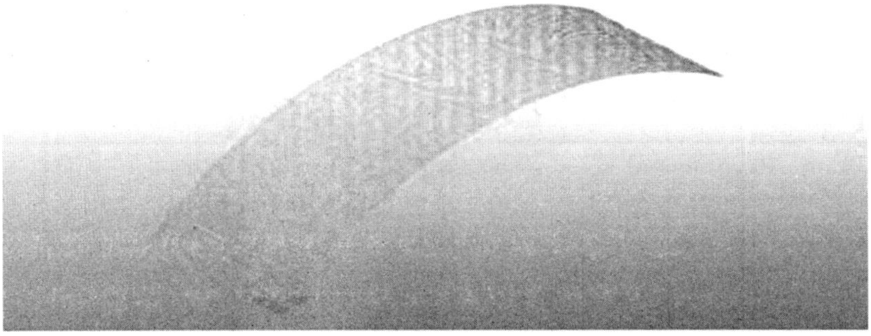

图 6-28 纵向方木组合应力图

(2)刚度计算:纵向方木最大单跨变形为 0.13 mm(<L/400=1.5 mm),满足要求(见图 6-29)。

图 6-29 纵向方木变形

结论:纵向双层方木强度、刚度满足要求。

3)方木验算——横向方木验算

横向方木置于纵向方木下方、顶托上方,采用单根 10 cm×15 cm 方木放置,纵桥向支撑间距 60 cm,横桥向支撑间距 60 cm。

(1)强度计算:横向方木最大组合应力为 4.2 MPa(<14.5 MPa),满足要求(见图 6-30)。

图 6-30 横向方木组合应力图

(2)刚度计算:横向方木最大竖向位移为 0.26 mm(<L/400=1.5 mm),满足要求(见图 6-31)。

图 6-31　横向方木竖向位移图

结论：横向方木强度、刚度满足要求。

4)K2 跨顶托、底托强度验算

本工程顶托、底托均采用直径 32 mm 的 Q345 钢材。顶托伸出支架顶端长度宜控制在 13～18 cm，底托伸出长度均为 10 cm，顶托、底托用于调整模板标高，调整长度范围严格控制在规范规定范围之内。

由计算模型可知，顶托最大组合应力值为 96.4 MPa，底托最大组合应力值为 28.7 MPa，均小于设计值 275 MPa，满足要求(见图 6-32)。

结论：顶托、底托强度满足要求。

图 6-32　顶托、底托组合应力图

5)K2 跨支架钢管验算

本计算采用的支架钢管均采用∅48 mm×2.7 mm 钢管。

(1)立杆强度验算：由计算模型可知，支架立杆最大组合应力为 154.8 MPa(＜195 MPa)，满足要求(见图 6-33)。

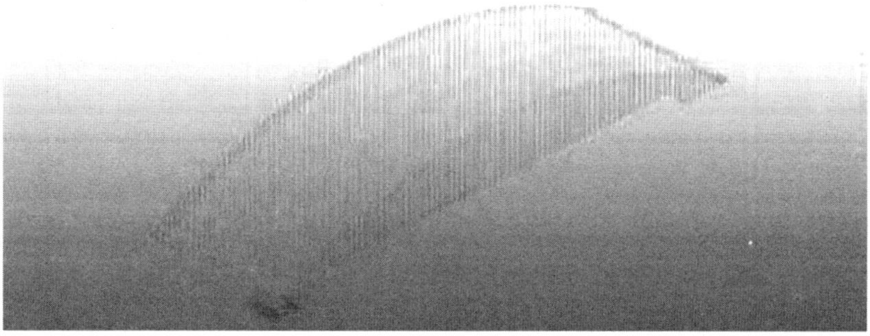

图 6-33　支架立杆组合应力图

（2）横杆强度验算：支架按照其设计标准规格进行搭设，纵横向水平杆间距均在设计范围之内，故不再进行单独验算；支架中的剪刀撑按照支架构造要求进行设置，故也不再进行验算。

6）K2跨主拱圈支架强度、刚度验算汇总

综上所述，K2跨主拱圈支架强度、刚度验算均满足要求，汇总结果如表6-11所示。

表6-11　K2跨主拱圈支架强度、刚度验算汇总表

验算项目	强度			刚度		
	计算值/MPa	设计值/MPa	是否满足要求	计算值/mm	允许值/mm	是否满足要求
底模竹胶板	9.16	≤25	满足	0.41	≤0.5	满足
纵向方木	12.9	≤14.5	满足	0.13	≤1.5	满足
横向方木	4.2	≤14.5	满足	0.26	≤1.5	满足
顶托、底托	96.4，28.7	≤275	满足	—	—	满足
支架立杆	154.8	≤195	满足	—	—	满足

6.3.2.2　K2跨支架系统钢平台验算

1）贝雷梁上分配梁[18a

由图6-34可知，[18a分配梁最大组合应力值为43.9 MPa（$<[f]_{Q235}=190$ MPa），满足规范要求。

图6-34　[18a组合应力图

2）贝雷梁

由图6-35可知，贝雷梁最大组合应力值为147.8 MPa（$<[f]_{Q345}=275$ MPa），满足规范要求。

图 6-35　贝雷梁组合应力图

3)贝雷梁间 2I250×118×10/13

由图 6-36 可知,2I250 最大组合应力值为 23.8 MPa($<[f]_{Q235}=190$ MPa),满足规范要求。

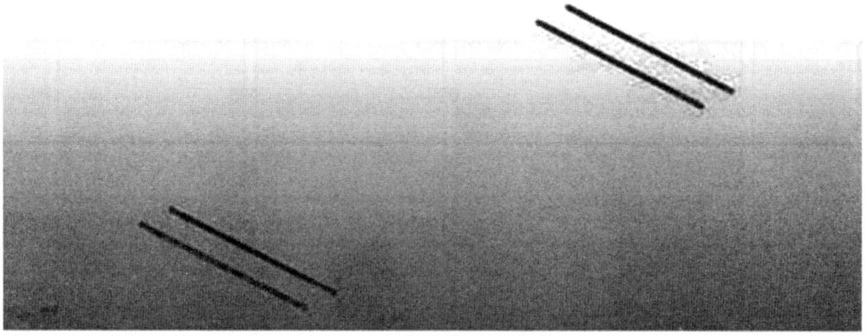

图 6-36　2I250 组合应力图

4)贝雷梁底 2I630×178×15/22

由图 6-37 可知,2I630 最大组合应力值为 81.5 MPa($<[f]_{Q235}=190$ MPa),满足规范要求。

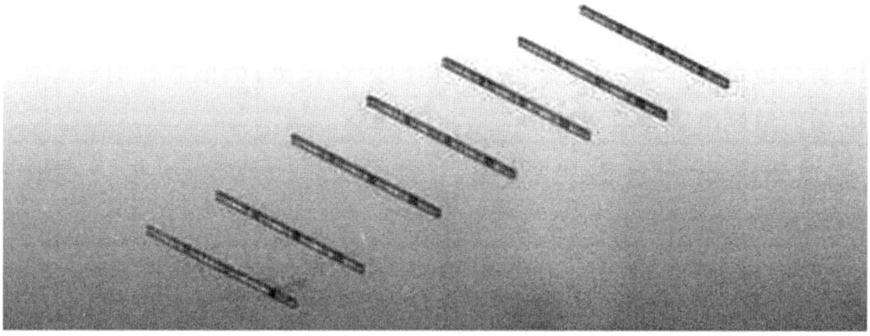

图 6-37　2I630 组合应力图

5)∅800 mm×9.5 mm 钢管立柱

由图 6-38 可知，∅800 mm×9.5 mm 钢管立柱最大组合应力值为 65.8 MPa（$<[f]_{Q235}=190$ MPa），满足规范要求。

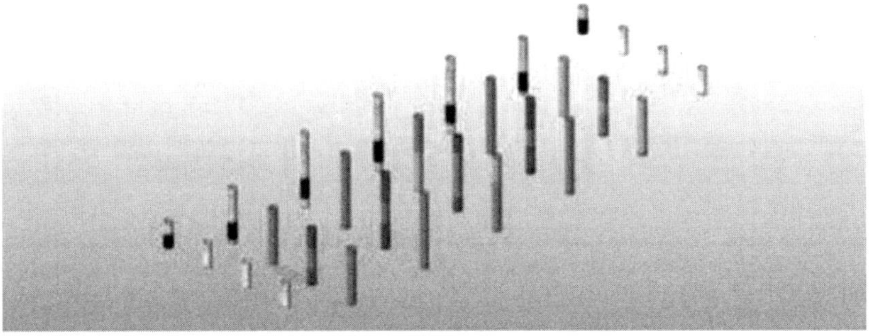

图 6-38　∅800 mm×9.5 mm 钢管立柱组合应力图

6)贝雷梁钢平台验算汇总

综上所述，K2 跨钢平台计算均满足要求，汇总结果如表 6-12 所示。

表 6-12　K2 跨支架系统钢平台验算汇总表

验算项目	强度		
	计算值/MPa	设计值/MPa	是否满足要求
[18a 分配梁	43.9	≤190	满足
贝雷梁	147.8	≤275	满足
2I250×118×10/13	23.8	≤190	满足
2I630×178×15/22	81.5	≤190	满足
∅800 mm×9.5 mm 钢管立柱	65.8	≤190	满足

6.3.2.3　K2 跨支架系统稳定性验算

稳定性验算包含三部分：支架系统的整体稳定性计算；单根立杆的稳定性计算；支架空载状态下横向风倾覆稳定性计算。

1)K2 跨支架系统的整体稳定性计算

根据全桥支架模型，将自重、施工荷载等均作为可变荷载，得出主要屈曲模态的临界荷载系数。根据全桥模型可知，全桥支架模型一阶至三阶屈曲状态均为横向屈曲，对应荷载临界荷载系数分别为 10.2、10.3、11.3，均大于 3，满足要求（见图 6-39 至图 6-41）。

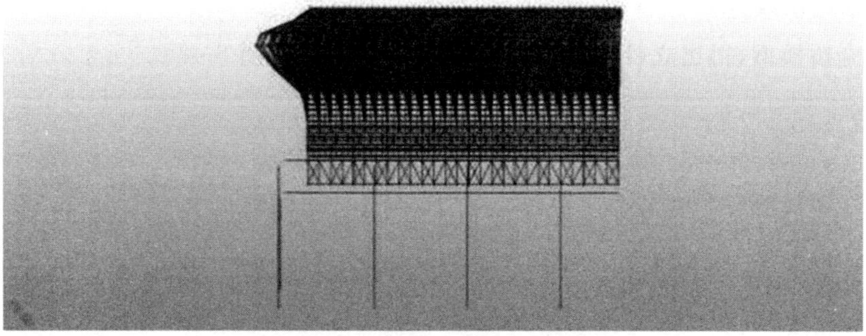

图 6-39　支架一阶屈曲模态

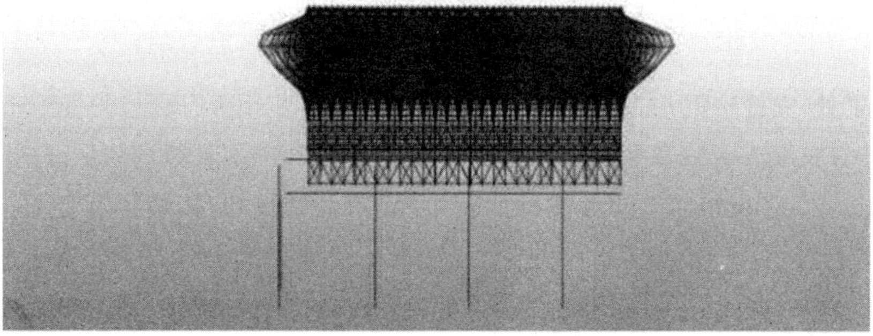

图 6-40　支架二阶屈曲模态

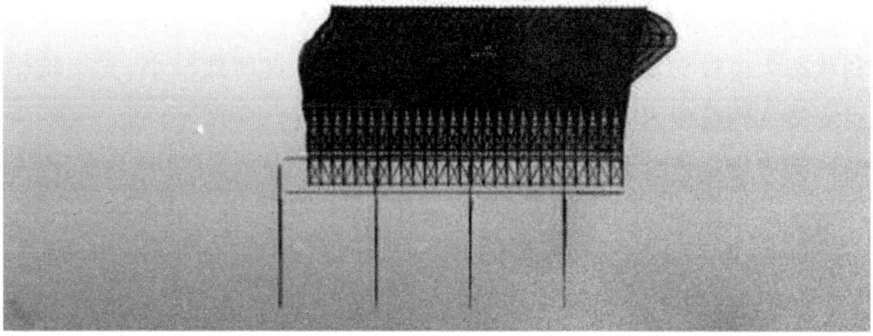

图 6-41　支架三阶屈曲模态

2)K2 跨单根立杆的稳定性计算

按照《建筑施工碗扣式钢管脚手架安全技术规范》(JGJ 166—2016),支架验算不考虑风荷载组合,按照以下公式进行验算:

$$N=1.2\times(Q_1+Q_2)+1.4\times[(Q_3+Q_4)L_xL_y]<\varphi Af_k$$

式中,Q_1 为模板支架自重标准值;Q_2 为新浇钢筋混凝土自重标准值;Q_3 为施工人员设备荷载标准值;Q_4 为浇筑和振捣混凝土产生的荷载标准值;L_x、L_y 为立杆纵横间距;f_k 为材料抗力的设计值,取 190 MPa;A 为杆件截面面积,壁厚 2.7 mm 的面积为 3.842 cm^2;

φ 为压杆稳定系数。

根据全桥模型，得出立杆最大轴向力值为 19.1 kN（见图 6-42）。

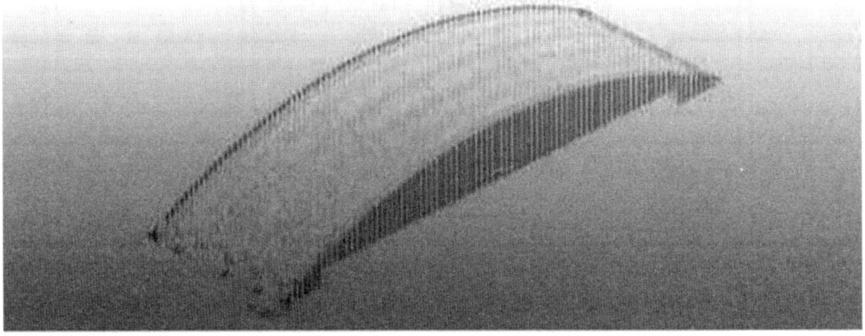

图 6-42　立杆轴力图

在横梁处，立杆步距 h（标准段）为 1.2 m，立杆顶层步距 h（顶层）为 60 cm。按最不利考虑，计算长度 $l_0=h(\text{顶层})+2a$，a 为顶端自由端长度，本计算取 0.5 m，得计算长度 $l_0=1.6$ m。$\varnothing$48 mm×2.7 mm 立杆回转半径 $i=1.604$ cm，按最不利考虑，长细比为 $\lambda=(h+2a)\div i=1.6\div 0.01604\approx 100$。查《建筑施工碗扣式钢管脚手架安全技术规范》（JGJ 166—2016）附录 E 可知，轴心受压立杆的稳定系数为 0.588。

$$\varphi A f_k=0.588\times 3.842\times 10^{-4}\times 190\times 10^3=42.9\ \text{kN}\geqslant 19.1\ \text{kN}$$

结论：立杆稳定性符合要求。

3）K2 跨支架空载状态下横向风倾覆稳定性计算

最不利状态为模板安装完毕、钢筋安装前。此时自重荷载较小，支架抗倾覆为最不利状态。对支架抗倾覆能力采用整体式验算。

支架整体倾覆稳定计算公式为：

$$\frac{H}{B}<\frac{0.5357g_k}{w_k}$$

式中，H 为支架高度，K2 跨支架高度取 6 m；B 为支架宽度，取 16.2 m；g_k 为支架按受风面面积平均分布的自重标准值（kN/m²）；w_k 为风荷载标准值（kN/m²）。根据全桥支架模型，全桥支架总重为2768.5 kN。

$$g_k=2768.5\div(6.0\times 16.2)=28.5\ \text{kN/m}^2$$

$$w_k=0.7\mu_z\mu_s\cdot w_0=0.3\ \text{kN/m}^2$$

$$0.5357g_k\div w_k=0.5357\times 28.5\div 0.3=50.9$$

支架高宽比为：

$$\frac{H}{B}=\frac{6.0}{16.2}=0.4<50.9$$

结论：该支架抗倾覆能力良好，满足施工要求。

4)K2 跨支架稳定性计算结果汇总

综上所述,K2 跨支架稳定性计算均满足要求,汇总结果如表 6-13 所示。

表 6-13　K2 跨主拱圈支架稳定性验算汇总表

验算项目		支架稳定性		
		计算值	容许值	是否满足要求
整体稳定性	一阶屈曲	10.2	⩾3	满足
	二阶屈曲	10.3	⩾3	满足
	三阶屈曲	11.3	⩾3	满足
单根立杆稳定性/kN		19.1	⩽42.9	满足
支架空载稳定性(H/B)		0.4	⩽50.9	满足

6.3.3　K3 跨主拱圈施工支架验算

6.3.3.1　K3 跨主拱圈施工支架系统强度、刚度验算

1)底模竹胶板计算

主拱圈底模采用竹胶板,取各种布置情况下最不利位置进行受力分析。本方案底模纵向分配梁统一为 2 层 5 cm×10 cm 方木,间距为 30 cm,可简化为跨径 20 cm 的多跨连续梁计算,荷载取板宽 1 m 计算。

底模板强度计算组合荷载为:

$$q_{强}=1.2\times(q_1+q_2)+1.4\times(q_3+q_4)=51.4\ \text{kN/m}$$

刚度计算组合荷载为:

$$q_{刚}=q_1+q_2+q_3+q_4=42.3\ \text{kN/m}$$

(1)计算模型如图 6-43 所示。

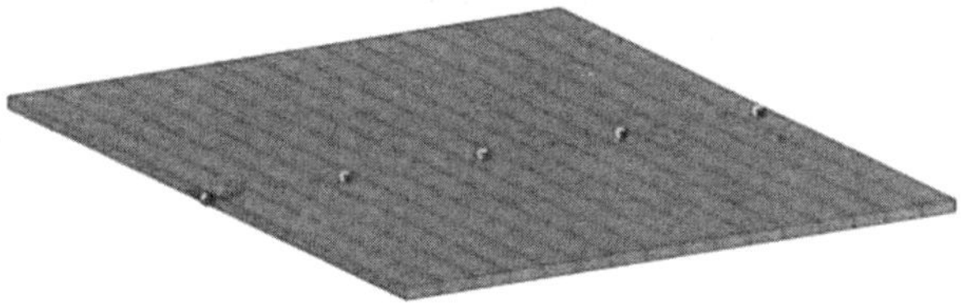

图 6-43　底模竹胶板模型

(2)强度分析:底模竹胶板内力图如图 6-44 所示。

图 6-44　底模竹胶板内力图

$$\sigma=\frac{M_{max}}{W}=9.16\ \text{MPa}<25\ \text{MPa}$$

(3)刚度分析:底模竹胶板位移图如图 6-45 所示。

图 6-45　底模竹胶板位移图

$$f=0.41\ \text{mm}<\frac{L}{400}=0.5\ \text{mm}$$

结论:底模竹胶板强度、刚度均符合规范要求。

2)方木验算——纵向方木验算

纵向方木置于竹胶板下方、横向方木上方,采用两根 5 cm×10 cm 方木重叠放置,纵向接缝交错布置,横向 30 cm 间距。可简化为跨径 60 cm 的多跨梁计算,荷载取横向宽度 0.3 m 计算。

强度计算组合荷载为:

$$q_{强}=0.3\times[1.2\times(q_1+q_2)+1.4\times(q_3+q_4)]=15.42\ \text{kN/m}$$

刚度计算组合荷载为:

$$q_{刚}=0.3\times(q_1+q_2+q_3+q_4)=12.69\ \text{kN/m}$$

因采用连续梁模型无法计算方木由轴向力引起的应力,故强度计算采用整体模型。因采用整体模型无法提取单跨(0.6 m 支撑)纵向方木产生的位移,故刚度计算采用连续梁模型。

(1)强度计算:纵向方木最大累计应力出现在近拱脚位置,为 9.7 MPa(<14.5 MPa),满足要求(见图 6-46)。

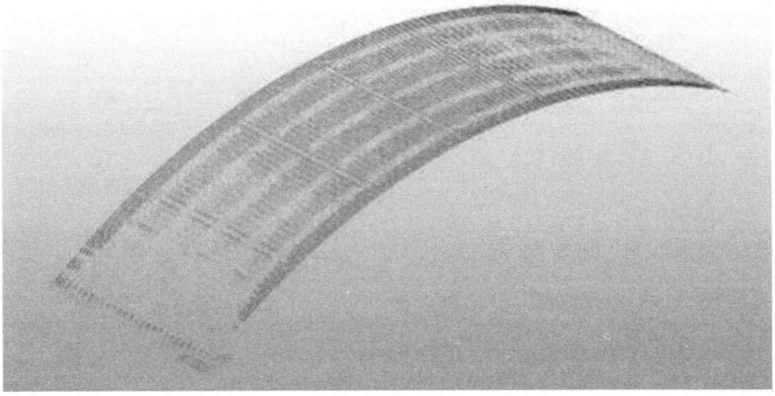

图 6-46　纵向方木组合应力图

(2)刚度计算：根据连续梁模型计算刚度，纵向方木最大单跨变形为 0.13 mm（$<L/400=1.5$ mm），满足要求(见图 6-47)。

图 6-47　纵向方木变形

结论：纵向双层方木强度、刚度满足要求。

3)方木验算——横向方木验算

横向方木置于纵向方木下方、顶托上方，采用单根 10 cm×15 cm 方木放置，纵桥向支撑间距 60 cm，横桥向支撑间距 60 cm。

(1)强度计算：横向方木最大组合应力为 10 MPa(<14.5 MPa)，满足要求(见图 6-48)。

图 6-48　横向方木组合应力图

(2)刚度计算:横向方木最大竖向位移为 0.26 mm($<L/400=1.5$ mm),满足要求(见图 6-49)。

图 6-49　横向方木竖向位移图

结论:横向方木强度、刚度满足要求。

4)K3 跨顶托、底托强度验算

本工程顶托、底托均采用直径 32 mm 的 Q345 钢材。顶托伸出支架顶端长度宜控制在 13～18 cm,底托伸出长度均为 10 cm,顶托、底托用于调整模板标高,调整长度范围严格控制在规范规定范围之内。

由计算模型可知,顶托最大组合应力值为 118.7 MPa,底托最大组合应力值为 34 MPa,均小于设计值 275 MPa,满足要求(见图 6-50)。

结论:顶托、底托强度满足要求。

图 6-50　顶托、底托组合应力图

5)K3 跨支架钢管验算

本计算采用的支架钢管均采用∅48 mm×2.7 mm 钢管。

(1)立杆强度验算:由计算模型可知,支架立杆最大组合应力为 107.5 MPa($<[f]_{Q235}=190$ MPa),满足要求(见图 6-51)。

图 6-51　支架立杆组合应力图

(2)横杆强度验算:支架按照其设计标准规格进行搭设,纵横向水平杆间距均在设计范围之内,故不再进行单独验算;支架中的剪刀撑按照支架构造要求进行设置,故也不再进行验算。

6)K3 跨主拱圈支架强度、刚度验算汇总

综上所述,K3 主拱圈支架强度、刚度验算均满足要求,汇总结果如表 6-14 所示。

表 6-14　K3 跨主拱圈支架强度、刚度验算汇总表

验算项目	强度			刚度		
	计算值/MPa	设计值/MPa	是否满足要求	计算值/mm	允许值/mm	是否满足要求
底模竹胶板	9.16	≤25	满足	0.41	≤0.5	满足
纵向方木	9.4	≤14.5	满足	0.13	≤1.5	满足
横向方木	10	≤14.5	满足	0.26	≤1.5	满足
顶托、底托	118.7,34	≤275	满足	—	—	满足
支架立杆	107.5	≤190	满足	—	—	满足

6.3.3.2　K3 跨支架系统钢平台验算

1)贝雷梁上分配梁[18a

由图 6-52 可知,[18a 分配梁最大组合应力值为 51.4 MPa($<[f]_{Q235}=190$ MPa),满足规范要求。

图 6-52 [18a 组合应力图

2)贝雷梁

由图 6-53 可知,贝雷梁最大组合应力值为 251 MPa(<$[f]_{Q345}$=275 MPa),满足规范要求。

图 6-53 贝雷梁组合应力图

3)贝雷梁间 2I250×118×10/13

由图 6-54 可知,2I250 最大组合应力值为 25.4 MPa(<$[f]_{Q235}$=190 MPa),满足规范要求。

图 6-54 2I250 组合应力图

4)贝雷梁底 2I630×178×15/22

由图 6-55 可知,2I630 最大组合应力值为 79.6 MPa(<$[f]_{Q235}$=190 MPa),满足规范要求。

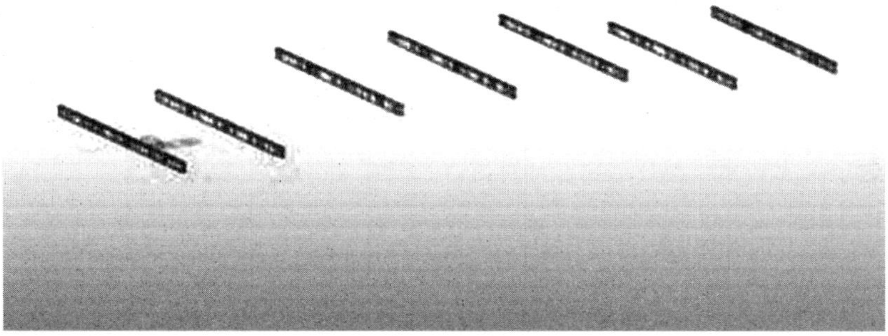

图 6-55 2I630 组合应力图

5)⌀800 mm×9.5 mm 钢管立柱

由图 6-56 可知,⌀800 mm×9.5 mm 钢管立柱最大组合应力值为 72 MPa(<$[f]_{Q235}$=190 MPa),满足规范要求。

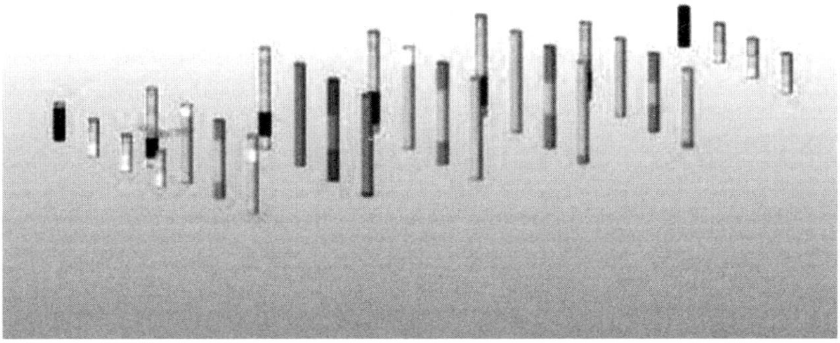

图 6-56　∅800 mm×9.5 mm 钢管立柱组合应力图

6)贝雷梁钢平台验算汇总

综上所述,K4 跨钢平台计算均满足要求,汇总结果如表 6-15 所示。

表 6-15　K3 跨支架系统钢平台验算汇总表

验算项目	强度		
	计算值/MPa	设计值/MPa	是否满足要求
[18a 分配梁	51.4	≤190	满足
贝雷梁	251	≤275	满足
2I250×118×10/13	25.4	≤190	满足
2I630×178×15/22	79.6	≤190	满足
∅800 mm×9.5 mm 钢管立柱	72	≤190	满足

6.3.3.3　K3 跨支架系统稳定性验算

稳定性验算包含三部分:支架系统的整体稳定性计算;单根立杆的稳定性计算;支架空载状态下横向风倾覆稳定性计算。

1)K3 跨支架系统的整体稳定性计算

根据全桥支架模型,将自重、施工荷载等均作为可变荷载,得出主要屈曲模态的临界荷载系数。根据全桥模型可知,全桥支架模型一阶至三阶屈曲状态均为横向屈曲,对应荷载临界荷载系数分别为 11、11.1、11.6,均大于 3,满足要求(见图 6-57 至图 6-59)。

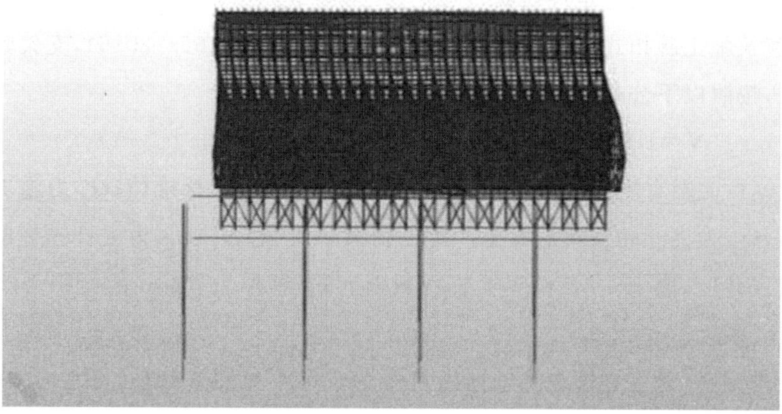

图 6-57　支架一阶屈曲模态

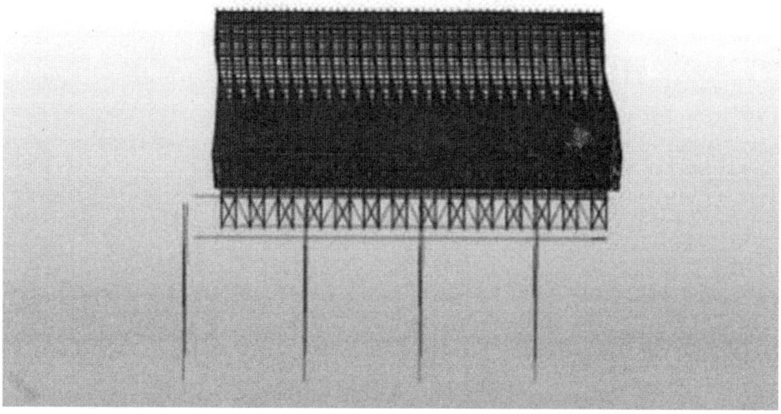

图 6-58　支架二阶屈曲模态

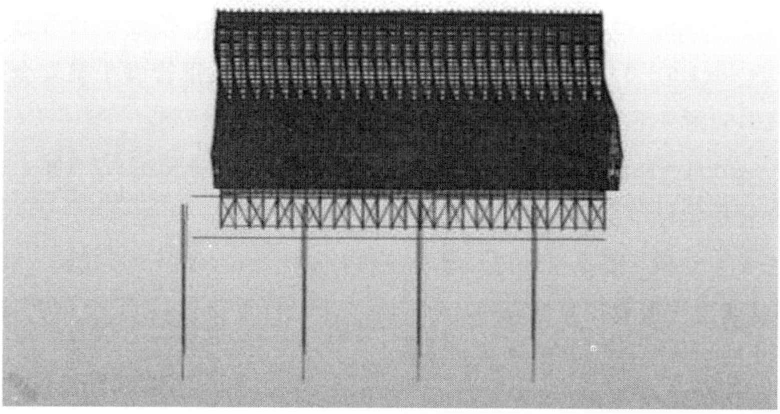

图 6-59　支架三阶屈曲模态

2)K3 跨单根立杆的稳定性计算

按照《建筑施工碗扣式钢管脚手架安全技术规范》(JGJ 166—2016),支架验算不考虑风荷载组合,按照以下公式进行验算:

$$N=1.2\times(Q_1+Q_2)+1.4\times[(Q_3+Q_4)L_xL_y]<\varphi Af_k$$

式中,Q_1 为模板支架自重标准值;Q_2 为新浇钢筋混凝土自重标准值;Q_3 为施工人员设备荷载标准值;Q_4 为浇筑和振捣混凝土产生的荷载标准值;L_x、L_y 为立杆纵横间距;f_k 为材料抗力的设计值,取 190 MPa;A 为杆件截面面积,壁厚 2.7 mm 的面积为 3.842 cm^2;φ 为压杆稳定系数。

根据全桥模型,得出立杆最大轴向力值为 19.2 kN(见图 6-60)。

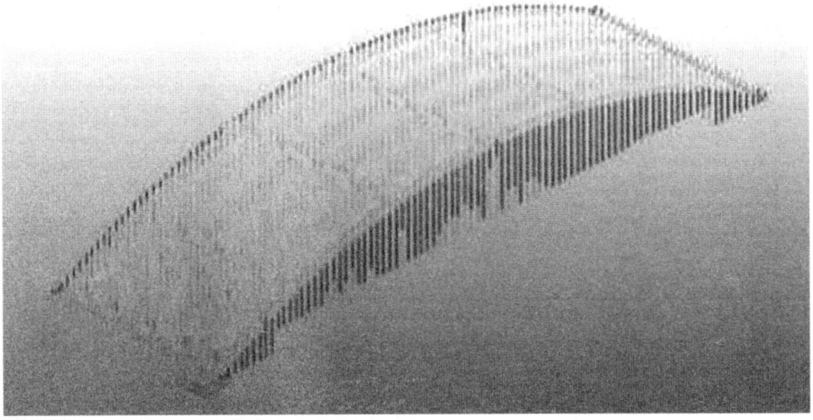

图 6-60 立杆轴力图

在横梁处,立杆步距 h(标准段)为 1.2 m,立杆顶层步距 h(顶层)为 60 cm。按最不利考虑,计算长度 $l_0=h$(顶层)$+2a$,a 为顶端自由端长度,本计算取 0.5 m,得计算长度 $l_0=1.6$ m。∅48 mm×2.7 mm 立杆回转半径 $i=1.604$ cm,按最不利考虑,长细比为 $\lambda=(h+2a)\div i=1.6\div0.01604\approx100$。查《建筑施工碗扣式钢管脚手架安全技术规范》(JGJ 166—2016)附录 E 可知,轴心受压立杆的稳定系数为 0.588。

$$\varphi Af_k=0.588\times3.842\times10^{-4}\times190\times10^3=42.9\ \text{kN}\geqslant19.2\ \text{kN}$$

结论:立杆稳定性符合要求。

3)K3 跨支架空载状态下横向风倾覆稳定性计算

最不利状态为模板安装完毕、钢筋安装前。此时自重荷载较小,支架抗倾覆为最不利状态。对支架抗倾覆能力采用整体式验算。

支架整体倾覆稳定计算公式为:

$$\frac{H}{B}<\frac{0.5357g_k}{w_k}$$

式中,H 为支架高度,K3 跨支架高度取 6 m;B 为支架宽度,取 16.2 m;g_k 为支架按受风面面积平均分布的自重标准值(kN/m^2);w_k 为风荷载标准值(kN/m^2)。根据全桥支架模型,全桥支架总重为3572.8 kN。

$$g_k = 3572.8 \div (6.0 \times 16.2) = 36.8\ kN/m^2$$

$$w_k = 0.7\mu_z\mu_s \cdot w_0 = 0.3\ kN/m^2$$

$$0.5357 g_k \div w_k = 0.5357 \times 36.8 \div 0.3 = 65.7$$

支架高宽比为:

$$\frac{H}{B} = \frac{6.0}{16.2} = 0.4 < 65.7$$

结论:该支架抗倾覆能力良好,满足施工要求。

4)K3 跨支架稳定性计算结果汇总

综上所述,K3 跨支架稳定性计算均满足要求,汇总结果如表 6-16 所示。

表 6-16　K3 跨主拱圈支架稳定性验算汇总表

验算项目		支架稳定性		
		计算值	容许值	是否满足要求
整体稳定性	一阶屈曲	11	≥3	满足
	二阶屈曲	11.1	≥3	满足
	三阶屈曲	11.6	≥3	满足
单根立杆稳定性/kN		19.2	≤42.9	满足
支架空载稳定性(H/B)		0.4	≤65.7	满足

6.3.4　K4 跨主拱圈施工支架验算

6.3.4.1　K4 跨主拱圈施工支架系统强度、刚度验算

1)底模竹胶板计算

主拱圈底模采用竹胶板,取各种布置情况下最不利位置进行受力分析。本方案底模纵向分配梁统一为 2 层 5 cm×10 cm 方木,间距为 30 cm,可简化为跨径 20 cm 的多跨连续梁计算,荷载取板宽 1 m 计算。

底模板强度计算组合荷载为:

$$q_{强} = 1.2 \times (q_1 + q_2) + 1.4 \times (q_3 + q_4) = 51.4\ kN/m$$

刚度计算组合荷载为:

$$q_{刚} = q_1 + q_2 + q_3 + q_4 = 42.3\ kN/m$$

(1)计算模型如图 6-61 所示。

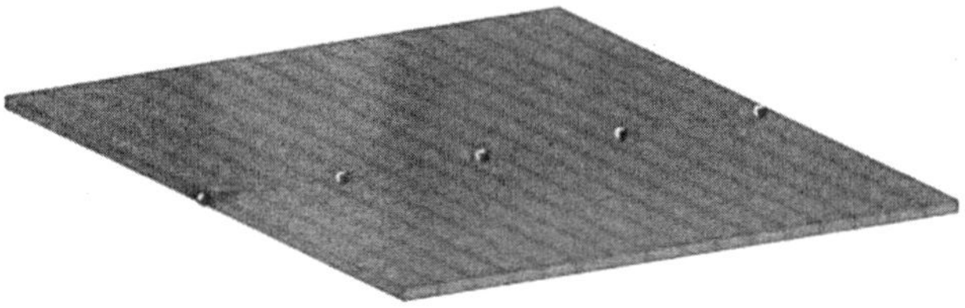

图 6-61　底模竹胶板模型

(2)强度分析:底模竹胶板内力图如图 6-62 所示。

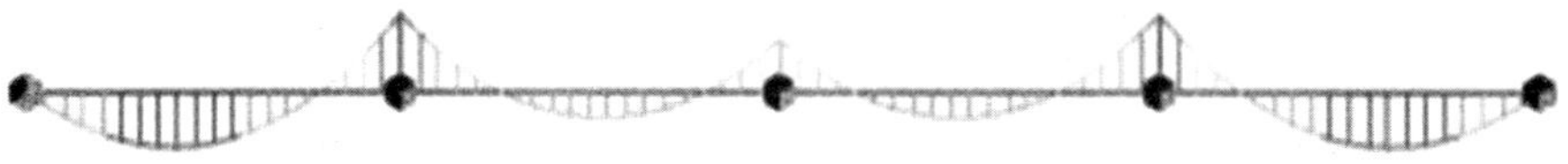

图 6-62　底模竹胶板内力图

$$\sigma=\frac{M_{\max}}{W}=9.16\ \mathrm{MPa}<25\ \mathrm{MPa}$$

(3)刚度分析:底模竹胶板位移图如图 6-63 所示。

图 6-63　底模竹胶板位移图

$$f=0.41\ \mathrm{mm}<\frac{L}{400}=0.5\ \mathrm{mm}$$

结论:底模竹胶板强度、刚度均符合规范要求。

2)方木验算——纵向方木验算

纵向方木置于竹胶板下方、横向方木上方,采用两根 5 cm×10 cm 方木重叠放置,纵向接缝交错布置,横向 30 cm 间距。可简化为跨径 60 cm 的多跨梁计算,荷载取横向宽度 0.3 m 计算。

强度计算组合荷载为:

$$q_{强}=0.3\times[1.2\times(q_1+q_2)+1.4\times(q_3+q_4)]=15.42\ \mathrm{kN/m}$$

刚度计算组合荷载为:

$$q_{刚}=0.3\times(q_1+q_2+q_3+q_4)=12.69\ \mathrm{kN/m}$$

因采用连续梁模型无法计算方木由轴向力引起的应力,故强度计算采用整体模型。因采用整体模型无法提取单跨(0.6 m 支撑)纵向方木产生的位移,故刚度计算采用连续梁模型。

(1)强度计算:纵向方木最大累计应力出现在近拱脚位置,为 7 MPa(<14.5 MPa),满足要求(见图 6-64)。

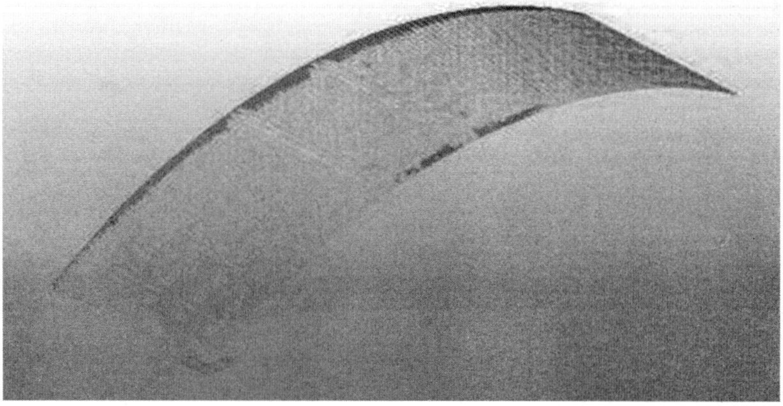

图 6-64　纵向方木组合应力图

(2)刚度计算:根据连续梁模型计算刚度,纵向方木最大单跨变形为 0.13 mm ($<L/400=1.5$ mm),满足要求(见图 6-65)。

图 6-65　纵向方木变形

结论:纵向双层方木强度、刚度满足要求。

3)方木验算——横向方木验算

横向方木置于纵向方木下方、顶托上方,采用单根 10 cm×15 cm 方木放置,纵桥向支撑间距 60 cm,横桥向支撑间距 60 cm。

(1)强度计算:横向方木最大组合应力为 4.2 MPa(<14.5 MPa),满足要求(见图 6-66)。

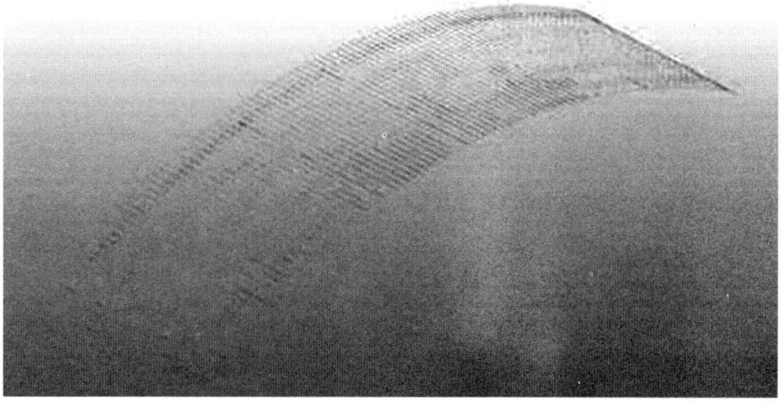

图 6-66　横向方木组合应力图

(2)刚度计算:横向方木最大竖向位移为 0.26 mm(<L/400=1.5 mm),满足要求(见图 6-67)。

图 6-67　横向方木竖向位移图

结论:横向方木强度、刚度满足要求。

4)K4 跨顶托、底托强度验算

本工程顶托、底托均采用直径 32 mm 的 Q345 钢材。顶托伸出支架顶端长度宜控制在 13～18 cm,底托伸出长度均为 10 cm,顶托、底托用于调整模板标高,调整长度范围严格控制在规范规定范围之内。

由计算模型可知:顶托最大组合应力值为 68.3 MPa,底托最大组合应力值为 43.3 MPa,均小于设计值 275 MPa,满足要求(见图 6-68)。

结论:顶托、底托强度满足要求。

图 6-68　顶托、底托组合应力图

5)K4 跨支架钢管验算

本计算采用的支架钢管均采用∅48 mm×2.7 mm 钢管。

(1)立杆强度验算:由计算模型可知,支架立杆最大组合应力为 134 MPa(<$[f]_{Q235}$=190 MPa),满足要求(见图 6-69)。

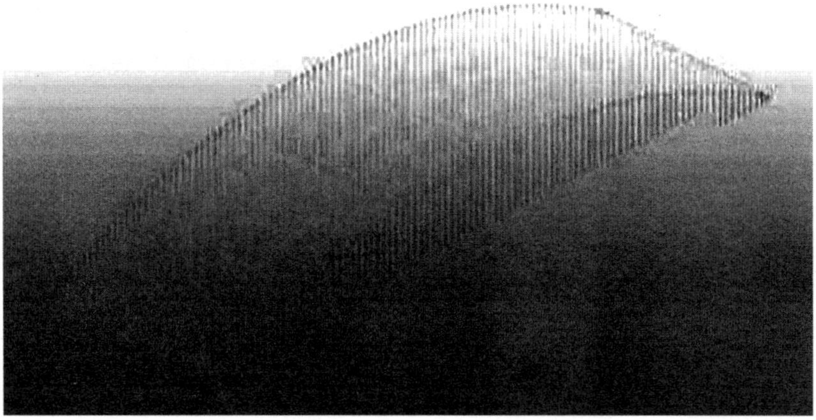

图 6-69　支架立杆组合应力图

(2)横杆强度验算:支架按照其设计标准规格进行搭设,纵横向水平杆间距均在设计范围之内,故不再进行单独验算;支架中的剪刀撑按照支架构造要求进行设置,故也不再进行验算。

6)K4 跨主拱圈支架强度、刚度验算汇总

综上所述,K4 跨主拱圈支架强度、刚度验算均满足要求,汇总结果如表 6-17 所示。

表 6-17　K4 跨主拱圈支架强度、刚度验算汇总表

验算项目	强度			刚度		
	计算值/MPa	设计值/MPa	是否满足要求	计算值/mm	允许值/mm	是否满足要求
底模竹胶板	9.16	≤25	满足	0.41	≤0.5	满足
纵向方木	7	≤14.5	满足	0.13	≤1.5	满足
横向方木	4.2	≤14.5	满足	0.26	≤1.5	满足
顶托、底托	68.3,43.3	≤275	满足	—	—	满足
支架立杆	134	≤190	满足	—	—	满足

6.3.4.2　K4 跨支架系统钢平台验算

1)贝雷梁上分配梁[18a

由图 6-70 可知,[18a 分配梁最大组合应力值为 34.4 MPa($<[f]_{Q235}=190$ MPa),满足规范要求。

图 6-70 [18a 组合应力图

2)贝雷梁

由图 6-71 可知，贝雷梁最大组合应力值为 210.4 MPa（$<[f]_{Q345}=275$ MPa），满足规范要求。

图 6-71 贝雷梁组合应力图

3)贝雷梁间 2I250×118×10/13

由图 6-72 可知，2I250×118×10/13 最大组合应力值为 30 MPa（$<[f]_{Q235}=$ 190 MPa），满足规范要求。

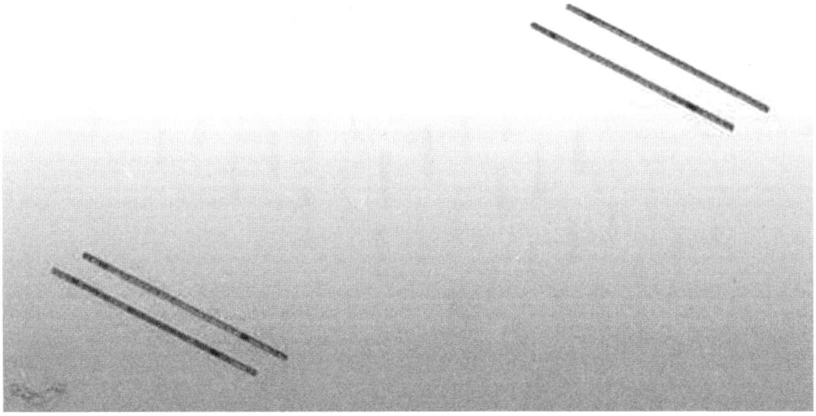

图 6-72　2I250×118×10/13 组合应力图

4)贝雷梁底 3I450×152×13.5/18

由图 6-73 可知,3I450×152×13.5/18 最大组合应力值为 112.1 MPa($<[f]_{Q235}=$ 190 MPa),满足规范要求。

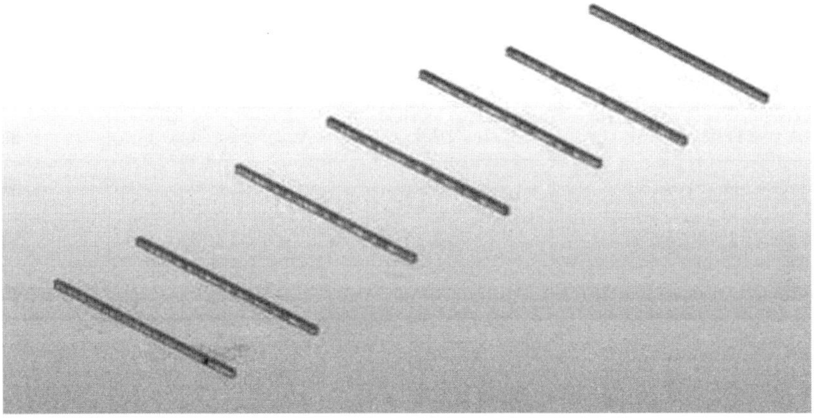

图 6-73　3I450×152×13.5/18 组合应力图

5)$\varnothing$600 mm×9.5 mm 钢管立柱

由图 6-74 可知,$\varnothing$600 mm×9.5 mm 钢管立柱最大组合应力值为 98 MPa($<[f]_{Q235}$ $=190$ MPa),满足规范要求。

图 6-74　∅600 mm×9.5 mm 钢管立柱组合应力图

6)贝雷梁钢平台验算汇总

综上所述,K4 跨钢平台计算均满足要求,汇总结果如表 6-18 所示。

表 6-18　K4 跨支架系统钢平台验算汇总表

验算项目	强度		
	计算值/MPa	设计值/MPa	是否满足要求
[18a 分配梁	34.4	≤190	满足
贝雷梁	210.4	≤275	满足
2I250×118×10/13	30	≤190	满足
2I450×152×13.5/18	112.1	≤190	满足
∅630 mm×12 mm 钢管立柱	98	≤190	满足

6.3.4.3　K4 跨支架系统稳定性验算

稳定性验算包含三部分:支架系统的整体稳定性计算;单根立杆的稳定性计算;支架空载状态下横向风倾覆稳定性计算。

1)K4 跨支架系统的整体稳定性计算

根据全桥支架模型,将自重、施工荷载等均作为可变荷载,得出主要屈曲模态的临界荷载系数。根据全桥模型可知,全桥支架模型一阶至三阶屈曲状态均为横向屈曲,对应荷载临界荷载系数分别为 3.2、3.6、4.4,均大于 3,满足要求(见图 6-75 至图 6-77)。

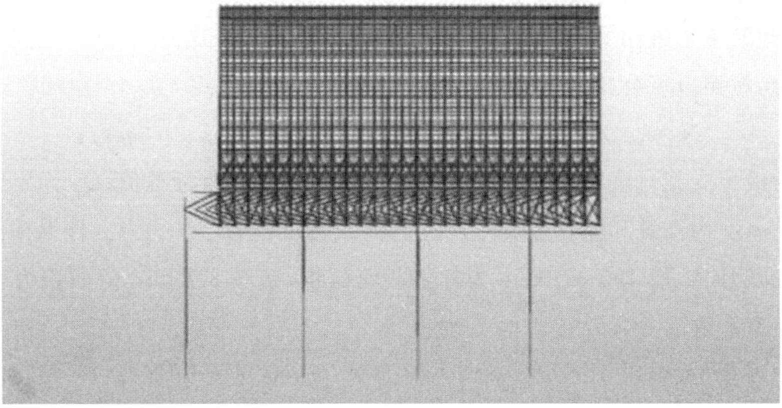

图 6-75　支架一阶屈曲模态

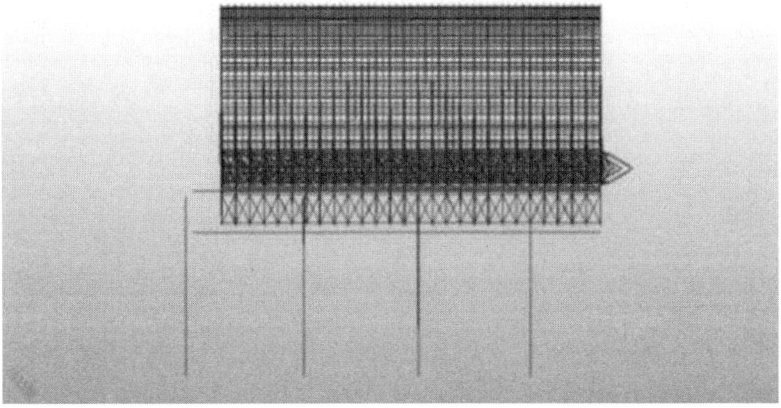

图 6-76　支架二阶屈曲模态

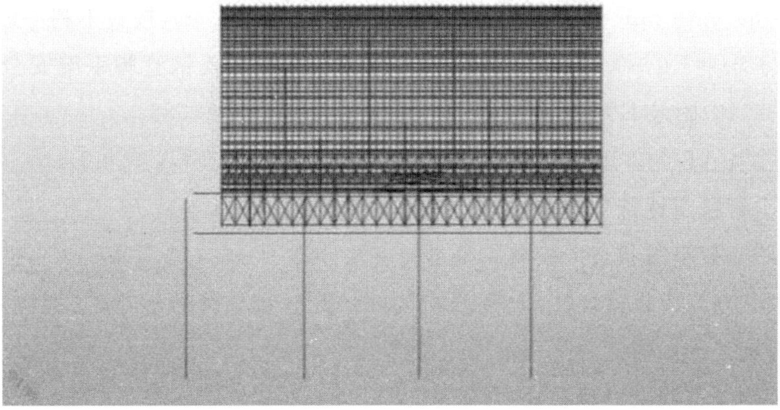

图 6-77　支架三阶屈曲模态

2)K4 跨单根立杆的稳定性计算

按照《建筑施工碗扣式钢管脚手架安全技术规范》(JGJ 166—2016),支架验算不考虑风荷载组合,按照以下公式进行验算:

$$N=1.2\times(Q_1+Q_2)+1.4\times[(Q_3+Q_4)L_xL_y]<\varphi Af_k$$

式中,Q_1 为模板支架自重标准值;Q_2 为新浇钢筋混凝土自重标准值;Q_3 为施工人员设备荷载标准值;Q_4 为浇筑和振捣混凝土产生的荷载标准值;L_x、L_y 为立杆纵横间距;f_k 为材料抗力的设计值,取 190 MPa;A 为杆件截面面积,壁厚 2.7 mm 的面积为 3.842 cm^2;φ 为压杆稳定系数。

根据全桥模型,得出立杆最大轴向力值为 20.6 kN(见图 6-78)。

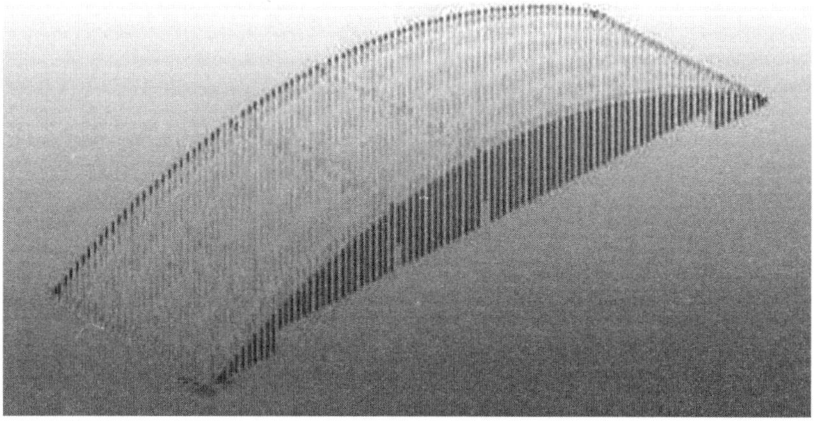

图 6-78 立杆轴力图

在横梁处,立杆步距 h(标准段)为 1.2 m,立杆顶层步距为 h(顶层)为 60 cm。按最不利考虑,计算长度 $l_0=h$(顶层)$+2a$,a 为顶端自由端长度,本计算取 0.5 m,得计算长度 $l_0=1.6$ m。$\varnothing$48 mm×2.7 mm 立杆回转半径 $i=1.604$ cm,按最不利考虑,长细比为 $\lambda=(h+2a)\div i=1.6\div 0.01604\approx 100$。查《建筑施工碗扣式钢管脚手架安全技术规范》(JGJ 166—2016)附录 E 可知,轴心受压立杆的稳定系数为 0.588。

$$\varphi Af_k=0.588\times 3.842\times 10^{-4}\times 190\times 10^3=42.9\ \text{kN}\geqslant 20.6\ \text{kN}$$

结论:立杆稳定性符合要求。

3)K4 跨支架空载状态下横向风倾覆稳定性计算

最不利状态为模板安装完毕、钢筋安装前。此时自重荷载较小,支架抗倾覆为最不利状态。对支架抗倾覆能力采用整体式验算。

支架整体倾覆稳定计算公式为:

$$\frac{H}{B}<\frac{0.5357g_k}{w_k}$$

式中，H 为支架高度，K4 跨支架高度取 6 m；B 为支架宽度，取 16.2 m；g_k 为支架按受风面面积平均分布的自重标准值（kN/m^2）；w_k 为风荷载标准值（kN/m^2）。根据全桥支架模型，全桥支架总重为3503.2 kN。

$$g_k = 3503.2 \div (6.0 \times 16.2) = 36\ kN/m^2$$

$$w_k = 0.7\mu_z\mu_s \cdot w_0 = 0.3\ kN/m^2$$

$$0.5357 g_k \div w_k = 0.5357 \times 36.0 \div 0.3 = 64.3$$

支架高宽比为：

$$\frac{H}{B} = \frac{6.0}{16.2} = 0.4 < 64.3$$

结论：该支架抗倾覆能力良好，满足施工要求。

4）K4 跨支架稳定性计算结果汇总

综上所述，K4 跨支架稳定性计算均满足要求，汇总结果如表 6-19 所示。

表 6-19　K4 跨主拱圈支架稳定性验算汇总表

验算项目		支架稳定性		
		计算值	容许值	是否满足要求
整体稳定性	一阶屈曲	3.2	⩾3	满足
	二阶屈曲	3.6	⩾3	满足
	三阶屈曲	4.4	⩾3	满足
单根立杆稳定性/kN		20.6	⩽42.9	满足
支架空载稳定性（H/B）		0.4	⩽64.3	满足

6.3.5　K5 跨主拱圈施工支架验算

6.3.5.1　K5 跨主拱圈施工支架系统强度、刚度验算

1）底模竹胶板计算

主拱圈底模采用竹胶板，取各种布置情况下最不利位置进行受力分析。本方案底模纵向分配梁统一为 2 层 5 cm×10 cm 方木，间距为 30 cm，可简化为跨径 20 cm 的多跨连续梁计算，荷载取板宽 1 m 计算。

底模板强度计算组合荷载为：

$$q_{强} = 1.2 \times (q_1 + q_2) + 1.4 \times (q_3 + q_4) = 51.4\ kN/m$$

刚度计算组合荷载为：

$$q_{刚} = q_1 + q_2 + q_3 + q_4 = 42.3\ kN/m$$

(1)计算模型如图 6-79 所示。

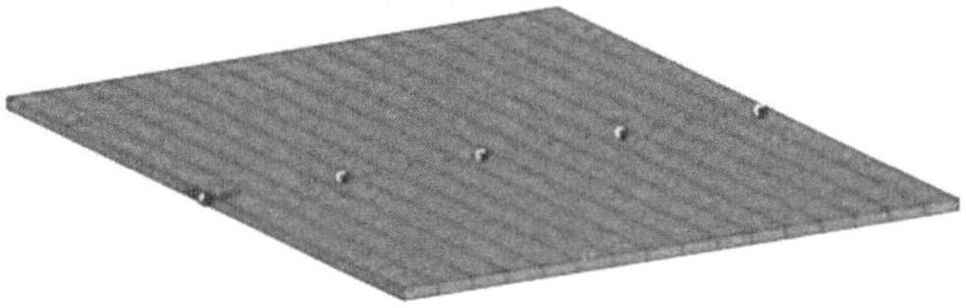

图 6-79　底模竹胶板模型

(2)强度分析:底模竹胶板内力图如图 6-80 所示。

图 6-80　底模竹胶板内力图

$$\sigma=\frac{M_{\max}}{W}=9.16\ \text{MPa}<25\ \text{MPa}$$

(3)刚度分析:底模竹胶板位移图如图 6-81 所示。

图 6-81　底模竹胶板位移图

$$f=0.41\ \text{mm}<\frac{L}{400}=0.5\ \text{mm}$$

结论:底模竹胶板强度、刚度均符合规范要求。

2)方木验算——纵向方木验算

纵向方木置于竹胶板下方、横向方木上方,采用两根 5 cm×10 cm 方木重叠放置,纵向接缝交错布置,横向 30 cm 间距。可简化为跨径 60 cm 的多跨梁计算,荷载取横向宽度 0.3 m 计算。

强度计算组合荷载为:

$$q_{强}=0.3\times[1.2\times(q_1+q_2)+1.4\times(q_3+q_4)]=15.42\ \text{kN/m}$$

刚度计算组合荷载为:

$$q_{刚}=0.3\times(q_1+q_2+q_3+q_4)=12.69\ \text{kN/m}$$

因采用连续梁模型无法计算方木由轴向力引起的应力,故强度计算采用整体模型。因采用整体模型无法提取单跨(0.6 m 支撑)纵向方木产生的位移,故刚度计算采用连续梁模型。

(1)强度计算:纵向方木最大累计应力出现在近拱脚位置,为 8.8 MPa(<14.5 MPa),满足要求(见图 6-82)。

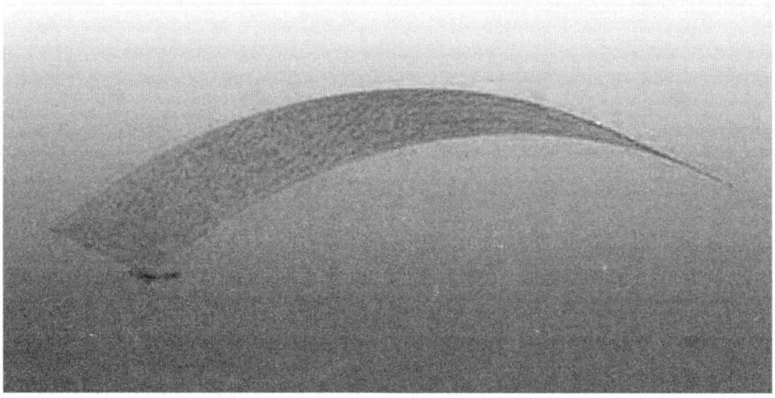

图 6-82　纵向方木组合应力图

(2)刚度计算：根据连续梁模型计算刚度，纵向方木最大单跨变形为 0.13 mm（$<L/400=1.5$ mm），满足要求（见图 6-83）。

图 6-83　纵向方木变形

结论：纵向双层方木强度、刚度满足要求。

3)方木验算——横向方木验算

横向方木置于纵向方木下方、顶托上方，采用单根 10 cm×15 cm 方木放置，纵桥向支撑间距 60 cm，横桥向支撑间距 60 cm。

(1)强度计算：横向方木最大组合应力为 4.2 MPa（<14.5 MPa），满足要求（见图 6-84）。

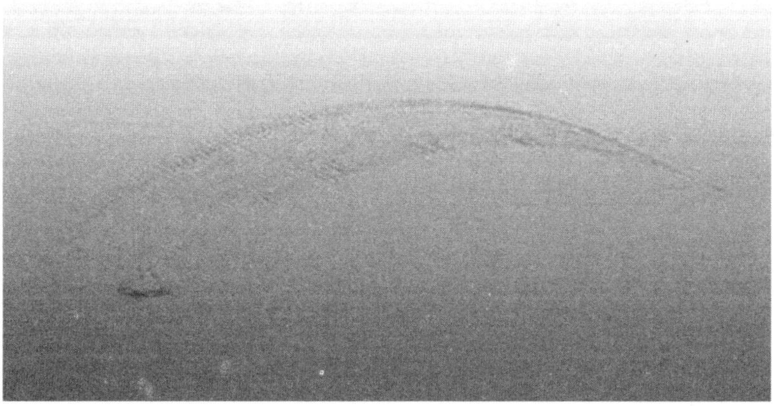

图 6-84　横向方木组合应力图

(2)刚度计算：横向方木最大竖向位移为 0.26 mm($<L/400=1.5$ mm)，满足要求(见图 6-85)。

图 6-85　横向方木竖向位移图

结论：横向方木强度、刚度满足要求。

4)K5 跨顶托、底托强度验算

本工程顶托、底托均采用直径 32 mm 的 Q345 钢材。顶托伸出支架顶端长度宜控制在 13～18 cm，底托伸出长度均为 10 cm，顶托、底托用于调整模板标高，调整长度范围严格控制在规范规定范围之内。

由计算模型可知，顶托最大组合应力值为 97.9 MPa，底托最大组合应力值为 54.4 MPa，均小于设计值 275 MPa，满足要求(见图 6-86)。

结论：顶托、底托强度满足要求。

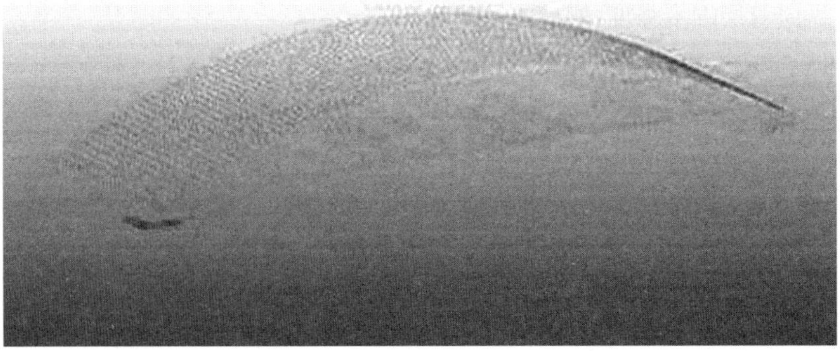

图 6-86　顶托、底托组合应力图

5)K5 跨支架钢管验算

本计算采用的支架钢管均采用∅48 mm×2.7 mm 钢管。

(1)立杆强度验算：由计算模型可知，支架立杆最大组合应力为 107.7 MPa($<[f]_{Q235}=190$ MPa)，满足要求(见图 6-87)。

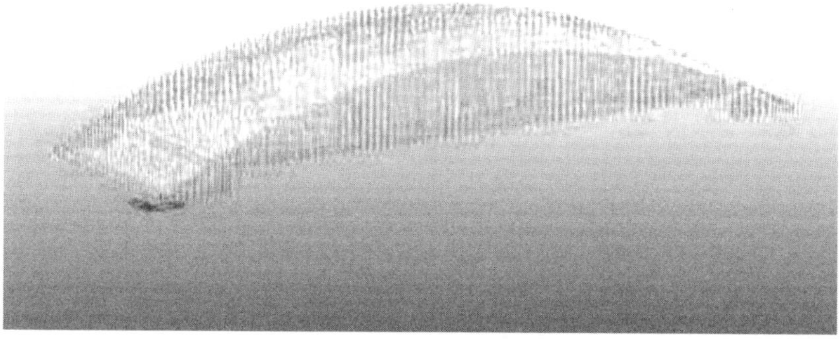

图 6-87　支架立杆组合应力图

(2)横杆强度验算：支架按照其设计标准规格进行搭设，纵横向水平杆间距均在设计范围之内，故不再进行单独验算；支架中的剪刀撑按照支架构造要求进行设置，故也不再进行验算。

6)K5 跨主拱圈支架强度、刚度验算汇总

综上所述，K5 跨主拱圈支架强度、刚度验算均满足要求，汇总结果如表 6-20 所示。

表 6-20　K5 跨主拱圈支架强度、刚度验算汇总表

验算项目	强度			刚度		
	计算值/MPa	设计值/MPa	是否满足要求	计算值/mm	允许值/mm	是否满足要求
底模竹胶板	9.16	≤25	满足	0.41	≤0.5	满足
纵向方木	8.8	≤14.5	满足	0.13	≤1.5	满足
横向方木	4.2	≤14.5	满足	0.26	≤1.5	满足
顶托、底托	97.9,54.4	≤275	满足	—	—	满足
支架立杆	107.7	≤190	满足	—	—	满足

6.3.5.2　K5 跨支架系统钢平台验算

1)贝雷梁上分配梁[18a

由图 6-88 可知，[18a 分配梁最大组合应力值为 35.6 MPa($<[f]_{Q235}=190$ MPa)，满足规范要求。

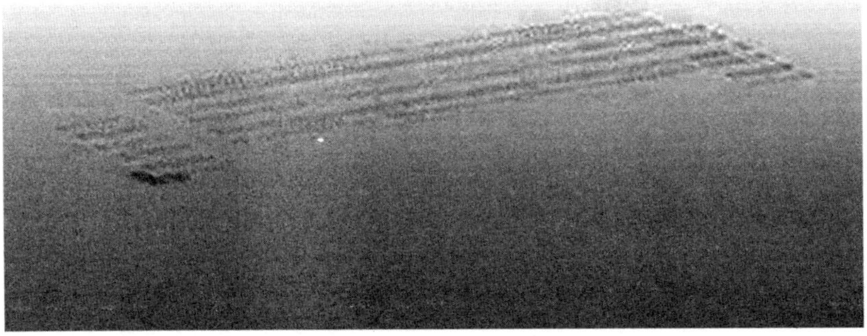

图 6-88 [18a 组合应力图

2)贝雷梁

由图 6-89 可知,贝雷梁最大组合应力值为 233.5 MPa($<[f]_{Q345}=275$ MPa),满足规范要求。

图 6-89 贝雷梁组合应力图

3)贝雷梁间 2I250×118×10/13

由图 6-90 可知,2I250 最大组合应力值为 22.1 MPa($<[f]_{Q235}=190$ MPa),满足规范要求。

图 6-90 2I250 组合应力图

4)贝雷梁底 2I630×178×15/22

由图 6-91 可知，2I630×178×15/22 最大组合应力值为 92.1 MPa（$<[f]_{Q235}=$ 190 MPa），满足规范要求。

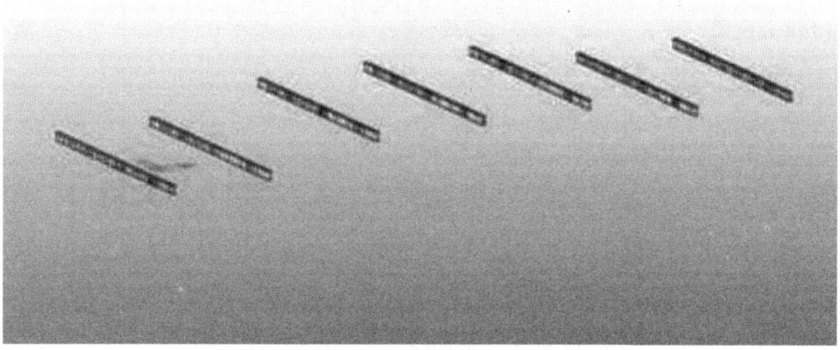

图 6-91 2I630×178×15/22 组合应力图

5)∅600 mm×9.5 mm 钢管立柱

由图 6-92 可知，∅600 mm×9.5 mm 钢管立柱最大组合应力值为 91.9 MPa（$<[f]_{Q235}=190$ MPa），满足规范要求。

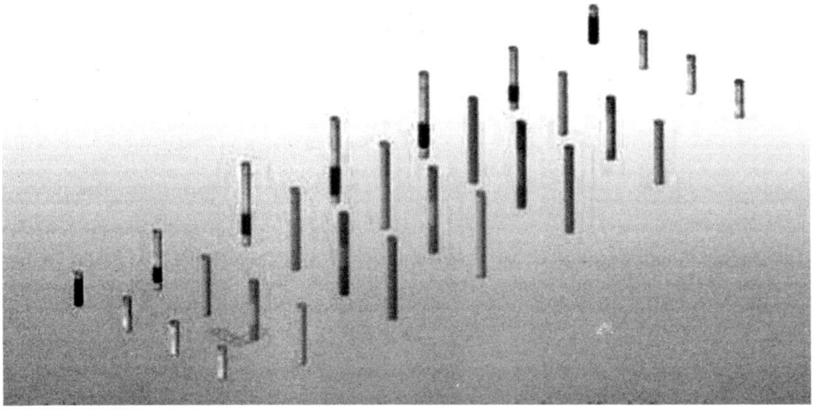

图 6-92　∅600 mm×9.5 mm 钢管立柱组合应力图

6)贝雷梁钢平台验算汇总

综上所述,K5 跨钢平台计算均满足要求,汇总结果如表 6-21 所示。

表 6-21　K5 跨支架系统钢平台验算汇总表

验算项目	强度		
	计算值/MPa	设计值/MPa	是否满足要求
[18a 分配梁	35.6	≤190	满足
贝雷梁	233.5	≤275	满足
2I250×118×10/13	22.1	≤190	满足
2I630×178×15/22	92.1	≤190	满足
∅630 mm×12 mm 钢管立柱	91.9	≤190	满足

6.3.5.3　K5 跨支架系统稳定性验算

稳定性验算包含三部分:支架系统的整体稳定性计算;单根立杆的稳定性计算;支架空载状态下横向风倾覆稳定性计算。

1)K5 跨支架系统的整体稳定性计算

根据全桥支架模型,将自重、施工荷载等均作为可变荷载,得出主要屈曲模态的临界荷载系数。根据全桥模型可知,全桥支架模型一阶至三阶屈曲状态均为横向屈曲,对应荷载临界荷载系数分别为 3.3、3.3、4.1,均大于 3,满足要求(见图 6-93 至图 6-95)。

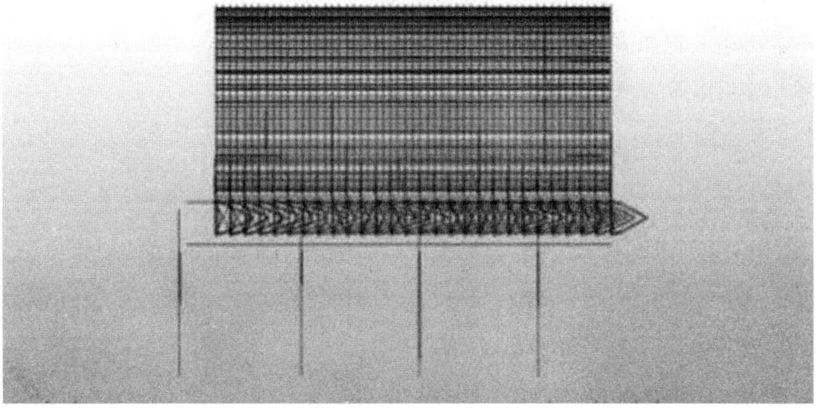

图 6-93 支架一阶屈曲模态

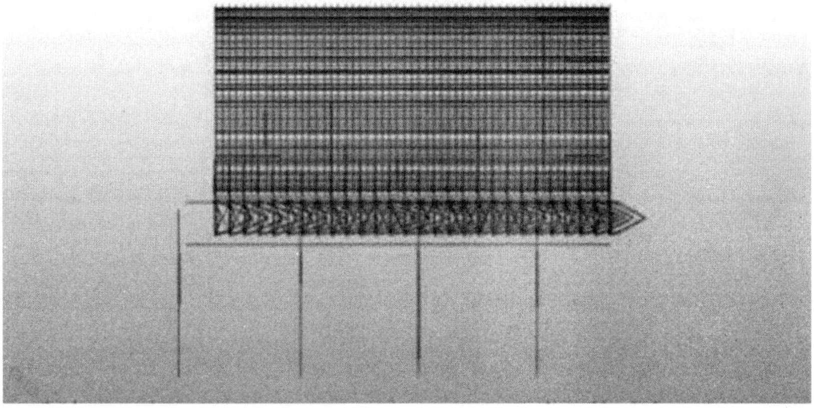

图 6-94 支架二阶屈曲模态

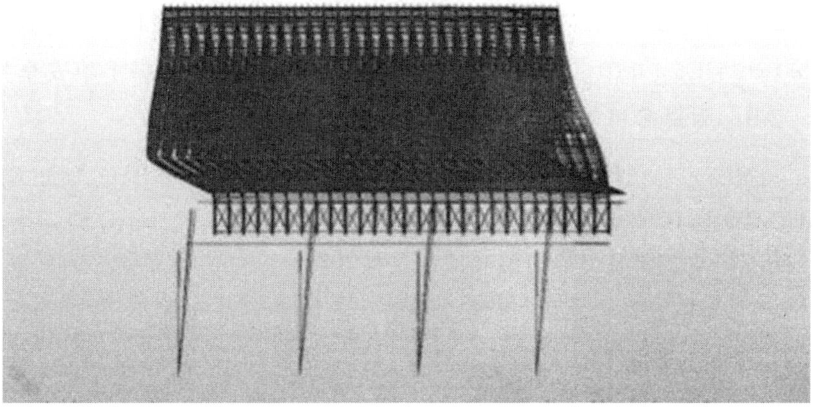

图 6-95 支架三阶屈曲模态

2)K5 跨单根立杆的稳定性计算

按照《建筑施工碗扣式钢管脚手架安全技术规范》(JGJ 166—2016),支架验算不考虑风荷载组合,按照以下公式进行验算:

$$N=1.2\times(Q_1+Q_2)+1.4\times[(Q_3+Q_4)L_xL_y]<\varphi Af_k$$

式中,Q_1 为模板支架自重标准值;Q_2 为新浇钢筋混凝土自重标准值;Q_3 为施工人员设备荷载标准值;Q_4 为浇筑和振捣混凝土产生的荷载标准值;L_x、L_y 为立杆纵横间距;f_k 为材料抗力的设计值,取 190 MPa;A 为杆件截面面积,壁厚 2.7 mm 的面积为 3.842 cm^2;φ 为压杆稳定系数。

根据全桥模型,得出立杆最大轴向力值为 16.6 kN(见图 6-96)。

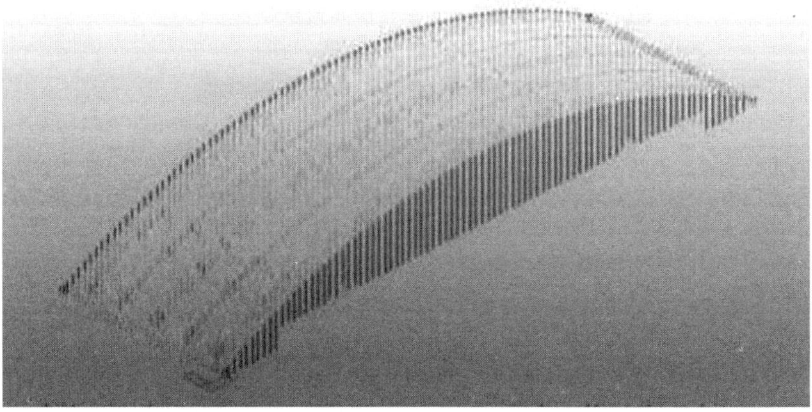

图 6-96　立杆轴力图

在横梁处,立杆步距 h(标准段)为 1.2 m,立杆顶层步距为 h(顶层)为 60 cm。按最不利考虑,计算长度 $l_0=h$(顶层)$+2a$,a 为顶端自由端长度,本计算取 0.5 m,得计算长度 $l_0=1.6$ m。∅48 mm×2.7 mm 立杆回转半径 $i=1.604$ cm,按最不利考虑,长细比为 $\lambda=(h+2a)\div i=1.6\div 0.01604\approx 100$。查《建筑施工碗扣式钢管脚手架安全技术规范》(JGJ 166—2016)附录 E 可知,轴心受压立杆的稳定系数为 0.588。

$$\varphi Af_k=0.588\times 3.842\times 10^{-4}\times 190\times 10^3=42.9\ \text{kN}\geqslant 16.6\ \text{kN}$$

结论:立杆稳定性符合要求。

3)K5 跨支架空载状态下横向风倾覆稳定性计算

最不利状态为模板安装完毕、钢筋安装前。此时自重荷载较小,支架抗倾覆为最不利状态。对支架抗倾覆能力采用整体式验算。

支架整体倾覆稳定计算公式为:

$$\frac{H}{B}<\frac{0.5357g_k}{w_k}$$

式中，H 为支架高度，K5 跨支架高度取 6 m；B 为支架宽度，取 16.2 m；g_k 为支架按受风面面积平均分布的自重标准值（kN/m^2）；w_k 为风荷载标准值（kN/m^2）。根据全桥支架模型，全桥支架总重为3481.1 kN。

$$g_k=3481.1\div(6.0\times16.2)=35.8\ kN/m^2$$

$$w_k=0.7\mu_z\mu_s\cdot w_0=0.3\ kN/m^2$$

$$0.5357g_k\div w_k=0.5357\times35.8\div0.3=63.9$$

支架高宽比为：

$$\frac{H}{B}=\frac{6.0}{16.2}=0.4<61.6$$

结论：该支架抗倾覆能力良好，满足施工要求。

4)K5 跨支架稳定性计算结果汇总

综上所述，K5 跨支架稳定性计算均满足要求，汇总结果如表 6-22 所示。

表 6-22　K5 跨主拱圈支架稳定性验算汇总表

验算项目		支架稳定性		
		计算值	容许值	是否满足要求
整体稳定性	一阶屈曲	3.3	≥3	满足
	二阶屈曲	3.3	≥3	满足
	三阶屈曲	4.1	≥3	满足
单根立杆稳定性/kN		16.6	≤42.9	满足
支架空载稳定性（H/B）		0.4	≤63.9	满足

6.3.6　K6 跨主拱圈施工支架验算

6.3.6.1　K6 跨主拱圈施工支架系统强度、刚度验算

1)底模竹胶板计算

主拱圈底模采用竹胶板，取各种布置情况下最不利位置进行受力分析。本方案底模纵向分配梁统一为 2 层 5 cm×10 cm 方木，间距为 30 cm，可简化为跨径 20 cm 的多跨连续梁计算，荷载取板宽 1 m 计算。

底模板强度计算组合荷载为：

$$q_{强}=1.2\times(q_1+q_2)+1.4\times(q_3+q_4)=51.4\ kN/m$$

刚度计算组合荷载为：

$$q_{刚}=q_1+q_2+q_3+q_4=42.3\ kN/m$$

(1)计算模型如图 6-97 所示。

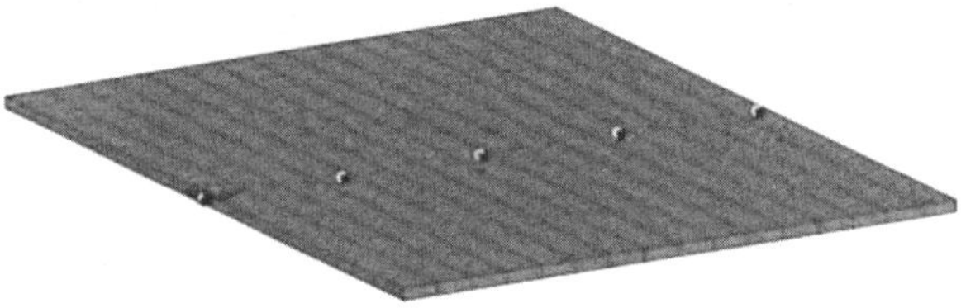

图 6-97　底模竹胶板模型

(2)强度分析:底模竹胶板内力图如图 6-98 所示。

图 6-98　底模竹胶板内力图

$$\sigma=\frac{M_{max}}{W}=9.16\ \text{MPa}<25\ \text{MPa}$$

(3)刚度分析:底模竹胶板位移图如图 6-99 所示。

图 6-99　底模竹胶板位移图

$$f=0.41\ \text{mm}<\frac{L}{400}=0.5\ \text{mm}$$

结论:底模竹胶板强度、刚度均符合规范要求。

2)方木验算——纵向方木验算

纵向方木置于竹胶板下方、横向方木上方,采用两根 5 cm×10 cm 方木重叠放置,纵向接缝交错布置,横向 30 cm 间距。可简化为跨径 60 cm 的多跨梁计算,荷载取横向宽度 0.3 m 计算。

强度计算组合荷载为:

$$q_{强}=0.3\times[1.2\times(q_1+q_2)+1.4\times(q_3+q_4)]=15.42\ \text{kN/m}$$

刚度计算组合荷载为:

$$q_{刚}=0.3\times(q_1+q_2+q_3+q_4)=12.69\ \text{kN/m}$$

因采用连续梁模型无法计算方木由轴向力引起的应力,故强度计算采用整体模型。因采用整体模型无法提取单跨(0.6 m 支撑)纵向方木产生的位移,故刚度计算采用连续梁模型。

(1)强度计算:纵向方木最大累计应力出现在近拱脚位置,为 6.2 MPa(<14.5MPa),满足要求(见图 6-100)。

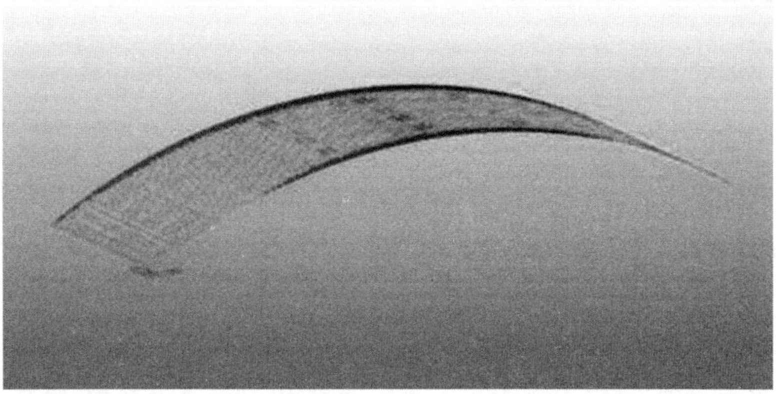

图 6-100　纵向方木组合应力图

(2)刚度计算:根据连续梁模型计算刚度,纵向方木最大单跨变形为 0.13 mm(<$L/400$=1.5 mm),满足要求(见图 6-101)。

图 6-101　纵向方木变形

结论:纵向双层方木强度、刚度满足要求。

3)方木验算——横向方木验算

横向方木置于纵向方木下方、顶托上方,采用单根 10 cm×15 cm 方木放置,纵桥向支撑间距 60 cm,横桥向支撑间距 60 cm。

(1)强度计算:横向方木最大组合应力为 4.2 MPa(<14.5 MPa),满足要求(见图 6-102)。

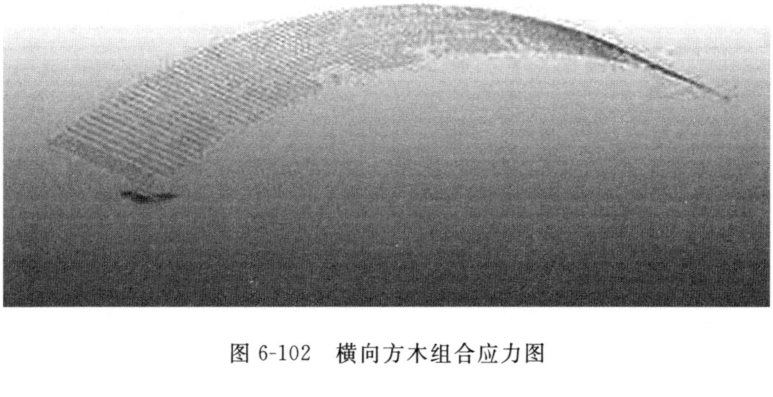

图 6-102　横向方木组合应力图

(2)刚度计算：横向方木最大竖向位移为 0.26 mm(＜$L/400=1.5$ mm)，满足要求(见图 6-103)。

图 6-103　横向方木竖向位移图

结论：横向方木强度、刚度满足要求。

4)K6 跨顶托、底托强度验算

本工程顶托、底托均采用直径 32 mm 的 Q345 钢材。顶托伸出支架顶端长度宜控制在 13～18 cm，底托伸出长度均为 10 cm，顶托、底托用于调整模板标高，调整长度范围严格控制在规范规定范围之内。

由计算模型可知，顶托最大组合应力值为 72.2 MPa，底托最大组合应力值为 27.1 MPa，均小于设计值 275 MPa，满足要求(见图 6-104)。

结论：顶托、底托强度满足要求。

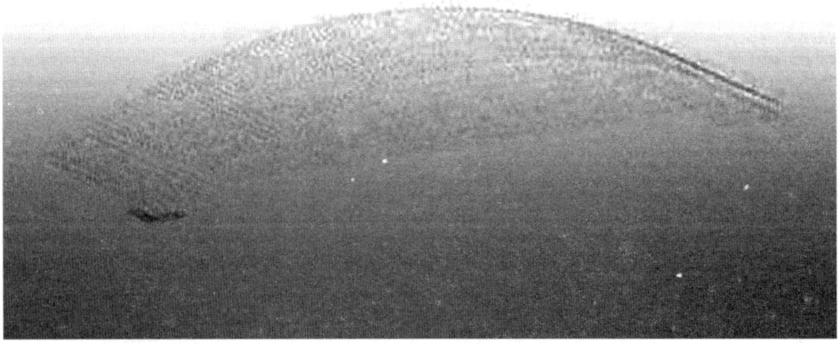

图 6-104　顶托、底托组合应力图

5)K6 跨支架钢管验算

本计算采用的支架钢管均采用∅48 mm×2.7 mm 钢管。

(1)立杆强度验算：由计算模型可知，支架立杆最大组合应力为 123 MPa(＜$[f]_{Q235}=190$ MPa)，满足要求(见图 6-105)。

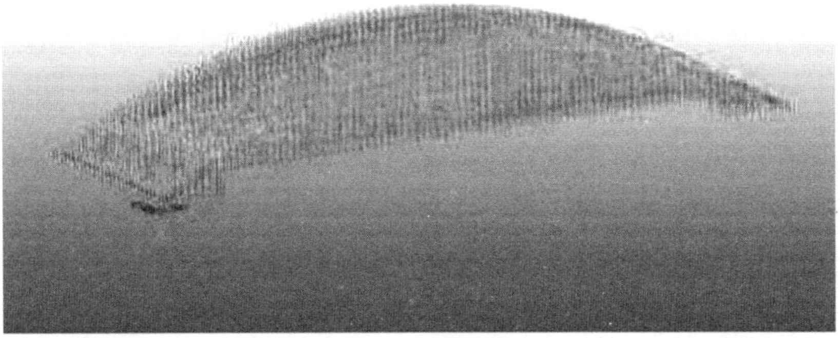

图 6-105　支架立杆组合应力图

(2)横杆强度验算:支架按照其设计标准规格进行搭设,纵横向水平杆间距均在设计范围之内,故不再进行单独验算;支架中的剪刀撑按照支架构造要求进行设置,故也不再进行验算。

6)K6 跨主拱圈支架强度、刚度验算汇总

综上所述,K6 跨主拱圈支架强度、刚度验算均满足要求,汇总结果如表 6-23 所示。

表 6-23　K6 跨主拱圈支架强度、刚度验算汇总表

验算项目	强度			刚度		
	计算值/MPa	设计值/MPa	是否满足要求	计算值/mm	允许值/mm	是否满足要求
底模竹胶板	9.16	≤25	满足	0.41	≤0.5	满足
纵向方木	6.2	≤14.5	满足	0.13	≤1.5	满足
横向方木	4.2	≤14.5	满足	0.26	≤1.5	满足
顶托、底托	72.2,27.1	≤275	满足	—	—	满足
支架立杆	123	≤190	满足	—	—	满足

6.3.6.2　K6 跨支架系统钢平台验算

1)贝雷梁上分配梁[18a

由图 6-106 可知,[18a 分配梁最大组合应力值为 42 MPa($<[f]_{Q235}=190$ MPa),满足规范要求。

图 6-106 [18a 组合应力图

2)贝雷梁

由图 6-107 可知,贝雷梁最大组合应力值为 161.9 MPa($<[f]_{Q345}=275$ MPa),满足规范要求。

图 6-107 贝雷梁组合应力图

3)贝雷梁间 2I250×118×10/13

由图 6-108 可知,2I250 最大组合应力值为 29.3 MPa($<[f]_{Q235}=190$ MPa),满足规范要求。

图 6-108　2I250×118×10/13 组合应力图

4)贝雷梁底 2I630×178×15/22

由图 6-109 可知，2I630×178×15/22 最大组合应力值为 86.3 MPa(<$[f]_{Q235}$=190 MPa)，满足规范要求。

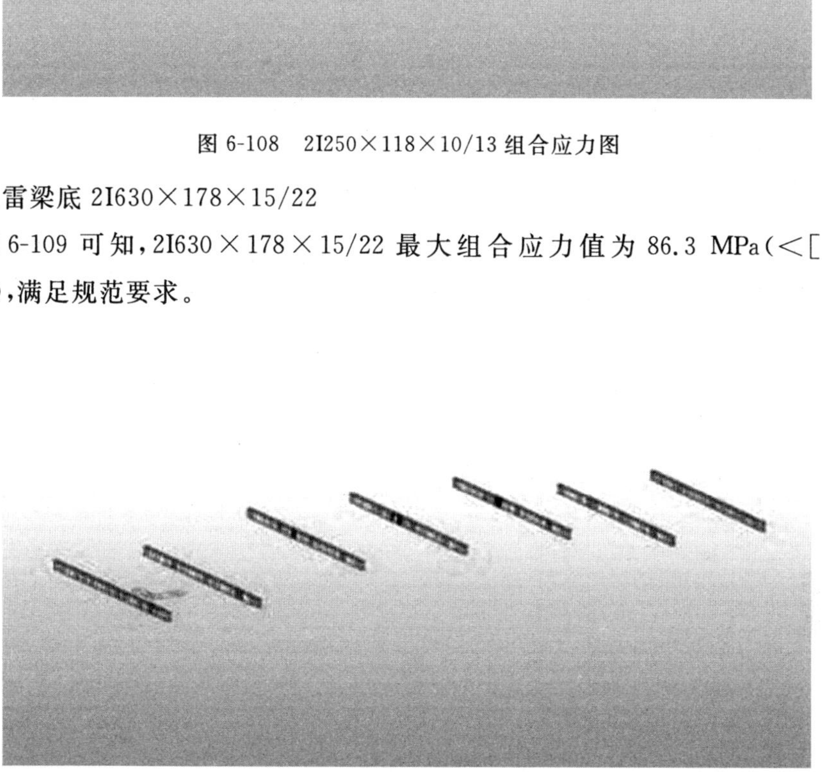

图 6-109　2I630×178×15/22 组合应力图

5)∅600 mm×9.5 mm 钢管立柱

由图 6-110 可知，∅600 mm×9.5 mm 钢管立柱最大组合应力值为 92 MPa(<$[f]_{Q235}$=190 MPa)，满足规范要求。

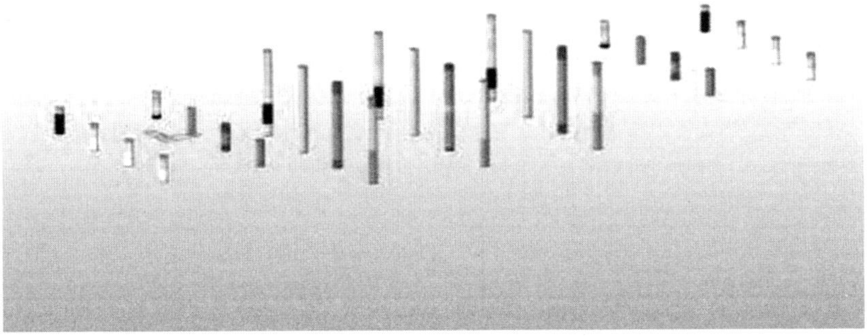

图 6-110　∅600 mm×9.5 mm 钢管立柱组合应力图

6)贝雷梁钢平台验算汇总

综上所述,K6 跨钢平台计算均满足要求,汇总结果如表 6-24 所示。

表 6-24　K6 跨支架系统钢平台验算汇总表

验算项目	强度		
	计算值/MPa	设计值/MPa	是否满足要求
[18a 分配梁	42	≤190	满足
贝雷梁	161.9	≤275	满足
2I250×118×10/13	29.3	≤190	满足
2I630×178×15/22	86.3	≤190	满足
∅630 mm×12 mm 钢管立柱	92	≤190	满足

6.3.6.3　K6 跨支架系统稳定性验算

稳定性验算包含三部分:支架系统的整体稳定性计算;单根立杆的稳定性计算;支架空载状态下横向风倾覆稳定性计算。

1)K6 跨支架系统的整体稳定性计算

根据全桥支架模型,将自重、施工荷载等均作为可变荷载,得出主要屈曲模态的临界荷载系数。根据全桥模型可知,全桥支架模型一阶至三阶屈曲状态均为横向屈曲,对应荷载临界荷载系数分别为 7.6、10.3、10.4,均大于 3,满足要求(见图 6-111 至图 6-113)。

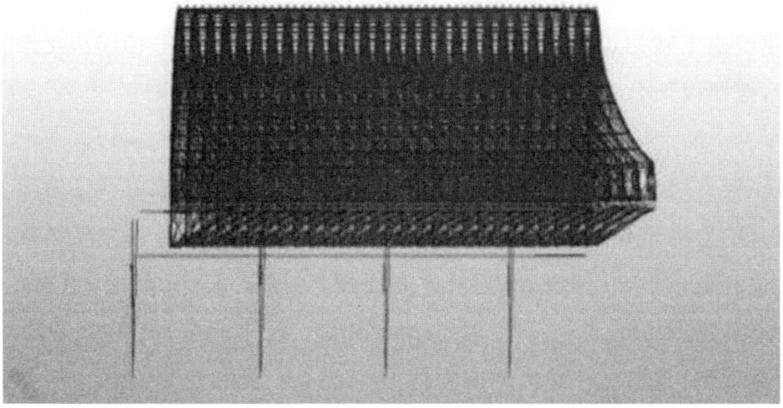

图 6-111　支架一阶屈曲模态

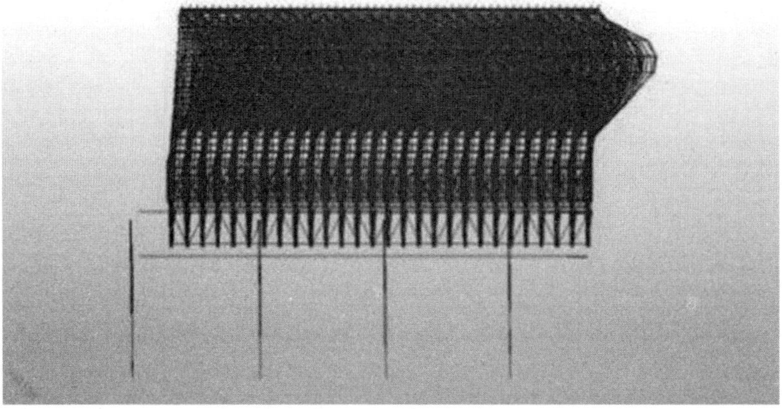

图 6-112　支架二阶屈曲模态

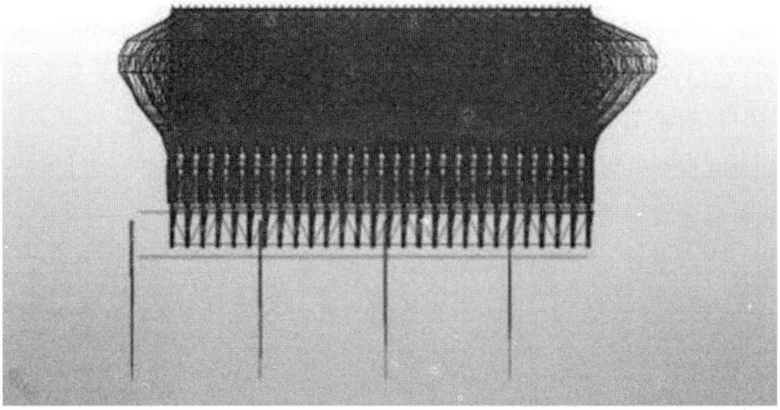

图 6-113　支架三阶屈曲模态

2)K6 跨单根立杆的稳定性计算

按照《建筑施工碗扣式钢管脚手架安全技术规范》(JGJ 166—2016),支架验算不考虑风荷载组合,按照以下公式进行验算:

$$N=1.2\times(Q_1+Q_2)+1.4\times[(Q_3+Q_4)L_xL_y]<\varphi Af_k$$

式中,Q_1 为模板支架自重标准值;Q_2 为新浇钢筋混凝土自重标准值;Q_3 为施工人员设备荷载标准值;Q_4 为浇筑和振捣混凝土产生的荷载标准值;L_x、L_y 为立杆纵横间距;f_k 为材料抗力的设计值,取 190 MPa;A 为杆件截面面积,壁厚 2.7 mm 的面积为 3.842 cm^2;φ 为压杆稳定系数。

根据全桥模型,得出立杆最大轴向力值为 18.5 kN(见图 6-114)。

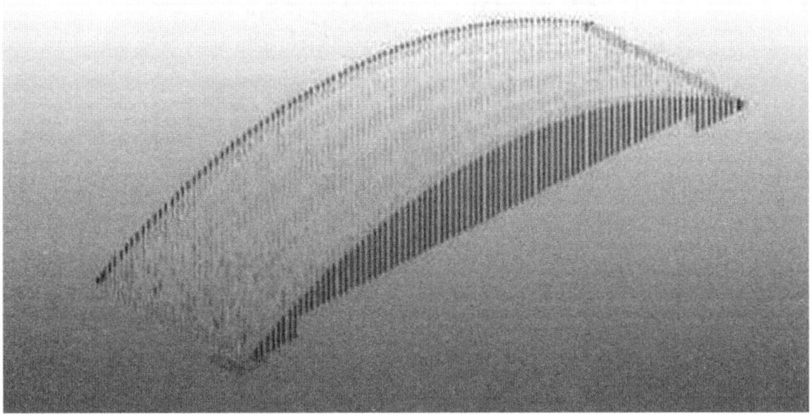

图 6-114 立杆轴力图

在横梁处,立杆步距 h(标准段)为 1.2 m,立杆顶层步距为 h(顶层)为 60 cm。按最不利考虑,计算长度 $l_0=h$(顶层)$+2a$,a 为顶端自由端长度,本计算取 0.5 m,得计算长度 $l_0=1.6$ m。$\varnothing$48 mm×2.7 mm 立杆回转半径 $i=1.604$ cm,按最不利考虑,长细比为 $\lambda=(h+2a)\div i=1.6\div 0.01604\approx 100$。查《建筑施工碗扣式钢管脚手架安全技术规范》(JGJ 166—2016)附录 E 可知,轴心受压立杆的稳定系数为 0.588。

$$\varphi Af_k=0.588\times 3.842\times 10^{-4}\times 190\times 10^3=42.9\ \text{kN}\geqslant 18.5\ \text{kN}$$

结论:立杆稳定性符合要求。

3)K6 跨支架空载状态下横向风倾覆稳定性计算

最不利状态为模板安装完毕、钢筋安装前。此时自重荷载较小,支架抗倾覆为最不利状态。对支架抗倾覆能力采用整体式验算。

支架整体倾覆稳定计算公式为:

$$\frac{H}{B}<\frac{0.5357g_k}{w_k}$$

式中，H 为支架高度，K6 跨支架高度取 6 m；B 为支架宽度，取 16.2 m；g_k 为支架按受风面面积平均分布的自重标准值（kN/m^2）；w_k 为风荷载标准值（kN/m^2）。根据全桥支架模型，全桥支架总重为3356.7 kN。

$$g_k = 3356.7 \div (6.0 \times 16.2) = 34.5\ kN/m^2$$

$$w_k = 0.7\mu_z\mu_s \cdot w_0 = 0.3\ kN/m^2$$

$$0.5357g_k \div w_k = 0.5357 \times 34.5 \div 0.3 = 61.6$$

支架高宽比为：

$$\frac{H}{B} = \frac{6.0}{16.2} = 0.4 < 61.6$$

结论：该支架抗倾覆能力良好，满足施工要求。

4）K6 跨支架稳定性计算结果汇总

综上所述，K6 跨支架稳定性计算均满足要求，汇总结果如表 6-25 所示。

表 6-25　K6 跨主拱圈支架稳定性验算汇总表

验算项目		支架稳定性		
		计算值	容许值	是否满足要求
整体稳定性	一阶屈曲	7.6	≥3	满足
	二阶屈曲	10.3	≥3	满足
	三阶屈曲	10.4	≥3	满足
单根立杆稳定性/kN		18.5	≤42.9	满足
支架空载稳定性（H/B）		0.4	≤61.6	满足

6.3.7　K7 跨主拱圈施工支架验算

6.3.7.1　K7 跨主拱圈施工支架系统强度、刚度验算

1）底模竹胶板计算

主拱圈底模采用竹胶板，取各种布置情况下最不利位置进行受力分析。本方案底模纵向分配梁统一为 2 层 5 cm×10 cm 方木，间距为 30 cm，可简化为跨径 20 cm 的多跨连续梁计算，荷载取板宽 1 m 计算。

底模板强度计算组合荷载为：

$$q_{强} = 1.2 \times (q_1 + q_2) + 1.4 \times (q_3 + q_4) = 51.4\ kN/m$$

刚度计算组合荷载为：

$$q_{刚} = q_1 + q_2 + q_3 + q_4 = 42.3\ kN/m$$

(1)计算模型如图 6-115 所示。

图 6-115　底模竹胶板模型

(2)强度分析:底模竹胶板内力图如图 6-116 所示。

图 6-116　底模竹胶板内力图

$$\sigma=\frac{M_{\max}}{W}=9.16\ \text{MPa}<25\ \text{MPa}$$

(3)刚度分析:底模竹胶板位移图如图 6-117 所示。

图 6-117　底模竹胶板位移图

$$f=0.41\ \text{mm}<\frac{L}{400}=0.5\ \text{mm}$$

结论:底模竹胶板强度、刚度均符合规范要求。

2)方木验算——纵向方木验算

纵向方木置于竹胶板下方、横向方木上方,采用两根 5 cm×10 cm 方木重叠放置,纵向接缝交错布置,横向 30 cm 间距。可简化为跨径 60 cm 的多跨梁计算,荷载取横向宽度 0.3 m 计算。

强度计算组合荷载为:

$$q_{强}=0.3\times[1.2\times(q_1+q_2)+1.4\times(q_3+q_4)]=15.42\ \text{kN/m}$$

刚度计算组合荷载为:

$$q_{刚}=0.3\times(q_1+q_2+q_3+q_4)=12.69\ \text{kN/m}$$

因采用连续梁模型无法计算方木由轴向力引起的应力,故强度计算采用整体模型。因采用整体模型无法提取单跨(0.6 m 支撑)纵向方木产生的位移,故刚度计算采用连续梁模型。

(1)强度计算:纵向方木最大累计应力出现在近拱脚位置,为 7.3 MPa(<14.5 MPa),满足要求(见图 6-118)。

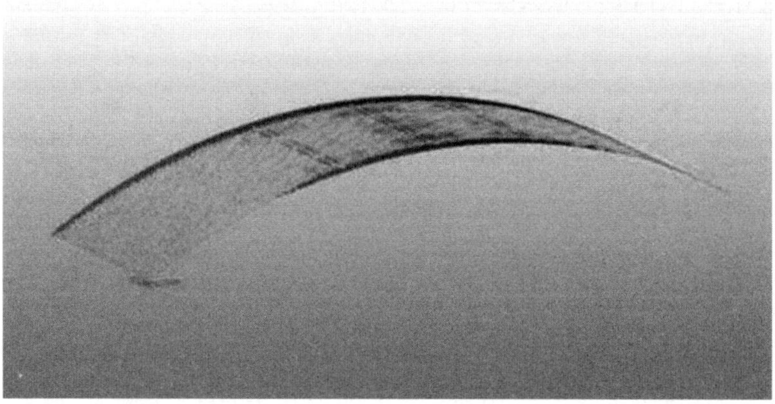

图 6-118　纵向方木组合应力图

(2)刚度计算：根据连续梁模型计算刚度，纵向方木最大单跨变形为 0.13 mm（$<L/400=1.5$ mm），满足要求（见图 6-119）。

图 6-119　纵向方木变形

结论：纵向双层方木强度、刚度满足要求。

3)方木验算——横向方木验算

横向方木置于纵向方木下方、顶托上方，采用单根 10 cm×15 cm 方木放置，纵桥向支撑间距 60 cm，横桥向支撑间距 60 cm。

(1)强度计算：横向方木最大组合应力为 4.1 MPa（<14.5 MPa），满足要求（见图 6-120）。

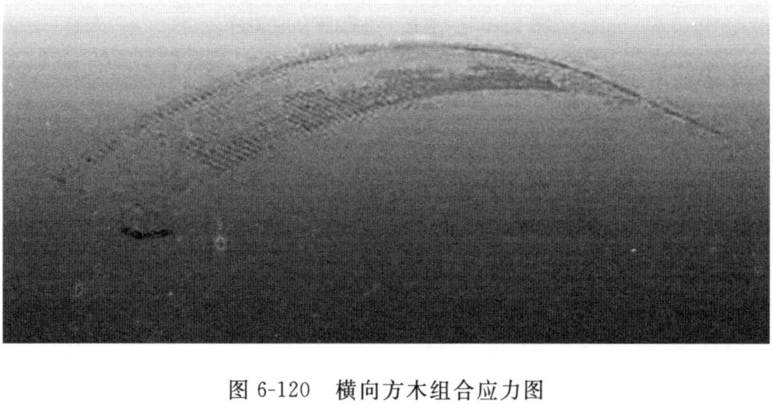

图 6-120　横向方木组合应力图

(2)刚度计算:横向方木最大竖向位移为 0.26 mm(<L/400=1.5 mm),满足要求(见图 6-121)。

图 6-121　横向方木竖向位移图

结论:横向方木强度、刚度满足要求。

4)K7 跨顶托、底托强度验算

本工程顶托、底托均采用直径 32 mm 的 Q345 钢材。顶托伸出支架顶端长度宜控制在 13～18 cm,底托伸出长度均为 10 cm,顶托、底托用于调整模板标高,调整长度范围严格控制在规范规定范围之内。

由计算模型可知,顶托最大组合应力值为 53.9 MPa,底托最大组合应力值为 26.7 MPa,均小于设计值 275 MPa,满足要求(见图 6-122)。

结论:顶托、底托强度满足要求。

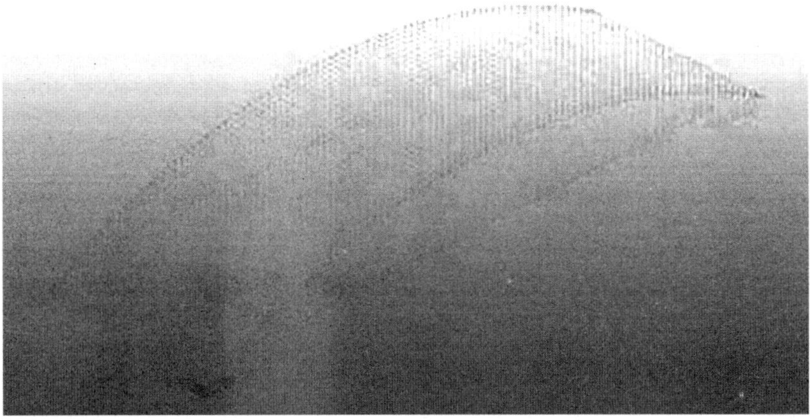

图 6-122　顶托、底托组合应力图

5)K7 跨支架钢管验算

本计算采用的支架钢管均采用∅48 mm×2.7 mm 钢管。

(1)立杆强度验算:由计算模型可知,支架立杆最大组合应力为 114.2 MPa($<[f]_{Q238}=190$ MPa),满足要求(见图 6-123)。

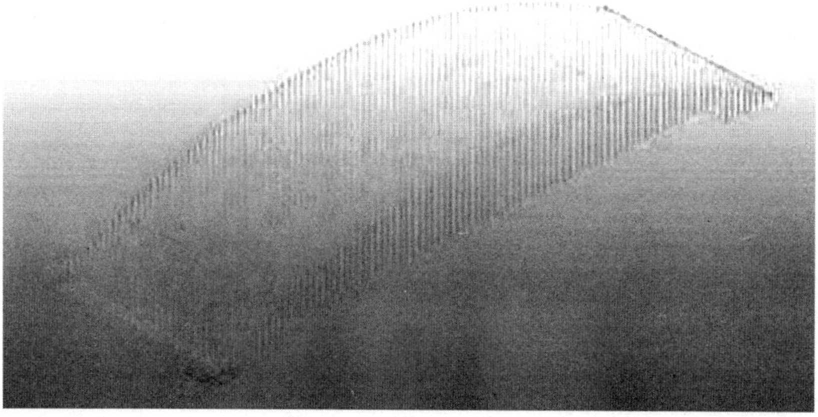

图 6-123　支架立杆组合应力图

(2)横杆强度验算:支架按照其设计标准规格进行搭设,纵横向水平杆间距均在设计范围之内,故不再进行单独验算;支架中的剪刀撑按照支架构造要求进行设置,故也不再进行验算。

6)K7 跨主拱圈支架强度、刚度验算汇总

综上所述,K7 跨主拱圈支架强度、刚度验算均满足要求,汇总结果如表 6-26 所示。

表 6-26　K7 跨主拱圈支架强度、刚度验算汇总表

验算项目	强度			刚度		
	计算值/MPa	设计值/MPa	是否满足要求	计算值/mm	允许值/mm	是否满足要求
底模竹胶板	9.16	≤25	满足	0.41	≤0.5	满足
纵向方木	7.3	≤14.5	满足	0.13	≤1.5	满足
横向方木	4.1	≤14.5	满足	0.26	≤1.5	满足
顶托、底托	53.9,26.7	≤275	满足	—	—	满足
支架立杆	114.2	≤190	满足	—	—	满足

6.3.7.2　K7 跨支架系统钢平台验算

1)贝雷梁上分配梁[18a

由图 6-124 可知,[18a 分配梁最大组合应力值为 33.1 MPa($<[f]_{Q235}=190$ MPa),满足规范要求。

图 6-124 ［18a 组合应力图

2）贝雷梁

由图 6-125 可知，贝雷梁最大组合应力值为 187.7 MPa（$<[f]_{Q345}=275$ MPa），满足规范要求。

图 6-125 贝雷梁组合应力图

3）贝雷梁间 2I250×118×10/13

由图 6-126 可知，2I250 最大组合应力值为 28.7 MPa（$<[f]_{Q235}=190$ MPa），满足规范要求。

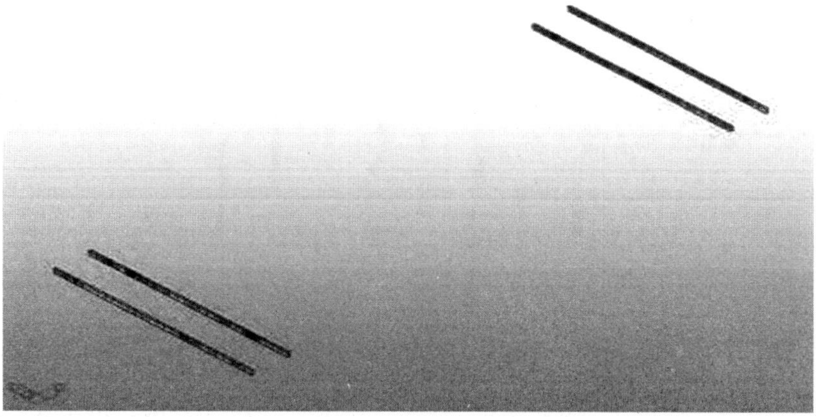

图 6-126　2I250×118×10/13 组合应力图

4)贝雷梁底 3I450×152×13.5/18

由图 6-127 可知,3I450×152×13.5/18 最大组合应力值为 110.1 MPa($<[f]_{Q235}=$ 190 MPa),满足规范要求。

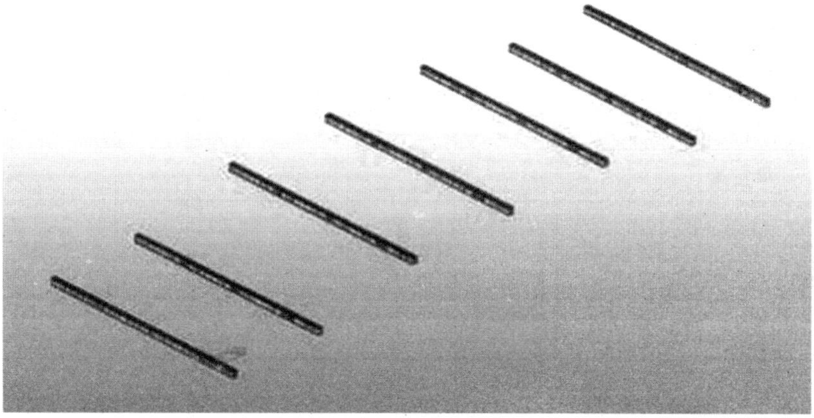

图 6-127　3I450×152×13.5/18 组合应力图

5)∅600 mm×9.5 mm 钢管立柱

由图 6-128 可知,∅600 mm×9.5 mm 钢管立柱最大组合应力值为 92 MPa($<[f]_{Q235}=$190 MPa),满足规范要求。

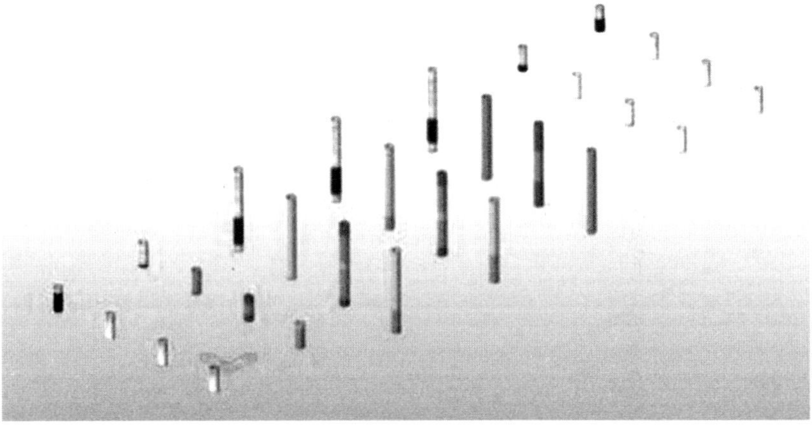

图 6-128　∅600 mm×9.5 mm 钢管立柱应力图

6)贝雷梁钢平台验算汇总

综上所述,K7 跨钢平台计算均满足要求,汇总结果如表 6-27 所示。

表 6-27　K7 跨支架系统钢平台验算汇总表

验算项目	强度		
	计算值/MPa	设计值/MPa	是否满足要求
[18a 分配梁	33.1	≤190	满足
贝雷梁	187.7	≤275	满足
2I250×118×10/13	28.7	≤190	满足
3I450×152×13.5/18	110.1	≤190	满足
∅600 mm×9.5 mm 钢管立柱	92	≤190	满足

6.3.7.3　K7 跨支架系统稳定性验算

稳定性验算包含三部分:支架系统的整体稳定性计算;单根立杆的稳定性计算;支架空载状态下横向风倾覆稳定性计算。

1)K7 跨支架系统的整体稳定性计算

根据全桥支架模型,将自重、施工荷载等均作为可变荷载,得出主要屈曲模态的临界荷载系数。根据全桥模型可知,全桥支架模型一阶至三阶屈曲状态均为横向屈曲,对应荷载临界荷载系数分别为 3.7、4.3、4.7,均大于 3,满足要求(见图 6-129 至图 6-131)。

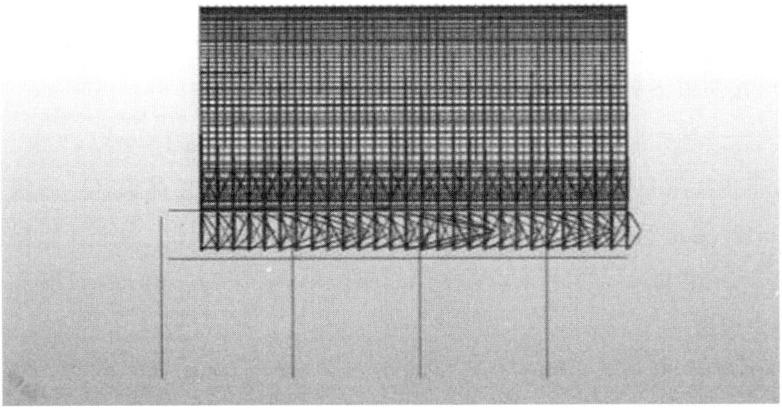

图 6-129　支架一阶屈曲模态

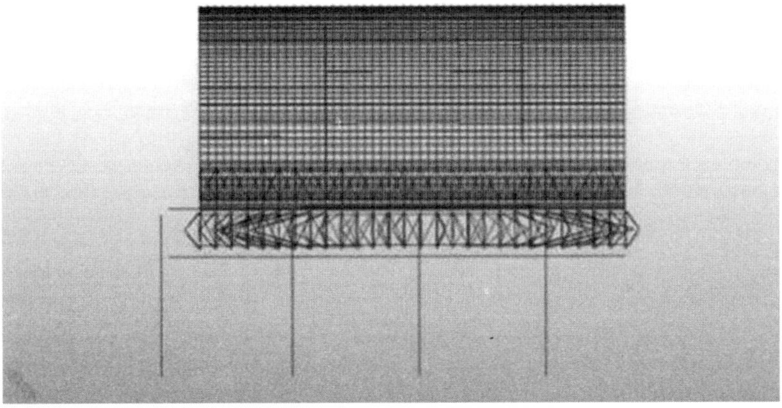

图 6-130　支架二阶屈曲模态

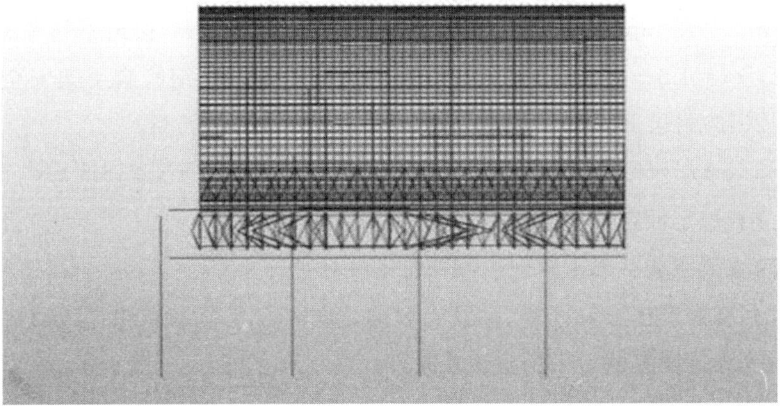

图 6-131　支架三阶屈曲模态

2)K7 跨单根立杆的稳定性计算

按照《建筑施工碗扣式钢管脚手架安全技术规范》(JGJ 166—2016),支架验算不考虑风荷载组合,按照以下公式进行验算:

$$N=1.2\times(Q_1+Q_2)+1.4\times[(Q_3+Q_4)L_xL_y]<\varphi Af_k$$

式中,Q_1 为模板支架自重标准值;Q_2 为新浇钢筋混凝土自重标准值;Q_3 为施工人员设备荷载标准值;Q_4 为浇筑和振捣混凝土产生的荷载标准值;L_x、L_y 为立杆纵横间距;f_k 为材料抗力的设计值,取 190 MPa;A 为杆件截面面积,壁厚 2.7 mm 的面积为 3.842 cm^2;φ 为压杆稳定系数。

根据全桥模型,得出立杆最大轴向力值为 16.8 kN(见图 6-132)。

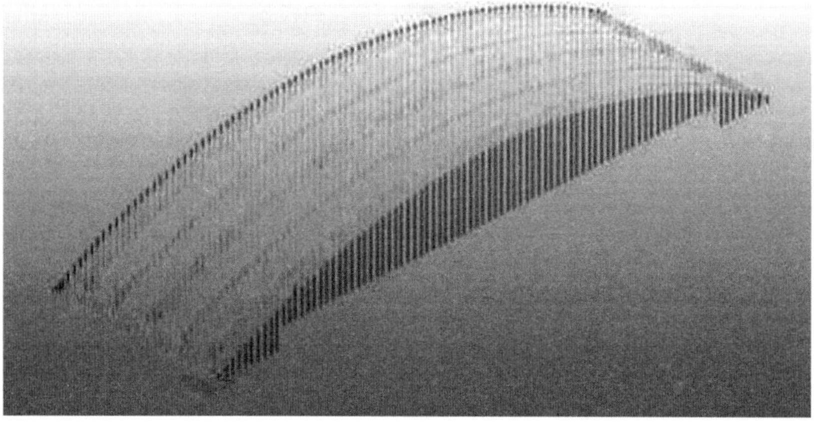

图 6-132　立杆轴力图

在横梁处,立杆步距 h(标准段)为 1.2 m,立杆顶层步距为 h(顶层)为 60 cm。按最不利考虑,计算长度 $l_0=h$(顶层)$+2a$,a 为顶端自由端长度,本计算取 0.5 m,得计算长度 $l_0=1.6$ m。$\varnothing$48 mm×2.7 mm 立杆回转半径 $i=1.604$ cm,按最不利考虑,长细比为 $\lambda=(h+2a)\div i=1.6\div 0.01604\approx 100$。查《建筑施工碗扣式钢管脚手架安全技术规范》(JGJ 166—2016)附录 E 可知,轴心受压立杆的稳定系数为 0.588。

$$\varphi Af_k=0.588\times 3.842\times 10^{-4}\times 190\times 10^3=42.9\ \text{kN}\geqslant 16.8\ \text{kN}$$

结论:立杆稳定性符合要求。

3)K7 跨支架空载状态下横向风倾覆稳定性计算

最不利状态为模板安装完毕、钢筋安装前。此时自重荷载较小,支架抗倾覆为最不利状态。对支架抗倾覆能力采用整体式验算。

支架整体倾覆稳定计算公式为:

$$\frac{H}{B}<\frac{0.5357g_k}{w_k}$$

式中，H 为支架高度，K7 跨支架高度取 6 m；B 为支架宽度，取 16.2 m；g_k 为支架按受风面面积平均分布的自重标准值（kN/m^2）；w_k 为风荷载标准值（kN/m^2）。根据全桥支架模型，全桥支架总重为 3403 kN。

$$g_k = 3403 \div (6.0 \times 16.2) = 45.0\ kN/m^2$$

$$w_k = 0.7\mu_z\mu_s \cdot w_0 = 0.3\ kN/m^2$$

$$0.5357 g_k \div w_k = 0.5357 \times 45.0 \div 0.3 = 80.4$$

支架高宽比为：

$$\frac{H}{B} = \frac{6.0}{16.2} = 0.4 < 80.4$$

结论：该支架抗倾覆能力良好，满足施工要求。

4）K7 跨支架稳定性计算结果汇总

综上所述，K7 跨支架稳定性计算均满足要求，汇总结果如表 6-28 所示。

表 6-28　K7 跨主拱圈支架稳定性验算汇总表

验算项目		支架稳定性		
		计算值	容许值	是否满足要求
整体稳定性	一阶屈曲	3.7	≥3	满足
	二阶屈曲	4.3	≥3	满足
	三阶屈曲	4.7	≥3	满足
单根立杆稳定性/kN		16.8	≤42.9	满足
支架空载稳定性（H/B）		0.4	≤80.4	满足

6.4　结论与建议

6.4.1　结论

本项目采用 Midas Civil 软件建立主拱圈支架系统的空间模型，对主拱圈支架受力状况进行计算，得到了计算数据。通过对数据的分析可知，钢平台各构件以及支架各杆件均满足强度、刚度、稳定性的要求。

6.4.2　建议

（1）钢平台及支架搭设严格按照施工方案图纸进行施工，同时加强支架搭设过程中的搭设质量监管。

(2)钢平台及支架搭设使用材料的指标必须符合相关规范、标准的规定。

(3)钢管立柱顶端 60 cm 内出现水平接缝的情况时,水平接缝需加焊钢板箍。

(4)顶托伸出长度宜控制在 13～18 cm,顶层碗扣步距加密至 60 cm。

(5)拱顶纵向方木顶在拱座上,同时方木端部用 1.5 mm 粗钢丝束缚,防止顶端开裂。

(6)钢平台采用 321 型贝雷梁,有条件的可在桩顶支撑处适当加固,防止贝雷梁变形引起局部组合应力超过容许值。

(7)所有支架立杆接头严格按照规范错开布置,如需使用 20 cm 或 30 cm 接头,需加在立杆顶端。

(8)支架与拱座接触部位可用木楔塞紧。

(9)支架预压前,需制定详细的预压方案,预压荷载按原设计预压荷载执行。

(10)主体进行体系转换前,需制定详细的体系转换(落架)方案。

(11)支架钢管建议选用符合国家标准的碗扣支架。

(12)其他未尽事宜严格按照国家、行业有关规范规定执行。

6.5 主梁支架计算书

主梁采用搭设碗扣支架法施工,支架搭设顺序由上至下依次为:模板→纵向方木(2层 5 cm×10 cm)→横向方木(10 cm×15 cm)→支架→基础→主梁顶。现以一跨为例就上述荷载传递线路上各支撑构件的安全性进行验算。

6.5.1 计算依据

(1)新建工程设计图纸。

(2)《路桥施工计算手册》(人民交通出版社 2023 年版)。

(3)《建筑施工碗扣式钢管脚手架安全技术规范》(JGJ 166—2016)。

(4)《公路桥涵施工技术规范》(JTG/T 3650—2020)。

(5)《建筑地基处理技术规范》(JGJ 79—2012)。

(6)《混凝土模板用胶合板》(GB/T 17656—2018)。

6.5.2 现浇主梁满堂支架布置及搭设要求

采用满堂式碗扣支架搭设。满堂支架体系由支架基础、∅48 mm×2.7 mm 碗扣立杆、横杆、斜撑杆、可调节顶托、5 cm×10 cm 方木、10 cm×15 cm 方木作为纵横向分配梁,15 mm 竹胶板作底板。模板系统由侧模、底模等组成。

满堂支架横杆顶托、底托位置处的步距为 0.6 m，其余位置横杆步距均为 1.2 m；立杆间距为 0.9 m×0.9 m。在支架上安装 10 cm×15 cm 横向方木及 2 层 5 cm×10 cm 横向方木作为分配梁，上置 1.5 cm 厚竹胶板作为底模，底模及外侧模均采用竹胶板。考虑支架的整体稳定性，在纵横向布置水平及斜向钢管剪力撑。

主梁满堂式碗扣支架底托均分布在主拱圈和腹拱圈上，因此，地基承载力符合设计要求。

6.5.3　荷载计算

6.5.3.1　荷载取值

(1)模板自重：底模、内模及侧模采用竹胶板及方木。

$$P_{1-1}=2\ \text{kN/m}^2$$

支架自重按 0.9×0.9、立杆按 3 m 长计算考虑。

$$P_{1-2}=3\times4.893\times10^{-4}\times78.5\div(0.9\times0.9)=0.14\ \text{kN/m}^2$$

(2)梁板钢筋混凝土重度为 26 kN/m^3，板重量为：

$$P_{2-1}=26\times0.25=6.5\ \text{kN/m}^2$$

(3)施工荷载 $P_3=2.5\ \text{kN/m}^2$，含施工人员、施工材料和机具荷载，按均布荷载计算。

(4)倾倒混凝土产生的荷载 $P_4=2\ \text{kN/m}^2$。

(5)振捣混凝土产生的荷载 $P_5=2\ \text{kN/m}^2$。

(6)其他可能产生的荷载，P_6 为雪荷载、冬季保暖设施荷载等，按实际情况考虑。

6.5.3.2　荷载组合方式

计算承载力为：

$$F=(1)+(2)+(3)+(4)+(5)+(6)$$

验算刚度为：

$$F=(1)+(2)+(6)$$

6.5.4　碗扣支架体系相关力学参数计算

6.5.4.1　钢管力学参数

采用∅48 mm×3 mm 的钢管，材料特性及截面特性如表 6-29、表 6-30 和表 6-31 所示。

表 6-29　钢管的特性及弹性模量

Q235 A3 钢材抗拉、抗压和抗弯拉设计值	弹性模量/MPa
140	2.05×10^5

表 6-30　钢管截面特性

外径 F/mm	壁厚 t/mm	截面积 A/cm^2	截面惯性矩 I/cm^4	截面模量 W/cm^3	回转半径 i/cm
48	2.7	4.893	12.19	5.23	1.58

表 6-31　立杆、横杆承载性能

立杆		横杆		
步距/m	允许荷载/kN	横杆长度/m	允许集中荷载/kN	允许均布荷载/kN
0.6	40	0.9	4.5	12
1.2	30	1.2	3.5	7
1.8	25	1.5	2.5	4.5
2.4	20	1.8	2	3

6.5.4.2　方木力学参数

方木容许顺纹弯应力为：

$$[\delta_w]=14.5\ \text{MPa}$$

弹性模量(选用东北落叶松)为：

$$E=1.1\times10^4\ \text{MPa}$$

2 层 5 cm×10 cm 方木、10 cm×15 cm 方木截面面积为：

$$A_1=0.01\ \text{m}^2$$

$$A_2=0.015\ \text{m}^2$$

截面惯性矩为：

$$I_1=b\times h^3\div12=0.1\times0.1^3\div12=8.333\times10^{-6}\ \text{m}^4$$

$$I_2=b\times h^3\div12=0.1\times0.15^3\div12=2.812\times10^{-5}\ \text{m}^4$$

截面抵抗矩为：

$$W_1=b\times h^2\div6=0.1\times0.1^2\div6=1.667\times10^{-4}\ \text{m}^3$$

$$W_2=b\times h^2\div6=0.1\times0.15^2\div6=3.75\times10^{-4}\ \text{m}^3$$

6.5.4.3　竹胶板力学参数

12 mm 厚竹胶板的静曲强度：板长向为 70 N/mm^2，板宽向为 50 N/mm^2。

弹性模量：板长向为 6.570 kN/mm^2，板宽向为 4.5 kN/mm^2。

竹胶板静曲强度$[\sigma]=25$ MPa，弹性模量 $E=4\times10^3$ MPa。

采用 12 mm 厚的竹制胶合板，1 m 宽度时截面面积为：

$$E=4\times10^3\ \text{MPa}$$

截面惯性矩为：

$$I=b\times h^3\div12=1\times0.012^3\div12=1.44\times10^{-7}\ \text{m}^4$$

截面抵抗矩为：

$$W=b\times h^2\div6=1\times0.012^2\div6=2.4\times10^{-5}\ \text{m}^3$$

6.5.4.4　底模竹胶板验算

竹胶板验算：底模下的方木横梁间距为 30 cm。可以把底模简化为三等跨连续梁进行计算：采用 12 mm 厚的竹胶板，支垫间距 20 cm，取竹胶板计算宽度 1 m。

强度计算为：

$$\begin{aligned}q_1&=b\times q=b\times[1.2\times(P_{1-1}+P_{2-1})+1.4\times(P_3+P_4+P_5)]\\&=1\times[1.2\times(2+6.5)+1.4\times(2.5+2+2)]=19.3\ \text{kN/m}=19.3\ \text{N/mm}\end{aligned}$$

刚度计算为：

$$q_2=b\times q=b\times1.2\times(P_{1-1}+P_{2-1})=1\times1.2\times(2+6.5)=10.2\ \text{kN/m}^2=10.2\ \text{N/mm}$$

最大弯矩为：

$$M_{\max}=q_1\times L^2\div10=0.1\times19.3\times0.3^2=0.174\ \text{kN}\cdot\text{m}$$

$$W=b\times h^2\div6=1\times0.012^2\div6=2.4\times10^{-5}\ \text{m}^3$$

$$\sigma_m=M_{\max}\div W=7.25\ \text{MPa}<[\sigma]=25\ \text{MPa}$$

最大挠度(考虑到支点处方木宽 10 cm，采用净跨 10 cm 进行计算)：

$$E=4\times10^3\ \text{N/mm}^2$$

$$I=b\times h^3\div12=1\times0.012^3\div12=1.44\times10^{-7}\ \text{m}^3$$

$$\begin{aligned}f_{\max}&=q\times L^4\div(128EI)=10.2\times100^4\div(128\times4\times10^3\times1.44\times10^5)\\&=0.014\ \text{mm}<[f]=100\div400=0.25\ \text{mm}(\text{刚度满足要求})\end{aligned}$$

6.5.4.5　纵向方木验算

纵向方木采用 2 层 5 cm×10 cm 方木，按 10 cm×10 cm 方木计算，间距为 30 cm。纵桥向摆放，按三等跨连续梁计算，取一方木为计算单元，受荷宽度为其摆放间距。

采用东北落叶松，东北落叶松容许拉应力$[\sigma_1]=99$ N/mm^2，顺纹弯应力$[\sigma]=14.5$ MPa，弹性模量 $E=1.1\times10^4$ MPa。

方木间距 20 cm，纵桥向布置，支垫间距 90 cm。

强度计算为：

$$q_1=b\times q=b\times[1.2\times(P_{1-1}+P_{2-1})+1.4\times(P_3+P_4+P_5)]$$
$$=0.2\times[1.2\times(2+10.4)+1.4\times(2.5+2+2)]=4.796\ \text{kN/m}=4.796\ \text{N/mm}$$

刚度计算为：

$$q_2=b\times q=b\times1.2\times(P_{1-1}+P_{2-1})=0.2\times1.2\times(2+10.4)=2.976\ \text{kN/m}=2.976\ \text{N/mm}$$

最大弯矩为：

$$M_{\max}=q\times L^2\div10=0.1\times4.796\times0.9^2=0.388\ \text{kN}\cdot\text{m}$$
$$W=b\times h^2\div6=0.1\times0.1^2\div6=1.667\times10^{-4}\ \text{m}^3$$

最大弯应力为：

$$\sigma_{\text{m}}=M_{\max}\div W=2.3\ \text{MPa}<[\sigma]=14.5\ \text{MPa}(符合要求)$$

最大挠度(挠度公式按三跨连续梁)为：

$$E=1.1\times10^4\ \text{N/mm}^2$$
$$I=b\times h^3\div12=0.1\times0.1^3\div12=8.333\times10^6\ \text{mm}^4$$
$$f=0.677q\times L^4\div(100EI)=0.677\times2.796\times900^4\div(100\times1.1\times10^4\times8.333\times10^6)$$
$$=0.014\ \text{mm}<[f]=100\div400=0.25\ \text{mm}(刚度满足要求)$$

6.5.4.6 横向方木验算

横向方木采用 10 cm×15 cm 方木，间距均为 90 cm。按三等跨连续梁计算，取一根纵向方木为计算单元。

强度计算为：

$$q_1=b\times q=b\times[1.2\times(P_{1-1}+P_{2-1})+1.4\times(P_3+P_4+P_5)]$$
$$=0.9\times[1.2\times(2+10.4)+1.4\times(2.5+2+2)]=21.582\ \text{kN/m}=21.582\ \text{N/mm}$$

刚度计算为：

$$q_2=b\times q=b\times1.2\times(P_{1-1}+P_{2-1})=0.9\times1.2\times(2+10.4)=13.392\ \text{kN/m}=13.392\ \text{N/mm}$$

最大弯矩为：

$$M_{\max}=q\times L^2\div10=0.1\times21.582\times0.9^2=1.75\ \text{kN}\cdot\text{m}$$
$$W=b\times h^2\div6=0.1\times0.15^2\div6=3.75\times10^{-4}\ \text{m}^3$$
$$\sigma_{\text{m}}=M_{\max}\div W=4.67\ \text{MPa}<[\sigma]=14.5\ \text{MPa}(符合要求)$$

最大挠度(挠度公式按三跨连续梁)为：

$$E=1.1\times10^4\ \text{N/mm}^2$$
$$I=b\times h^3\div12=0.1\times0.15^3\div12=2.812\times10^7\ \text{mm}^4$$
$$f=0.677q\times L^4\div(100EI)$$
$$=0.677\times13.392\times900^4\div(100\times1.1\times10^4\times2.812\times10^7)$$
$$=0.192\ \text{mm}<[f]=900\div400=2.25\ \text{mm}(刚度满足要求)$$

6.5.4.7　碗扣脚手架验算

$$q = 1.2\times(P_{1-1}+P_{1-2}+P_{2-1})+1.4\times(P_3+P_4+P_5)$$
$$=1.2\times(2+0.14+10.4)+1.4\times(2.5+2+2)=24.15\ \mathrm{kN/m^2}$$

碗扣立杆分布 90 cm×90 cm,步距 120 cm。

强度验算——单根立杆最大受力为：

$$N=0.9\times0.9\times24.15=19.56\ \mathrm{kN}<[N]=30\ \mathrm{kN}(\text{满足强度要求})$$

稳定性验算——立杆长细比为：

$$\lambda=\mu l_0\div i$$

立杆步距 $l_0=1.2$ m,长度系数 $\mu=1.0$,则：

$$\lambda=\mu l_0\div i=1\times1.2\div0.0158=75.95<[\lambda]=150$$

查规范可知折减系数 $\varphi=0.729$,Q235A 钢材抗拉、抗压和抗弯容许应力值为 140 MPa。

$$\sigma=N\div(\varphi A)=19.56\div(0.729\times4.893\times10^{-4})$$
$$=54.85\ \mathrm{MPa}<140\ \mathrm{MPa}(\text{满足稳定性要求})$$

经验算,按上述各支撑系统搭设参数进行施工,支撑系统各构件的强度、刚度、稳定性均满足要求,能够安全工作,所以可以组织施工。

第7章　安全、质量及其他管控措施

7.1　安全管控措施

7.1.1　安全管理保证体系

7.1.1.1　安全管理组织机构

(1)建立健全安全管理组织机构。成立安全生产领导小组,项目经理为组长,是安全生产管理的第一责任人,对本项目安全生产负有全面责任;安全总监、生产副经理、总工为副组长;职能部门和施工队负责人为组员。设立安全部,负责项目安全检查和日常工作。

(2)安全管理职责。施工单位设安全部,配安全工程师,具体负责本项目工程的全部安全监察和管理工作,各施工队设专职安全员。安全员选派工作责任心强、有多年现场工作经验、经过安全管理专业技术培训的人员担任。

施工单位安全管理领导小组的任务和职责:贯彻执行上级各项安全法规规程;定期召开安全工作会议;总结和布置安全生产工作;决策重大施工安全方案;制定本项目各项安全制度规定;落实安全责任制;组织安全教育培训;开展安全检查等。

7.1.1.2　安全管理人员数量配备

施工单位配置2名专职安全员,施工队设专职安全员,班组设兼职安全员,同时项目配备9名交通协管员,负责施工时的交通安全。全员参与负责安全生产的组织、协调和领导工作。坚持"管生产必须管安全"的原则,建立健全岗位责任制,从组织上、制度上保证安全生产,做到程序化、规范化施工,全面实现安全目标。

7.1.1.3　安全生产保证体系

为确保施工作业安全,建立、健全各项安全规章制度,做到依法办事;加强安全教育,增强广大职工的安全意识和防范安全事故的能力；及时开展安全生产大检查，消除事故隐患；建立高效精干的安全组织机构，制定切实可行的安全技术措施，在施工中严格执行；从技术上入手，针对工程的实际情况，及时解决施工中的安全问题，以确保实现安全目标，创建安全生产标准化工地。本项目工程施工坚持“安全第一、预防为主”的方针和“管生产必须管安全”的原则，加强安全生产宣传教育，增强全员安全生产意识，建立健全各项安全生产的管理机构和安全生产管理制度，配备专职及兼职安全检查人员，有组织、有领导地开展安全生产活动。各级领导、工程技术人员、生产管理人员和具体操作人员必须熟悉和遵守各项规定。

7.1.1.4　建立健全各项安全制度

(1)安全生产责任制。安全生产责任制是施工中最基本的安全管理制度，从项目经理到生产工人的安全管理系统必须做到纵向到底，一环不漏；各职能部门和人员的安全生产责任制横向到边，人人有责。

安全生产责任制是综合各种安全生产管理、操作规程，把各级领导、各职能部门、工程技术人员、工程管理人员、施工人员应负的安全责任明确出来，形成“人人讲安全，事事为安全，时时想安全，处处要安全”的氛围。

(2)安全生产教育与培训制度。新上岗人员进行上岗前的技能和安全基本知识培训教育，取得上岗证后方可上岗；特殊工种工人必须经培训考试合格，取得上岗证后方能上岗操作。

参加施工的人员必须接受安全技术教育，熟知和遵守各项安全技术操作规程，定期进行安全技术考核，合格者方能上岗操作。从事电气、起重、建筑登高架设作业、锅炉操作、压力容器操作、焊接、机动车驾驶、爆破、潜水、瓦斯检测等特殊工种的人员，经过专业培训，获得《安全操作合格证》后方能持证上岗。

(3)安全技术交底制度。在编制施工组织设计和下达施工计划时，要根据工程内容进行危险源分析，对墩台基坑开挖、梁体支架搭设、梁体张拉等复杂结构施工制定强制性防护措施，对重要危险源制定详细监护方案和应急措施，并在开工或施工前由技术或安全专职干部向有关人员进行安全技术交底，无安全措施和未进行技术交底的不得进行作业。

(4)安全生产检查制度。施工单位每半月必须组织 1 次安全检查，施工队每周、班组每天检查 1 次安全生产并认真做好安全检查记录。重点工程、关键部位的安全生产要加大检查力度和次数。对于违反安全规定的，下发《隐患整改通知单》，并根据情况进行处罚。整改负责人整改完毕后必须填报《隐患整改反馈表》。

坚持做到工前布置安全、工中检查安全、工后讲评安全的“三工”安检制度，工班与工班、上下工序之间认真进行交接班检查，工班每周进行安全总结，并认真做好各项安全记录。

安全生产检查内容主要有开工前的安全检查、定期安全生产检查、经常性的安全检查、专业性的安全检查和季节性、节假日安全生产专项检查。

定期检查按现行《建筑施工安全检查标准》(JGJ 59—2011)进行检查、打分、评价；班组每日的自检、交接检以及经常性安全生产检查可在相应的工作日志上记载、归档或使用《安全检查记录表》记录；专业性安全检查以及季节性、节假日安全生产检查可使用《安全检查记录表》或《事故易发点检查表》进行检查。

7.1.2 安全生产保证措施

7.1.2.1 脚手架安装安全措施

脚手架基础及搭设要符合有关规范规定。安全网设施、脚手架钢材材质符合要求，脚手架设扫地杆、剪力撑和横向斜撑，脚手架外侧设闭目式安全网进行封闭。

脚手架根据施工情况进行方案设计，选择适用、合理的构架形式、尺寸、材质、连接方式、荷载和局部加强措施，确保构架稳定、承载可靠和使用安全。

脚手架基础平整夯实，并有排水措施，以保证地基具有足够的承载能力，避免脚手架整体或局部沉降失稳。脚手架底部必须垫通板，内外立杆加绑扫地杆。

7.1.2.2 起重吊装施工安全措施

(1)《特种设备安全监察条例》规定施工起重机械在投入使用前进行验收，设备应经有相应资质的检验检测机构监督检验合格。

(2)起重机械所在位置设置明显的安全警示标志。

(3)轮胎吊、履带吊在现场作业时由持有《操作证》的信号工指挥，吊车由持有《操作证》的司机操作，吊装有技术方案和技术交底。

7.1.2.3 高空作业安全保证措施

(1)本项目的高空作业安全至关重要。项目技术负责人应当组织编制详细的高空作业安全专项施工方案及防护技术措施，并报总监理工程师审批实施。

(2)所有安全防护设施均出图、计算、审批，由专业持证人员搭设，并由项目经理组织人员亲自验收、挂牌、建档。

(3)高空作业现场需划出危险禁区，设置明显标志，严禁无关人员进入。

(4)从事高空作业的人员必须进行身体检查。凡患有高血压、心脏病、癫痫症、恐高症及其他不适应高空作业的人员，一律不准从事高空作业。

(5)登高作业前,仔细检查登高工具和安全用具,如安全帽、安全带、梯子、跳板、脚手架等,如有不符合要求的,立即改进或拒绝登高作业。

(6)所有高空作业人员不准穿硬底鞋,一律使用安全带。安全带一般“高挂低用”,即将安全带绳端的钩子挂在高的地方,而人在较低处进行作业。

(7)施工现场必须设置稳固,高处悬空吊装作业人员必须采取有效的防护措施,做到“安全能生根、安全网能兜得住、临空面有防护”。

(8)高空作业区的沿口、洞孔处设置护栏和标志,以防失足踏空。

(9)凡经常进行高空作业的工作人员需配备工具袋,高空作业使用的小型工具均装入工具袋内,不准在钢管或脚手架上乱放工具。

(10)脚手架拆除时,经安全员检查同意后方可拆除,并按自上而下顺序进行,严禁将架杆、扣件、模板等向下抛掷。

(11)进行高空焊接前必须先将下方的易燃、易爆物品移至安全地带,还要采取相应措施,确保割下的金属或火花不致伤人或引起火灾事故。

(12)电焊工所用焊条装在焊条桶内,随用随取。用剩的焊条头装在铁盒内或在适当的地方放好,待工作完毕后一同带下。

(13)高空作业人员不准从高空往地面抛掷物件,也不准从地面上往高空抛物件,需使用绳索、吊篮、高架车或吊车等传递物件。

(14)高空作业所用小型机具(如葫芦、千斤顶等)需找适当位置放好,并用绳索、铁丝捆绑牢。

(15)站在跳板上工作时,不得站在跳板的端头。同一跳板上的站立作业人员不能超过 2 名。

7.1.2.4　施工用电安全保证措施

工地临时施工用电采用 TN-S 系统;采用三级配电、二级保护;动力、照明分设;配电柜或配电箱标准化,安装位置和高度符合要求;用电设施布置合理、使用安全、作业规范,配备砂箱和灭火器材,有避雷接地措施;施工现场用电电线、电缆敷设规范,无乱拉乱接,无破损老化,现场电缆采用埋地或架空敷设。现场照明灯具安装高度满足要求并有漏电保护。

(1)电气操作人员必须持证上岗,严格按施工现场临时用电安全技术规范及相关的规程、条例进行操作。

(2)所有的动力设备安装可靠的接地保护和防雷击设施,做到“一机一闸”。工地临时配电箱、闸刀开关等均安装在防水的盒、箱内,防止雨淋漏电。

(3)电气设备应按规定设置醒目的、与之相关的标示牌、警示牌、安全操作规程。

(4)线路开关及设备每月检查 1 次,包括线路的绝缘测试、接地电阻测试、设备绝缘测试及线路设备的检查等。

(5)配电系统全部采用 TN-S 系统,所有用电设备的外壳必须与专用的 PE 线相连通,总接地电阻必须小于 4 Ω。

(6)维修和操作开关时,电工必须穿戴绝缘鞋、手套,必须使用绝缘工具。

(7)现场配备灭火工具、器材,确保现场电气设备及其他设备的安全。

7.1.2.5 防洪安全保证措施

施工单位成立防汛抗洪领导小组,明确责任,落实到人。在汛期,由项目经理部统一领导,组成抗洪防汛抢险突击队,明确责任,落实到人,做好防汛抗洪工作。

施工现场合理布置,制定防汛、防洪预案,组织项目全体员工进行演练,并适时组织安全培训教育,增强员工防范意识和救援技能,确保人员安全。

开展防洪大检查,重点检查抗洪防汛方案是否可行,职工住房环境、设备停放地点、材料储存场所等是否安全可靠,排水、防水设施是否齐备等,雨季前对受施工影响的排水设施进行 1 次全面疏通。认真执行雨中、雨后"两检制"。

坚持防洪值班制度。遇有险情时及时组织力量抢修,并及时向上级报告。

7.2 质量管控措施

7.2.1 施工质量保证体系

为确保质量目标的实现,建立以施工单位经理为第一具体责任人的质量保证体系。项目经理代表公司对相应工程质量负责,把工程创优目标分解到各作业班组,进行质量目标管理。建立以班组为基础、技术人员为核心的 QC 小组(质量控制小组),按照科学的工作程序方法——PDCA 循环法(P 代表计划,D 代表执行,C 代表检查,A 代表处理),对整个工程自上而下进行全面质量管理。明确规定各部门、管理人员在质量工作中的具体任务和权利,在整个工程进行中做到环环有人管、人人有专责、办事有标准、过程有检查,发挥全体管理职工的积极性,形成严密的质量管理组织系统,提高工作质量,以保证单项工程质量,实现工程项目质量目标达到合格标准(见图 7-1)。

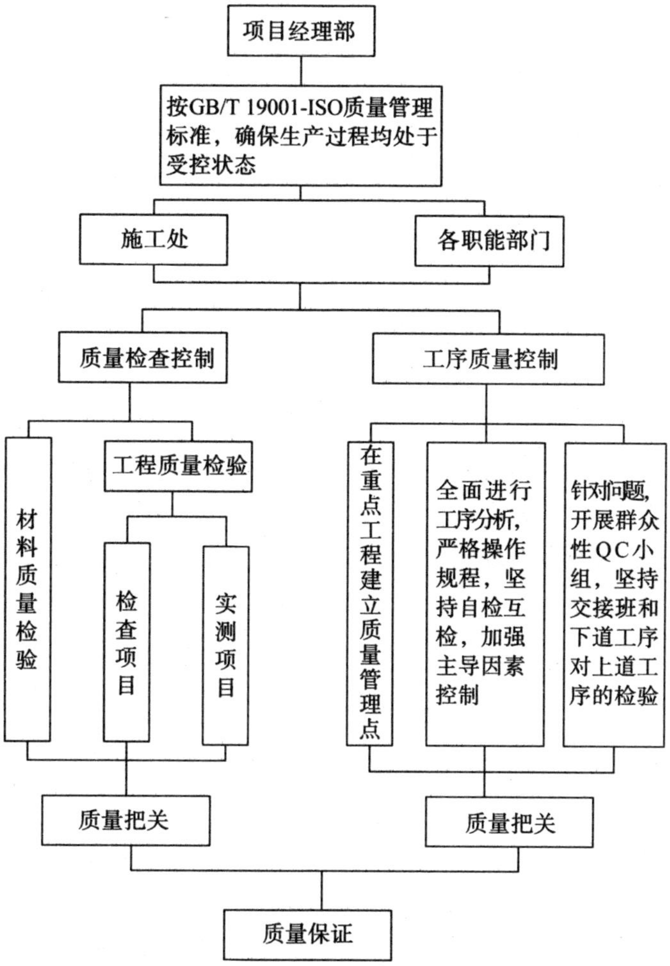

图 7-1　质量保证体系框图

7.2.2　自检体系

7.2.2.1　建立自检体系

建立由项目经理负责、项目总工程师专门主持的质量自检体系。自检体系由施工单位、施工队二级组成，施工单位为自检核心。施工单位技术质量部为实施单位，中心实验室配合，施工队设专职质检员，现场设工地实验室，按照“跟踪检查”“复检”“抽检”三个检测方法实施监测任务，实行质量一票否决制。

自检体系依据有关法规、标准规范、设计文件、工程合同和施工工艺要求，细化分解质量目标，采取有效措施，对重点部位、重要工序、关键环节指定专人负责，进行施工质量控制。自检人员须监控各个施工环节的施工质量，随时进行放线测量、材质试验、工序与工艺检查、质量检测等工作，保证质量检查控制的及时性、准确性。

7.2.2.2 自检工作程序

1)工程开工前进行

(1)原材料的验证、配合比设计等标准试验及定线测量工作。

(2)特殊材料或工艺的试验、研究、论证及报批。

(3)施工准备情况的自检自查。

2)施工过程中进行

(1)工序及工艺过程的试验检测控制。纠正不良操作方法,改进和提高落后的工艺水平,控制工程的质量标准。

(2)记录、整理施工原始记录。

(3)对完工的分项工程或部位进行自检评定,形成自检记录,对自检合格的工程提交转序申请报告。

(4)对工程施工过程中出现的各种影响施工和工程质量的情况、问题及时进行协调、改正和处理。

(5)对工程出现的质量事故按规定的程序和要求进行报告、处理。

(6)负责落实有关方面关于工程施工及质量的要求或指令。

3)工程竣工后进行

(1)工程自检评定。

(2)整理竣工资料。

(3)完成竣工报告。

(4)负责工程质量责任期内出现的质量问题处理。

(5)配合有关部门对工程进行竣工工程质量鉴定和工程验收工作。

7.2.3 质量保证措施

7.2.3.1 组织管理措施

(1)严格制度管理。在工程施工过程中,严格执行以下管理制度:开工报告制度;技术交底制度;工程测量双检制度;工序"三检"制度;工序交接制度;隐蔽工程检查制度;技术资料复核制度;质量试验检测制度;原材料、成品、半成品现场验收制度;检测设备定期检验和标定制度;施工资料管理制度;质量保证奖惩制度。

(2)保证施工机械设备的完好率。投入项目的所有工程机械设备均有专人保管、维护,设备完好率确保在85%以上;在施工期间由专人操作,保证施工各个工序准确到位,符合设计要求。

(3)明确规定项目各个部门、各个环节的质量管理职能、职责、权限,并把各单位工作体系之间的关系在整个施工单位范围中连接起来。建立高效的质量信息管理系统，规定质量信息反馈、传递、处理的程序方式，保证整个施工单位信息全面、及时、准确。

(4)由项目经理、项目总工程师、专职质量检查工程师组成质量管理小组，依据本项目质量保证体系要求，具体履行质量管理职能。

(5)严格执行原材料、成品、半成品现场验收制度，按照公司有关程序文件，认真进行分供方评定，坚持从质量有保证、信誉好的厂家进货，从原材料的采购、进场、储存、使用方面把好材料质量关。

(6)将公司和项目的质量方针、质量目标始终贯穿到质量管理工作中，横向展开到各个有关部门，纵向分解到每个作业点，纵向衔接、横向协调，实现质量管理业务标准化、管理流程程序化。

7.2.3.2 制度保证措施

(1)承接工程后详细阅读建设单位提供的地下管线图、临时建筑物分布图、工程地质勘察报告、工程设计图纸、其他技术文件，监理单位提供的监理大纲和有关文件，了解建设单位、设计单位和监理单位对工程的施工要求。

(2)进行三级质量技术交底。

①工程开工前，公司工程部负责组织有关部门进行图纸会审，汇总图纸会审中发现的问题，并报业主、监理及设计三方，以求得解决。

②施工中实行三级技术交底制。第一级交底为公司工程部组织，由公司总工程师对施工单位技术负责人、施工人员、质量安全员及其他施工管理人员交底，只涉及施工组织设计中的主要内容、重点工序的施工方法、容易出现的问题及其预防措施。第二级交底为施工单位技术负责人对作业班组长的交底，涉及工艺要求、质量标准。第三级交底为班组长对工人的交底，涉及操作要点、技术措施等。

③技术交底必须反复细致地进行，不断总结，以达到工艺技术的不断提高。技术交底必须保存详细的技术交底记录。

(3)严格执行“三检”制度。

①加强全员质量教育，增强操作人员质量意识，开展群众性的质量管理小组活动，进行自检、互检，使质量保证体系建立在牢固的群众基础之上，确保物料、工程各细小环节均无漏洞。

②每道工序都要严格按图施工，工程质量及隐蔽工程验收严格执行三级管理验收制度。先由班组自行检查，再由质量部门和技术部门复检。采用新工艺、新技术的工序检验必须经总工程师检测合格后方可报监理工程师检验和验收。报请监理并最终验收通过后，才能进行下一道工序施工。检验和验收不合格的工序应挂牌标识“不合格”，采取返工或返修措施，直至验收合格为止。

7.2.3.3 关键技术措施

(1)支架搭设严格按方案落实,并符合设计及规范要求。

(2)安装前,在模板上涂刷脱模剂,安装完毕后及时检查承台位置及几何尺寸是否符合图纸要求。

(3)模板支撑必须牢固,不要支撑于浮土上,必要时打支撑桩或将底部模板绑扎在混凝土桩的钢筋上,以防模板走样。

(4)灌注混凝土时派专人看模,及时纠正模板变形和阻止漏浆。

(5)对拉螺栓选用:在模板支立时,用对拉螺栓固定模板来抵消混凝土浇筑时的侧压力。

7.3 其他管控措施

7.3.1 文明施工保证措施

为了加强工程施工现场的管理,提高文明施工水平,创造文明工地,根据抚州市政府有关规定,结合本工程的特点,项目部加大投入,下大力度抓文明施工,保持和发展公司历年来在文明施工方面的优势。

7.3.1.1 施工现场场地管理

(1)必须在批准的场地内组织施工,需要临时租用施工场地或临时占用道路的依法办理有关批准手续,并且是先批后用。

(2)开工前必须完成施工现场平面布置图的设计。设计必须满足消防、施工、环保及当地政府的有关法规的要求。施工平面图经业主批准后在施工中按平面图实施管理,施工场地内的一切物品严格按图定位设置,做到图物相吻合。

(3)工地围墙的围挡材质采用砌体或者定型板材,有基础和墙帽。围挡外侧与道路衔接处采用绿化或者硬化铺装措施。围挡必须稳固、安全、整洁、美观。生活区围挡高度不得低于 2.5 m,其他区域围挡高度不得低于 2 m。

(4)现场施工人员一律佩戴胸卡和安全帽,项目管理人员统一着装,遵守现场的各项规章制度,非施工人员一律不准进入施工现场。胸卡与安全帽一致。领导层、管理层、操作层采用不同颜色的安全帽,以方便业主、监理工程师到现场指导工作。

(5)在施工现场搭建的临时建筑物应当按照当地有关规定,采用轻钢结构标准型拼装活动板房,搭建高度不得超过两层,并设置符合安全规定的通道和钢制楼梯。搭建的单层建筑物屋顶不得高出施工现场围挡。

(6)修建临时给水工程是保障施工期间生活和消防用水需求的有效措施。用水量根据工程和生活的需要来确定,临时给水由市政给水管网供给,但为确保工程连续作业,现场需有一定的水源储备。供给管网需能保证正常供水,布置管网全面规划,在施工总平面图中做出设计,保证管线线路短、干扰小且冬季有防冻措施,同时做到不渗漏。生活区、办公区需采用节水设备。

施工现场的排水首先在施工总平面图中做出规划设计,计算每日总排量和高峰排量。根据规划,施工现场设置连续、顺畅的排水系统,主干网和沟渠布置合理。排水沟用砖砌筑,流水面用砂浆抹面,确保施工现场没有积水(冬季没有积雪)。排水沟穿越道路时埋设排水管道或盖板。

(7)编制临时用电施工组织设计,确定电源进线、总配电箱的位置及线路的走向,进行负荷计算,选择变压器容量和导线截面,绘制电器平面图和接线供电系统,制定安全用电技术措施与电器防火、防雨、防湿措施,施工时严格遵照实施。

地下施工、夜间施工或自然采光差的场所、作业厂房等设局部照明,混合料具堆放场、道路、仓库、办公室、食堂、厕所等设局部照明或混合照明。停电后,操作人员要及时撤离现场的特殊工程(如基坑、起重吊装等)必须装有自备电源的应急照明,工地照明应保证亮度充足、均匀及不闪烁。

7.3.1.2　文明施工主要措施

(1)成立文明施工领导小组,项目经理任组长,副经理和总工为副组长,其他人员为组员。

(2)对施工工地大门、现场围挡进行布置。设立明显施工标志,标明工程名称、建筑单位、监理单位、施工单位、工地负责人、开竣工日期及施工平面布置图,同时制作场容卫生管理制度板。

(3)施工现场设排水设施,保持场内无积水;施工临时道路保持平整、坚实、畅通。

(4)现场不准随地大小便,现场内的土方、零散碎料和垃圾及时清理、码放,以免影响施工。

(5)施工期间做到不扰民或少扰民,努力采取多方面措施保障老百姓生活安宁,并采取合理的施工方法,减少噪声和粉尘对住地居民的影响。

(6)施工用地材料存放问题妥善安排,材料堆放不能发生安全事故。材料进场要有周密计划,不急用的不提前进场,进场的材料存放需有安全措施,堆放整齐、稳固,并设有标志。剩余材料不丢弃、不乱放,及时清运。

(7)在施工现场作业施工中,不阻塞居民出行,在施工现场修建便于居民出行的临时通道,并采取有力措施保证居民出行便利、通畅和安全。

(8)结合该工程施工特点,在保障生产的条件下,在施工现场设立安全设施,如路挡、路障和各种警示标志，保障该工程有序顺利地进行，更重要的是使通行的行人和车辆知道如何避让。

(9)加强宣传，采用多种形式、多渠道开展工作。在施工沿线张贴标语，悬挂彩旗、布标，对施工工作进行大力宣传，让群众了解、支持和监督施工工作。

(10)加强对现场施工人员的管理，教育职工遵守职业道德，自觉遵守市民规则及治安管理条例，杜绝打架、骂街、赌博、酗酒、偷盗等违法违纪以及其他不文明行为。

7.3.1.3 交通维护保证措施

(1)根据本工程的施工环境及周围的公路、行人道路等情况，主动和交管部门联系，制定符合交通管理要求、不影响公共交通的施工方案，严格组织实施。

(2)交通疏导措施列为施工组织设计的主要内容之一，请交管部门给予支持和指导，改进、完善交通疏导方案。

(3)施工期间不能中断各道口交通，各道口的施工需有详细的施工方案，施工所用的各种施工机械不得占用、破坏道路。

(4)施工场地采取全封闭隔离措施，主要出入口处设置交通指令标志和警示灯，保证车辆和行人的安全。

(5)设立专职的交通纠察员，负责指挥车辆和人员进出工地，维持交通秩序。

7.3.2 环境保护管理计划

7.3.2.1 环境保护方针

在开工前，对全体施工人员进行环保培训，切实落实相关环保方针，即：治污减废，构筑意识与环境美的和谐；节能降耗，创建效率和质量新的统一。

7.3.2.2 环保指标

(1)为保护施工现场周边生活环境，防止污染和其他公害，以人为本，保障人身健康，根据《中华人民共和国环境保护法》及国家和地方相关的法律规定，制定施工现场环保措施。

(2)环境保护目标：在工程施工期间，对噪声、振动、废水和固体废弃物进行全面控制，尽量减少这些污染所造成的影响。文明施工，保护当地水环境及周边植被不被破坏。

7.3.2.3 针对各部位的环保防治措施

1)水污染防治措施

(1)本工程排放的废水主要为基坑降水抽排的地下水、雨水、生活污水、搅拌及各种车辆清洗废水等。

(2)在工程开工前完成工地排水，保证废水处理设施在整个施工过程中的有效性，做到现场无积水，排水不外溢、不堵塞，水质达标。

(3)制定有效的雨季施工排水措施和施工现场废浆处理措施。

(4)根据施工实际情况，考虑当地降雨特征，制定雨季(特别是汛期)排水方案，特别是因废水无组织排放、外溢而造成当地水污染事故发生时的排水应急工作方案，并在需要时实施。

(5)施工现场设置专用油漆油料库，库房地面、墙壁做防渗漏处理，油漆油料存储、使用、保管由专人负责，防止油料跑、冒、滴、漏。

2)大气污染防治措施

(1)本工程大气污染源主要为运输、开挖、燃油机械、炉灶等。

(2)对易产生粉尘、扬尘的作业面和装卸、运输过程，制定操作规程和及时洒水，保持湿度。在 4 级以上风力条件下，不进行产生扬尘的施工作业。

(3)施工垃圾采用容器吊运到地面，并及时清运。清运时洒水，防止扬尘。本着节能、环保的理念，做到垃圾分类堆放、及时清运出现场，现场不得堆积大量垃圾。

(4)严禁在施工现场焚烧任何废物和会产生有毒有害气体、烟尘的物质。

(5)工程用混凝土由中心拌和站集中供应。尽量使用灌装水泥，袋装水泥必须库内存放、覆盖。

(6)在使用、运输水泥、白灰和其他容易飞扬的细颗粒散体材料时，做到轻拿轻放、文明施工，防止人为因素造成扬尘污染。

(7)施工现场出入口设洗车池，车辆出场冲洗车轮，减少车轮携土，拆除构筑物时有防尘遮挡，在旱季适量洒水。

(8)沿施工现场围挡或易产生扬尘一侧设置喷淋设施。

(9)施工前做好施工道路的规划和设置，临时施工道路做好基层夯实、路面硬化。

3)噪声污染防治措施

(1)采取措施，把噪声污染减少到最小程度，并与受其影响的组织和有关单位协商，达成协议。

(2)合理安排作业时间，将混凝土施工等噪声较大的工序放在白天进行，夜间避免进行噪声较大的作业。

(3)施工现场在使用混凝土地泵、电刨、电锯等强噪声机具时，使用前即采用隔声吸音材料进行降噪封闭，混凝土振捣采用低噪振捣棒。

(4)使用手持电动工具(电锤、手电钻、手砂轮等)切割时，周围设围挡隔音，并合理安排工序，不集中使用。

4)固体废物污染防治措施

(1)减少固体废物产生的措施:混凝土、砂浆等集中搅拌,减少落地灰的产生;钢筋采用加工厂集中加工方式,减少废料的产生;临时建筑采用活动房屋,周转使用,减少工程垃圾。

(2)综合利用资源,对固体废物实行充分回收和合理利用。固体废物综合利用的措施包括:工程废土集中过筛,重新利用,筛余物用粉碎机粉碎,不能利用的工程垃圾集中处置;建立水泥袋回收制度;施工现场设立废料区并设专人管理,可利用的废料先发先用;装饰材料的包装统一回收。

(3)有利于保护环境的集中处置固体废物措施:施工现场设固定的垃圾存放区域,及时清运、处置建筑施工过程中产生的垃圾,防止污染环境。

(4)土方、渣土、垃圾等全封闭运输,运输车辆在出场前清洗车身、车轮,避免污染场外路面。

(5)对收集、储存、运输、处置固体废物的设施、设备和场所,加强管理和维护,保证其正常运行和使用。

(6)教育施工人员养成良好的卫生习惯,不随地乱丢垃圾、杂物,保持工作和生活环境的整洁。

(7)施工中产生的建筑垃圾和生活垃圾分类、定点堆放,并与环卫公司签订合同,由环卫公司进行专业化及时清运,不得乱堆乱放;建筑物内的垃圾必须袋装清运,严禁向外扬弃。

第 8 章　经典案例分析

8.1　湖北省远安县刘家湾大桥

8.1.1　工程概况

城南三路起于荷当公路，跨越沮河后，依次与解放路、鸣凤大道和绕城路相交，线路长约 2.48 km，为远安县绕城路的城区接线道路，设计道路等级为城市主干路，包含道路主线和新建刘家湾大桥及其东西辅道（见图 8-1），路基宽度 30～36 m（主桥宽度21.5 m）。其中新建刘家湾大桥长 452.3 m（主桥长 208 m，两边引桥各长 122.15 m），东西辅道分别长 203.216 m、189.64 m。主桥为 5 跨钢筋混凝土空腹式拱桥，引桥为跨径 30 m 的现浇预应力混凝土连续箱梁。主要建设内容包括道路、桥梁、排水、交通、绿化、照明及治安监控等工程。

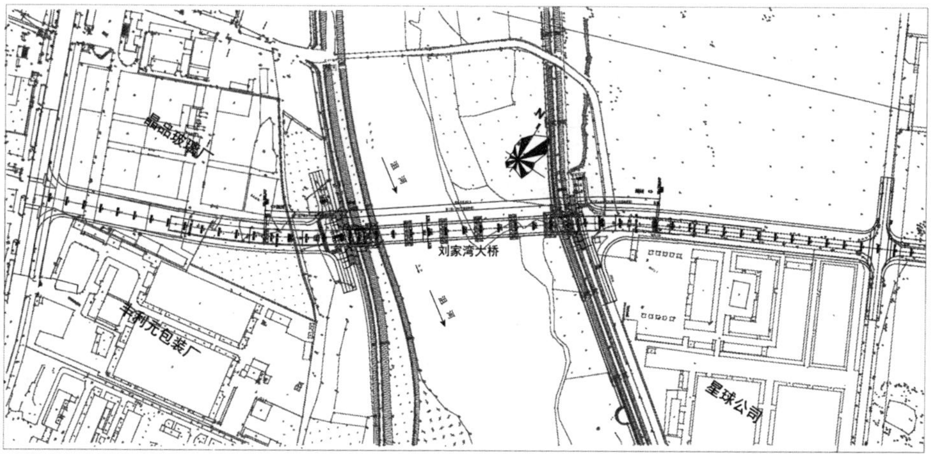

图 8-1　刘家湾大桥路线图

8.1.1.1 主拱圈

主拱圈为矩形截面，厚 80 cm，宽 21.5 m。主拱圈采用悬链线形式，拱轴系数 m 为 3.50，净跨径 37 m，中跨矢跨比 $f/l=1/4.624$，次边跨矢跨比 $f/l=1/4.742$，边跨矢跨比 $f/l=1/4.997$。

8.1.1.2 腹拱圈

在墩顶设置腹拱，拱轴线采用二次抛物线。腹拱圈采用等截面板拱，厚 40 cm，宽21.5 m。

8.1.1.3 拱上横墙

在主拱和腹拱上每 5 m 间距设置一道横墙，横墙宽 20.5 m，墙顶厚 80 cm，墙底与拱圈相接处厚 80 cm，中间部分根据横墙高度的不同，厚度分别为 40 cm、60 cm 以及 80 cm。

8.1.1.4 桥面板

在拱圈及横墙上现浇 5 m 跨径的钢筋混凝土简支桥面板，板厚 25 cm，横梁高 50 cm、厚 40 cm。桥面板横桥向为整体现浇，纵桥向桥面连续。

8.1.1.5 纵墙

在拱圈顶及横墙两侧现浇 15 cm 厚纵墙。纵墙与主拱圈、腹拱圈以及横墙固结，与桥面板底面间预留 2 cm 变形缝。拱圈及拱上建筑均采用 C40 混凝土。图 8-2 为刘家湾大桥基本参数示意图。

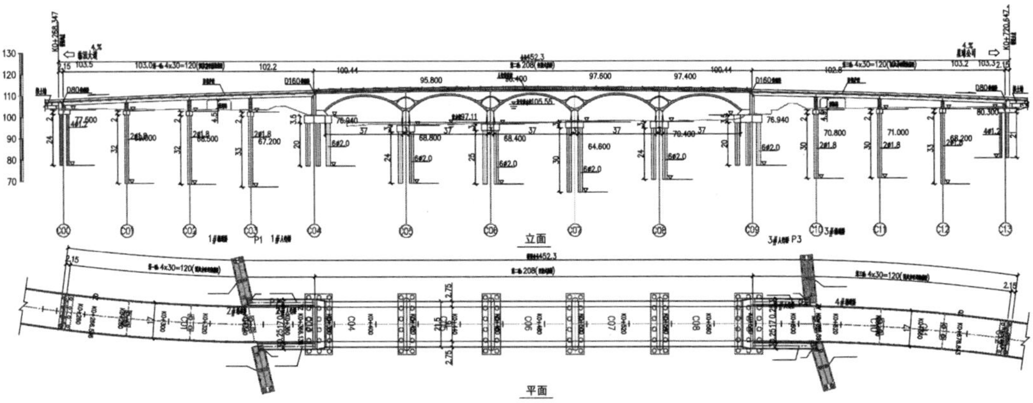

图 8-2 刘家湾大桥基本参数示意图

8.1.2 上部结构施工顺序

根据施工图设计、图纸会审及设计技术交底，各主桥墩、台均已考虑主拱圈单向推力，但不考虑拱上建筑恒载作用下所产生的水平推力，即在满足设计要求下为了便于施工，每跨主拱圈可以单独施工。因此，施工单位根据现场实际情况，决定主拱圈施工按 5、

4、3、2、1 跨的顺序进行，腹拱圈、拱上横墙、桥面板及纵墙采用原设计的流程进行。

施工流程如图 8-3 至图 8-7 所示。

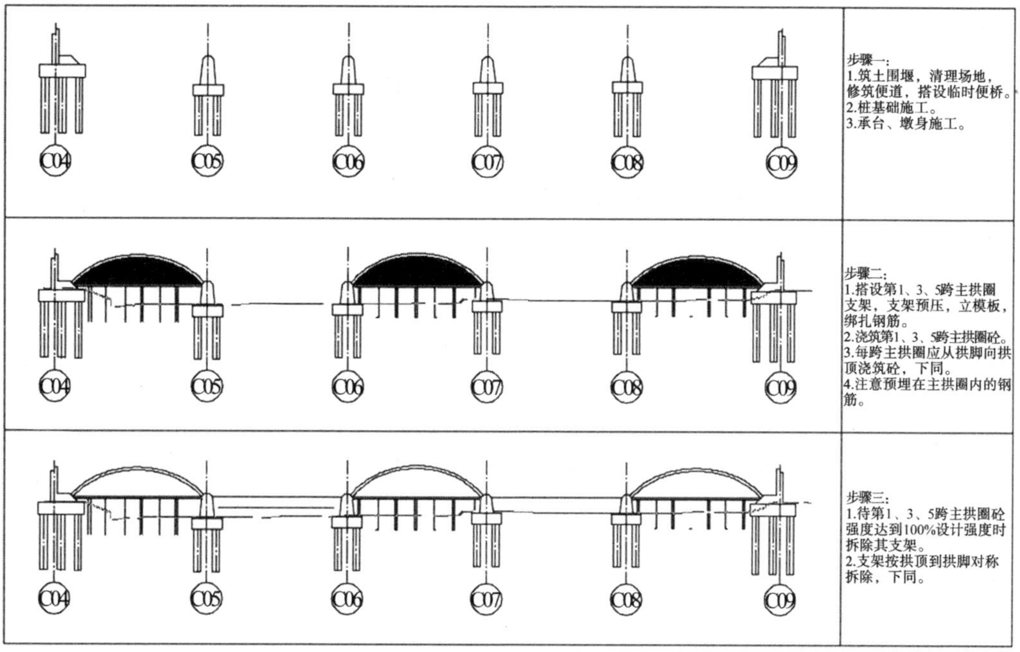

图 8-3　流程一

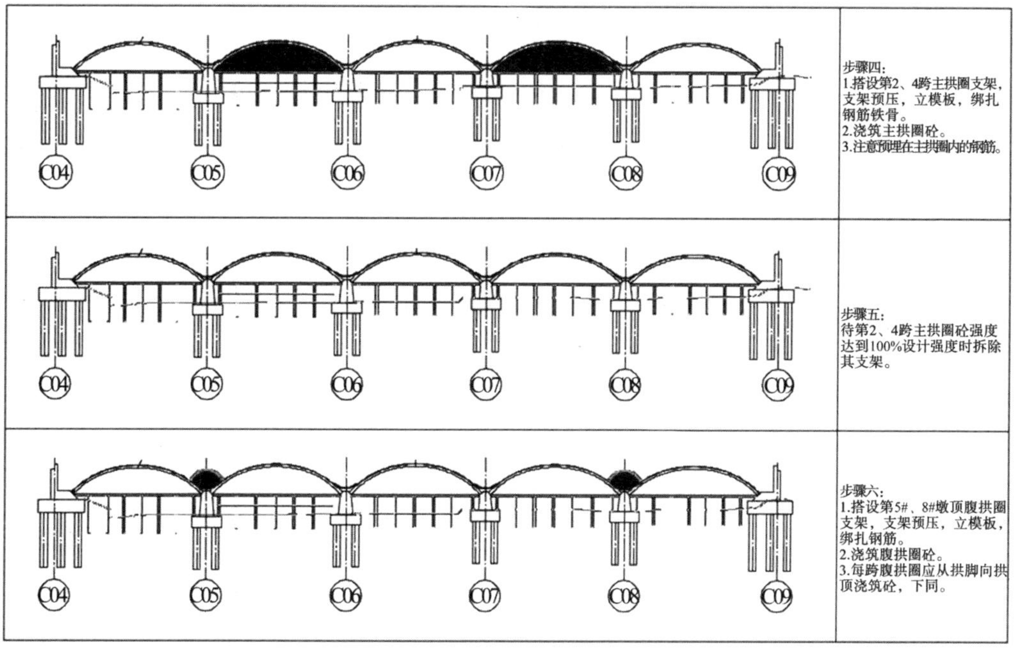

图 8-4　流程二

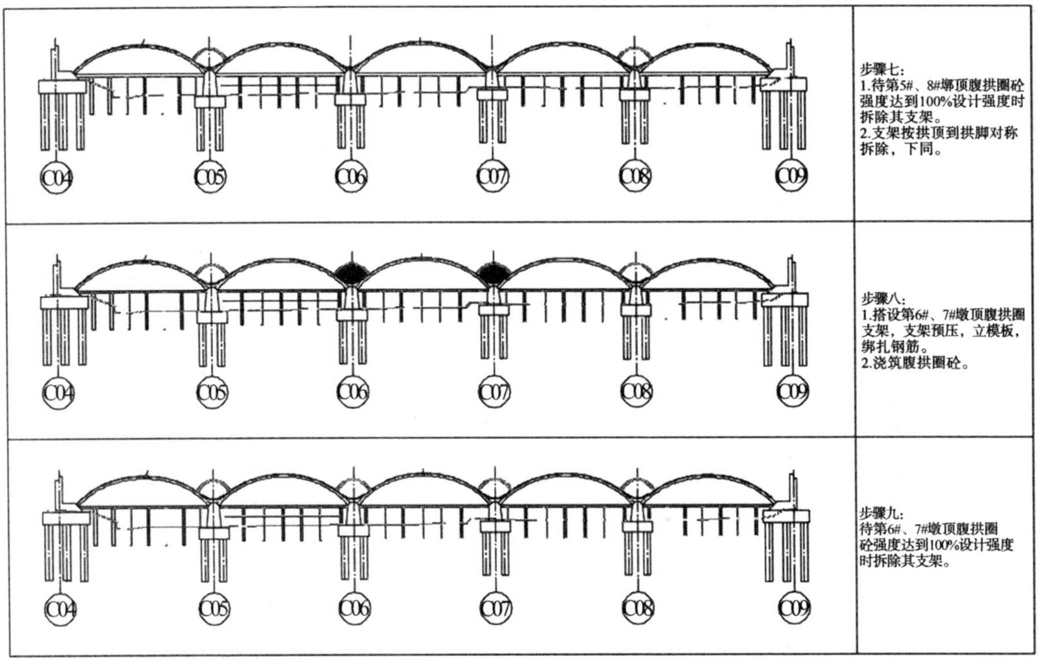

图 8-5 流程三

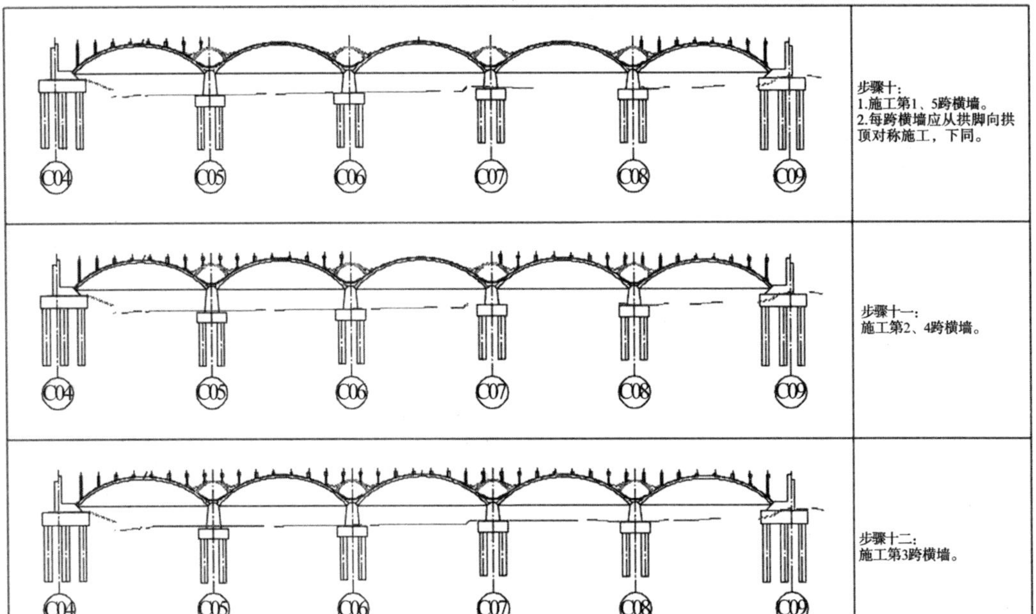

图 8-6 流程四

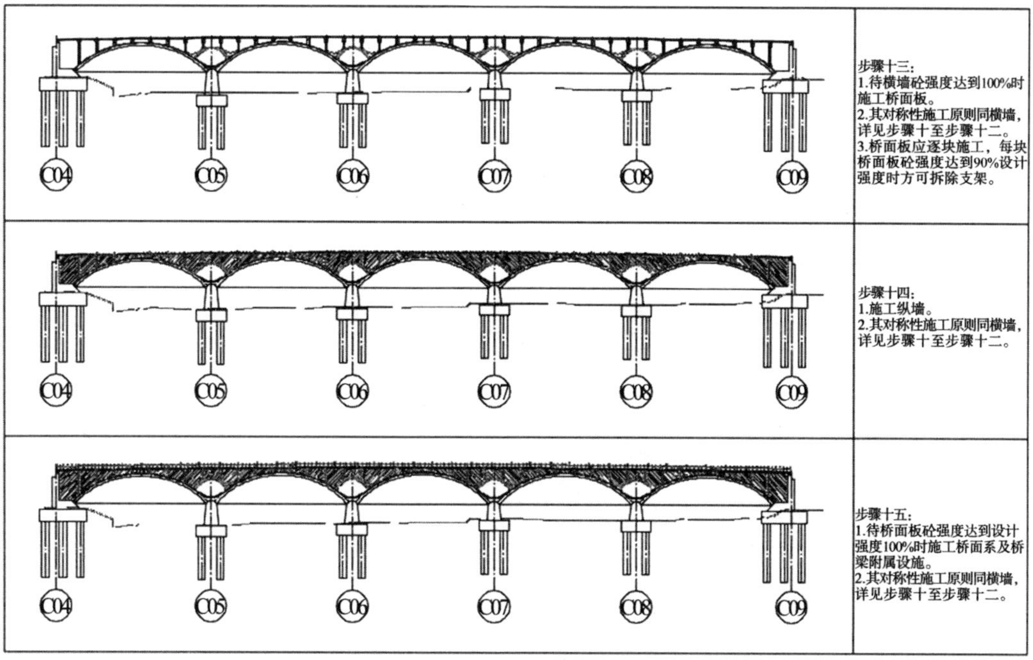

图 8-7　流程五

8.1.3　刘家湾大桥上部结构施工工艺

8.1.3.1　主拱圈施工

主桥拱圈从 C04 到 C09 依次编号为 1、2、3、4、5 号主拱圈，腹拱圈依次为 1、2、3、4 号腹拱圈（见图 8-8）。图 8-9 为主拱圈施工工艺流程图。

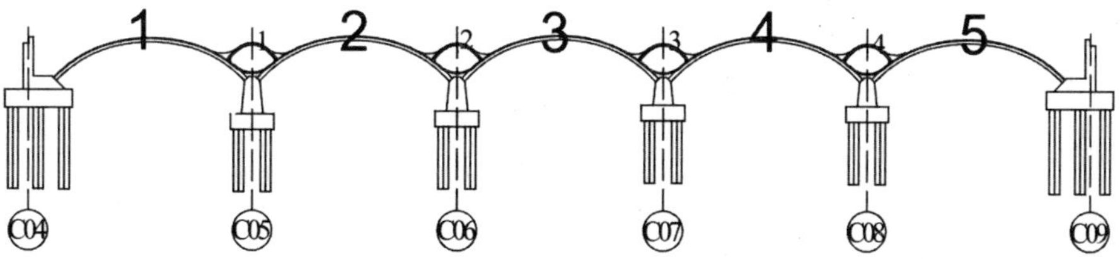

图 8-8　拱圈示意图

1）地基处理

本桥梁工程主桥共计 5 跨，从 C04 到 C09 分别为 1、2、3、4、5 跨。主桥处于沮河主河道，处于枯水期时，1、2 跨水深 1.5～2 m，3、4、5 跨处于无水状态。为方便施工，主拱圈采取分跨施工。

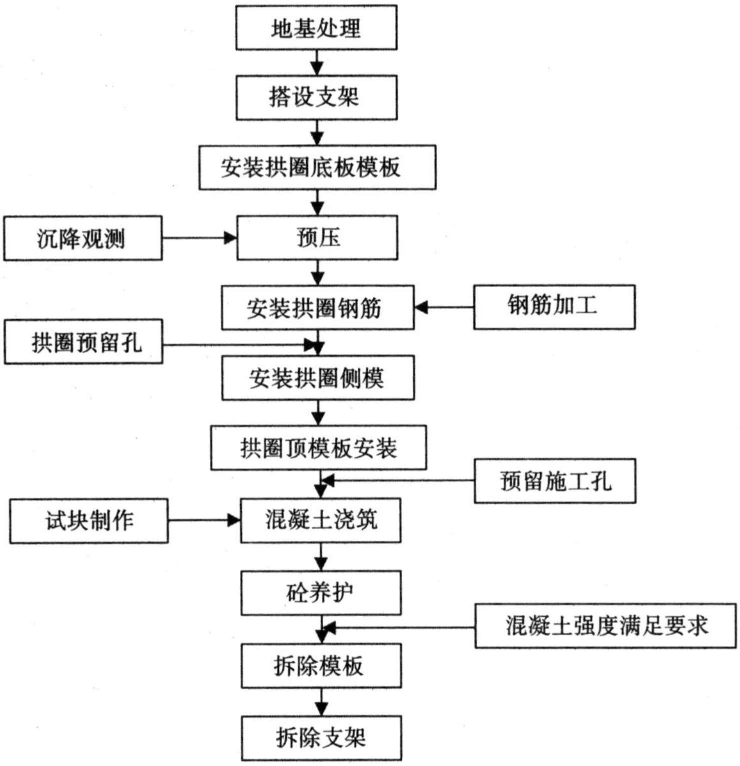

图 8-9　主拱圈施工工艺流程图

根据工程详勘资料(见表 8-1),卵石层以下的承载力均超 360 kPa,故 3、4、5 跨地基处理时先清除原地面杂填土、耕植土及粉质黏土层,再用砂卵石分层回填,最后采用 18 t 振动压路机进行碾压,其上浇筑 20 cm 厚 C25 混凝土基础。

表 8-1　详勘地质地层承载力表

地层编号	地层名称	重度/(kN/m^2)	桩侧土地摩阻力标准值 q_{ik}/kPa	岩石单轴饱和抗压强度 f_{rk}/MPa	地基土承载力基本容许值[f_{a0}]	压缩模量 $E_{s1\text{-}2}$/MPa
1—1	杂填土	18.5				
1—3	耕植土	18.0				
3—1	粉质黏土	19.0	30		100	4.5
4—1	卵石	20.0	100		360	(24)
6—1	强风化泥质砂层	21.5	80	1.53	400	近不可压缩

续表

地层编号	地层名称	重度/(kN/m²)	桩侧土地摩阻力标准值 q_{ik}/kPa	岩石单轴饱和抗压强度 f_{rk}/MPa	地基土承载力基本容许值[f_{a0}]	压缩模量 $E_{s1\text{-}2}$/MPa
6－2	中风化泥质砂层	23.5	120	4.56	800	不可压缩

注:()中数字为变形模量;表中的部分地层重度系根据地基土性质,结合地区经验确定的。

2)支架搭设

(1)主桥支架搭设采取分阶段施工,支架基础图如图 8-10 所示。河道常水位保持在 98 m 以下,所以施工时注意改河道,以使河道通水量满足枯水期过水要求。施工第三跨主拱圈时,河道从第二跨通过;施工第二跨主拱圈时,河道改在第三跨通过(见图 8-11 和图 8-12)。

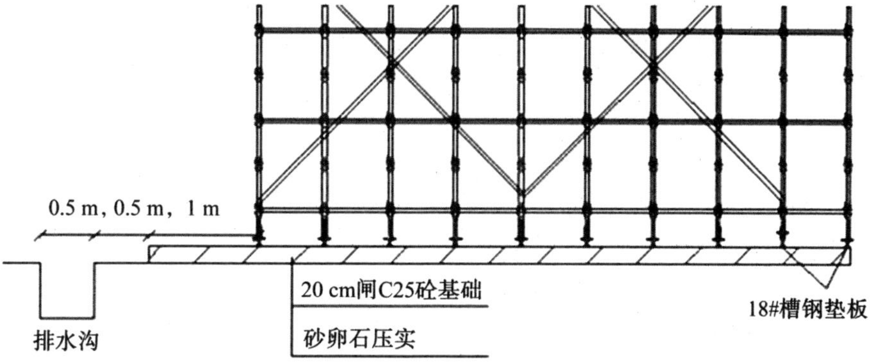

图 8-10 支架基础图

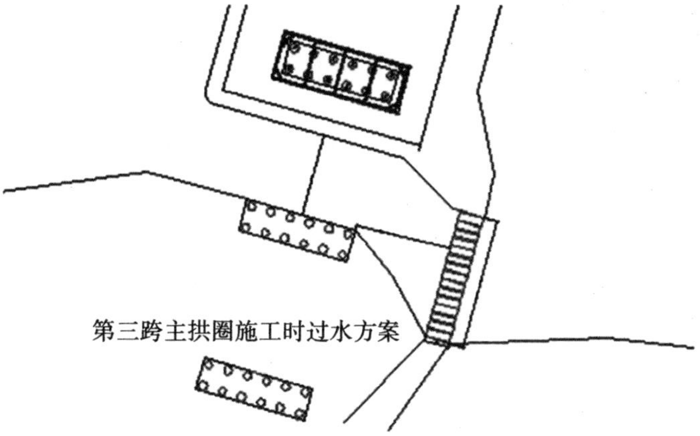

图 8-11 第三跨主拱圈施工时河道改水图

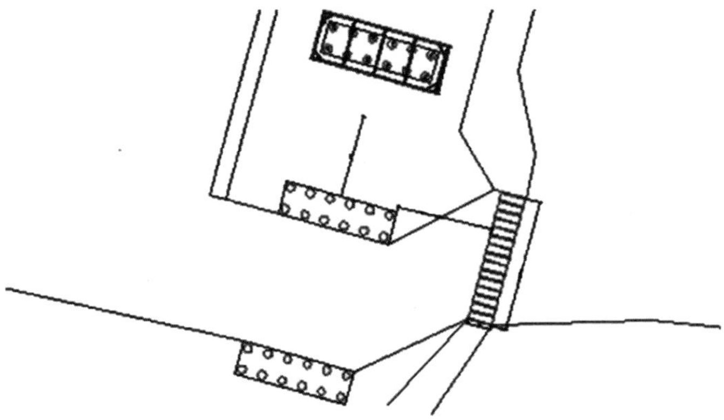

第二跨主拱圈施工时过水方案

图 8-12　第二跨主拱圈施工时河道改水图

(2)主桥主拱圈支架采用满堂支架，横杆、立杆采用碗扣支架，径向斜杆采用钢管扣件式支架。根据拱圈钢筋混凝土重量、模板重量、施工荷载、混凝土冲击荷载等组合荷载，经计算：支架总宽度 24.3 m，纵距 0.6 m，横距 0.9 m，步距 1.2 m；满堂支架竖杆间距采用 0.6 m×0.9 m，纵桥向 0.6 m，横桥向支架总宽度 24.3 m，横杆步距 1.2 m。在处理好的地基上按计算好的间距放地脚螺杆并按统一高程调平。在调好的地脚螺栓上搭设满堂式自锁式支架，根据各计算间距处断面的高度搭设相应长度的立杆，立杆顶端放置顶托，根据各断面的计算高程调整顶托高度。立杆之间及立杆与横杆之间必须安插到位并使之连接牢固，严禁松动，顶托、底托螺栓槽口与立杆之间安放吻合。具体要求如图 8-13 至图 8-16 所示。

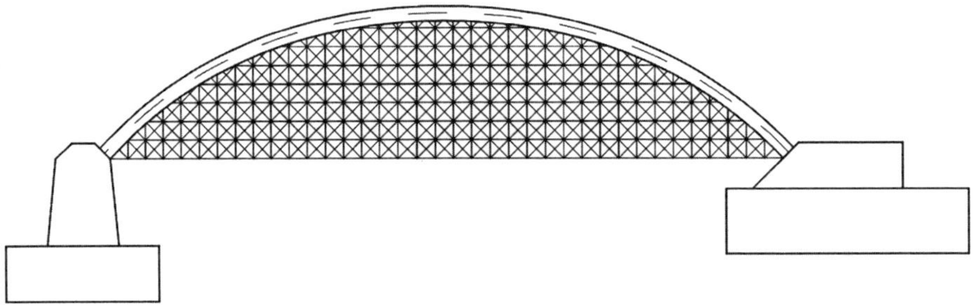

图 8-13　支架立面图

支架搭设按立杆、横杆、斜杆的顺序逐层搭设，每次上升高度不大于 3 m。底层水平框架的纵向直线度不大于 $L/200$（L 为纵向间距 600 mm）；横杆间水平度不大于 $L/400$（L 为横向间距 900 mm）。支架全高的垂直度小于 $L/500$（L 为此处支架立杆高度）；最大允许偏差小于 100 mm。在横桥向、纵桥向及水平方向用 6 m 长的∅48 mm×3 mm 钢管作剪刀撑，外围剪刀撑从底至顶连续设置，采用旋转扣件将与之相交的横向水平杆和立杆连接，旋转扣件中心线距主节点距离不大于 150 mm。剪刀撑采用搭接的方式连接，搭接长度大于 1000 mm。搭接处使用 3 个旋转扣件等距连接，每道剪刀撑宽度不小于 4～6跨，且不小于 6 m，斜杆与地面倾角宜 45°～60°。纵横向剪刀撑间距不大于 4.5 m，即纵桥向每 7 排设置一排剪刀撑，横桥向设置 5 道剪刀撑；水平剪刀撑距离不大于 4.8 m。支架高度用顶托调整，支架调整好以后在顶托上铺设底模板。

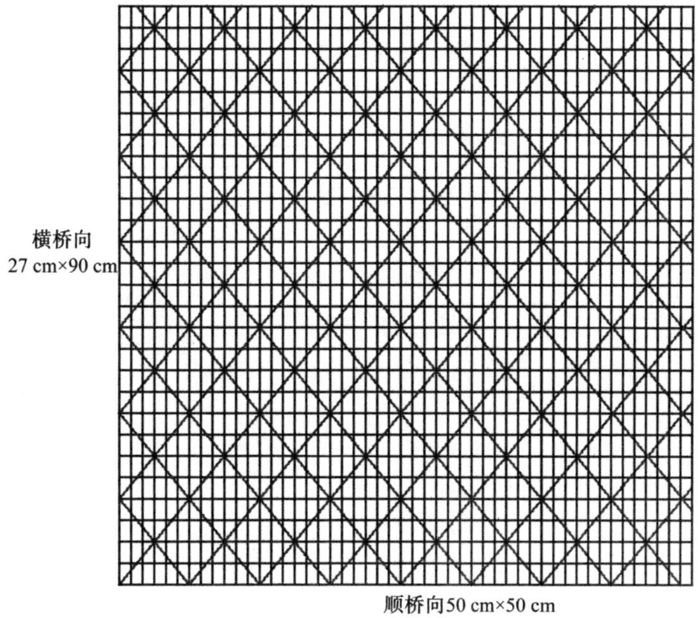

图 8-14　扫地杆布置图

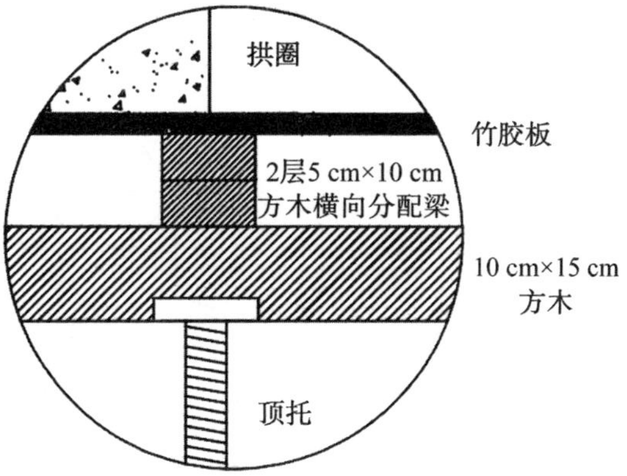

图 8-15　纵向分配梁连接大样图

为便于施工人员上下，在主拱圈支架左、右两侧各设一条施工人员上下通道（见图 8-17）。上下通道平面位置位于 1/4 拱处，左右相对布置。施工通道均采用$\varnothing$48 mm×3 mm钢管进行施工，脚手架水平管在竖直方向按照步距 1.2 m 设置。架体顶层水平杆上满铺 3 cm 厚松木脚手板作为施工作业平台，梯道转接层过道同样满铺脚手板，脚手板拼接严密，防止高处落物造成危险。

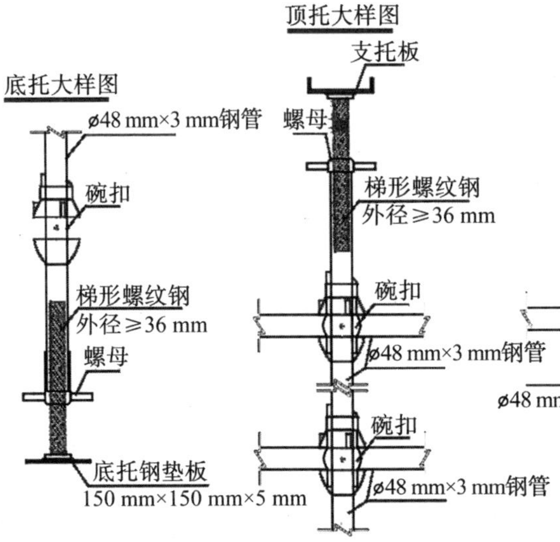

图 8-16 支架构件大样图

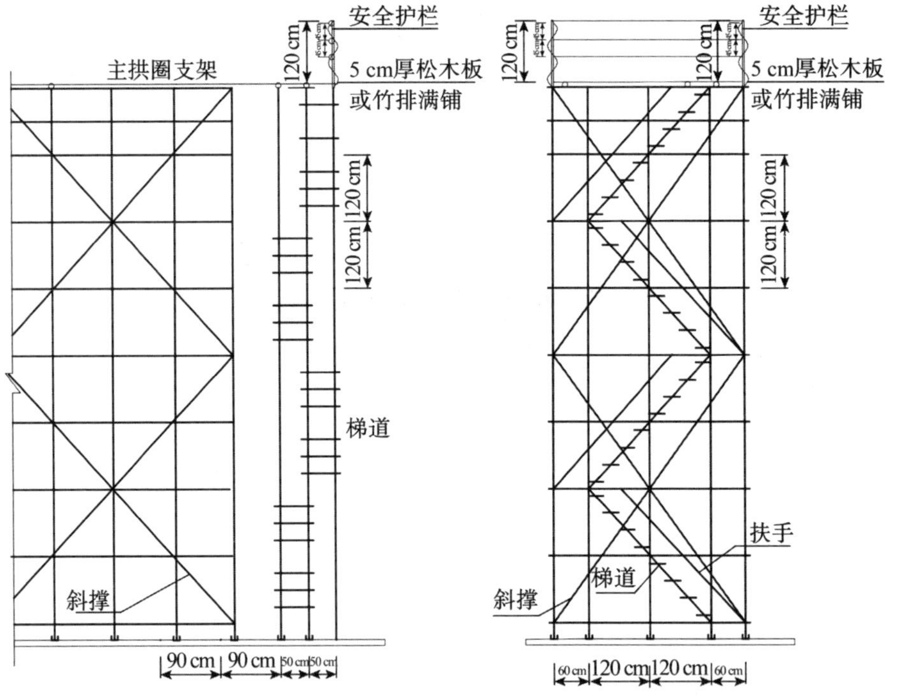

图 8-17 施工人员通道图

3)底模

由于拱圈底板线性变化较大，为方便模板支立，采用底模包侧模形式。支架高度用顶托调整，支架调整好以后，钢管顶端的顶托顶住横向分配梁(10 cm×15 cm 方木)，在横向分配梁上放置 2 层 5 cm×10 cm 方木作为纵向分配梁，间距 30 cm，方木接头错开布置。横断面采用拉线调整底板范围内的方木标高，使之与计算标高相符。在方木上铺设 122 cm×224 cm×1.5 cm 竹胶板作底模(因市场 1.2 cm 厚的竹胶板普遍达不到设计要求的 1.2 cm 厚，故实际进场 1.5 cm 厚竹胶板以确保施工安全，验算采用 1.2 cm)。底模应平顺，横桥向底模宽度 23 m。为保障弧度，模板从两侧拱脚向拱顶连续铺设，模板短边(122 cm)顺桥向布设，再用约 5 cm(1.5 寸)长铁钉每间隔 30 cm 将模板钉牢在方木上，模板间拼接采用双面胶，表面接缝采用胶布粘贴，以保证接缝平顺。每条模板接缝正放在方木中心上，否则增加方木，确保模板不悬挑。

4)支架预压

凡采用支架法施工上部结构的，受地基基础的复杂因素影响，均会产生不利影响。按照施工规范、验收标准和施工方案的要求，为确保支架安全和主拱圈线形符合要求，对搭设好的支架进行预压，并提供立模标高。预压的目的主要是：消除基础的非弹性沉降；测量基础弹性沉降，为确定底模标高提供参考资料；消除支架的非弹性压缩；测量支架的弹性压缩，为确定底模标高提供参考资料。

支架及方木拼装好后，进行支架及地基预压。采用定制专用编织袋装碎石加载，每袋重 1.1 t，加载重量按 1：1.15 拱圈重量进行预压，钢筋混凝土密度取 2.6 t/m^3，预压重量如表 8-2 所示。

表 8-2　预压重量表

项目	第一、第五跨		第二、第四跨		第三跨	
	加载重/t	吨袋数/个	加载重/t	吨袋数/个	加载重/t	吨袋数/个
60%加载重	1205	1096	1216	1106	1192	1083
80%加载重	1606	1460	1621	1474	1589	1445
100%加载重	2008	1826	2026	1842	1986	1806

(1)压重前支架的检查验收。

(2)压重的准备工作：主拱圈自重、模板及各种施工荷载计算；准备足够的碎石，将碎石装袋，施工中采用尺寸统一的吨袋装碎石，并进行称重；测量准备；各种起重设备准备；其他准备。

(3)全面进行测量观测 1 次。

(4)利用汽车吊机，将砂土袋吊至底模上，人工进行垒码。

(5)砂土袋均匀砌码,砌码按浇筑顺序进行。

(6)砌码上层砂土袋时,注意吊篮不得直接放在已经砌码好的底层砂袋上,防止出现结构局部超载现象。

在支架及地基上分别设置观测点,对无载、加载和卸载的状态进行观测,分别测量地基及模板的标高。纵向以跨中为0#断面,向两侧1/8处、1/4处及3/8处各设置一断面,按前进方向,分别为-3#、-2#、-1#、0#、1#、2#、3#断面;每断面以桥梁中轴线处为0号点,向两边3.5 m、7 m处各布一点(见图8-18)。

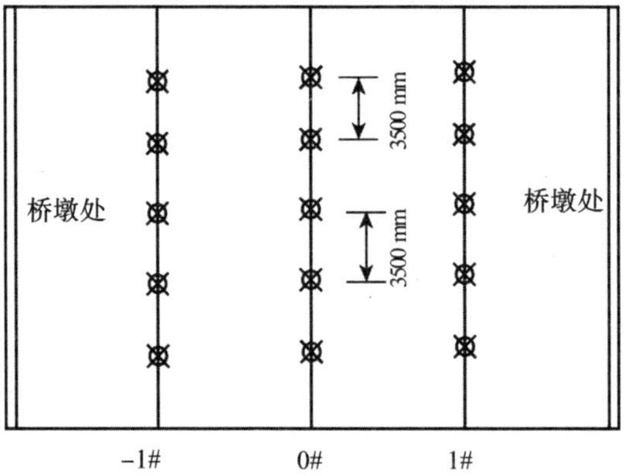

图8-18 沉降观点布设图

加载按照《钢管满堂支架预压技术规程》(JGJ/T 194—2009)规定,分60%、80%、100%预压荷载三级施加。加载时从中心向两侧对称施加,每级加载完成后,先不进行下一级加载,并每12 h测量1次支架沉降量。当支架顶部检测点12 h沉降量不大于2 mm时,才可进行下一级加载。每级加载后每间隔12 h对支架沉降量进行监测。当支架测点12 h沉降平均值均小于2 mm时,方可继续加载。

加载要对称均衡地进行,纵向分三段加载,由拱脚向拱顶对称地加载。全部压载重量加压后,对各点处模板及地基标高每6 h观测1次(见图8-19)。

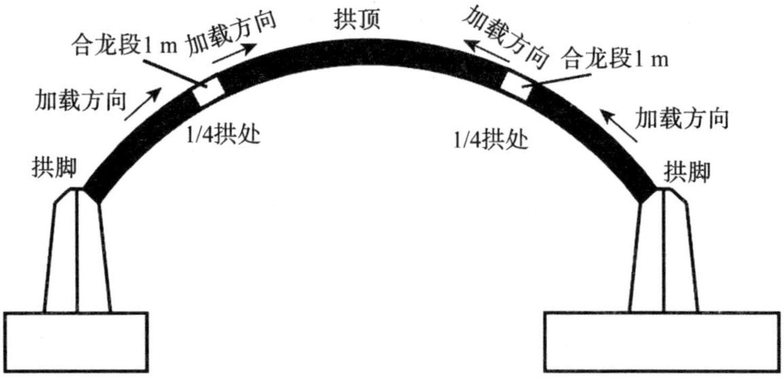

图8-19 预压加载顺序图

当满足以下两点之一时，可判定预压合格，可以进行卸载：

(1)各监测点连续 24 h 沉降量平均值小于 1 mm。

(2)各监测点连续 72 h 沉降量平均值小于 5 mm。

卸载时可均值卸载，按加载顺序反向进行，即 20%、40%、100%。

(1)第一次卸载 20%后停 2 h，观测 1 次。

(2)第二次卸载 40%后停 2 h，观测 1 次。

(3)第三次全部卸载后 48 h 内进行 2 次观测，计算其弹性变形数据。

通过卸载曲线和原始曲线的比较，计算前后 2 次沉降差，求得弹性变形量(等于卸压后标高减去持荷后所测标高)，用总沉降量(即支架持荷后稳定沉降量)减去弹性变形量即为支架和地基的非弹性变形量，然后确定施工预拱度，再统一调整底模标高至计算立模标高。

5)绑扎钢筋

原材：钢筋进场时按等级、牌号、规格分批验收、分别堆放，且立标牌以识别，下面垫高并加遮盖，避免锈蚀和污染。钢筋附带出厂质量证明书，使用前按规定频率进行抽检，不合格的钢筋材料严禁入场。

根据实际情况，钢筋在使用前做调直和除锈处理，并符合以下要求：

(1)钢筋除锈处理时将表面油渍、漆皮、鳞锈等清除干净，保持钢筋表面洁净。

(2)调直处理使钢筋平直，无局部弯折。

钢筋的接头：受力主筋的接头采用滚轧直螺纹连接或焊接接头，对直径小于 12 mm 的钢筋，可采用绑扎接头。接头设置在内力较小处，并错开布置，两接头间距不小于 1.3 倍搭接长度，焊接接头在接头长度区段内。同一根钢筋不得有两个接头，配置在搭接长度区段内的受力钢筋，其截面面积占总截面面积的百分率应符合规范中有关规定。

焊接或机械连接：钢筋焊接前进行试焊，合格后方可正式施焊。钢筋接头一般采用对焊和搭接焊。采用搭接焊时，尽量做成双面焊缝，只有不能做成双面焊缝时，才允许采用单面焊缝。两钢筋搭接端部预先折向一侧，使两接合钢筋轴线一致；接头双面焊缝的长度不应小于 $5d$，单面焊缝的长度不应小于 $10d$。焊接时，根据施焊场地现场气候情况采取适当的防风、雨、严寒设施。焊接接头符合《钢筋焊接及验收规程》(JGJ 18—2012)的要求。

采用套筒连接的，应符合《钢筋机械连接技术规程》(JGJ 107—2016)中的要求。

(1)连接钢筋时，钢筋规格和连接套的规格应一致，并确保钢筋和连接套的丝扣干净、完好无损。

(2)必须用力矩扳手拧紧接头。

(3)力矩扳手的精度为±5%，每半年用扭力仪检定 1 次。

(4)连接钢筋时应对正轴线,将钢筋拧入连接套筒,然后用力矩扳手拧紧。接头拧紧值满足规范规定的力矩值,不得超拧,拧紧后的接头应作上标记,防止钢筋接头漏拧。

(5)钢筋连接前要根据所连接钢筋直径的需要将力矩扳手上的游动标尺刻度调定在相应的位置上,即按规定的力矩值使力矩扳手钳头垂直钢筋轴线均匀加力。

(6)连接水平钢筋时必须依次连接,从一头往另一头,不得从两边往中间连接,连接时应配备两名工人,两人面对面站定,一人用扳手管钳卡住已连接好的钢筋,另一人用力矩扳手拧紧待连接钢筋,按规定的力矩值进行连接,这样可避免弄坏已连接好的钢筋接头。

(7)力矩扳手不使用时,将其力矩值调为零,以保证其精度。

(8)使用扳手对钢筋接头拧紧时,只要达到力矩扳手调定的力矩值即可,拧紧后按表8-3所示力矩值检查。

表 8-3 滚轧直螺纹钢筋接头拧紧力矩值

钢筋直径/mm	≤16	18～20	22～25	28～32
拧紧力矩值/(N·m)	100	200	260	360

注:当不同钢筋直径的钢筋连接时,拧紧力矩值按较小直径钢筋的相应值取用。

钢筋下料、绑扎:拱圈钢筋严格按设计和规范要求在钢筋加工厂加工下料、弯曲成型。底板模板预压、验收完成后进行钢筋绑扎施工。墩身内拱脚部分预埋钢筋在施工墩身时进行预埋。首先绑扎拱圈纵向受力钢筋,然后绑扎横向分布筋及箍筋;钢筋绑扎完成后,预埋拱上横墙、纵墙、腹拱圈和现浇板钢筋。在钢筋绑扎焊接时注意保持模板内清洁,保护模板表面光滑,防止钢筋撞击模板表面。在进行钢筋焊接时,在焊接点下面放置大小合适的铁皮,以免焊渣烧坏竹胶板,影响混凝土表观质量。为保证拱圈保护层的厚度,在钢筋与模板之间设置垫块,垫块布置互相错开,呈梅花形。非焊接钢筋骨架的多层钢筋之间,设短钢筋支垫,以保证位置准确。各段钢筋加工过程中及成型后,现场班组长、技术人员详细检查钢筋数量、型号、尺寸及保护层是否符合设计及规范要求,经监理工程师验收合格后方可支立外侧模。

6)支立侧模

外侧模采用底板包侧板的形式。为保证底部竖向弧度,侧模为扇形分段拼装。侧模采用竹胶板和方木制作成的木模,尺寸根据不同断面高度分别加工制作,面板为12 mm竹胶板,骨架为8 cm×6 cm方木,背楞为5 cm×5 cm方木,骨架间距45 cm,方木高出面板,以便沿横桥向进行模板对拉加固,加固采用对拉丝杆,对拉杆采用∅16 mm圆钢,在底板底部设置横桥向通长对拉一道,上面对拉杆仅在混凝土顶面设置一层,高出混凝土面10 cm，中间不再加设对拉丝杆，纵桥向间距为 90 cm；侧模底部用 8 cm×6 cm 方木固定，防止混凝土浇筑时侧模外移；侧模外顶面采用三角支撑加固，支撑与支架相连，以保持侧模垂直(见图 8-20)。

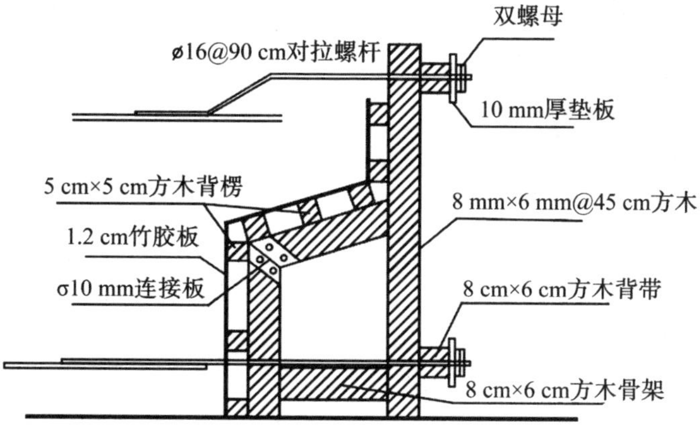

图 8-20　侧模支立图

7)浇筑混凝土

主拱圈混凝土设计采用 C40 混凝土，在混凝土拌和站集中拌和，由混凝土运输车送至现场，再由汽车泵泵送入模。为保证对称均衡施工，现场布置 2 台汽车泵，分别置于两拱脚处。主拱圈施工时，要对称均衡地进行，避免主拱圈产生过大的不均匀变形。纵向分三段浇筑主拱圈，由拱脚向拱顶对称地浇筑。在主拱圈浇筑过程中，在 1/4 拱处设置合龙段，合龙段宽度为 1 m。混凝土施工采用纵向分段、水平斜向分层，分层厚度为 30 cm，横向不分段，1 次完成。施工单位采用 2 台 HZS90 型混凝土拌和机拌和混凝土，混凝土运输车 6 辆，每小时拌和能力达 120 m^3；采用 2 台 46X-6RZ 型汽车泵，每台汽车泵输送能力达每小时 50 m^3。主拱圈总方量为 720 m^3，考虑到实际施工情况，估计采用 2 台天泵进行主拱圈混凝土浇筑，施工可在 14 h 内完成。两边拱脚部分在混凝土浇灌前做好一段压仓板(1.22 m)，浇筑时先从拱脚向拱顶浇筑1.22 m，再从 1/4 拱顶向上浇筑 1.22 m。与此同时，拱脚部位接着向上安装一段压仓板(1.22 m)，然后再回到拱脚部位接着向拱顶浇筑，像这样来回反复浇筑直到主拱圈施工完成。横向上的混凝土从中间向一侧浇筑，然后再回到中间向另一侧浇筑。在施工中，2 台汽车泵要对称同步施工，始终保证平衡施工。分段浇筑时，各段内的混凝土 1 次连续浇筑完毕。因故中断时，需浇筑成垂直于拱轴线的施工缝，如浇筑成斜坡，需凿成垂直于拱轴线的平面。主拱圈混凝土浇筑不与横墙底座混凝土同时施工。图 8-21 为混凝土浇筑顺序。

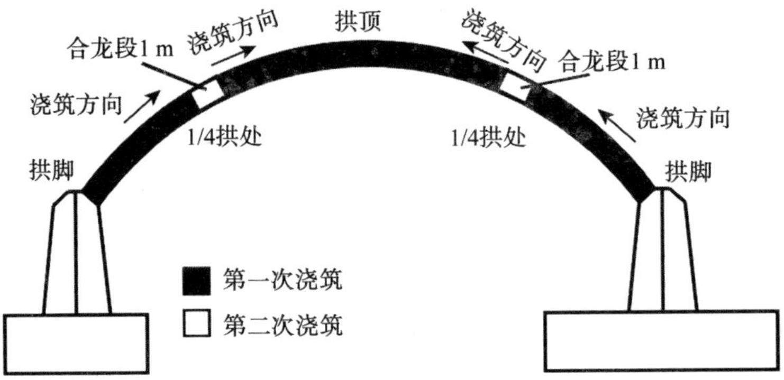

图 8-21　混凝土浇筑顺序图

最后施工各合龙阶段，合龙前需凿毛，并注意以下几点：

(1)间隔缝的混凝土在拱圈分段混凝土强度达到 70%设计强度后进行浇筑。

(2)封拱合龙温度需符合设计要求，如设计无规定时，一般宜在接近当地年平均温度或 15 ℃左右进行。

为防止斜面混凝土下滑，主拱圈竖向沿纵向每 1.22 m 设置一道压仓板卡。压仓板卡用∅12 mm 的钢筋制作，横向每 30 cm 设置一道“U”形卡，∅12 mm 钢筋与箍筋及分布筋焊接，竖向设置两根∅12 mm 钢筋与箍筋及设置的横向钢筋焊接。压仓板卡布置图如图 8-22 所示。

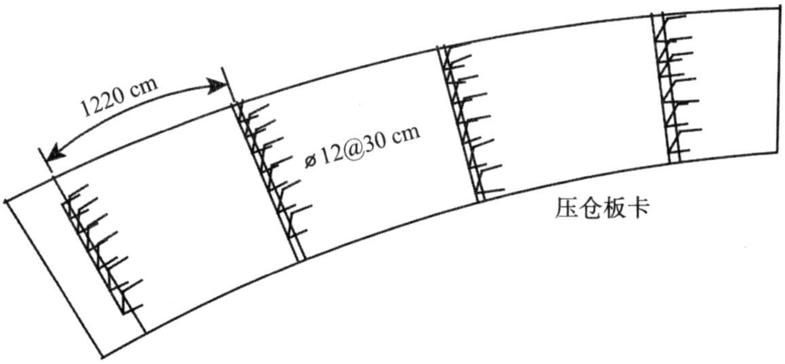

图 8-22　压仓板卡布置图

由于拱圈钢筋较密，现场混凝土坍落度控制在 160～180 mm。浇筑时采取分层浇筑、分层振捣，浇筑层厚控制在 30 cm 左右。分层振捣时，振捣棒插入前一层 5～10 cm，振捣顺序先四周后中间。振捣棒快插慢拔，不得碰撞模板和钢筋，做到不过振、不漏振，振捣至混凝土表面平坦泛浆、不再有气泡冒出、骨料不再下沉为止。

在墩身两侧对称下料浇筑振捣，混凝土浇筑至顶面标高时，在浇筑完成部分加设压仓板，以防止高处混凝土向下流动；混凝土初凝后拆除压仓板，对拱圈外露表面进行抹压收光处理，覆盖养生布，洒水养护。养护期间保持混凝土表面湿润，养护时间不少于 14 天。

8）沉降观测

拱圈混凝土浇筑期间安排专人对模板、支架进行检查，并对支架变形、沉降进行观测，一旦发现安全隐患，立即停止浇筑，分析原因并采取措施，排除隐患后再重新浇筑。

拱圈施工完成后，分别在拱顶、1/4 拱处埋设沉降观测点，每跨取 3 个断面，每个断面取 3 个点，沉降点埋设如图 8-23 和图 8-24 所示。

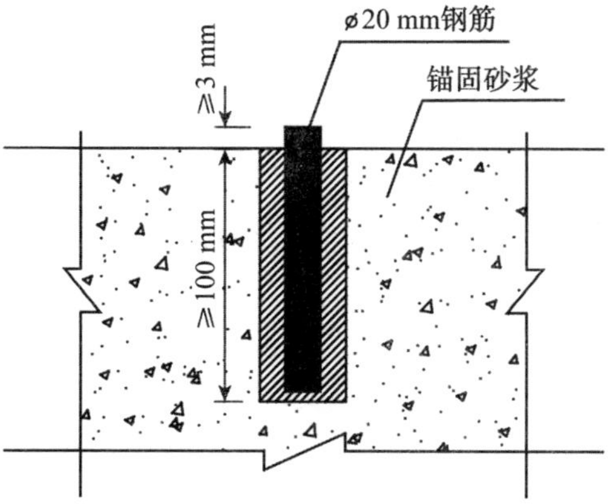

图 8-23 沉降观测点埋设图

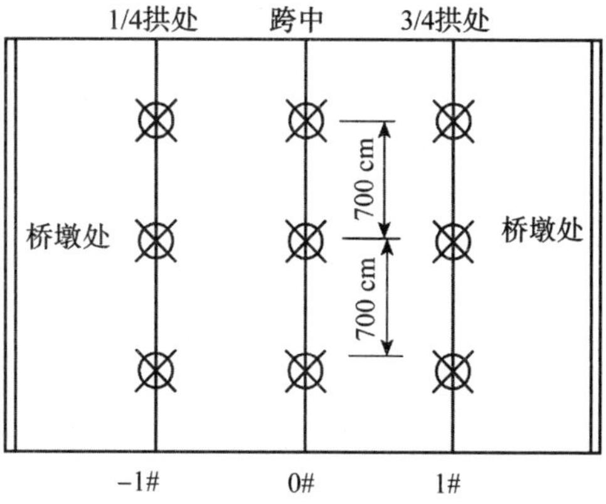

图 8-24 沉降观测点布置图

在主拱圈施工完成后、支架拆除前开始观测，支架拆除后每月观测 1 次，横墙、桥面板、纵墙施工前后观测 1 次，全部完成后再观测 1 次，观测数据认真记录存档。

9）主拱圈落架

当拱圈混凝土强度达到设计强度的 100%后，方可卸落支架。先松顶托（松开高度控制在 1 cm 以内），完成主拱圈受力体系转换。松顶托时，纵向由中间向两端，横向由两端向中间。

10）支架拆除

等体系转换完成后再拆支架，拆架程序遵守自上而下、纵向中间向两端、横向两端向中间拆除的原则；再次松开顶托，使底模与主拱圈分离，用葫芦配合人工将底模拉至主拱圈投影以外，再用吊车起吊拆除，然后拆剪刀撑、斜撑，最后拆横杆、立杆等（一般的拆除顺序为：安全网→栏杆→底模→剪刀撑→斜撑→横杆→立杆）。每孔拆卸时遵循全孔多点、对称、缓慢、均匀的原则，从跨中向支点拆卸，不得分立面拆架或上下两步同时进行拆架，做到一步一清、一杆一清。拆立杆时，要先抱住立杆再拆开最后两个扣。拆除横杆、斜撑、剪刀撑时，先拆中间扣件，然后托住中间，再解端头扣。

支架拆除前，在拱底设好沉降的观测点。对于这些点，在支架拆除前进行标高测量，在支架拆除过程中时刻观察标高的变化状况，也要对拱圈进行观察，如有异常情况立即停止支架拆除工作，待查明原因或通过讨论后，按调整方案进行作业。

拆除作业必须自上而下逐层进行，严禁上下两层同时拆除；拆除的构件用吊具吊下或人工递下，严禁抛掷；运至地面的构配件及时检查、整修与保养，并按品种、规格随时码堆存放。

8.1.3.2 腹拱圈施工

主拱圈全部施工完成后进行腹拱圈施工。腹拱圈采用满堂支架，钢管间距为 0.9 m×0.9 m×1.2 m，钢管底部支托于主拱圈之上，顶部放置顶托以便于调节高度及模板安拆；拱部根据腹拱圈设计形状制作成木排架。腹拱圈支架及排架模板共加工制作 2 套，每次施工完成 2 个墩位腹拱圈，周转施工 2 次完成全桥腹拱施工(见图 8-25 至图 8-27)。腹拱钢筋、模板、混凝土浇筑养护等施工方法、工艺、程序及注意事项同主拱圈。

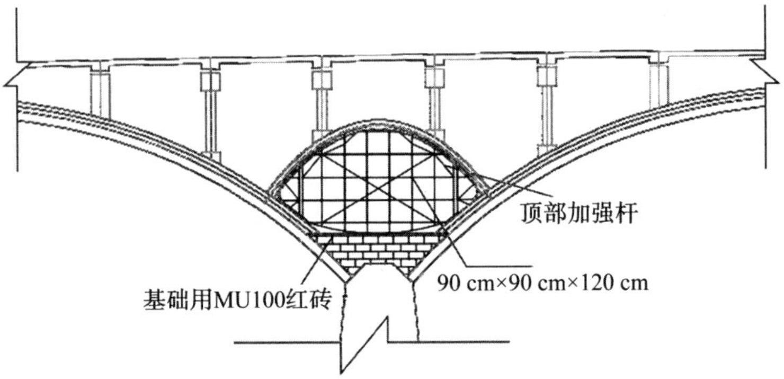

图 8-25 腹拱圈支架图

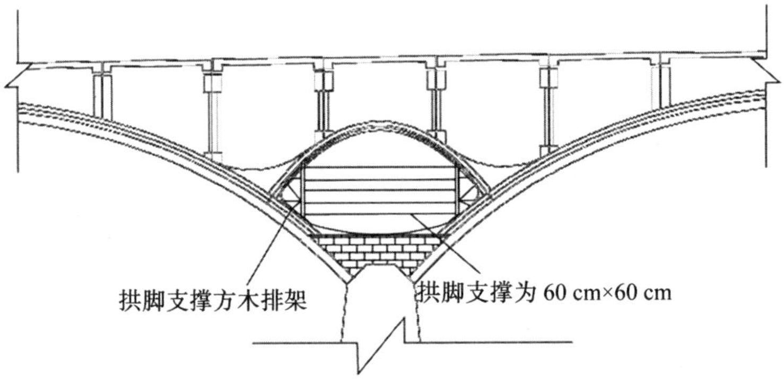

图 8-26 腹拱圈拱脚排架支撑图

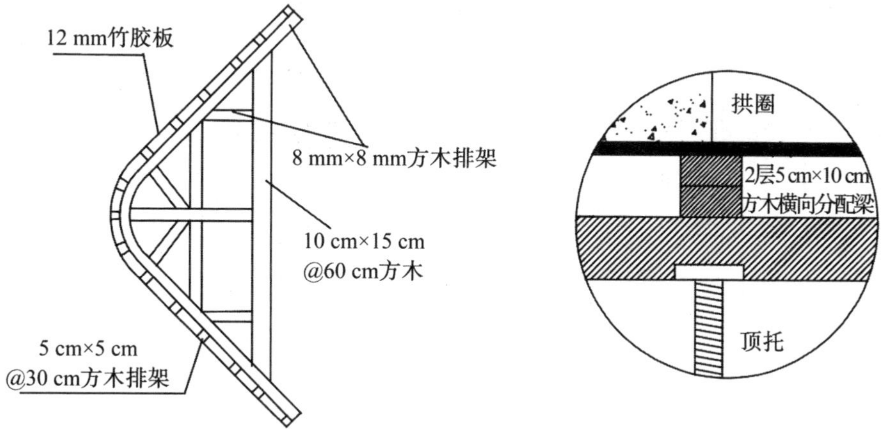

图 8-27　腹拱圈拱脚、拱顶细部大样图

8.1.3.3　拱上横墙施工

在主拱和腹拱上每 5 m 和 6.5 m 设置一道横墙，横墙宽 20.5 m，墙顶厚 80 cm，墙底与拱圈相接处厚 80 cm，中间部分根据横墙高度的不同，厚度分别为 40 cm、60 cm、80 cm。

主拱圈和腹拱圈施工完毕后，在对称主拱圈上同时对称地施工横墙。横墙施工作业平台采用钢管支架。钢筋采用集中加工的方式，加工完成后吊运至施工现场，钢筋严格按照设计图纸进行绑扎。钢筋绑扎完成后，向现场监理工程师申请进行验收，验收合格后进行下一道工序施工。

横墙模板采用竹胶板，模板装拆顺序为：模板清理→刷涂脱模剂→标记模板控制线→砂浆找平→安装模板→调整模板垂直度→模板加固→浇筑混凝土→拆模→模板清理→刷涂脱模剂→二次施工。

横墙混凝土采用搅拌站集中拌和，混凝土罐车运至施工现场，用泵车进行浇筑。混凝土坍落度控制在 140～180 mm，和易性良好，浇筑时分层浇筑，从横墙的一端向另一端进行浇筑，每层浇筑高度宜不大于 40 cm，上层混凝土浇筑在下层混凝土初凝前进行。

混凝土浇筑完毕后，横墙顶部压光抹平，及时用养生布进行覆盖，并洒水养护。混凝土硬度达到 2.5 MPa 时，拆除横墙模板。

8.1.3.4　桥面板施工

主桥简支板分别为 5 m 和 6.5 m 跨度，其中 5 m 简支板为 39 块，6.5 m 简支板为 2 块，板厚 25 cm，横梁高 50 cm、厚 40 cm。桥面板横桥向为整体现浇，纵桥向为桥面连续。混凝土强度等级为 C40。

(1)支撑体系：简支板施工采用型钢简支梁支撑体系，在横墙施工时每 3 m 预留穿心棒孔，在穿心棒上采用 I40 工字钢作为主梁，再采用 I25 工字钢作为分配梁(见图8-28)。

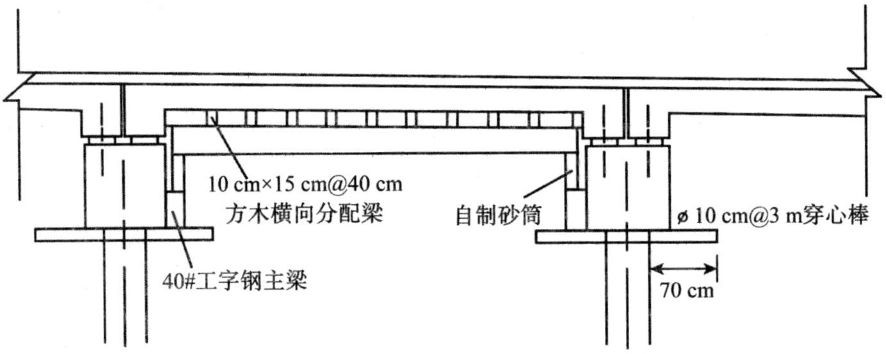

图 8-28 桥面板施工支撑图

(2)安装底模：支撑顶上 I25 纵向分配梁上横向放置 10 cm×15 cm 方木，间距 40 cm，然后放置 1.5 cm 厚木胶板。安装底模时，橡胶支座按设计位置安装在横墙上。

(3)预压：为保证上部结构混凝土的施工质量及支架安全，对搭设好的支架进行预压，以消除支架的非弹性变形，并提供预拱度。具体预压方案同主拱圈。

(4)钢筋下料、绑扎：简支板钢筋严格按照设计图纸进行加工，最上层钢筋为通长钢筋，连接每个简支板，使其成为一个整体。浇筑混凝土前，本块简支板上层钢筋预留足够的长度来连接下层简支板钢筋。

(5)安装侧模：侧面模板需安装牢固，防止浇筑混凝土时引起模板变形。

(6)浇筑混凝土：混凝土沿着横向从简支板最低点向最高点进行浇筑。现场制作 3～5 组混凝土试块，脱模后进行同条件养护。

(7)混凝土养护：混凝土浇筑完成后及时进行覆盖洒水养护，养护周期为 14 天。

(8)拆除模板和支架：对同条件的试块进行抗压试验，抗压强度满足设计规范要求后进行模板和支架的拆除。

8.1.3.5 纵墙施工

在拱圈顶及横墙两侧现浇 15 cm 厚纵墙。纵墙与主拱圈、腹拱圈以及横墙固结，与桥面板底面预留 2 cm 变形缝。

纵墙模板采用竹胶板，模板装拆顺序为：模板清理→刷涂脱模剂→标记模板控制线→砂浆找平→安装模板→调整模板垂直度→模板加固→浇筑混凝土→拆模→模板清理→刷涂脱模剂→二次施工。纵墙施工分两步：第一步，在施工桥面板时预留人洞及下料振捣孔，人洞直径 600 mm，下料振捣孔直径 150 mm，待纵墙施工完毕后再加钢筋网等补墙。第二步，从底下向上施工时，先预留顶部 1.5 m 左右的模板不支，以便纵墙下部施工下料及振捣，待施工到顶部时，再支模板并从桥面板预留孔洞下料施工。具体施工图如图8-29至图 8-31 所示。

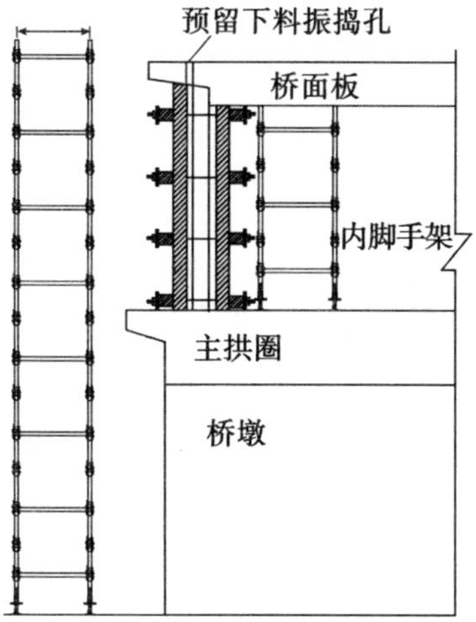

图 8-29　纵墙剖立面图

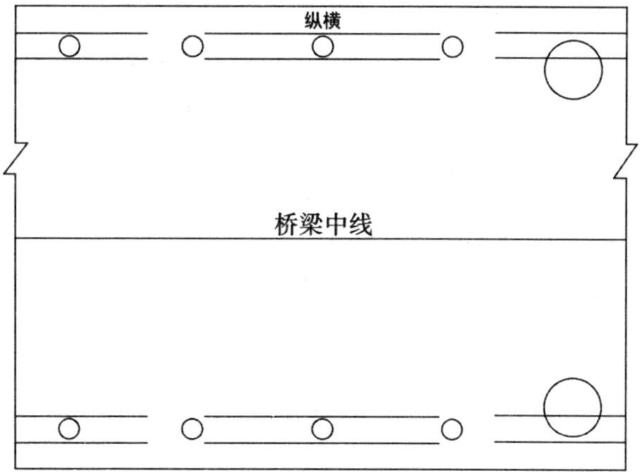

图 8-30　纵墙平面图

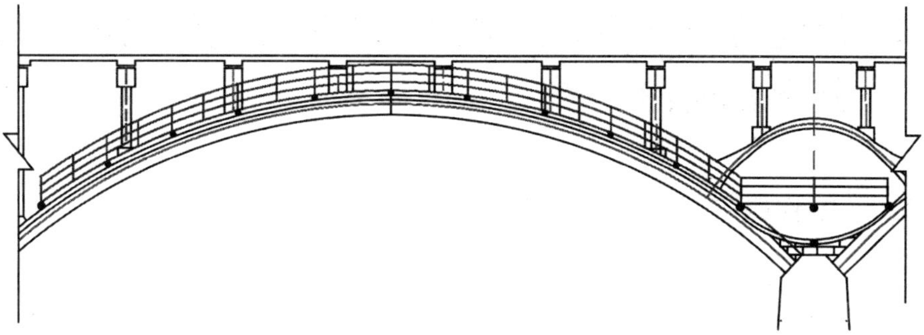

图 8-31　纵墙侧立面图

纵墙混凝土采用搅拌站集中拌和，混凝土罐车运至施工现场，用泵车进行浇筑。混凝土坍落度控制在 140～180 mm，和易性良好，浇筑时分层浇筑，每层浇筑高度宜控制在 30 cm，上层混凝土浇筑在下层混凝土初凝前进行。

第一、第二跨纵墙施工时，考虑到河道过水，无法从地面搭设外脚手架，采用人行悬道进行施工。人行悬道事先在主拱圈施工时预埋钢板，待纵墙施工完成后再逐步拆除(见图 8-32)。

混凝土浇筑完毕后，纵墙顶部压光抹平，及时用养护材料进行覆盖，防止出现温缩裂缝。混凝土强度达到 2.5 MPa 时，拆除横墙模板，并及时覆盖、洒水养护。

纵墙施工完成后进行装饰。

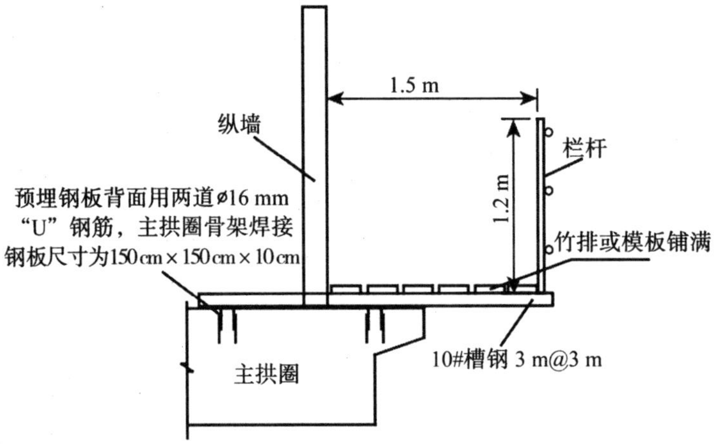

图 8-32　人行悬道图

8.2　新疆维吾尔自治区省道 315 线蜂场至尼勒克段公路乌拉斯台拱桥

8.2.1　工程概况

8.2.1.1　地质、水文

新疆维吾尔自治区省道 315 线蜂场至尼勒克段公路路线位于原乌拉斯台大桥(见图 8-33)下游 30～62 m、吉林台一级水库大坝上游 26.7 km 处，在 K104＋600 处与喀什河相交，交角约 60°。该处的喀什河冲刷下切，形成"U"形河谷状，河谷宽 76～188 m，深 21～24 m。K104＋503～K104＋690 为喀什河河床，河床土质表层为飘石、粗砂，以下为泥质砂岩。小桩号 K104＋487～K104＋503 河道岸坡陡峭，砂岩裸露；大桩号 K104＋590～K104＋690 为一废弃的砂料场，K104＋690～K104＋705 河道岸坡陡峭，砂岩裸露；K104＋705～K104＋740 为缓坡，坡面植被茂盛。桥位下游附近有一座水文观测站，属国电新疆吉林台水电开发有限公司所有。

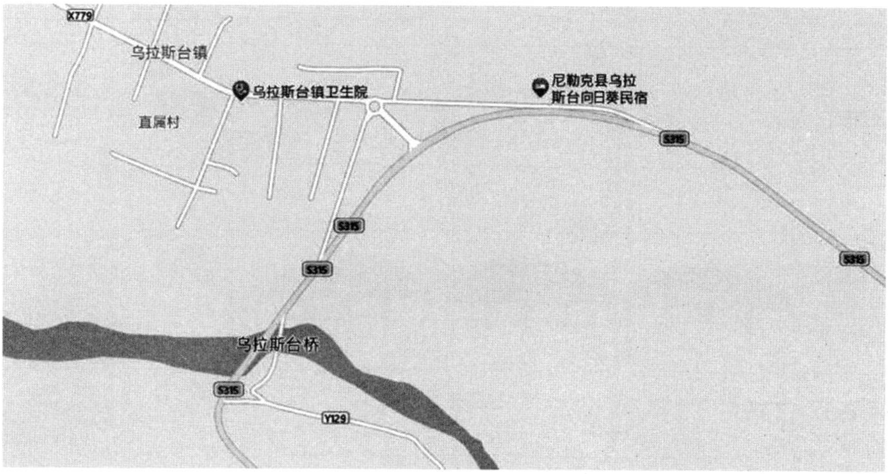

图 8-33　乌拉斯台桥路线图

8.2.1.2　项目概况

主跨采用 3×65 m 钢筋混凝土上承式箱型拱，起点桩号 K104＋483.042，终点桩号 K104＋710.234，桥梁全长为 227.192 m。

支承体系：主拱圈在拱脚处固结，为无铰拱。腹拱靠近跳台、桥墩，为三铰拱，其他位置为无铰拱。

主拱圈：轴线跨径 66 m，矢高 16.5 m，矢跨比 1/4，拱轴线形为悬链线，拱轴系数 m 为 2.814；拱圈高 1.4 m，宽 12 m。

主拱圈为钢筋混凝土上承式箱型拱，横断面采用等厚度实心截面。其中，主拱圈厚度为 140 cm，拱轴线为悬链线。为适应桥面纵坡，主拱圈斜置，即拱脚不在同一标高位置，形成一定纵坡。自小桩号至大桩号，三跨拱坡度分别为 1.1%、2.3%、2.9%。

拱上横墙按照素混凝土圬工结构设计，配少量钢筋作为安全储备。顶部设拱座，底部设底座，中间为板式横墙。拱座和底座纵桥向的尺寸为 1.2 m，横桥向与桥面同宽。横墙厚 1 m，靠近桥墩和桥台的第一根横墙因为高度稍大，设 2 个人孔，每个人孔宽度 2 m，其他横墙不设人孔。

腹拱圈厚度为 0.45 m，净跨径 5.5 m，净矢高 1.1 m，净矢跨比 1/5，轴线为圆弧线。腹拱圈为钢筋混凝土结构，现场浇筑施工。腹拱圈跨中位置的拱顶距离桥面设计线全桥统一为 0.583 m，单个拱圈不设坡度，即两拱脚标高相同。

8.2.2　上部结构施工顺序

施工顺序如图 8-34 所示。

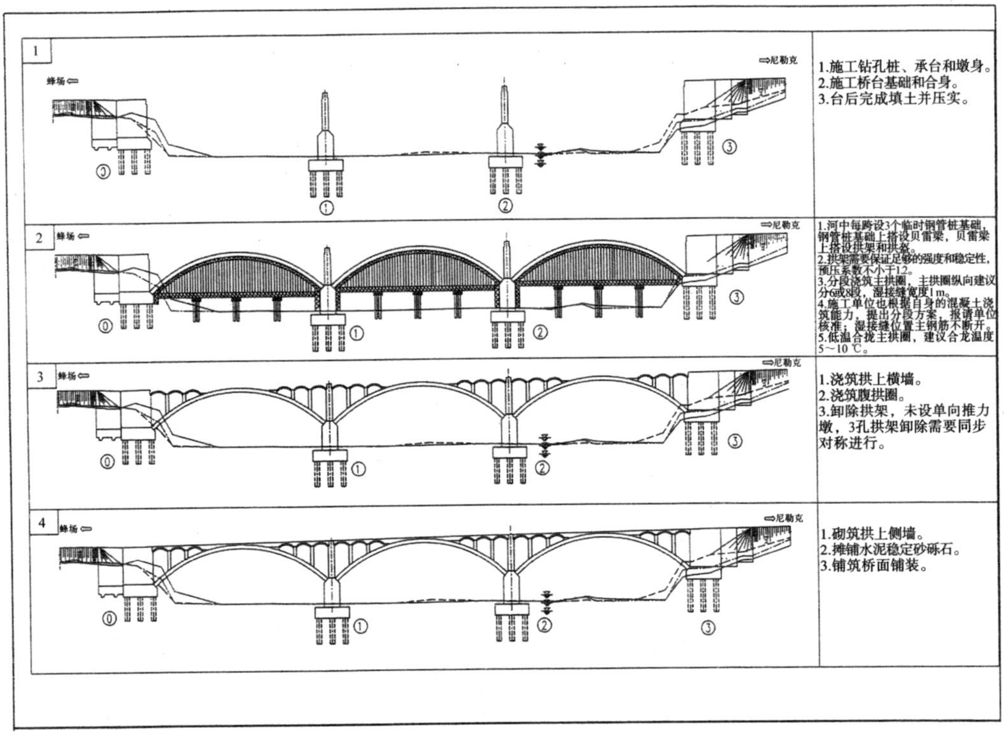

图 8-34　施工顺序图

8.2.3　乌拉斯台拱桥上部结构施工工艺

8.2.3.1　拱架搭设

1)主拱圈自重荷载 q_1

新浇混凝土容重取 26 kN/m^3。主拱圈自重荷载 q_1 组成部分如表 8-4 所示。

表 8-4　主拱圈自重荷载 q_1 组成部分

分区	主拱圈横断面面积/m^2	横向长度/m	底模单位面积承受重量/(kN/m^2)
A	0.620	0.50	32.24
B	0.464	1.92	6.28
C	0.560	0.40	36.40
q_1 = 36.40 kN/m^2			

2)模板及模板支撑荷载 q_2

模板及支撑、外模及支撑荷载按均布荷载计算，根据《建筑施工碗扣式钢管脚手架安全技术规范》(JGJ 166—2016)4.2.4 条的规定，$q_2=0.3\ kN/m^2$。

3)施工人员、施工材料和机具荷载 q_3

施工人员、施工材料和机具荷载按均布荷载计算，$q_3=1\ kN/m^2$。

4)混凝土振捣荷载 q_4

振捣混凝土产生的荷载按均布荷载计算，$q_4=2\ kN/m^2$。

5)支架自重荷载 q_5

该荷载由程序自动计算。

6)风荷载 q_6

由支架结构分析可知，风荷载最不利状态为模板安装完毕、钢筋安装前，此时风荷载最大，自重荷载较小。根据《建筑施工碗扣式钢管脚手架安全技术规范》(JGJ 166—2016)，作用于双排支架及模板支撑架上的水平缝荷载标准值应按下式计算：

$$\omega_k=0.7\mu_z\mu_s\omega_0$$

式中，ω_k 为风荷载标准值(kN/m^2)；μ_z 为风压高度变化系数，$\mu_z=0.74$；μ_s 为风荷载体形系数，按《建筑结构荷载规范》(GB 50009—2012)规定，竖直面取 0.8；ω_0 为基本风压(kN/m^2)，按《建筑结构荷载规范》(GB 50009—2012)规定，伊犁地区基本风压 $\omega_0=0.4\ kN/m^2$。

$$q_6=0.7\times0.74\times0.8\times0.4\times1=0.17\ kN/m^2$$

荷载分析中的各荷载汇总如表 8-5 所示。

表 8-5　荷载分析汇总表

符号	名称及位置	数值/(kN/m^2)
q_2	模板及模板支撑荷载	0.3
q_3	施工人员、施工材料和机具荷载	1
q_4	混凝土振捣荷载	2
q_5	支架自重荷载	程序自动计算
q_6	风荷载	0.17

7)荷载组合

根据《公路桥涵施工技术规范》(JTG/T 3650—2020)5.2.2 条和《建筑施工碗扣式钢管脚手架安全技术规范》(JGJ 166—2016)4.3.1 条的组合分项系数，计算荷载组合如表 8-6所示。

表 8-6 主拱圈模板、支架计算荷载组合

模板结构名称	荷载组合		
	强度计算	刚度验算	倾覆稳定性计算
底模及支架系统计算	1.2(1+2)+1.4(3+4+6)	1+2+3+4+6	0.9(1+2)+1.4(3+4+6)
支架计算	1.2(1+2+5)+1.4(3+4+6)	1+2+3+4+5+6	0.9(1+2+5)+1.4(3+4+6)

8.2.3.2 拱架方案

1)0#—1#桥墩

第一跨(0#—1#桥墩)在主河道上。根据喀什河的流量和流速,为保证支架的稳定性和结构的安全性,第一跨采用桩柱基础,每根桩需最大承受1872.9 kN压力。经过受力计算,基础采用∅1.2 m水下灌注桩,上接直径0.8 m钢圆柱,桩基入岩10 m。按照5排布置,每排间距12 m,每排4根桩柱,间距4 m。圆柱上预埋850 mm×850 mm×10 mm钢板,每根桩柱体系可以承受2138.3 kN(>1872.9 kN)压力,满足要求。采用2HN60H型钢并排焊接作为横梁,横梁受到最大组合应力为135.6 MPa($<[\sigma]_{Q235}=190$ MPa),满足要求。横梁上架设18排321型贝雷片,每两排为一组,组间距0.9 m,作为纵梁,同时在每排贝雷片端头位置增加加强立杆。贝雷架最大组合应力值为238.4 MPa($<[\sigma]_{Q345}=275$ MPa),满足要求。贝雷架上铺设一层18 mm×6.8 cm槽钢,间距60 cm,槽钢最大组合应力值为155 MPa($<[\sigma]_{Q235}=190$ MPa),满足要求。槽钢上直接使用碗扣支架,碗扣支架由∅48 mm×3 mm碗扣立杆、横杆、斜撑杆、可调节底撑、顶托等组成。本跨采用满堂式碗扣支架全幅搭设。根据现浇梁施工技术要求、荷载重量、荷载分布情况、地基承载力等技术指标,通过计算确定支架排列方式:横向立杆间距60 cm,共24排,最外侧间距90 cm,共2排;顺桥向立杆间距60 cm,共97排;竖向步间距120 cm。支架搭设高度0.67~13.7 m。横桥向支架总宽度为16 m,支架顶横杆步距适当加密。剪刀撑采用6 m长的∅48 mm×3 mm钢管,顶、底可调托撑采用∅32 mm(外径36 mm)Q345钢材。图8-35为第一跨支架立面图,图8-36为第一跨A-A断面图。

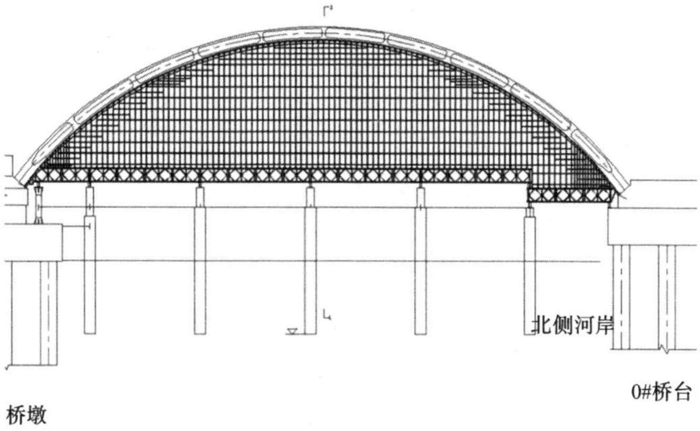

图 8-35　第一跨支架立面图

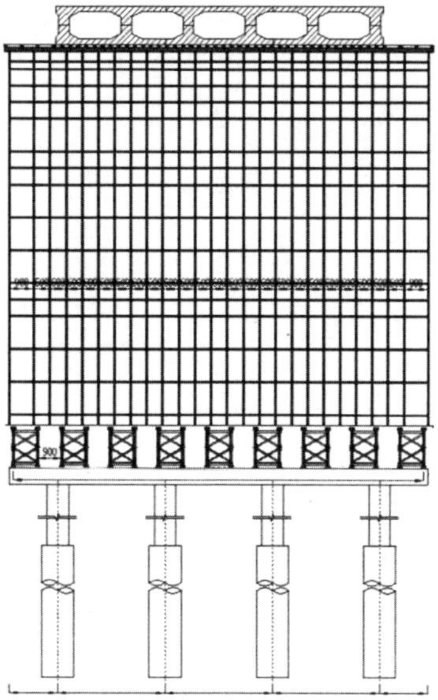

图 8-36　第一跨 A-A 断面图

支架沿拱圈轴线方向纵向布置水平加强杆，加强杆采用∅48 mm×3 mm 扣件式钢管，采用扣件与立杆连接，横向间距 60 cm，同时沿拱圈轴线方向在支架立杆顶部采用∅48 mm×3 mm 扣件式钢管连接。在支架 4.5 m 和 9.3 m 位置设置水平剪刀撑，在距离基础 20 cm 位置处设置扫地杆，提高支架稳定性。

拱脚位置的支架受力较大，且较复杂。拱脚至 $L/8$ 位置之间的碗扣支架增加立杆，在原来竖杆之间加密一道钢管支架，钢管顶用顶托顶住横向分配梁。用扣件与碗扣支架相连，加强其整体稳定性，拱脚位置局部支架均采用扣件式支架钢管。图 8-37 为贝雷片端头位置加强图。

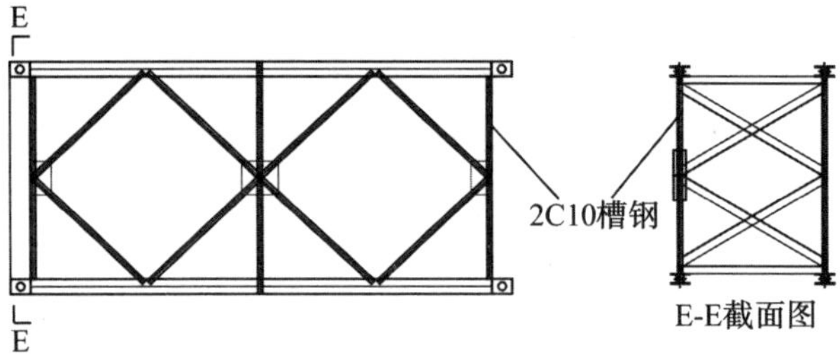

图 8-37 贝雷片端头位置加强图

经计算，支架强度、刚度均满足要求(见表 8-7)。

表 8-7 第一跨主拱圈支架强度、刚度验算汇总表

验算项目	强度			刚度		
	计算值/MPa	容许值/MPa	是否满足要求	计算值/mm	容许值/mm	是否满足要求
顶托、底托	220.2	≤275	满足	—	—	满足
支架立杆	174.1	≤190	满足	—	—	满足
横向方木	7.9	≤14.5	满足	0.3	≤1.5	满足
纵向方木	13.2	≤14.5	满足	0.12	≤1.5	满足
底模竹胶板	8.6	≤25	满足	0.38	≤0.5	满足

2)1＃—2＃桥墩

第二跨(1＃—2＃桥墩)在流水面上。为能够在流水期正常施工，在第二跨下修筑一座施工平台。根据喀什河的流量和流速，为保证支架的稳定性和结构的安全性，采用桩柱基础，每根桩需最大承受 1838.9 kN 压力。经过受力计算，基础采用∅1.2 m 水下灌注桩，上接直径 630 mm 钢管柱，桩基入岩 10 m，按照 4 排布置，每排间距 12 m，每排 4 根桩柱，间距 4.2 m。圆桩上预埋 850 mm×850 mm×10 mm 钢板，每根桩柱体系可以承受 2138.3 kN(＞1838.9 kN)压力，满足要求。柱顶选用 2HN60H 型钢作为纵梁，横梁也选用 2HN60H 型钢，横梁受到最大组合应力为 86.9 MPa($<[\sigma]_{Q235}=190$ MPa)，满足要求。横梁上架设 18 排 321 型贝雷片，每两排为一组，组间距 0.9 m，作为纵梁，同时在每排贝雷片端头位置增加加强立杆。贝雷架受最大组合应力为 246.1 MPa($<[\sigma]_{Q345}=275$ MPa)，满足要求。贝雷架上铺设一层 18 mm×6.8 cm 槽钢，间距 60 cm，槽钢受到最大应力为 148.9 MPa($<[\sigma]_{Q235}=190$ MPa)，满足要求。槽钢上直接使用碗扣支架，碗扣支架由∅48 mm×3 mm 碗扣立杆、横杆、斜撑杆、可调节底撑、顶托等组成。本跨采用满堂式碗扣支架全幅搭设。根据现浇梁施工技术要求、荷载重量、荷载分布情况、地基承载

力等技术指标，通过计算确定支架排列方式：横向立杆间距 60 cm，共 24 排，最外侧间距 90 cm，共 2 排；顺桥向立杆间距 60 cm，共 97 排；竖向步间距 120 cm。支架搭设高度 0.67～14 m。横桥向支架总宽度为 16 m，支架顶横杆步距适量加密。剪刀撑采用 6 m 长的$\varnothing$48 mm×3 mm 钢管，顶、底可调托撑采用$\varnothing$32 mm(外径 36 mm)Q345 钢材。图8-38 为第二跨支架立面图，图 8-39 为第二跨 B-B 断面图。

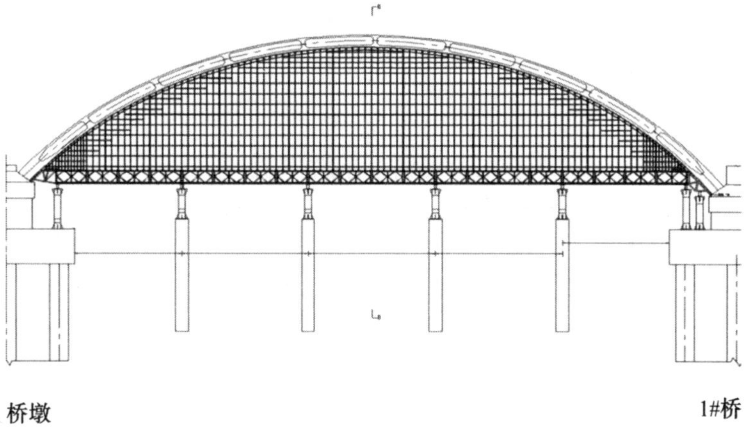

图 8-38　第二跨支架立面图

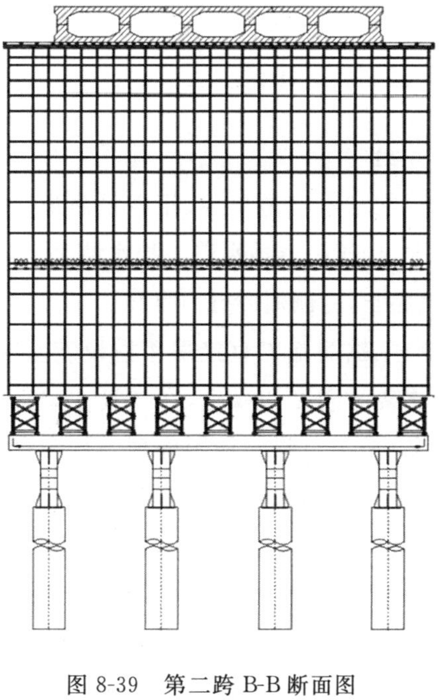

图 8-39　第二跨 B-B 断面图

支架沿拱圈轴线方向纵向布置水平加强杆，加强杆采用∅48 mm×3 mm 扣件式钢管，与立杆采用扣件连接，横向间距 60 cm，同时沿拱圈轴线方向在支架立杆顶部采用∅48 mm×3 mm 扣件式钢管连接。在支架 4.5 m 和 9.3 m 位置设置水平剪刀撑，在距离基础 20 cm 位置处设置扫地杆，提高支架稳定性。

拱脚位置支架受力较大，且较复杂。拱脚至 $L/8$ 位置之间的碗扣支架增加立杆，在原来竖杆之间加密一道钢管支架，钢管顶用顶托顶住横向分配梁。用扣件与碗扣支架相连，加强其整体稳定性，拱脚位置局部支架均采用扣件式支架钢管。经过计算，支架强度、刚度均满足要求（见表 8-8）。

表 8-8　第二跨主拱圈支架强度、刚度验算汇总表

验算项目	强度			刚度		
	计算值/MPa	容许值/MPa	是否满足要求	计算值/mm	容许值/mm	是否满足要求
顶托、底托	183	≤275	满足	—	—	满足
支架立杆	157.9	≤190	满足	—	—	满足
横向方木	6.3	≤14.5	满足	0.3	≤1.5	满足
纵向方木	7.4	≤14.5	满足	0.12	≤1.5	满足
底模竹胶板	8.6	≤25	满足	0.38	≤0.5	满足

3)2＃—3＃桥墩施工方案

第三跨（2＃—3＃桥墩）在枯水期是旱地、汛期是河道。为保证汛期能够正常施工，根据汛期水位现场实际情况，构筑一道挡水墙。挡水墙采用 1.2 m×1.2 m 的混凝土块，排在迎水面，混凝土块后填黏土，内侧用砂砾石堆积。

第三跨（2＃—3＃桥墩）主拱圈施工直接采用搭设满堂支架的方式。为提高基础稳定性，减少地基沉降，保证支架的刚度和稳定，在搭设支架系统前对地基进行加固处理。地基处理根据现场地势情况，采用台阶式加固处理。每个台阶处修筑一道挡墙，挡墙顶宽30 cm，下底宽 50 cm，墙高 75 cm，采用 C25 混凝土。挡墙顶面与混凝土面层平齐。两道挡墙内填筑砾石，并用压路机每 30 cm 一层压密实，地基承载力不小于 230 kPa。在处理好的地面上浇筑一层 15 cm 的 C20 混凝土面层作为支架基础（见图 8-40）。

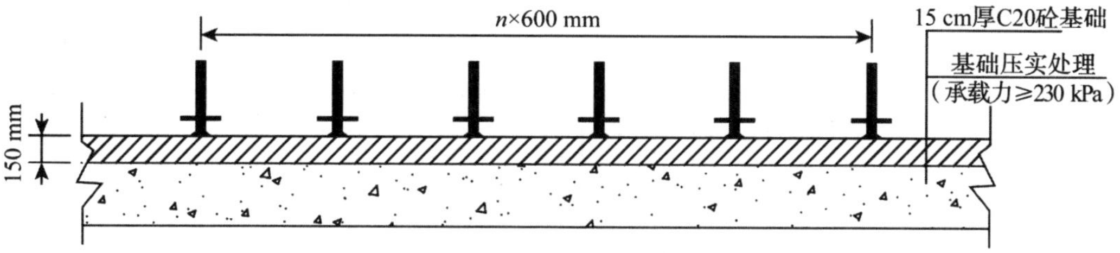

图 8-40　第三跨地基处理图

地基承受的压应力为 187.5 kPa(<230 kPa)，支架地基承载力符合要求。碗扣支架由∅48 mm×3 mm 碗扣立杆、横杆、斜撑杆、可调节底撑、顶托等组成。本跨采用满堂式碗扣支架全幅搭设。根据现浇梁施工技术要求、荷载重量、荷载分布情况、地基承载力等技术指标，通过计算确定支架排列方式：横向立杆间距 60 cm，共 24 排，最外侧间距 90 cm，共 2 排；顺桥向立杆间距 60 cm，共 107 排；竖向步间距 120 cm。支架搭设高度 0.67～19.65 m。横桥向支架总宽度为 16 m，支架顶横杆步距适当加密。剪刀撑采用 6 m 长的∅48 mm×3 mm 钢管，顶、底可调托撑采用∅32 mm(外径 36 mm)Q345 钢材。支架沿拱圈轴线方向纵向布置水平加强杆，加强杆采用∅48 mm×3 mm 扣件式钢管，采用扣件与立杆连接，横向间距 60 cm，同时在支架 4.2 m、9 m 和 13.8 m 位置设置水平剪刀撑，在距离基础 20 cm 位置设置扫地杆，提高支架稳定性。图 8-41 为第三跨支架立面图，图 8-42 为第三跨 F-F 断面图。

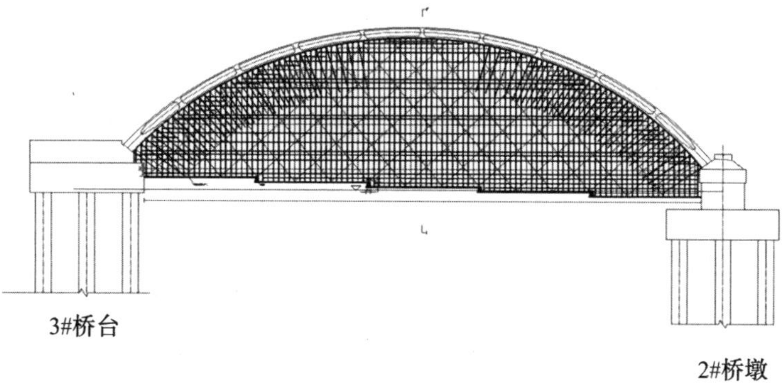

图 8-41　第三跨支架立面图

拱脚位置的支架受力较大，且较复杂。拱脚至 $L/3$ 位置之间的碗扣支架增加斜撑杆，在原来竖杆之间加密一道钢管支架，钢管顶用顶托顶住横向分配梁。用扣件与碗扣支架相连，加强其整体稳定性，拱脚位置局部支架均采用扣件式支架钢管。经过计算，支架强度、刚度均满足要求(见表 8-9)。

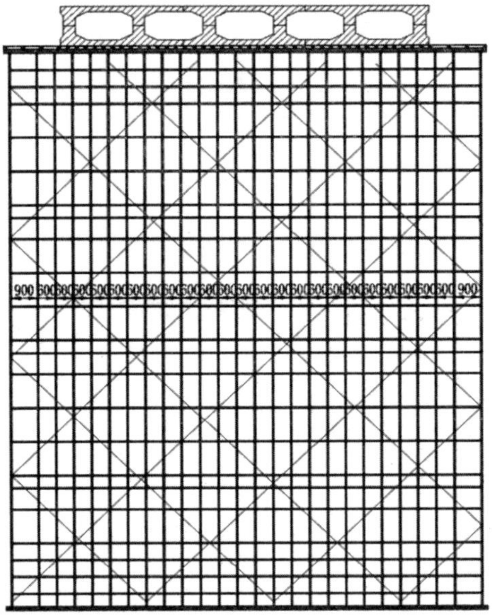

图 8-42　第三跨 F-F 断面图

表 8-9　第三跨主拱圈支架强度、刚度验算汇总表

验算项目	强度			刚度		
	计算值/MPa	容许值/MPa	是否满足要求	计算值/mm	容许值/mm	是否满足要求
顶托、底托	96.8	≤275	满足	—	—	满足
支架立杆	69.7	≤190	满足	—	—	满足
支架斜杆	48	≤190	满足	—	—	满足

综上可知，通过最不利荷载组合的验算，各孔拱架的强度、刚度和稳定性均满足规范及设计要求；拱架的各界面应力强度根据结构形式和所承受的荷载大小，按分段浇筑情况分别验算，拱顶、拱脚和 1/4 跨各界面以及各连接点的应力均满足规范及设计要求；通过稳定性计算，抗倾覆性满足规范及设计要求；通过计算，拱架的桩柱基础和原地表的地基承载力均满足承载力要求。

8.2.3.3　支架预压、沉降观测及预拱度设置

现浇梁支架搭设完成，经验收合格后进行支架预压。为了检查支架的承载能力，消除支架的非弹性变形，减少弹性变形及地基的沉降，从而确保混凝土梁的设计线型，支架搭设完毕后进行预加载试压。按分环、分段、均衡对称加载的总原则进行设计，即荷载按加载顺序对支架进行相等数量的施工加载。通过支架预压来保证结构混凝土的施工质

量及支架安全，消除支架非弹性变形，并为预拱度设置提供依据。

1）预压加载、卸载

现浇主拱圈采用编织袋装石粉法进行预压加载，过程简单，速度快。在支架及地基上分别设置观测点，对无载、加载和卸载的状态进行观测，分别测量地基及模板的标高，测点需布置在全桥底模的垂直投影位置。

（1）压重前支架的检查验收。

（2）压重的准备工作：主拱圈自重、模板及各种施工荷载计算；准备足够的砂料，将砂料装袋，施工中采用尺寸统一的砂土袋装砂，并进行称重；测量准备；各种起重设备准备；其他准备工作。

（3）全面进行测量观测 1 次。

（4）利用塔吊和汽车吊，将砂土袋吊至底模上，人工进行垒码。

（5）砂土袋均匀砌码，砌码按浇筑顺序进行。

（6）砌码上层砂土袋时，注意吊篮不得直接放在已经砌码好的底层砂袋上，防止出现结构局部超载现象。

预压荷载总重等于主拱圈单位面积最大重量的 1.1 倍。加载过程按照三级进行，即 0%→60%→80%→100%加载总重。加载过程中随时对支架和分配支撑进行检查。每级加载完成后，先不进行下一级加载，并每 12 h 测量 1 次支架沉降量。当支架顶部检测点 12 h 沉降量不大于 2 mm 时，才可进行下一级加载。加载需对称均衡地进行，纵向由拱脚向拱顶对称地加载。

各级加载顺序按照拱架承受荷载顺序加载（见图 8-43）。

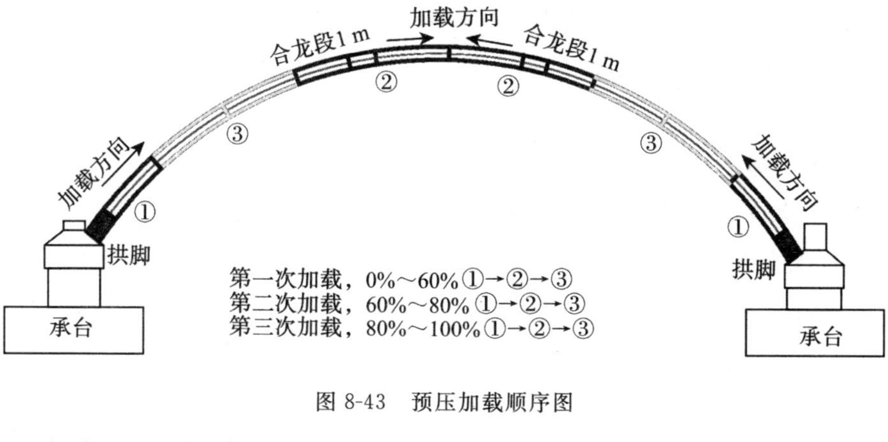

图 8-43　预压加载顺序图

每天定时观测 2 次，待前后两天的测量数据在±1 mm 以内，确定支架稳定后方可卸载，卸载前测量各点标高。卸载按照加压时的相反顺序操作，层层向下。卸载结束并静载1 h后分别测设支架的恢复量，做好记录。将预压荷载卸载后再对底模标高观测 1 次，从以上的观测资料中计算出支架的弹性变形。

2)预压观测

加载前需对支架基础顶(一、二孔为贝雷顶面)和底模顶进行标高测量。第三跨测量点设在靠近支点、梁跨的横隔板位置处,第一、第二跨设在贝雷跨中及临时墩支点处。横向在跨中及跨中两边 4 m 位置处各设 1 个,共计 3 个点(见图 8-44)。量测时,固定专门的测量仪器和测量人员,并在加载前做好标记。全部压载重量加压后,对各点处模板及地基标高每 6 h 观测 1 次。

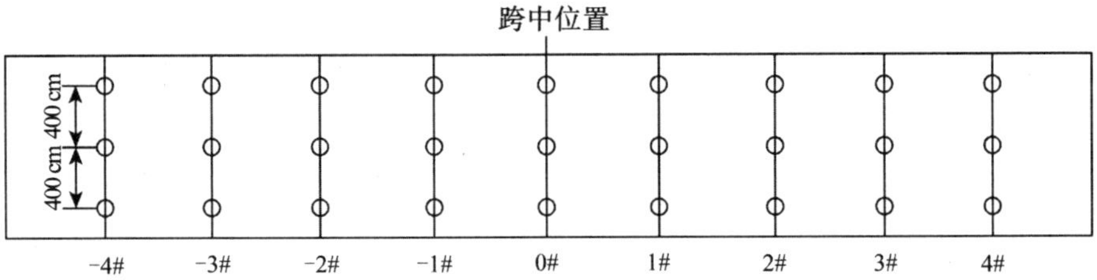

图 8-44 沉降观测点布置图

在墩台上设置位移及沉降观测点,每墩台设 3 点,和预压支架同步观测。

当满足以下两点之一时,可判定预压合格,可以进行卸载:

(1)各监测点连续 24 h 沉降量平均值小于 1 mm。

(2)各监测点连续 72 h 沉降量平均值小于 5 mm。

卸载时可均值卸载,按加载顺序反向进行,即 20%、40%、100%。

(1)第一次卸载 20%后停 2 h,观测 1 次。

(2)第二次卸载 40%后停 2 h,观测 1 次。

(3)第三次全部卸载后 48 h 内进行 2 次观测,计算其弹性变形数据。

通过卸载曲线和原始曲线的比较,计算出下沉量较大的观测点,统一调整底模标高至计算立模标高。

3)预拱度处理

在支架上浇筑主拱圈混凝土施工过程中和卸架后,主拱圈要产生一定的挠度。因此,为使主拱圈在卸架后能获得设计规定的外形,需在施工时设置一定数值的预拱度。根据设计,预拱度预留 5.5 cm。通过预压确定预拱度准确值时,考虑下列因素:卸架后主拱圈本身及活载一半所产生的竖向挠度;支架在荷载作用下的弹性压缩;支架在荷载作用下的非弹性变形;支架基底在荷载作用下的非弹性沉陷;由温度变化而引起的挠度;由混凝土徐变引起的徐变挠度。

根据拱的预压结果确定准确的预拱度值,根据 $y=(f+\triangle f)\times[ch(k'+\xi)-1]/(m'-1)$ 确定拱轴线放样坐标,根据计算出的放样坐标对预压后的拱底模标高重新进行调整。

8.2.3.4　主拱圈底模安装

(1)底模支架：为方便模板支立，采用底模包侧模形式。由于拱圈底板线形变化较大，支架高度用顶托调整。支架调整好以后，钢管顶端的顶托顶住 10 cm×10 cm 横向分配梁，分配梁与顶托之间使用木楔填塞。拱架采用两层 5 cm×10 cm 方木，设置在横向分配梁上，横向间距 30 cm，采用长钉连接加固，底模采用 122 cm×224 cm×1.5 cm 竹胶板。底模需平顺，横桥向底模宽度 16 m。为保障弧度，模板从两侧拱脚向拱顶连续铺设，模板短边(122 cm)顺桥向布设，再用铁钉将模板钉牢在方木上，模板间接缝平顺，每条模板接缝正放在方木中心上，否则增加方木，确保模板不悬挑(见图 8-45)。

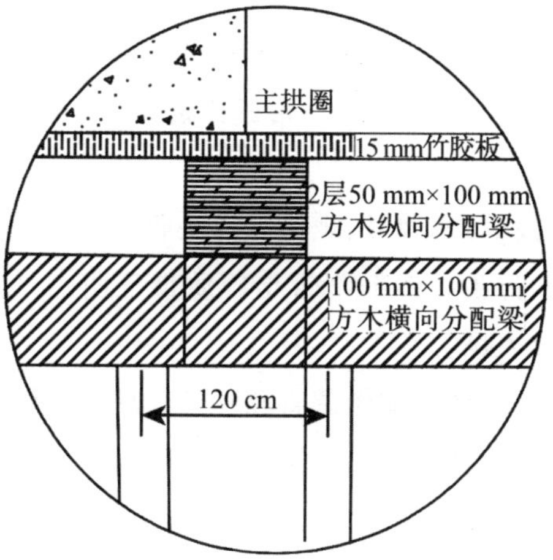

图 8-45　主拱圈底模大样图

(2)立模标高：根据确定的预拱度计算立模标高(立模标高＝设计高程＋预拱度)。卸去预压荷载后，根据观测模板标高变形数据及立模标高，对支架进行调整。利用支架的可调顶托调整底模标高，完成后再进行钢筋绑扎施工。

(3)侧模支架：侧模采用竹胶板和方木制作成木模。为保证底部竖向弧度，侧模采用扇形分段拼装。尺寸根据不同断面高度分别加工制作，面板 15 mm 竹胶板，背楞 10 cm×10 cm 方木，背带 10 cm×10 cm 方木，10 cm×10 cm 方木间距 50 cm。加固采用对拉丝杆，对拉杆采用 ∅16 mm 圆钢，在侧模横桥向设置通长对拉，对拉杆纵桥向间距 100 cm。

芯模顶模在拱圈上层钢筋绑扎前及时安装。安装时注意各构件尺寸，并固定牢固。按照浇筑段预留 50 cm×100 cm 孔洞，以方便混凝土的振捣和模板的拆除。

经过受力分析计算，模板各项目力学指标均满足规范及设计要求(见表 8-10)。

表 8-10 验算表

验算项目	强度			刚度		
	计算值/MPa	容许值/MPa	是否满足要求	计算值/mm	容许值/mm	是否满足要求
底模竹胶板	8.6	≤25	满足	0.38	≤0.5	满足
纵向方木	13	≤14.5	满足	0.12	≤1.5	满足
横向方木	8.7	≤14.5	满足	0.3	≤1.5	满足

8.2.3.5 绑扎钢筋

钢筋按照分环方式进行绑扎，首先进行底板、腹板钢筋的安装。腹板钢筋可以采用胎膜预制、整体吊装安装方式进行绑扎，待底板和腹板浇筑完成后、强度达到 85％时，进行顶板钢筋的安装。

(1)原材：钢筋进场时按等级、牌号、规格分批验收、分别堆放，且立标牌以识别，下面垫高并加遮盖，避免锈蚀和污染。钢筋附带出厂质量证明书，使用前按规定频率进行抽检，不合格的钢筋材料严禁入场。

(2)根据实际情况，钢筋在使用前做调直和除锈处理，并符合以下要求：

①钢筋除锈处理时将表面油渍、漆皮、鳞锈等清除干净，保持钢筋表面洁净。

②调直处理使钢筋平直，无局部弯折。

(3)钢筋的接头：受力主筋的接头采用滚轧直螺纹连接或焊接接头，对直径小于12 mm 的钢筋，可采用绑扎接头。接头设置在内力较小处，并错开布置。两接头间距不小于 1.3 倍搭接长度，焊接接头在接头长度区段内，同一根钢筋不得有两个接头。配置在搭接长度区段内的受力钢筋，其截面面积占总截面面积的百分率需符合规范中有关规定。

(4)焊接或机械连接：钢筋焊接前进行试焊，合格后方可正式施焊。钢筋接头一般采用对焊和搭接焊。采用搭接焊时，尽量做成双面焊缝，只有不能做成双面焊缝时，才允许采用单面焊缝。两钢筋搭接端部预先折向一侧，使两接合钢筋轴线一致。接头双面焊缝的长度不应小于 $5d$，单面焊缝的长度不应小于 $10d$。焊接时，根据施焊场地现场气候情况采取适当的防风、雨、严寒设施。焊接接头符合《钢筋焊接及验收规程》(JGJ 18—2012)的要求。

采用套筒连接的，符合《钢筋机械连接技术规程》(JGJ 107—2016)中的要求。

①连接钢筋时，钢筋规格和连接套的规格一致，并确保钢筋和连接套的丝扣干净、完好无损。

②必须用力矩扳手拧紧接头。

③力矩扳手的精度为±5％，每半年用扭力仪检定 1 次。

④连接钢筋时应对正轴线，将钢筋拧入连接套筒，然后用力矩扳手拧紧。接头拧紧值满足规范规定的力矩值，不得超拧。拧紧后的接头作上标记，防止钢筋接头漏拧。

⑤钢筋连接前要根据所连接钢筋直径的需要将力矩扳手上的游动标尺刻度调定在相应的位置上，即按规定的力矩值，使力矩扳手钳头垂直钢筋轴线均匀加力。

⑥连接水平钢筋时必须依次连接，从一头往另一头，不得从两边往中间连接。连接时应配备两名工人，两人面对面站定，一人用扳手管钳卡住已连接好的钢筋，另一人用力矩扳手拧紧待连接钢筋，按规定的力矩值进行连接，这样可避免弄坏已连接好的钢筋接头。

⑦力矩扳手不使用时，将其力矩值调为零，以保证其精度。

⑧使用扳手对钢筋接头拧紧时，只要达到力矩扳手调定的力矩值即可，拧紧后按表8-11所示力矩值检查。

表8-11 滚轧直螺纹钢筋接头拧紧力矩值

钢筋直径/mm	≤16	18～20	22～25	28～32
拧紧力矩值/(N·m)	100	200	260	360

注：当不同钢筋直径的钢筋连接时，拧紧力矩值按较小直径钢筋的相应值取用。

(5)钢筋下料、绑扎：拱圈钢筋严格按设计和规范要求在钢筋加工厂加工下料、弯曲成型。底板模板预压、验收完成后进行钢筋绑扎施工。墩身内拱脚部分预埋钢筋在施工墩身时进行预埋。首先绑扎拱圈纵向受力钢筋，然后绑扎横向分布筋及箍筋；钢筋绑扎完成后，预埋拱上横墙、纵墙、腹拱圈和现浇板钢筋。在钢筋绑扎焊接时注意保持模板内清洁，保护模板表面光滑，防止钢筋撞击模板表面。在进行钢筋焊接时，在焊接点下面放置大小合适的铁皮，以免焊渣烧坏竹胶板，影响混凝土表观质量。为保证拱圈保护层的厚度，在钢筋与模板之间设置垫块，垫块布置互相错开，呈梅花形。非焊接钢筋骨架的多层钢筋之间，设短钢筋支垫，以保证位置准确。各段钢筋加工过程中及成型后，现场班组长、技术人员详细检查钢筋数量、型号、尺寸及保护层是否符合设计及规范要求，经监理工程师验收合格后方可进行下道工序施工。

8.2.3.6 主拱圈混凝土浇筑

主拱圈采用分环、分段法浇筑。每个主拱圈浇筑分两环，即底板和腹板为一环，顶板为一环。主拱圈设置浇筑段5段，合龙段2段。根据施工规范要求及拱架受力对称、均匀和形变小的原则，合龙段留在$3L/8$处，宽度1 m。浇筑顺序为：逐孔浇筑第一环第一段，然后逐孔浇筑第一环第二段，依次浇筑完第一环后，再逐孔浇筑第二环，最后浇筑合龙段。每孔的浇筑顺序如图8-46所示。

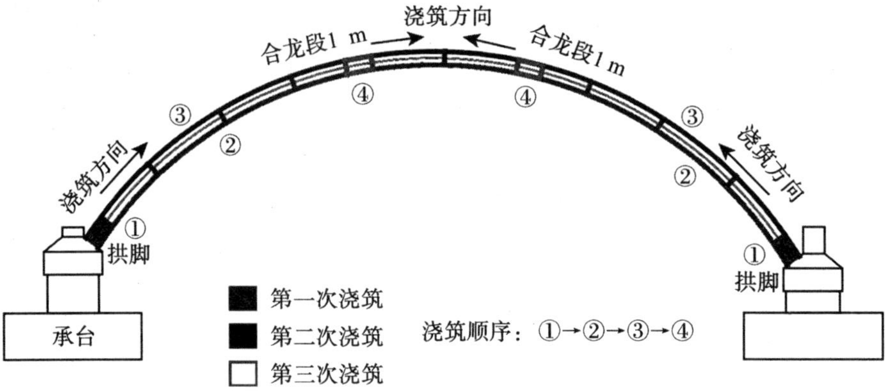

图 8-46 混凝土浇筑顺序图

1)第一环浇筑

第①段，按照拱圈的全宽从拱脚向拱顶对称地连续浇筑混凝土，并在拱脚混凝土初凝前完成浇筑；接着按照拱圈的全宽从 $3L/8$ 处向拱顶对称地连续浇筑混凝土，起到压顶作用。

第②段，按照拱圈的全宽从 $L/8$ 处向 $3L/8$ 处对称地连续浇筑混凝土。

拱圈混凝土浇筑按照指定顺序对称于拱顶浇筑，并控制两端的浇筑速度，避免产生过大的偏差，各分段内混凝土 1 次浇筑完成。

2)第二环浇筑

主拱圈底板和腹板混凝土强度达到设计强度的 85%时，进行第二环顶板浇筑(第③段)，顶板浇筑顺序为从拱脚向拱顶对称均匀浇筑。

3)合龙段浇筑

主拱圈底板、腹板和顶板混凝土强度达到设计强度的 85%时进行合龙段(第④段)浇筑，三孔同时进行浇筑。合龙段温度宜在 5～10 ℃，故选择在夜间浇筑合龙段。

4)其他浇筑注意事项

各浇筑段浇筑成垂直于拱轴线的施工缝，如浇筑成斜坡，并凿成垂直于拱轴线的平面。

虽然拱圈钢筋较密，但拱圈坡度较陡，现场的混凝土坍落度宜控制在 140～160 mm。浇筑时采取分层浇筑、分层振捣，振捣棒以 2 根 50 型为主、4 根 30 型为辅，对称均匀分布在主拱圈两侧，每根振捣棒配 2 名工人，一名负责移动电机，另一名负责提棒振捣。50 型振捣棒跟随出料管将混凝土振入钢筋间隙内，防止混凝土在钢筋上堆积，30 型振捣棒按纵横间距 35 cm 进行补振，以确保混凝土密实。腹板位置钢筋间距较小，使用 30 型振动棒。采用 C40 小石子混凝土，骨料最大粒径为 2 cm。浇筑层厚控制在40 cm左右，分层振捣时振捣棒插入前一层 5～10 cm。振捣顺序先四周后中间，振捣棒快插慢拔，不得碰撞模板和钢筋，做到不过振、不漏振，振捣至混凝土表面平坦泛浆、不再有气泡冒出、骨料不再下沉为止。

当每一环的混凝土浇筑至顶面标高时，加设压仓板，以防止高处混凝土向下流动，同时预留振捣孔。压仓板采用 122 cm×224 cm×1.5 cm 竹胶板作面板、5 cm×10 cm 方木作背带(竖向间距 60 cm)、∅48 mm 钢管(间距 50 cm)作背楞。混凝土初凝后拆除压仓板，对拱圈外露表面进行抹压收光处理，覆盖养生布，洒水养护。养护期间保持混凝土表面湿润。由于昼夜温差大，夜间对混凝土进行保温养护，养护时间不少于 14 天。

8.2.3.7　拱架拆除

当拱圈混凝土强度达到设计强度的 100%后方可卸落支架，3 孔同时进行落架，完成主拱圈受力体系转换。

拆架程序遵守自上而下、纵向中间向两端、横向各杆件同时卸落的原则。先松顶托，使底模与主拱圈分离，分离高度为 2 cm，用葫芦配合人工将底模拉至主拱圈投影以外，再用塔吊起吊拆除，然后拆剪刀撑、斜撑，最后拆横杆、立杆等(一般的拆除顺序为：底模→安全网→栏杆→剪刀撑→斜撑→横杆→立杆)。每孔拆卸时遵循全孔多点、对称、缓慢、均匀的原则，从跨中向支点拆卸，不得分立面拆架或上下两步同时进行拆架，做到一步一清、一杆一清。拆立杆时，要先抱住立杆再拆开最后两个扣。拆除横杆、斜撑、剪刀撑时，先拆中间扣件，然后托住中间，再解端头扣。

支架拆除前，在拱底设好沉降的观测点。对于这些点，在支架拆除前进行标高测量，在支架拆除过程中时时观察标高变化状况，也要对拱圈进行观察，如有异常情况立即停止支架拆除工作，待查明原因或通过讨论后，按调整方案进行作业。

(1)拆除作业必须自上而下逐层进行，严禁上下两层同时拆除。

(2)拆除的构件用吊具吊下或人工递下，严禁抛掷。

(3)运至地面的构配件及时检查、整修与保养，并按品种、规格随时码堆存放。

8.2.3.8　横墙及腹拱圈

全桥共 12 座横墙，在施工底座时先预埋横墙钢筋，模板采用组合钢模，侧模固定采用对拉形式。横墙在拱圈及间隔槽混凝土浇筑完成且封拱间隔槽混凝土达到设计标号的 80%后，方可开始浇筑，其浇筑顺序为由拱脚至拱顶对称、均衡地进行。横墙施工作业平台采用钢管支架。钢筋采用集中加工的方式，加工完成后吊运至施工现场，钢筋严格按照设计图纸进行绑扎。钢筋绑扎完成后，向现场监理工程师申请进行验收，验收合格后进行下一道工序施工。

横墙混凝土采用搅拌站集中拌和，由混凝土罐车运至施工现场，再用泵车进行浇筑。混凝土坍落度控制在 140～180 mm，和易性良好。浇筑时分层浇筑，从横墙的一端向另一端进行浇筑，每层浇筑高度宜不大于 40 cm，上层混凝土浇筑应在下层混凝土初凝前进行。

全桥腹拱圈共 18 座，必须在横墙混凝土强度达到设计强度的 75%时才能进行腹拱圈施工。腹拱圈采用支架平台加钢拱盔施工，在每孔腹拱圈下用直径 630 mm 钢管柱在低侧做支撑，顶部用 60h 型钢做横向连接，纵梁也采用 60h 型钢，高侧放置在拱上横墙基础上。平台上搭设碗扣支架到腹拱圈拱脚位置，支架顶放纵横两层方木，方木上纵向放钢拱盔(横向间距 1.5 m 放置一个)，拱盔上放置底模。

腹拱钢筋、模板、混凝土浇筑养护等施工方法、工艺及注意事项同主拱圈。

8.2.3.9 钢栈桥及施工平台的拆除

钢栈桥和施工平台在拱上侧墙浇筑结束后即可拆除。施工平台和钢栈桥上部型钢结构在解除连接后利用 25 t 吊车进行拆除，钢管桩及混凝土桩柱系统在枯水季节时进行拆除。钢管桩拆除时先用氧气乙炔沿钢管桩底部割断，然后用吊车吊出装车，运至拌和站统一处理。混凝土桩柱系统采用免爆破除至原河床线以下，钢筋用氧气乙炔沿根部割断，拆除的混凝土废渣运至 K116＋400 弃土场，将河道恢复原状。拆除过程中采取一定的措施，以避免对已建的永久性工程造成影响。

8.2.3.10 变形观测

1)安全预警

在支架 1/2、1/4 拱处上下游各设一处吊锤，共 6 处，吊锤距离混凝土地面(或钢平台)2 cm，并对应锤尖在地面上画“十”字标记，浇筑前挂好吊锤。在上游、下游各设一名观测员，在混凝土浇筑过程中观测吊锤位移及沉降情况。根据设计交底，水平位移为 5 cm。另据预压沉降观测弹性变形量，如混凝土浇筑过程中偏移超过 4 cm 或沉降均超过弹性变形量，及时预警，让人员迅速撤离至安全地带，分析排除隐患后方可继续浇筑混凝土。

如因风大等原因不能采用吊锤观测，则用全站仪与下一步合并观测。

2)浇筑过程中沉降观测

在两边侧模外及钢平台布设沉降观测点，沉降点布置在钢平台每跨支撑中心处。

根据预压加载数据，在混凝土浇筑前、每一次浇筑完时分别对钢平台、支架进行观测，并和预压数据进行对比分析，一旦发现数据异常或有安全隐患，立即停止浇筑，分析原因并采取措施，排除隐患后再进行浇筑。

3)浇筑过程中位移观测

在两边墩台顶各设置 3 个观测点，同步观测墩台位移情况，最大值不得超过 5 mm。若发现异常，立即停止浇筑，排除隐患后再进行浇筑。

4)后续施工对主拱圈的观测

主拱圈施工完成后(或施工过程中预埋)，分别在拱顶、1/4 跨设置观测点，每个断面设 3 个点。

在主拱圈支架拆除前开始观测，支架拆除后，在拱上横墙及腹拱施工前后各观测 1 次，拱上填料施工前后各观测 1 次。

8.3 山东省泰安市泮河大桥

8.3.1 工程概况

8.3.1.1 基本情况

泮河大桥横跨泮河，北接泮河大街，南接万官大街。桥梁结构为 7×25 m 空腹式钢筋混凝土连拱桥，全桥长 196.6 m，右交角 100°，桥宽 60 m，分为 4 幅。桥墩采用墙式墩，桥台采用 U 形台，基础采用桩基础。荷载等级：汽车荷载，城-A 级；人群荷载，4.5 kN/m^2。

本桥主拱圈拱轴线为悬链线，跨径 25 m，相邻主拱圈拱脚中心顺桥向间距 1.2 m。腹拱圈拱轴线为圆弧线。其中墩顶腹拱圈跨径 2.6 m，矢高 0.75 m，矢跨比 1/3.467；桥台处腹拱圈跨径 3.2 m，矢高 0.9 m，矢跨比 1/3.556。

拱上侧墙在墩台顶及腹拱拱脚处设变形缝。拱桥外露立面均采用真石漆装饰（浆砌块石样式）。侧分带护栏迎撞面距路缘带外边缘 25 cm。桥头堡与桥台之间设置 2 cm 宽沉降缝。

河道常水位以下设置浆砌片石河床铺砌，铺砌厚度 35 cm，铺砌范围为桥梁上下游各延伸 10 m。

桥台采用 U 形台，为矩形断面，承台尺寸横桥向 60 m，中间设置沉降缝，台身为 C40 混凝土现浇，承台为 C30 混凝土现浇。桥台基础采用直径为 1.8 m 的 C30 水下混凝土钻孔灌注桩群桩基础。根据地质勘察报告，桥梁桩基持力层为中风化灰岩。

图 8-47 为泮河大桥桥型布置图，图 8-48 为泮河大桥平面布置图。

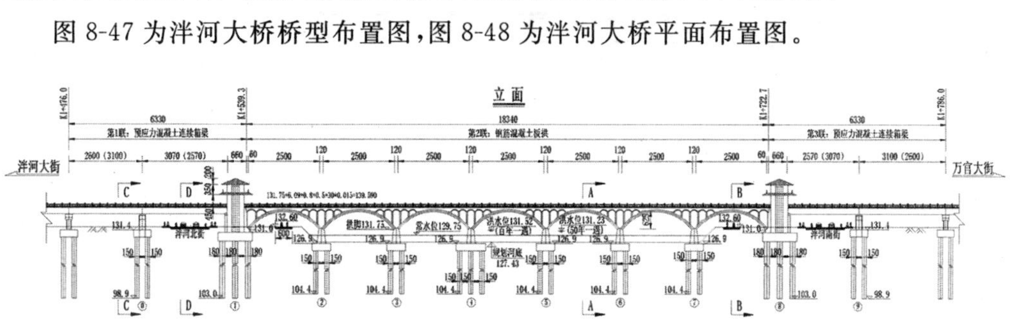

图 8-47 泮河大桥桥型布置图

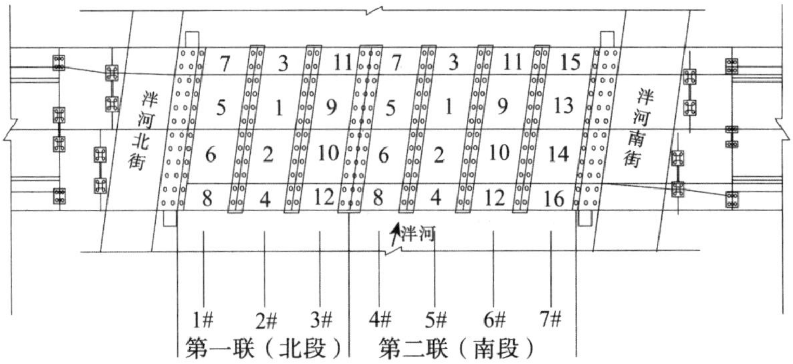

图 8-48　洋河大桥平面布置图

8.3.1.2　主拱圈结构

本桥主拱圈厚 0.8 m，拱轴线采用悬链线，计算跨径 25 m，计算矢高 6.25 m，矢跨比 1/4，拱轴系数 2.24。相邻主拱圈拱脚中心顺桥向间距 1.2 m，顺桥向分为 4 幅，横桥向宽度分别为 11 m、19 m、19 m、11 m。单孔混凝土用量为 1387 m^3，主拱圈混凝土总量为 9710 m^3。

8.3.2　上部结构施工顺序

本桥为 7×25 m，共分 4 幅，宽度 60 m(11 m＋19 m＋19 m＋11 m)。根据设计图纸，本桥 4＃墩为制动墩，北侧 3 孔及南侧 4 孔各为一联，根据工程需要分别独立平行施工。主拱圈采取“3＋1＋3”的总体施工顺序、钢管桩与盘扣支架相结合的施工工艺。

纵桥向：纵向采取分联逐孔浇筑顺序，每一联主拱圈采取逐孔对称浇筑工艺，每一联施工完成后同时落架，拆除过程中加强主拱圈的应力和位移监测。

横桥向：横桥向共分 4 幅，各幅独立施工。施工顺序为先内后外，先施工内侧两幅主拱圈，再施工外侧两幅主拱圈。施工流程如图 8-49 和图 8-50 所示。

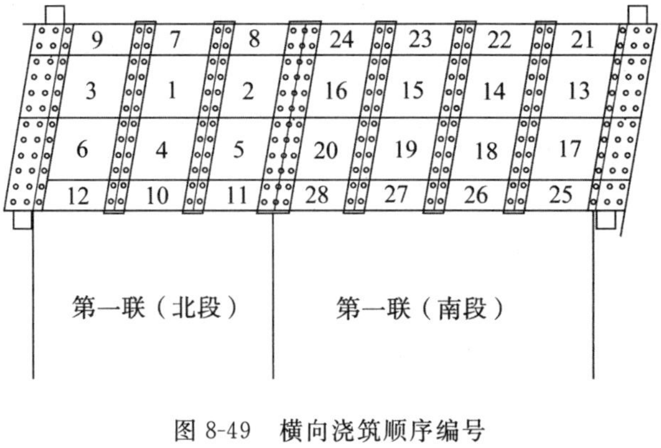

图 8-49　横向浇筑顺序编号

序号	施工流程示意图	施工阶段说明
一	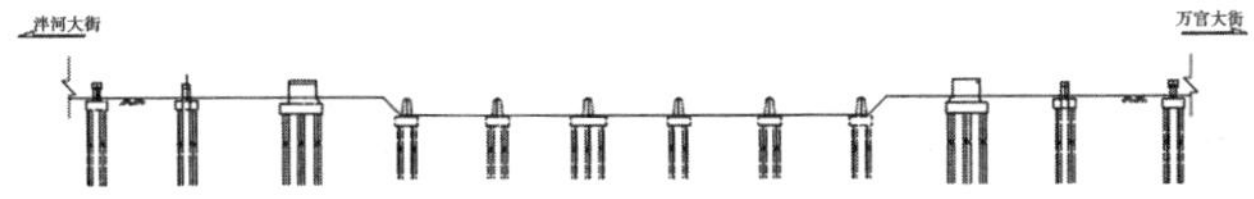	桥墩、桥台施工。
二		北侧3孔及南侧第7孔填土牛胎。
三	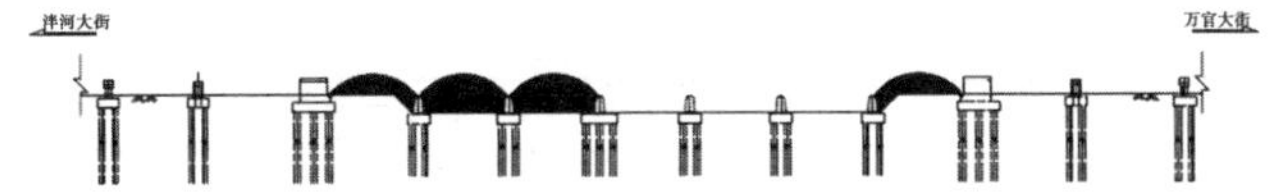	北侧3孔及南侧第7孔主拱圈浇筑施工，逐孔分幅浇筑。
四	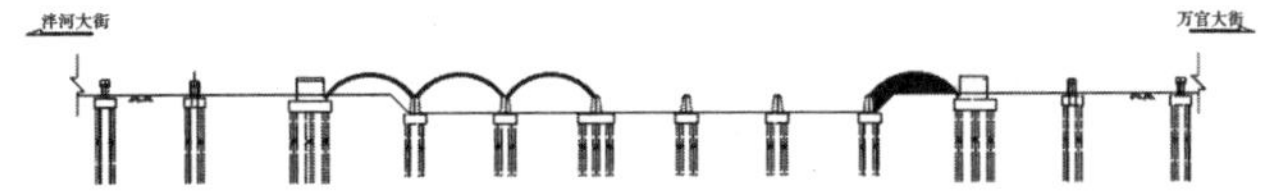	北侧3孔主拱圈浇筑完成，砼强度达到100%后，同步挖除土牛胎。

(a)北岸 3 孔及南岸第 7 孔搭设支架

序号	施工流程示意图	施工阶段说明
五	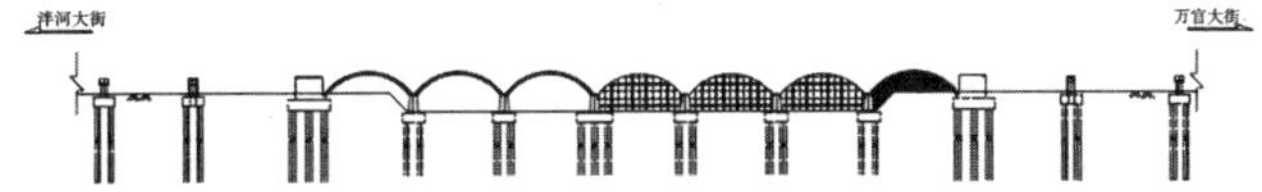	河道改至北侧3孔，搭设第4、5、6孔支架（采用盘扣支架）。
六		第4、5、6孔主拱圈浇筑，逐孔分幅浇筑。
七	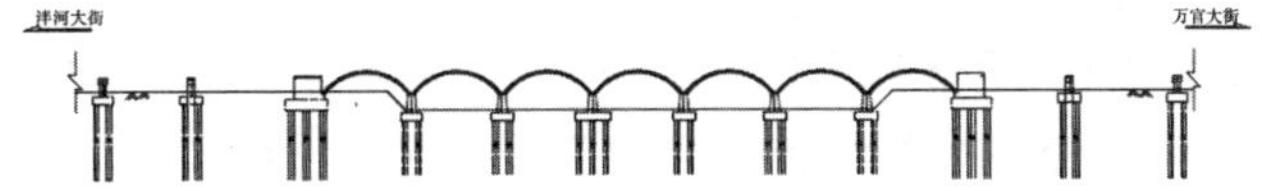	南侧4孔主拱圈强度达到设计强度的100%后，拆除支架及土牛胎，支架及土牛胎应同步拆除，支架拆除从拱顶至拱脚，拆除过程中应加强主拱圈的应力和位移观测。
八	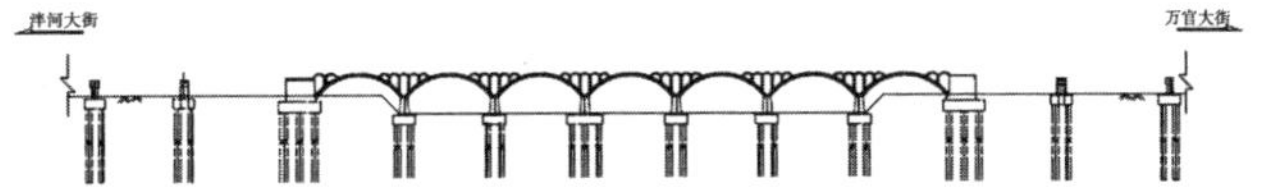	1.拱上立墙施工。 2.吊装预制腹拱圈。 3.拱上立墙和腹拱圈要求全桥对称均衡施工。

(b)北岸 3 孔支架拆除

图 8-50　主拱圈纵向施工顺序(一)

序号	施工流程示意图	施工阶段说明
九	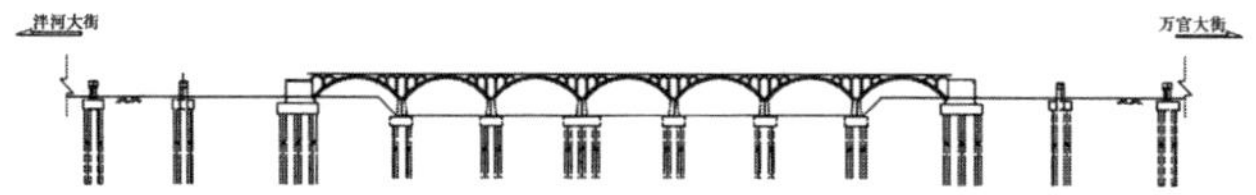	1.拱上侧墙施工。 2.拱上填料施工。 3.拱上侧墙、填料要求全桥对称均衡施工。
十	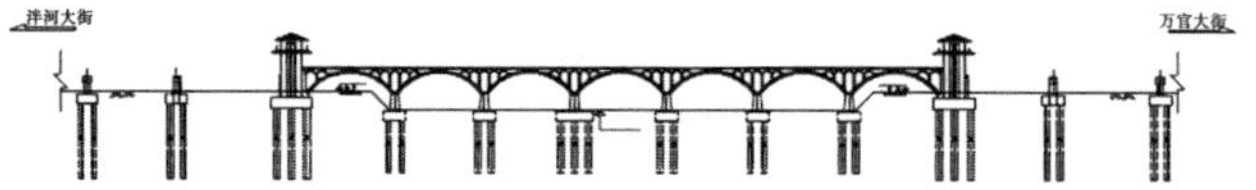	桥头堡施工。
十一	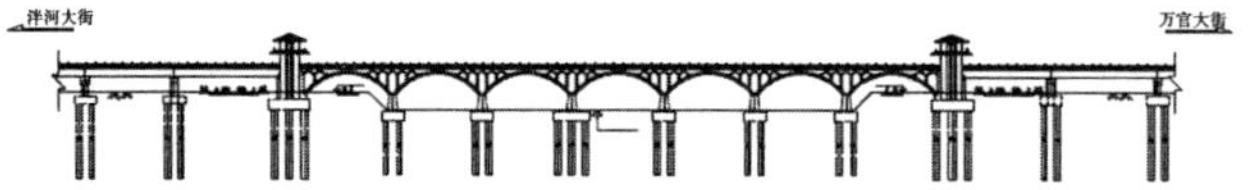	1.人行道、侧分带等附属工程施工。 2.交工验书。

(c)南侧4孔主拱圈强度达到设计强度100%后,同时拆除支架

图8-50 主拱圈纵向施工顺序(二)

8.3.3 泮河大桥上部结构施工工艺

8.3.3.1 地基处理

本桥梁工程主桥共计7孔,主桥处于现有河道内,根据详勘资料及现场实际情况,采用盘扣支架搭设。搭设前先对地基进行处理,基础采用拆迁混凝土块及砖渣进行换填,换填深度根据实际地基强度控制且不小于1.5 m。换填进行分层碾压,每层碾压高度不超过0.5 m,采用22 t振动压路机进行碾压,压实度不小于95%,换填碾压后地基承载力必须大于92 kPa,其上浇筑20 cm厚C25混凝土基础,顶高程与设计铺砌高程相同,代替地面浆砌块石作为桥底铺砌。

8.3.3.2 防冲刷措施

沿泮河上游方向设置挡水围堰,迎水面采用喷射砂浆或混凝土,防止河水冲刷。施工期间保证河水及漂浮物不对第1、第2、第3、第7孔支架产生冲击。具体位置如图8-51所示。

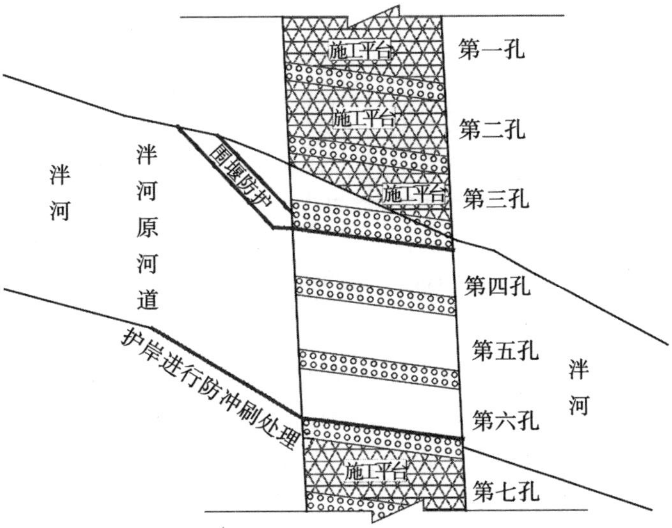

图 8-51　围堰防护

8.3.3.3　钢管支架设计

第 4～6 孔处在主河道内，为保证汛期泄洪及汛期施工的连续性，根据泮河的流量和流速计算支架的稳定性和结构的安全性。跨中采用双排∅630 mm 钢管桩，横桥向间距 3.7 m，纵桥向间距 3 m，两侧支墩采用∅630 mm 钢管立柱分别安放于两侧承台上，承台施工期间预埋钢板与立柱焊接牢固。横向间距距离临时支墩分别为 10.75 m 及 10.5 m，横向每排 17 根桩柱，间距 3.7～4.6 m，采用 2H600×200 型钢并排焊接作为横梁，横梁上架设 35 排 321 型贝雷片作为纵梁，每两排为一组，组间距 0.9 m。贝雷片与横梁采取限位措施确保支架稳定，贝雷架上铺设一层 14 工字钢，间距 60 cm，槽钢与贝雷片之间同样采取限位措施。表 8-12 为主要材料数量表，图 8-52 为支架立面图，图 8-53 为支架断面图。

表 8-12　主要材料数量表

材料名称	规格	单位	数量	备注
钢管桩	∅630 mm	m	1125	2.75 m/根
贝雷片	321	片	840	
工字钢	2H600×200	m	1170	
槽钢	14	m	6993	

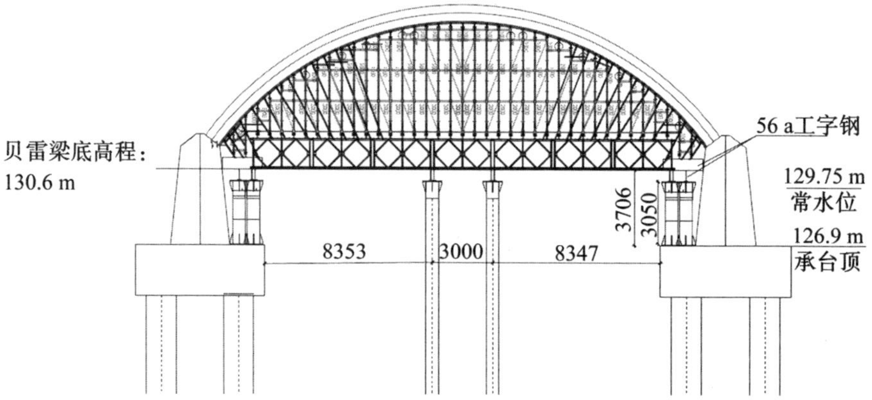

图 8-52　支架立面图

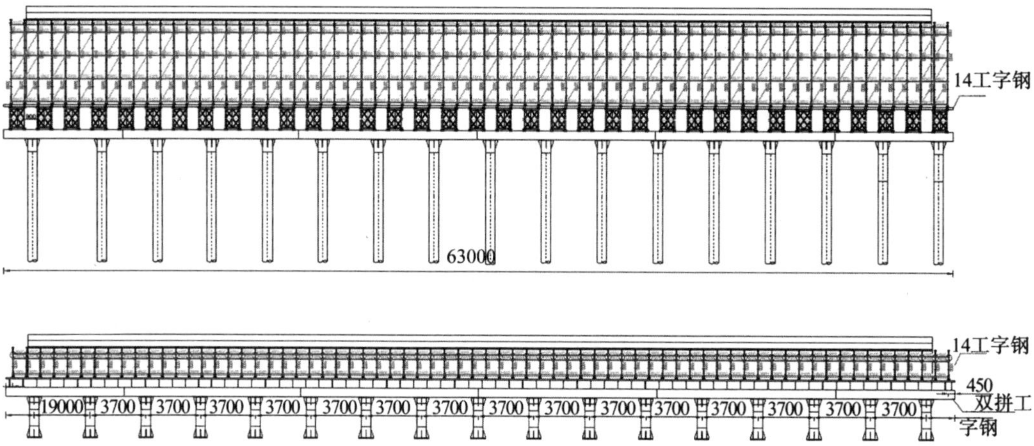

图 8-53　支架断面图

8.3.3.4　满堂式盘扣支架设计

第 1、第 2、第 3、第 7 孔采用满堂式盘扣支架搭设方案，立杆直径 60 mm，壁厚 3.2 mm，材质为 Q355b，顺桥向间距 0.6 m，横桥向间距 1.2 m；横杆材质为 Q235，管径 48.3 mm，管壁厚 2.5 mm，步距 1.5 m(拱脚至 1/4 处加密至 1 m)；斜杆材质为 Q195，管径 42.2 mm，管壁厚 2.5 mm，拱脚至 1/4 处每根立杆之间均加垂直拱轴线斜杆支撑，以抵消水平推力，横向间距同立杆横向步距 1.2 m。图 8-54 为支架顺桥向断面示意图，图8-55 为支架横桥向断面示意图(局部)。

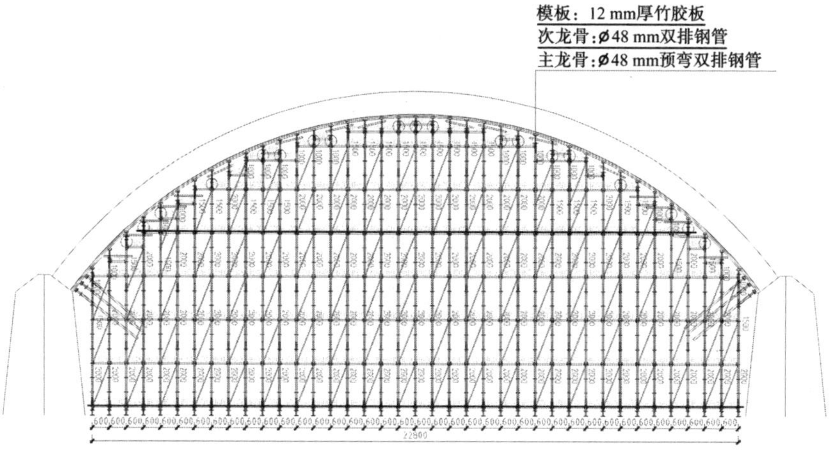

图 8-54　支架顺桥向断面示意图

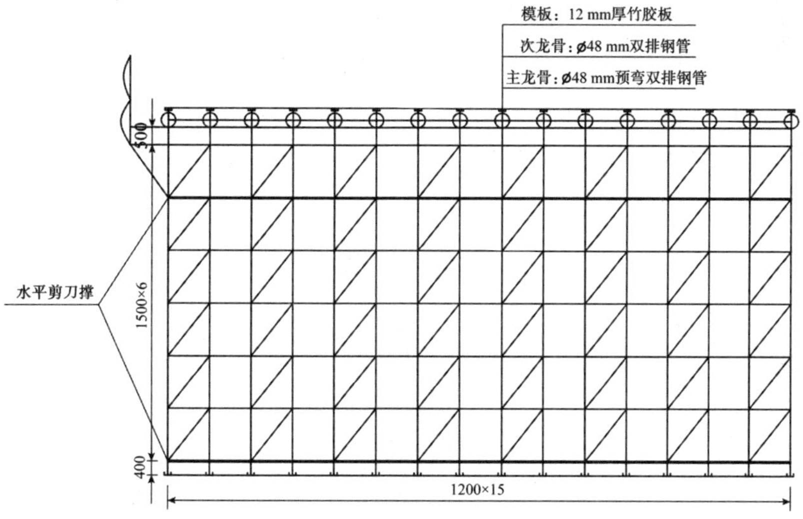

图 8-55　支架横桥向断面示意图(局部)

8.3.3.5　支架搭设

本工程采用的盘扣式支撑系统由立杆、横杆和斜拉杆组成，稳定性好，轻质高强，架体的承载能力高，架体连接形式均采用圆盘形扣盘与卡钳型楔销锁紧固定，且安装速度快，精度高。

钢管立杆顶部设可调节高度的可调顶托。可调托座伸出顶层水平杆或双槽钢托梁的悬臂长度不超过 500 mm，且丝杆外露长度严禁超过 400 mm(拱脚至 1/4 处严禁超过 200 mm)，可调托座插入立杆或双槽钢托梁长度不得小于 200 mm(见图 8-56)。

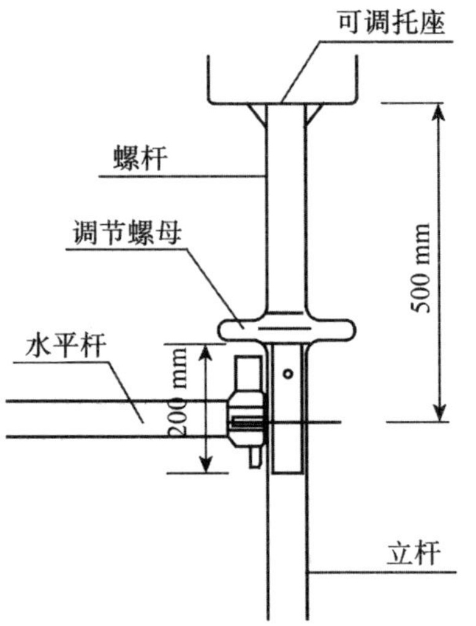

图 8-56　带可调托座伸出顶层水平杆的悬臂长度

每个托盘上纵向采用两根定型钢管铺设，横向采用∅48 mm 钢管，钢管间距 20 cm，钢管之间穿插 50 cm×100 mm 方木，用于固定底模。横向钢管与纵向钢管采用铁丝连接牢固，固定点不少于 3 个。立杆底设底托，底托直接置于混凝土基础上。图 8-57 为纵横向分配梁连接大样图。

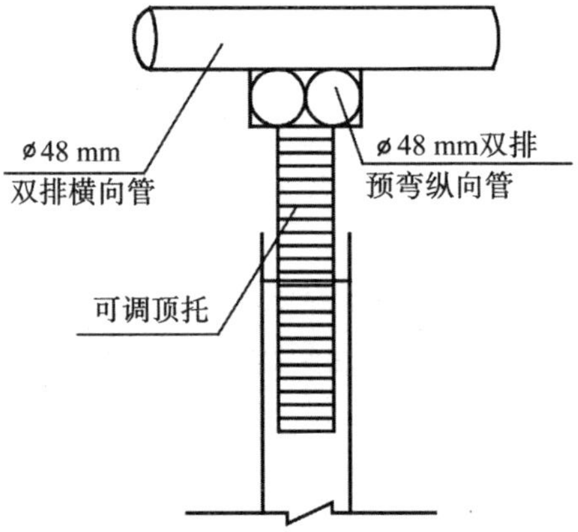

图 8-57　纵横向分配梁连接大样图

支架搭设按立杆、横杆、斜杆的顺序逐层搭设，每次上升高度不大 3 m。底层水平框架的纵向直线度不大于 $L/200$(L 为纵向间距 600 mm)；横杆间水平度不大于 $L/400$(L 为横向间距 1200 mm)。支架全高的垂直度小于 $L/500$(L 为此处支架立杆高度)；最大允许偏差小于 100 mm。支架高度用顶托调整，支架调整好以后在顶托上铺设底模板。

为便于施工人员上下，在主拱圈支架左、右两侧各设一条宽度 1.5 m 的支架作为施工人行通道(见图 8-58)。上下通道平面位置位于 1/4 拱处，左右相对布置。施工通道均采用$\varnothing$48 mm×3 mm 钢管进行施工，脚手架水平杆在竖直方向按照步距 1.5 m 设置。架体顶层水平杆上满铺 3 cm 厚松木脚手板作为施工作业平台，梯道转接层过道同样满铺脚手板。脚手板拼接严密，防止高处落物造成危险。

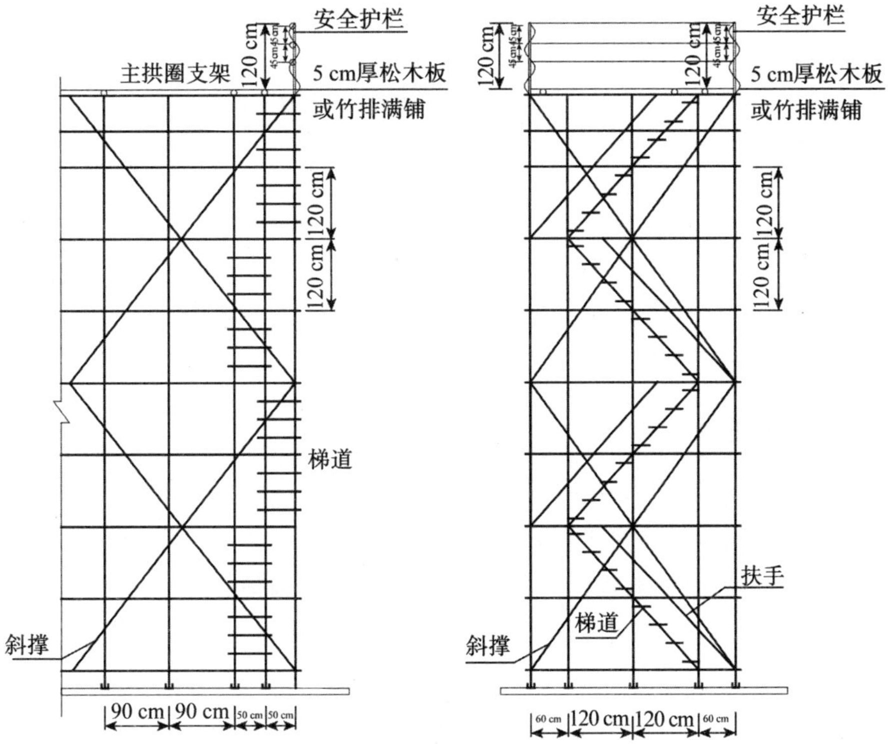

图 8-58　施工人员通道图

8.3.3.6　支架搭设检验控制措施

(1)脚手架搭设前在现场对杆件、配件再次进行检查，禁止使用不合格的杆件、配件进行安装。

(2)脚手架安装前必须进行技术、安全交底，统一指挥，并严格按照脚手架的搭设程序进行安装。

(3)在架体搭设前必须对搭设基础进行检查，对基础不符合安全施工要求的部位坚决不准许施工，待基础处理合格后方可施工。

(4)在搭设过程中不得随意改变原设计，减少材料使用量、配件使用量或卸载。节点搭设方式不得混乱、颠倒。现场确实需要改变搭设方式时，必须经项目负责人或脚手架设计人员签字同意后方可改变搭设。

(5)搭设过程中检查脚手架斜杆的销板是否打紧，是否平行于主杆；横杆的销板是否垂直于横杆；各种杆件的安装部位、数量、形式是否符合设计要求。脚手架的所有销板都必须处于锁紧状态。

(6)脚手板应在同一步内连续设置,脚手板应铺满,上下两层主杆的连接必须紧密,通过上下主杆连接处或检查孔观察,间隙小于 1 mm。

(7)脚手架的垂直度与水平度允许偏差应符合表 8-13 的规定要求。

表 8-13　盘扣式脚手架搭设垂直度与水平度允许偏差

项目		规格	允许偏差/mm
垂直度	每步架	∅48 mm 系列	±5.0
	脚手架整体	∅48 mm 系列	±50.0
水平度	一跨内水平架两端高差	∅48 mm 系列	±5.0

8.3.3.7　底模

由于拱圈底板线性变化较大,为方便模板支立,采用底模包侧模形式。支架高度用顶托调整,支架调整好以后钢管顶端的顶托顶住纵向分配梁双排∅48 mm 弧形钢管,钢管接头错开布置,在纵向分配梁上放置∅48 mm 钢管作为横向分配梁,间距 20 cm,横向钢管之间放 5 cm×10 cm 方木以便竹胶板固定。横断面采用拉线调整底板范围内的方木标高,使之与计算标高相符,在方木上铺 122 cm×224 cm×1.2 cm 竹胶板作底模,底模需平顺。为保障弧度,模板从两侧拱脚向拱顶连续铺设,模板短边顺桥向布设,再用约 5 cm(1.5 寸)长铁钉每间隔 30 cm 将模板钉牢在方木上。模板间拼接采用双面胶,表面接缝采用胶布粘贴,保证接缝平顺。每条模板接缝正放在方木中心,否则增加方木,以确保模板不悬挑。

8.3.3.8　支架预压

为减少支架变形及地基沉降对现浇拱圈线形的影响,在主拱圈底模安装完毕后、混凝土浇筑前对支架系统进行预压。预压范围为主拱圈底部,预压顺序为:两边拱脚→拱顶→拱圈 1/4 段位置处对称预压。预压荷载为“现浇段拱圈自重＋模板自重＋施工人员机具重量的 1.2 倍”。

支架预压目的:消除基础的非弹性沉降;测量基础弹性沉降,为确定底模标高提供参考资料;消除支架的非弹性压缩;测量支架的弹性压缩,为确定底模标高提供参考资料。

预压流程如下:

(1)压重前支架的检查验收。

(2)压重的准备工作:

①主拱圈自重、模板及各种施工荷载计算。

②准备足够的碎石，将碎石装袋，施工中采用尺寸统一的吨袋装碎石，并进行称重。

支架预压采用碎石袋，吨袋尺寸 0.9 m×0.9 m×1.1 m，每袋最重 1.5 t，考虑实际施工情况，每袋装 1/3，重 0.5 t，占地面积约 0.4 m^2，预压袋堆砌 2 层，泮河大桥跨径为 25 m，中间幅单跨主拱圈混凝土方量 440 m^3，钢筋 122 t。

自重：$G=440\times2.6+122=1266$ t。

预压总重：1266×1.2＝1520 t。

单跨单幅压重袋数为：$N=2785$ 袋。

③测量准备。

④各种起重设备准备。按均衡对称加载顺序，每孔两侧各配置 1 台吊机从两头同时加载。北侧 3 孔施工时配置 6 台吊机，南侧 4 孔施工时配置 8 台吊机。

(3)全面进行测量观测 1 次。

(4)利用塔吊，将碎石袋吊至底模上，人工配合垒码。

(5)均匀垒码碎石袋，垒码按浇筑顺序进行。

在支架及地基上分别设置观测点，对无载、加载和卸载的状态进行观测，分别测量地基及模板的标高，纵向以跨中向两侧 1/4、拱脚及墩顶处设置观测断面。

流程如下：支架验收→标高测量→碎石袋就位→加载至 60%→沉降变形观测→加载至 80%→沉降变形观测→加载至 100%观察安全状况→卸载→标高调整。

加载按照《钢管满堂支架预压技术规程》(JGJ/T 194—2009)规定，分 60%、80%、100%预压荷载三级施加。每级加载完成后，先不进行下一级加载，每 6 h 测量 1 次支架沉降量。当支架顶部检测点 12 h 沉降量不大于 2 mm 时，即可进行下一级加载。

加载时横向从中心向两侧对称施加。每级加载完成后，先停止下一级加载，并每 12 h测量 1 次支架沉降量。当支架顶部检测点 12 h 沉降量不大于 2 mm 时，即可进行下一级加载。每级加载后每间隔 12 h 对支架沉降量进行监测。当支架测点 12 h 沉降平均值均小于 2 mm 时，方可继续加载。

纵向分三段加载，由拱脚向拱顶对称地加载。合龙段设置在 1/4 拱处，拱脚、1/4 拱处的加载方向均由下向上，先加载两边拱脚，加载一排后再加载合龙段 1/4 拱处，加载完一排后再回到拱脚加载，如此反复地对称加载。图 8-59 为预压加载顺序图。

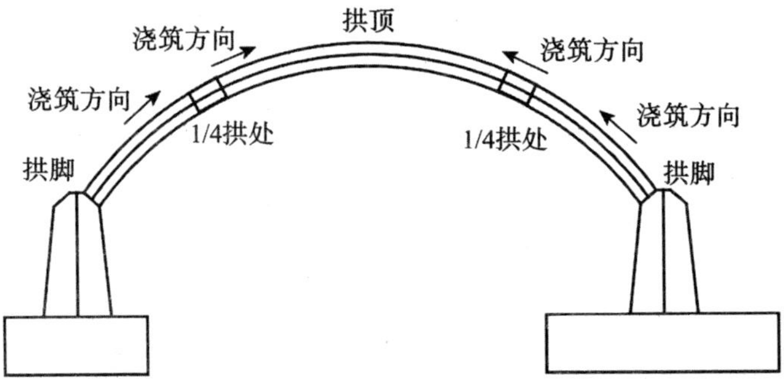

图 8-59　预压加载顺序图

预压观测：观测点断面设在拱脚、$L/4$ 拱及墩顶位置，每组均匀分布 5 个点。在观测位置支架顶部和地面投影位置均设置观测点，点位处固定观测杆，以便于沉降观测。

采用水准仪进行沉降观测。布设好观测杆后，加载前测定出观测点标高。沉降观测过程中，每一次观测均由监控单位抽检，并将观测结果报监理工程师认可同意。第一次加载完成后，先停止下一级加载，并每间隔 12 h 对支架沉降量进行 1 次监测。当支架监测点 12 h 的沉降量平均值小于 2 mm 时，进行第二次加载。按此步骤，直至第三次加载完毕。第三次加载后，每隔 24 h 观测 1 次。当满足下列条件之一时，经监理工程师同意，可进行卸载：各监测点最初 24 h 的沉降量平均值小于 1 mm；各监测点最初 72 h 的沉降量平均值小于 5 mm。

卸载：卸载时可均值卸载，按加载顺序反向进行，即 20%、40%、100%。第一次卸载 20%后停 2 h，观测 1 次；第二次卸载 40%后停 2 h，观测 1 次；第三次全部卸载后 48 h 内进行 2 次观测，计算其弹性变形数据。

通过卸载曲线和原始曲线的比较，计算前后两次沉降差，求得弹性变形量（等于卸压后标高减去持荷后所测标高），用总沉降量（即支架持荷后稳定沉降量）减去弹性变形量即为支架和地基的非弹性变形量，然后确定施工预拱度，再统一调整底模标高至计算立模标高。

8.3.3.9　绑扎钢筋

（1）原材：钢筋进场时按等级、牌号、规格分批验收、分别堆放，且立标牌以识别，下面垫高并加遮盖，避免锈蚀和污染。钢筋附带出厂质量证明书，使用前按规定频率进行抽检，不合格的钢筋材料严禁入场。

（2）根据实际情况，钢筋在使用前做调直和除锈处理，并符合以下要求：钢筋除锈处理时将表面油渍、漆皮、鳞锈等清除干净，保持钢筋表面洁净；调直处理使钢筋平直，无局部弯折。

钢筋的接头：受力主筋的接头采用滚轧直螺纹连接或焊接接头，对直径小于 12 mm

的钢筋，可采用绑扎接头。接头设置在内力较小处，并错开布置，两接头间距不小于1.3倍搭接长度，焊接接头在接头长度区段内。同一根钢筋不得有两个接头，配置在搭接长度区段内的受力钢筋，其截面面积占总截面面积的百分率应符合规范中的有关规定。

焊接或机械连接：钢筋焊接前进行试焊，合格后方可正式施焊。钢筋接头一般采用对焊和搭接焊。采用搭接焊时，尽量做成双面焊缝，只有不能做成双面焊缝时，才允许采用单面焊缝。两钢筋搭接端部预先折向一侧，使两接合钢筋轴线一致。接头双面焊缝的长度不应小于$5d$，单面焊缝的长度不应小于$10d$。焊接时，根据施焊场地现场气候情况采取适当的防风、雨、严寒设施。焊接接头符合《钢筋焊接及验收规程》(JGJ 18—2012)的要求。

采用套筒连接的，符合《钢筋机械连接技术规程》(JGJ 107—2016)中的要求。

(1)连接钢筋时，钢筋规格和连接套的规格一致，并确保钢筋和连接套的丝扣干净、完好无损。

(2)必须用力矩扳手拧紧接头。

(3)力矩扳手的精度为±5%，每半年用扭力仪检定1次。

(4)连接钢筋时应对正轴线，将钢筋拧入连接套筒，然后用力矩扳手拧紧。接头拧紧值满足规范规定的力矩值，不得超拧。拧紧后的接头作上标记，防止钢筋接头漏拧。

(5)钢筋连接前要根据所连接钢筋直径的需要将力矩扳手上的游动标尺刻度调定在相应的位置上，即按规定的力矩值，使力矩扳手钳头垂直钢筋轴线均匀加力。

(6)连接水平钢筋时必须依次连接，从一头往另一头，不得从两边往中间连接。连接时应配备两名工人，两人面对面站定，一人用扳手管钳卡住已连接好的钢筋，另一人用力矩扳手拧紧待连接钢筋，按规定的力矩值进行连接，这样可避免弄坏已连接好的钢筋接头。

(7)力矩扳手不使用时，将其力矩值调为零，以保证其精度。

(8)使用扳手对钢筋接头拧紧时，只要达到力矩扳手调定的力矩值即可，拧紧后按表8-14所示力矩值检查。

表8-14 滚轧直螺纹钢筋接头拧紧力矩值

钢筋直径/mm	≤16	18～20	22～25	28～32
拧紧力矩值/(N·m)	100	200	260	360

注：当不同钢筋直径的钢筋连接时，拧紧力矩值按较小直径钢筋的相应值用。

钢筋下料、绑扎：拱圈钢筋严格按设计和规范要求在钢筋加工场加工下料、弯曲成型。底板模板预压、验收完成后进行钢筋绑扎施工。墩身内拱脚部分预埋钢筋在施工墩身时进行预埋。首先绑扎拱圈纵向受力钢筋，然后绑扎横向分布筋及箍筋；钢筋绑扎完成后，预埋拱上横墙、纵墙、腹拱圈和现浇板钢筋。在钢筋绑扎焊接时注意保持模板内清洁，保护模板表面光滑，防止钢筋撞击模板表面。在进行钢筋焊接时，在焊接点下面放置大小合适的铁皮，以免焊渣烧坏竹胶板，影响混凝土表观质量。为保证拱圈保护层的厚度，在钢筋与模板之间设置垫块，垫块布置互相错开，呈梅花形。非焊接钢筋骨架的多层钢筋之间，设短钢筋支垫，以保证位置准确。各段钢筋绑扎焊接加工过程中及成型后，现场班组长、技术人员详细检查钢筋数量、型号、尺寸及保护层厚度是否符合设计及规范要求，经监理工程师验收合格后方可支立外侧模。

8.3.3.10 支立侧模

外侧模采用底板包侧板的形式。为保证底部竖向弧度，侧模为扇形分段拼装。侧模采用竹胶板和方木制作成的木模，尺寸根据不同断面高度分别加工制作，面板为 12 mm 竹胶板，骨架为 8 cm×6 cm 方木，背楞为 5 cm×5 cm 方木，骨架间距 45 cm，方木高出面板，以便沿横桥向进行模板对拉加固，加固采用对拉丝杆，对拉杆采用∅16 mm 圆钢。侧模底部用 8 cm×6 cm 方木固定，防止混凝土浇筑时侧模外移。侧模外顶面采用三角支撑加固，支撑与支架相连，以保持侧模垂直。

8.3.3.11 浇筑混凝土

主拱圈混凝土设计采用 C50 混凝土，采取横向分幅、纵向分联浇筑。每联主拱圈纵向混凝土浇筑同一幅同步施工，混凝土在混凝土拌和站集中拌和，由混凝土运输车送至现场，再由汽车泵泵送入模，保证对称均衡施工。

按照逐孔均衡对称浇筑原则，每孔布置 2 台汽车混凝土泵同时浇筑，布置在主线同一侧两拱脚处。施工左边两幅时，泵车布置在左便道，施工右侧两幅时，泵车布置在右便道(见图 8-60)。

单孔单幅主拱圈最大混凝土量为 440 m^3，每台汽车泵每小时浇筑 50 m^3，考虑实际情况，每幅主拱圈可在 8 h 内完成浇筑。

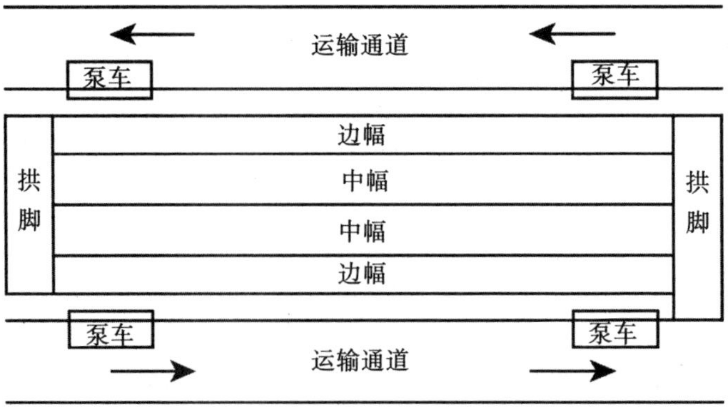

图 8-60　单孔浇筑汽车泵布置图

规范规定，对于跨径大于或等于 16 m 的拱圈或拱肋，宜分段浇筑。主拱圈混凝土施工时，每孔分 3 段浇筑，拱顶设置间隔槽合龙段，按拱脚、拱顶反复对称浇筑(见图 8-61)。横向分 4 幅，单幅浇筑时不分段，由中间向两边 1 次成型。

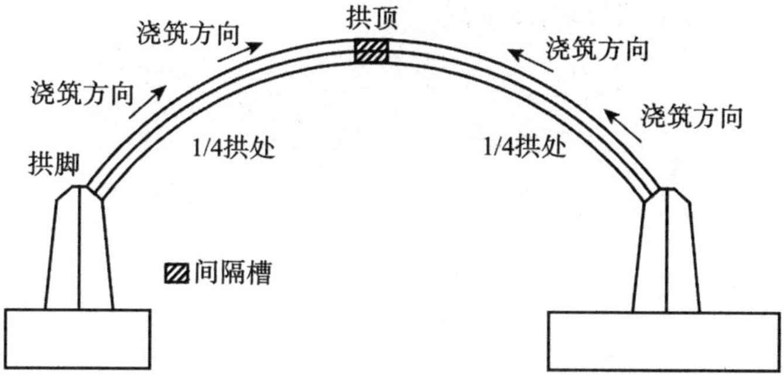

图 8-61　浇筑方向

主拱圈采用 1 次浇筑成型，由拱脚向拱顶浇筑，拱顶 4 m 范围设置合龙段。

混凝土施工采用纵向分段、水平斜向分层，分层厚度 30 cm，横向不分段，1 次完成。浇筑时纵向先从拱脚向拱顶浇筑一段，再从 1/4 跨位置向拱顶浇筑一段压顶，然后再回到拱脚浇筑。按以上顺序反复进行，直至浇筑完成。每段浇筑长度暂定 1 m，具体长度根据实际施工布料速度和混凝土初终凝时间调整。

合龙位置设在拱顶处，合龙段宽 4 m，采用微膨胀混凝土。

主拱合龙段混凝土浇筑时段选择在一天中温度相对较低且处于温度即将上升的凌晨。

为防止斜面混凝土下滑，主拱圈竖向沿纵向每 1 m 设置一道压仓板。压仓板材料采用木模板(见图 8-62 和图 8-63)。

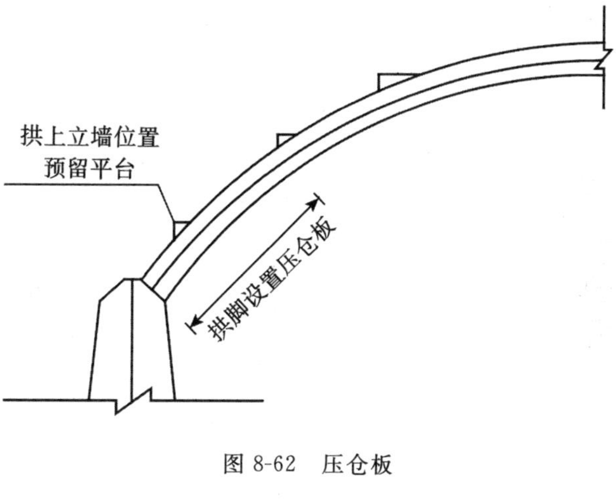

图 8-62　压仓板

图 8-63　现场浇筑图

由于拱圈钢筋较密，现场混凝土坍落度控制在 160～180 mm。浇筑采取分层浇筑、分层振捣，浇筑层厚控制在 30 cm 左右，分层振捣时振捣棒插入前一层 5～10 cm。振捣顺序先四周后中间，振捣棒快插慢拔，不得碰撞模板和钢筋，做到不过振、不漏振，振捣至混凝土表面平坦泛浆、不再有气泡冒出、骨料不再下沉为止。

在拱圈两侧对称下料浇筑振捣。混凝土浇筑至顶面标高时，在浇筑完成部分加设压仓板，以防止高处混凝土向下流动。混凝土初凝后拆除压仓板，对拱圈外露表面进行抹压收光处理，覆盖养生布，进行不间断喷淋养护。养护期间保持混凝土表面湿润，以防止混凝土表面出现裂纹，养护时间不少于 14 天。

8.3.3.12　沉降观测

拱圈混凝土浇筑期间安排专人对模板、支架进行检查，并对支架变形、沉降进行观测，一旦发现安全隐患，立即停止浇筑，分析原因并采取措施，排除隐患后再重新浇筑。图 8-64 为沉降观测点埋设图。

拱圈施工完成后，分别在拱脚、拱顶、1/4 拱处埋设沉降观测点，每跨取 5 个断面，每个断面取 3 个点，沉降点埋设如图 8-65 所示。

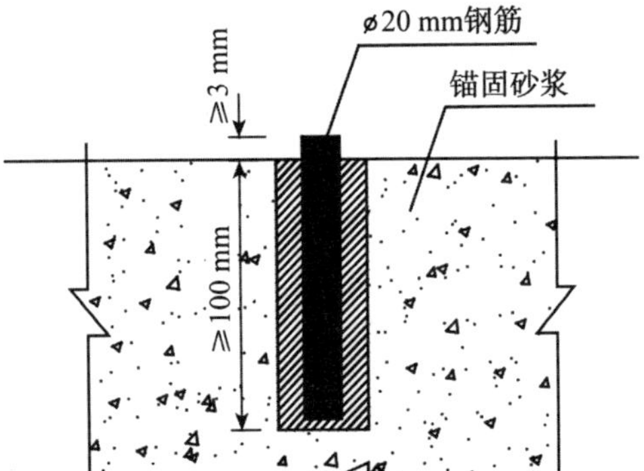

图 8-64　沉降观测点埋设图

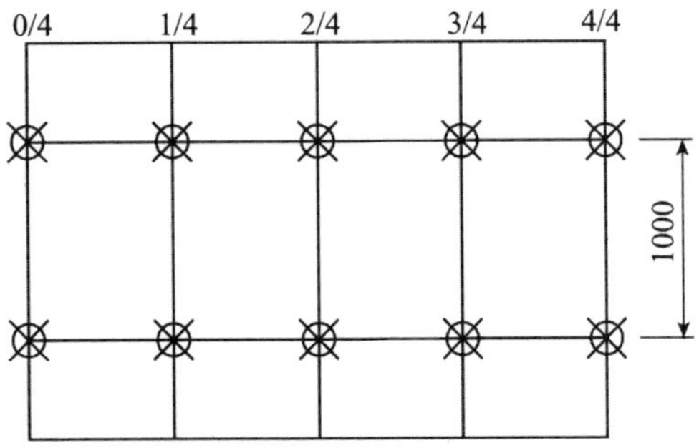

图 8-65　沉降观测点布置图

在主拱圈施工完成后、支架拆除前开始观测，支架拆除后每月观测 1 次，支座垫石、主梁施工前后测 1 次，全部完成后再观测 1 次，观测数据认真记录存档。

8.3.3.13　主拱圈落架

主拱圈(包括间隔槽)混凝土强度达到设计强度的 100%后，方可按提前拟订方案卸落支架，且宜分步卸落。在纵向应对称均衡卸落，由拱顶向拱脚依次卸落，多孔同时进行，先松顶托(松开高度控制在 1 cm 以内)，完成主拱圈受力体系转换。松顶托时，纵向中间向两端、横向同时一起卸落。卸落拱架时，设专人对主拱圈和墩台的位移情况进行监测，当有异常时暂停卸落，查明原因并采取相应措施后方可继续进行。

8.3.3.14　支架拆除

体系转换完成后进行支架拆除。拆架程序遵守自上而下、纵向中间向两端、横向两侧向中间拆除的原则；再次松开顶托，使底模与主拱圈分离，用葫芦配合人工将底模拉至主拱圈投影以外，再用吊车起吊拆除，然后拆斜撑，最后拆横杆、立杆等(一般的拆除顺序为：安全网→栏杆→底模→剪刀撑→斜撑→横杆→立杆)。每跨拆卸时应遵循全跨多点、对称、缓慢、均匀的原则，从跨中向两侧支点拆卸，不得分立面拆架或在上下两步同时进行拆架，做到一步一清、一杆一清。拆立杆时，要先抱住立杆再拆开最后两个扣。拆除横杆、斜撑、剪刀撑时，先拆中间扣件，然后托住中间，再解端头扣。

支架拆除前，在拱顶设好沉降的观测点。支架拆除前进行标高测量，在支架拆除过程中时时观察标高变化状况，同时在支架拆除时派专人对拱圈进行观察，如有异常情况，立即停止支架拆除工作，待查明原因后，按调整方案进行作业。

(1)拆除作业必须自上而下逐层进行，严禁上下两层同时拆除。

(2)拆除的构件用吊具吊下或人工递下，严禁抛掷。

(3)运至地面的构配件及时检查、整修与保养，并按品种、规格随时码堆存放。

8.3.3.15　其他注意事项

(1)主拱施工严格按照各项施工安全操作规程进行。

(2)做好河床支架基础的防护工作，防止支架及基础受到冲刷，同时在桥位上游侧施工便道上设置子堤，防止因偶然的河流高水位对支架的冲击破坏。

(3)混凝土施工过程中严格保证质量，混凝土浇筑完毕立即进行养护。混凝土养护对混凝土质量保证至关重要，严格按照有关工艺进行。

(4)主拱施工中的预埋钢筋、泄水管及其他预埋件不得遗漏。

(5)电焊作业符合有关安全规定，避免烧伤、烫伤。立模后若需电焊，应注意保护模板不被烧伤。

(6)施工操作中注意保护主拱圈施工监测的预埋设备及连接线路。

参考文献

[1]中华人民共和国行业标准. 公路桥涵地基与基础设计规范:JTG 3363—2019[S].北京:人民交通出版社，2020.

[2]中华人民共和国行业标准. 公路桥涵施工技术规范:JTG/T 3650—2020[S].北京:人民交通出版社，2020.

[3]中华人民共和国行业标准. 钢筋机械连接技术规程:JGJ 107—2016[S].北京:中国建筑工业出版社，2016.

[4]中华人民共和国行业标准. 建筑桩基技术规范:JGJ 94—2008[S].北京:中国建筑工业出版社，2008.

[5]中华人民共和国行业标准. 钢管满堂支架预压技术规程:JGJ/T 194—2009[S].北京:中国建筑工业出版社，2010.

[6]中华人民共和国行业标准. 钢筋焊接及验收规程:JGJ 18—2012[S].北京:中国建筑工业出版社，2012.

[7]中华人民共和国行业标准. 城市桥梁工程施工与质量验收规范:CJJ 2—2008[S].北京:中国建筑工业出版社，2009.

[8]中华人民共和国行业标准. 公路钢结构桥梁设计规范:JTG D64—2015[S].北京:人民交通出版社，2015.

[9]中华人民共和国行业标准. 建筑施工碗扣式钢管脚手架安全技术规范:JGJ 166—2016[S].北京:中国建筑工业出版社，2017.

[10]中华人民共和国行业标准. 建筑结构荷载规范:GB 50009—2012[S].北京:中国建筑工业出版社，2012.